通信、信号、电力施工工法

中国铁路通信信号总公司

中 国 铁 道 出 版 社
2014 年·北京

内 容 简 介

本书汇集了当今通信、信号、电力最新的施工技术和施工方法，题材广泛，内容翔实，文字准确，图表清晰。具有一定的先进性、适用性和新颖性。是电务工程建设科研、设计、施工专业人员和项目经理的必备工具书。

读者对象：通信、信号、电力专业的工程建设科研、设计、施工人员和管理人员，也可作为大专院校师生参考书。

图书在版编目(CIP)数据

通信、信号、电力施工工法/沈显邦主编. —北京：中国铁道出版社，2001.3 (2014.2 重印)
ISBN 978-7-113-04078-9

Ⅰ.通… Ⅱ.沈… Ⅲ.①铁路通信-工程施工 ②铁路信号-工程施工③电力工程：铁路工程-工程施工 Ⅳ.U28

中国版本图书馆 CIP 数据核字 (2001) 第 10459 号

书　　名：通信、信号、电力施工工法
作　　者：中国铁路通信信号总公司
出版发行：中国铁道出版社（100054，北京市西城区右安门西街 8 号）
责任编辑：傅立谚
封面设计：春 生
印　　刷：北京鑫正大印刷有限公司
开　　本：787 × 1092 1/16 印张：17.75 字数：447 千
版　　本：2001 年 4 月第 1 版 2014 年 2 月第 5 次印刷
印　　数：5601 ~ 6600 册
书　　号：ISBN 978-7-113-04078-9
定　　价：47.00 元

本书编委会

主　编：沈显邦

副主编：王世午　　李德华

编　委：（第一执笔人，按姓氏笔划为序）

刁明远	于　明	王大庠	边旭东
王连成	王志麟	王彬芳	张广墀
兰庆锁	归宝恒	孙英辉	张树坤
张新军	左德沅	宋立人	李长征
李天钦	刘伟中	刘守芳	刘其盛
刘家琛	李振声	朱鹤群	陈红卿
邰建民	杨建国	陈锦山	沙福生
周志红	周春贵	曹俊敏	谢亚文
梁善俊	董光江	韩洪祥	戴　涛

前　言

1989年11月建设部发布《施工企业实行工法制度的试行管理办法》，标志着我国建筑业正式实行工法制度。自1991年11月铁道部发布《铁道部工法制度管理暂行办法》以来，中国铁路通信信号总公司积极推行工法制度。由1991年试点到1992年全面推行工法制度，仅8年时间，在工法开发、编写和推广应用方面取得了较好的成绩，先后共开发编写通信、信号、电力工法46项，其中有2项被审定为国家一级工法，16项审定为铁道部级工法，28项审定为中国铁路通信信号总公司级工法。

为了更好地开展工法工作，加强电务施工企业施工技术管理和促进技术进步，提高施工技术水平和保证工程质量，中国铁路通信信号总公司编写了《通信、信号、电力施工工法》一书。本书汇集了当今通信、信号、电力最新的施工技术和施工方法，题材广泛，内容翔实，文字表达准确，图表清晰，具有一定的先进性、适用性和新颖性。是电务工程建设科研、设计、施工专业人员和项目经理的必备工具用书，同时也可作为大专院校师生参考用书。在本书编写过程中，刘成军同志从组稿到编排做了大量工作。

由于本书编写时间紧，编者水平有限，衷心地希望广大电务工作者对书中错误和不当之处提出宝贵意见，以便不断地修改完善，促进工法事业的发展。

编　者

2000年11月

目　　录

通　　信

一级工法

1．光缆施工接续工法 ………… 1
2．光电综合缆接续工法 ………… 8

二级工法

3．程控数字交换通信工程调试工法 ………… 18
4．铁路光通信系统调试工法 ………… 32
5．光电综合水线缆接续工法 ………… 40
6．在既有明线路上架空光缆线路施工工法 ………… 46
7．拖轮快放敷设通信水线缆工法 ………… 52
8．轻便型抢修光、电缆施工工法 ………… 59
9．SDH 传输网调试工法 ………… 68
10．DMIS 干线调度通信系统调试工法 ………… 75
11．铁路光接入网调试工法 ………… 81
12．铁路卫星通信地球站工程施工工法 ………… 88
13．地铁自动售检票系统施工工法 ………… 97

三级工法

14．应用微机进行通信电缆施工配盘工法 ………… 102
15．光电综合缆粘接式接续工法 ………… 105
16．区段通信系统逐站倒接开通工法 ………… 109
17．轻便型抢修电缆施工工法 ………… 114
18．地区电缆割接二次接续工法 ………… 118
19．PCM 通信系统调试工法 ………… 122
20．地下铁道漏泄同轴电缆架设工法 ………… 126
21．气压监测系统安装调试工法 ………… 131
22．全塑市话电缆气闭堵塞制作工法 ………… 134
23．C4、C5 级数字程控交换机安装及组网开通工法 ………… 138
24．铁路光接入网安装调试工法 ………… 143
25．超长隧道光缆敷设工法 ………… 151
26．铁路通信电源网管系统安装及调试工法 ………… 155

信　　号

二级工法

27．大站电气集中开通换装工法 ………… 158

28. 既有电气集中局部技术改造开通工法 …… 164
29. 驼峰自动化改造工程开通工法 …… 170
30. 驼峰信号工程减速器安装调试工法 …… 178

三级工法

31. T.JK1 型车辆减速器安装工法 …… 185
32. 信号设备石墨地线安装工法 …… 190
33. 信号电缆开启式地下接头盒安装工法 …… 194
34. 集中移频自动闭塞开通试验工法 …… 202
35. 分散式自动闭塞模拟试验工法 …… 206
36. 可动心轨电液转辙设备安装工法 …… 212
37. UM71 无绝缘轨道电路室外设备安装工法 …… 218
38. 双方向集中移频自动闭塞室内模拟试验工法 …… 224
39. 单线计轴自动闭塞开通工法 …… 230
40. 电气化区段信号电缆屏蔽接地工法 …… 236
41. CLC 自动闭塞系统工程施工工法 …… 242

电　力

二级工法

42. 运行中变(配)电所改造、扩建施工工法 …… 252

三级工法

43. 电力线路工程集中预配工法 …… 259
44. 10 kV 交联电缆终端头、中间头热可缩接续工法 …… 262
45. 自动闭塞区间供电横向联络方式倒接工法 …… 269
46. 电力线路复杂地形放线工法 …… 275

1. 光缆施工接续工法

YJGF67—92

上海工程公司

一、前　言

本工法系针对北京至郑州铁路长途单模光缆工程接续测试需要进行研究开发。它适用于光缆接续测试全过程。

光纤的接续采用精度足够高的光纤熔接机进行电弧熔接，对整个接续过程进行质量控制。由经过培训的取得合格证的工人上岗操作。并通过光时域反射仪进行光纤熔接质量监测。光纤熔接后的防护、光纤盘留后合理的弯曲半径是光纤熔接质量的保证。光纤接续、监测、防护，加强管的固定，接头盒的密封、防潮是工法的关键。

工法中采用国产 GHL-22PY-A 型光缆接头盒及专用吸潮剂。该光缆接头盒的鉴定证书号：铁通技鉴字 88008 号；ST—88—轻工—184 号。1989 年获铁道部科技进步三等奖。

1988 年起本工法在京郑光缆接续测试过程中全面推广应用获得成功。北京至保定光纤工程被授予"国家光纤通信试点示范工程"证书。北京至郑州光缆接续测试质量管理小组在铁道部成果发表会上被评为 1990 年铁道部优秀质量管理小组。

二、特　点

1. 光缆接续器材全部国产化。

2. 光纤接续方法是电弧熔接法，该工法以光纤自身熔化合为一体，无须外界物质，接续损耗小，长期稳定，可靠性好。

3. 采用 OTDR（光时域反射仪）进行现场接续损耗监测。这种方法能够迅速、简捷地测量接续损耗，效率比较高，与剪断法比较，该方法是非破坏性的，有利于现场施工。

4. 全面质量管理体现在整个工法中。制定了光缆接续测试操作工艺、技术标准，找出影响接续测试质量的因果关系，综合分析，制定对策进行实施。

5. 接头盒内专用防潮剂保证接头盒在使用期内的湿度小于 50%。

三、适用范围

本工法适用于电气化或非电气化骨架式、束管式直埋光缆或管道光缆的接续和测试，还可用于光缆的分歧及成端的接续和测试。

四、工艺原理

（一）光纤接续工艺可分为端面制备、对准、熔接、增强 4 道工序

1. 端面制备：光纤接续之前，使光纤端面形成与轴线垂直的镜面，这是利用脆性玻璃的应力断裂原理来实现的。光纤切割刀就是按该原理制作的光纤切割工具。即让光纤表面产生一个小伤痕，然后施加拉应力，从而得到与轴线垂直的镜面端面。

2. 对准方法有监控光功率的方法（功率监控法），如英国 BICCAFS3100 熔接机；还有直接

观察纤芯位置法(纤芯直视法),如瑞典爱立信 MBE905 两种。

3. 熔接:电弧熔接使光纤在电弧作用下自身熔化合为一体达到光纤接续的目的。

4. 增强:必须对光纤熔接部位增强以确保接续处具有普通光纤同等以上的可靠性,因此采用热可缩加强管补强。

(二)光纤接续损耗的测量方法

光时域反射法,即 ITU—T 推荐的光纤衰减测试三种方法之一——后向散射法。用此方法能测量光纤的衰减、衰减常数、光纤接续损耗、光纤长度等。光中继段光纤接头平均损耗的检验亦可采用 ITU—T 推荐的另一种方法——介入损耗法。

五、施工工艺

(一)工艺流程(见图 1)

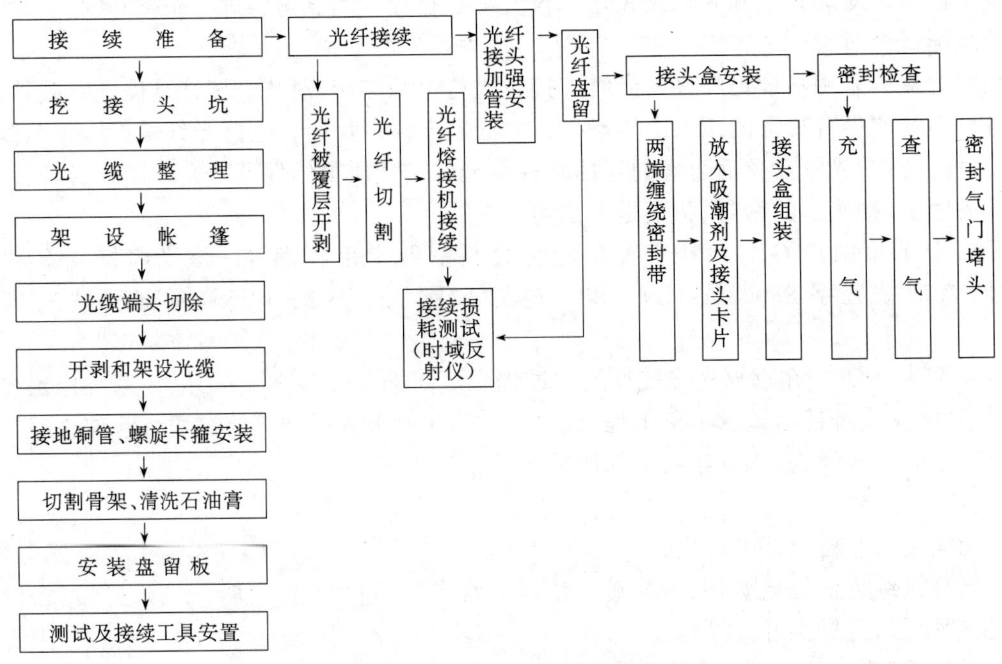

图 1 光纤接续测试工艺流程图

(二)工艺操作

1. 准备工作。

2. 开剥和架设光缆。

3. 接地铜管及螺旋卡箍的安装。

4. 切割骨架、清洗石油膏。

5. 安装盘留板。

6. 测试及接续工具安置

(1)测试端将光时域反射仪(以下简称 OTDR)通过尾纤用 V 型槽接入被接光纤,再将 OTDR 接上电源。

(2)在接续点,将熔接机、接续工具放置工作台上,并将熔接机接上稳压电源。

7. 光纤被覆层开剥。

8. 光纤的切割和接续

(1)按照光纤切割刀使用说明书中规定的切割刀使用方法,对接续点光纤进行切割。

(2)对光纤切割部分及 V 型槽进行清洁处理。

(3)光纤放入熔接机 V 型槽内,沿 V 型槽小心放下磁性压板。光纤伸出 V 型槽尖端长度见熔接机说明书要求。

(4)将光纤固定后,在加强芯和大地间接上电话,通知测试端准备接续操作。

(5)注意观察两根光纤端面的质量及检查光纤是否处于两电极之间。如发现光纤切割端面有如图 2 所示缺陷之一者要重新切割。单模光纤端面角度要求不大于 0.5°,若大于 0.5°时光纤端面应进行重新切割。

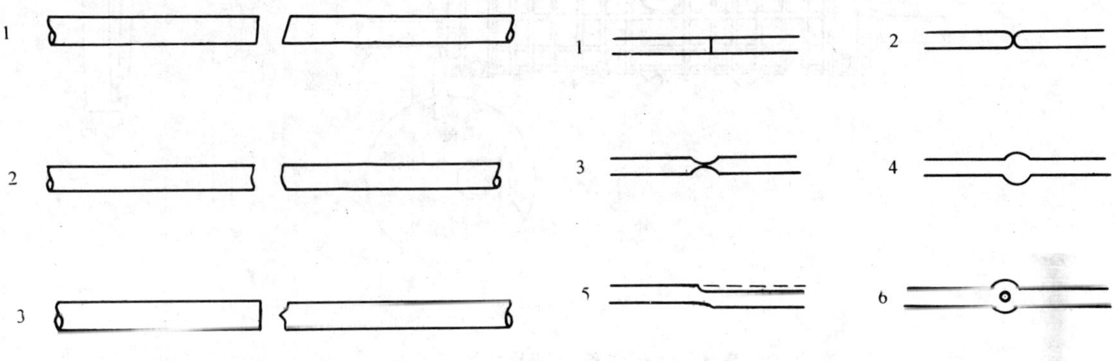

图 2　不合格光纤切割端面

1—光纤端面倾斜;2—光纤端面有缺损;

3—光纤端面有毛刺。

图 3　几种有缺陷的熔接情况

1—对接处有焊纹;2—接点成球状;3—接头变细;

4—接头变粗;5—轴向偏差;6—气泡。

(6)按照光纤熔接机使用说明书操作程序进行光纤熔接操作。

(7)按说明书规定,按下熔接按键,完成光纤熔接。

9. 光纤接续测试

(1)光纤接完后应对接头进行检查,如光纤接头存在图 3 中所列缺陷,则必须重新接续。

(2)在测试点,将尾纤接入 OTDR,尾纤的另一端接 1 km 左右裸光纤,再通过 V 型槽与被测光纤连接(见图 4)。

(3)接续点接完一根光纤后,先由熔接机本机测出接头损耗,如不符合要求,应重新接续,符合要求则通知测试点用 OTDR 测试光纤接头损耗。

10. 光纤接头加强管安装

光纤接续完后,应用热可缩加强管进行补强。

11. 光纤的盘留

(1)盘留板盘绕弯曲半径不应造成附加损耗。

(2)各加强管应排列整齐。

12. 接头盒两端光缆缠包密封带。

13. 接头盒组装

严格按照接头盒操作细则。

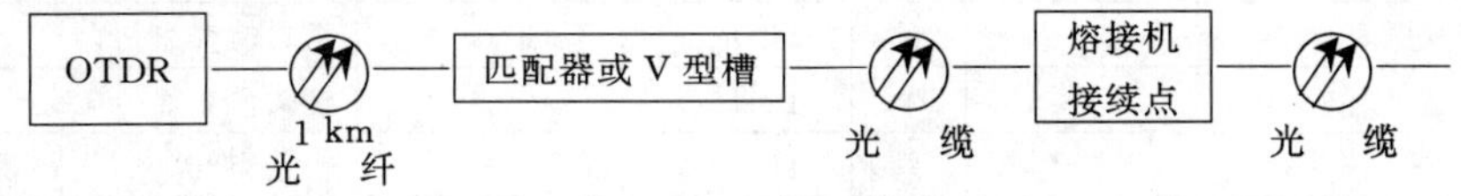

图 4　光纤接续测试图

14. 密封检查(见图 5)

检查中，如发现漏气，应重新安装。

六、机具设备

光缆接续测试用主要机具见表 1。

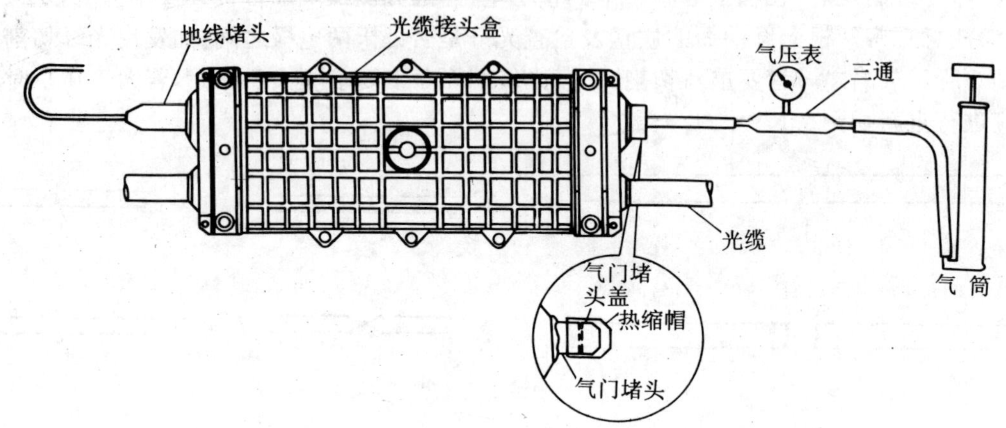

图 5 密封检查

表 1 光缆接续测试用主要机具表

序号	名 称	单位	数量	型 号	主 要 用 途
1	光纤熔接机	台	1	BICC AFS3100 或爱立信 MBE905	光纤熔接
2	光时域反射仪(OTDR)	台	1	光动 PK3100/3200	后向散射法测光纤损耗
3	光 源	台	1	福特达因 9XT	介入损耗法测光纤损耗
4	光功率计	台	1	福特达因 9XT	介入损耗法测光纤损耗
5	仪表车	辆	1		搬运仪表机具
6	磁饱和稳压器	台	1		稳 压
7	发电机	台	1		发 电
8	V 型槽	台	1	安立 MP922B	接续测试
9	光缆切断器	台	1		切断光缆
10	管切割刀	把	1		切割光缆铝护套
11	LAP 护层切割刀	把	1		切割 LAP 护层
12	二次被覆层开剥钳	把	1		开剥二次被覆层
13	光纤切断器	只	1	安立 CT-02	制备光纤接续端面
14	宝石刀	把	1		测试端切割光纤用
15	充气帐篷	顶	1		保护接续部位环境
16	光纤接续工具	套	1		
17	组合工具	套	1		
18	喷 灯	把	1		
19	量 规	把	1		测量缠包密封带
20	三通(带气压表)	只	1		密封检查
21	气 筒	个	1		接头盒充气
22	皮老虎	只	1		帐篷充气
23	工作台	张	1		放置接续机具
24	光缆接头盒及附件	套	1		光缆接续

七、质量控制

接续损耗是光缆工程的重要质量指标。

(一)质量标准

本工法中单模光纤接续质量标准、接续损耗及盘留弯曲半径，均符合铁道部标准《铁路单模光缆接续标准》(TB 2168—90)的规定。而接续损耗的测试方法则采用国家标准《通信光缆一般要求》(GB 7424—87)表 10 单模光纤的光学特性及传输特性测量方法中衰减常数测试替代方法——后向散射法。

(二)质量控制

为找出光缆接续和测试质量不好的规律，采用了因果关系图，对影响光缆接续质量的因素逐一进行分析，提出对策，找出影响光缆接续的主要因素。

1. 影响质量的因素分析

光缆的接测仪表目前主要采用精度较高的进口仪表，并采用电源稳压器稳定电源电压；为改善野外操作环境，采用充气帐篷并架设专用工作台。京郑工程采用西古公司生产的单模光纤，其模场直径偏差仅为$\pm 1\ \mu m$，通过光纤配盘更能减小被接续的两根光纤的模场直径偏差。因此仪表、环境条件及材料不是影响质量的主要因素。

组建一支经过培训的专业化光缆接续测试队伍，制定一整套科学、合理的光缆操作工艺是光缆接续质量的保证。因此，人员必须经过培训取得合格证。

2. 质量控制点

(1)光纤端面制作。

(2)光纤的清洁状况。

(3)光纤热可缩增强保护。

(4)单模光纤的弯曲情况。

(三)质量检查

1. 用 OTDR 检查单盘光缆中光纤的衰减、长度及有无断纤。

2. 随工监测

(1)用 OTDR 对每根光纤接续过程进行监测。

(2)每根光纤接续并增强保护完毕盘留前后要进行接续损耗监测，尽量减少盘留产生的附加损耗。

3. 一个区段(二个站间)接续完毕后，用 OTDR 反方向测试所有光纤接头的接续损耗，发现异常应检查原因或重新接续，每个接头的损耗为两个方向接续损耗的平均值。

4. 中继段接头平均损耗测试

标准：光中继段单模光纤接头平均损耗不应大于 0.12 dB/个。

检验方法：

1. 后向散射法：将 OTDR 分别放在光中继段两端，利用后向散射法测出每个接头点的两个方向接头损耗值(a_i, b_i)，再平均得出光纤接头平均损耗值。即：

$$\bar{\alpha}_j = \frac{\sum_{i=1}^{n} \frac{a_i + b_i}{2}}{n} \quad \text{(dB)}$$

式中　a_i——X 点从 A ⟶B 方向测得的接头损耗值；

b_i——X 点从 B ⟶A 方向测得的接头损耗值；

n——OTDR 在光中继段上实际测得的接头点数。

2. 介入损耗法：用光源及光功率计测出光中继段线路衰减后按下式计算出光纤接头平均损耗值。

$$\bar{\alpha}_{j}=\frac{\alpha-\sum_{i=1}^{n+1}\alpha_{i}\cdot L_{i}-\alpha_{c}\cdot m}{n}\quad(\text{dB})$$

式中 α——光中继段线路衰减实测值(dB)；

α_i——第 i 盘光纤的实际衰减系数(dB/km)；

L_i——第 i 盘光纤敷设后实际长度(km)；

α_c——活动连接器平均损耗值(取 0.7 dB/个)；

m——测试时活动连接器数；

n——实际接头数。

以上两种测试方法可任选一种。

八、劳动组织

光缆接续测试班由 9～10 人组成。其中工长 1 人，工长可兼任接续或测试工作。其他成员分工如下：

光纤接续 2 人；接头盒安装 1 人；设备搬运 3 人，其中司机 1 名，发电机看守 1 人，杂工 1 人帮助开挖接头坑、搬运仪表机具等；测试 3 人。

正常情况下，一个工日完成一个单光缆接头。

光纤接续人员必须经过专业技术培训，熟练掌握光纤熔接机操作程序及质量控制要点，取得合格证者。接头盒安装人员必须熟悉接头盒的每个部件及安装要领，亦必须经过培训取得合格证者。测试人员必须经过培训熟练掌握 OTDR 操作程序并能对测试结果作出正确判断者。

司机必须执证驾驶；发电机看守必须经过专业培训，能够开动发电机并能处理出现的临时性故障者。

九、安全注意事项

应遵守铁道部标准《铁路通信技术安全规则》(TBJ 405—87)有关规定。还应考虑光缆接续的特点，遵守以下注意事项：

1. 光纤系玻璃纤维，切割下的光纤应收集安放好，以免刺伤人。

2. OTDR 系激光仪表，严禁用肉眼直视激光发射端孔，以免灼伤眼睛。

3. 确认电源电压符合仪表要求才能正式接入仪表。并应确认仪表在关机状态时，接入电源。

十、效益分析

采用本工法后使光纤光缆的接续测试规范化、标准化，保证了光纤优异的接续质量。京保段光缆接头损耗平均值远低于铁道部标准 0.12 dB/个的要求。由于全程损耗的降低，相应地可延长中继段的距离，使原设计的 30 km 长的中继段改为 60 km。不仅使京保段减少了两个中继站设备的投资，而且为京郑光缆线路中继段的设置提供了依据。

本工法的推广应用，填补了铁路光缆接续采用国产化器材的空白。将对我国铁路光缆工程建设起有力地推动作用。对早日实现铁路通信现代化，对确保运输指挥、行车安全、提高运输效率具有难以估量的社会效益。

十一、工程实例

本工法首次应用在北京—郑州铁路单模光缆工程北京—保定段。1988年仅用2个月时间完成京保段154 km光缆接续测试任务。该工程于1988年9月13日按期试通，得到铁道部电务局的表扬，在全国光通信工作会议上展览，被国务院电子办授予国家光纤通信试点示范工程证书。

本工法已在北京—郑州光缆工程全线推广应用获得成功，此工程已在1991年12月全线开通使用。

上海辛松高速公路交通监控系统，采用多模光缆作为传输通道。光缆接续及成端均采用本工法，仅用一个月时间就完成20 km的光缆接续测试任务，于1990年12月23日全线开通使用，质量优良，受到用户好评。

执笔：左德沅

2. 光电综合缆接续工法

YJGF37—94

上海工程公司

本工法为指导光电综合缆(含水线缆)的接续而研究开发。适用于光电综合缆或长途对称电缆的直通、分歧头接续,以及光电综合缆或长途对称电缆的水线缆(单或双纲丝)直通头接续。

光纤的接续,由高精度熔接机熔接;四芯组接续,采用扭接加焊,并用热可缩管、热熔胶密封,保证电气绝缘。直埋缆采用 GDZ-22PY-A 型开启式接头盒,盒内光电分开,互不影响。该盒的鉴定证书号:铁通技鉴字第 9201 号。直埋—水线缆的连接,单独制作气闭,以保证水线缆自成气闭段。水线缆采用 GDZS-A 型(用于单钢丝缆)和 GDZS-B 型(用于双钢丝缆)锥型紧固承力盒,提高抗拉强度,简化覆铠工艺;光纤置于盒内的光纤自由伸展盘内;金属护套连接,采用钎焊工艺,并用 PE 热可缩管和 EVA 胶防腐。GDZS-A 型锥形紧固承力盒,于 1992 年 3 月,经铁道部光电缆施工技术研究小组组织审定。

低频加感四芯组,采用 TDJ 单元组合型加感箱,重量轻、体积小、使用灵活。1993 年 5 月,由通号总公司组织鉴定,鉴定证号:(1993)铁通产鉴字 06 号。

接续由经过培训并取得合格证的技术工人操作。

光纤和四芯组的接续、金属护套的连接与防腐、水线缆钢丝覆铠、接头盒的密封与屏蔽、接头盒与承力盒的组装,是本工法的关键。

1992 年 9 月,苏州光电缆工艺所光缆 QC 小组,被中国铁路通信信号总公司评为总公司级优秀质量管理小组。

本工法 1990 年应用于国家第二批光通信试点示范工程——济(南)青(岛)线。并在沈(阳)大(石桥)线、武(汉)大(冶)线、衡(阳)柳(州)线等光电综合缆工程中推广应用。以及在沈大线的太子河、济青线的淄河等水线接续中,应用本工法,均获得成功。

一、特　　点

1. 接续器材全部国产化。

2. 光纤采用熔接法,损耗小,稳定性、可靠性好。接续过程中,用光时域反射仪监测,保证接续质量。

3. 光、电的接续,可同时或分开进行。电缆气路与光纤束相隔离,互不干扰。

4. 接头盒有良好的气密性和可靠的电磁屏蔽性,并具有开启性能,便于施工、维修。

5. 承力盒内,光纤束置于自由伸展盘内(伸展度为±10 mm),可确保大跨度水线中光纤良好的稳定性。

6. 水线缆金属护套连接,采用钎焊工艺,高强度铅套管可承受 0.42 MPa 气压,裸铅部位用 PE 热可缩管和 EVA 胶防腐,具有良好的气密性和抗腐性。

7. 承力盒的采用,简化了水线缆的覆铠工艺,接续后的抗拉强度和防腐性能,均优于本缆。故敷设时,仅需适当降低航速,敷设后的防护则与本缆相同,方便现场施工。

8. 全面质量管理体现在本工法中。

二、适用范围

本工法适用于电气化或非电气化区段，光电综合缆或长途对称电缆的直通、分歧头接续，以及长江、黄河和其他通航江、河、湖泊中，光电综合缆或长途对称电缆的水线缆（单、双钢丝）直通头接续。

三、工艺原理

1. 光纤接续采用熔接法。光纤在电弧的高温下，熔接在一起，达到低损耗连接。用热可缩加强管对熔接部位进行补强，保证机械强度。接续过程中，用 OTDR 进行监测，保证接续质量。

2. 四芯组接续，采用扭接加焊，保证足够小的接触电阻；并用热可缩管、热熔胶封闭，保证电气绝缘。

3. 低频加感四芯组，采用单元组合型加感箱，减小了线路衰减，延长通信距离；采用三阶段平衡法，提高回线防卫度。

4. 接头盒，采用橡胶带、条进行密封；金属屏蔽层接缝处，采用导电橡胶带构成整体屏蔽。

5. 水线缆的铅主、副套管，采用钎焊法，保证接头的密封性能。

6. 水线缆的覆铠，采用金属机械连接结构，即通过锥形紧固承力盒与本缆钢丝连接，简化覆铠工艺，提高了接续处的抗拉强度。

四、施工工艺

（一）工艺流程（图 1）

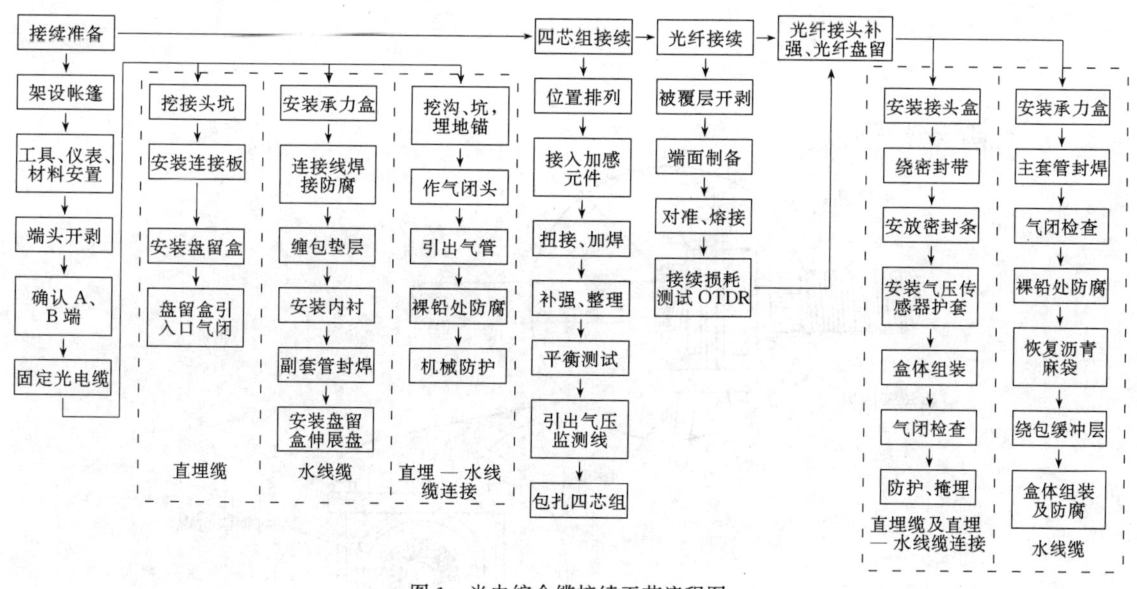

图 1　光电综合缆接续工艺流程图

（二）工艺操作

1. 接续准备

水线缆承力套的安装，见图 2、图 3。承力盒中光纤束盘留盒安装，见图 4。直埋缆与水线缆的连接，参见图 7。

2. 四芯组接续

按《铁路通信长途电缆接续工艺操作细则》进行。低频加感四芯组，按三阶段平衡法进行低频平衡。

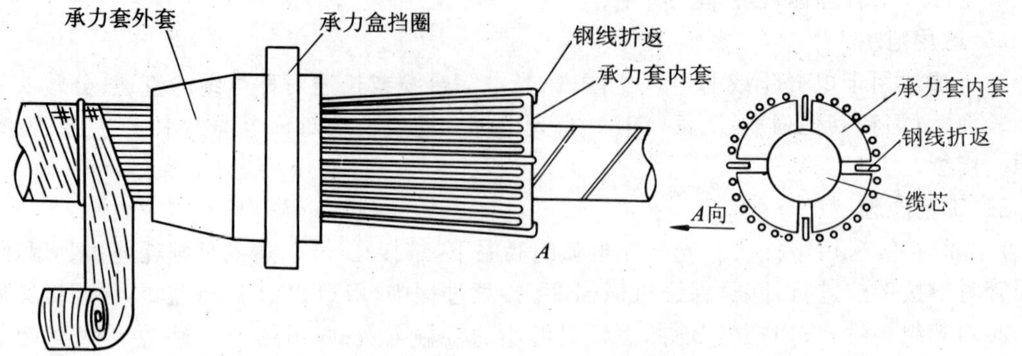

图 2　GDZS-A 型承力盒承力套安装

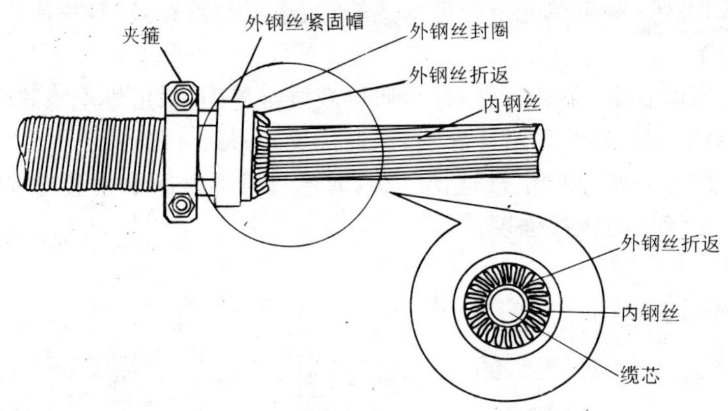

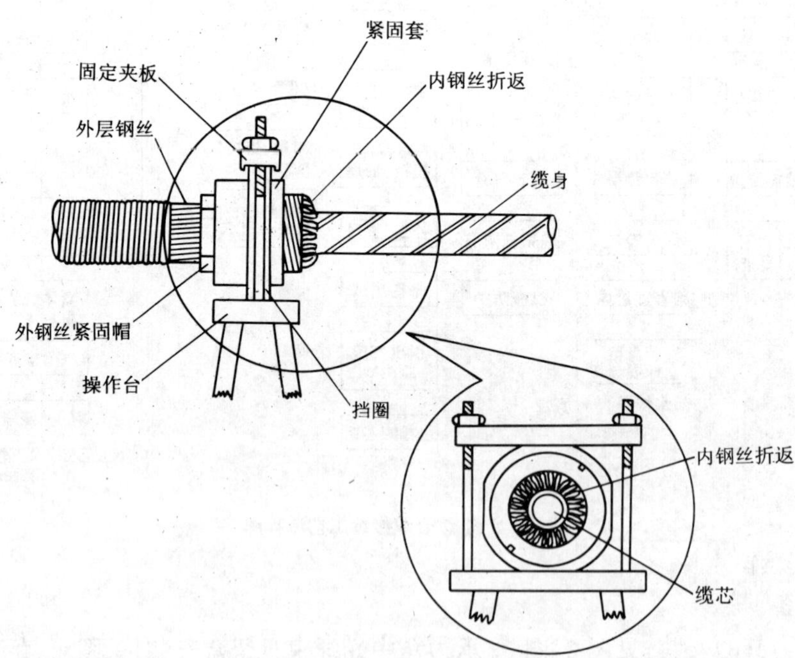

图 3　GDZS-B 型承力盒承力套安装

3. 光纤接续

按《光缆施工接续工艺细则》进行端面制作、对准、熔接。光纤接续后，应进行检测，若存在图 5 中的缺陷，则应重接。

测试采用国标《通信光缆的一般要求》(GB 7424—87),衰减常数测量方法中的替代法——后向散射法。

4. 光纤接头补强、光纤盘留

每根光纤接续并经检测合格后,用光纤加强管对接头处补强。补强后的光纤应经测试合格后方可进行盘留。

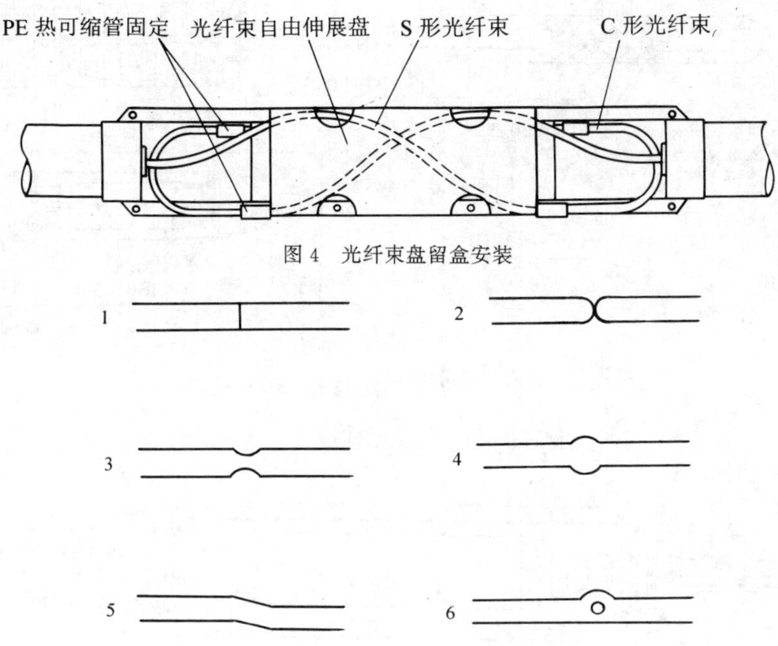

图 4　光纤束盘留盒安装

图 5　几种有缺陷的光纤接头

1—对接处有焊缝;2—接点成球状;3—接头变细;4—接头变粗;5—轴向偏差;6—气泡。

盘留时,光纤弯曲半径不应小于 40 mm。盘留后,放好密封条、紧固盒盖;并通知测试点对每根光纤进行复测。发现异状,应检查原因,并予克服。

5. 安装接头盒

安装时,应严格按操作工艺进行。总装见图 6。

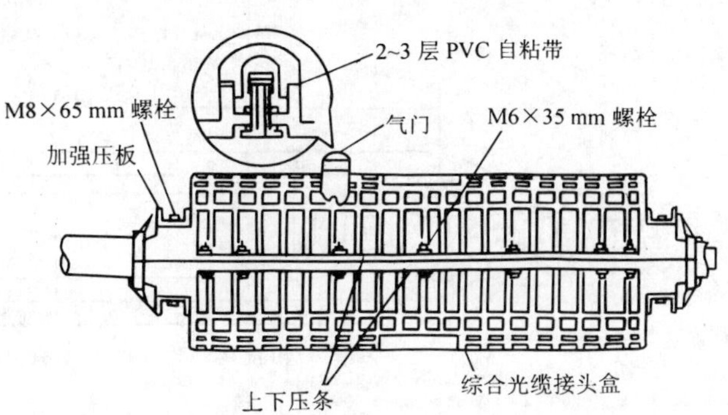

图 6　接头盒总装图

气闭检查:充气后,检查是否漏气,漏气者重新组装。

接头盒平放接头坑底,加盖部分细土后,盖水泥板防护,随后回土。

直埋—水线缆的连接,气闭头采用钎焊工艺,接续可采用钎焊工艺,也可采用接头盒。地锚埋设、气门设置、气闭制作、防腐、防护、标志等,均应符合设计文件要求。直埋—水线缆连接示意图,见图 7。

6. 安装承力盒

安装时,应严格按操作工艺进行。

气闭检查:充气后应无漏气,漏气者应予检查、克服。

承力盒组装,见图 8、图 9。

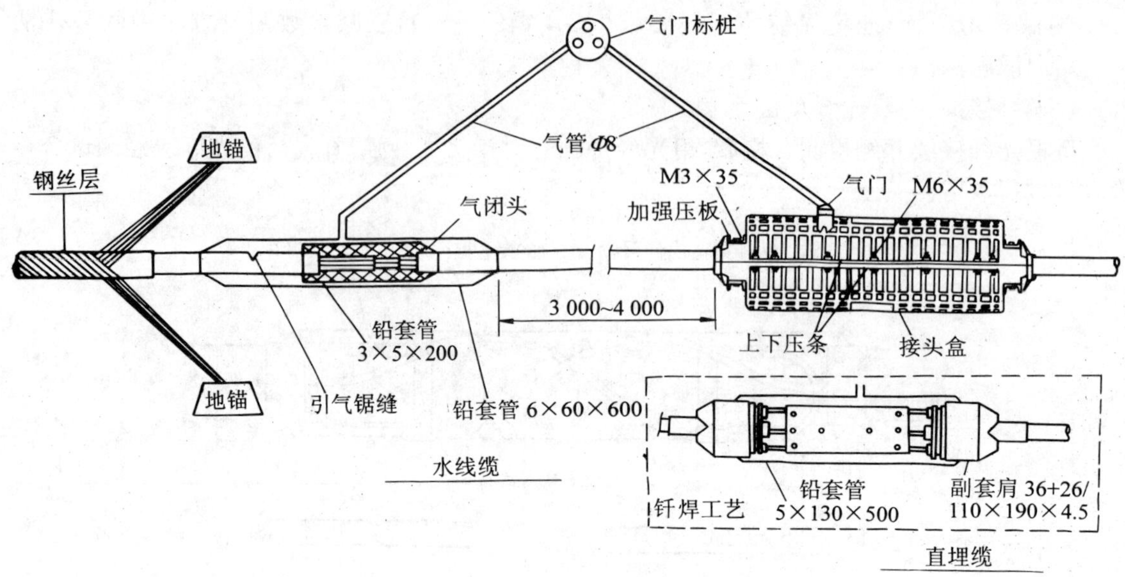

图 7　直埋—水线缆连接示意图　单位：mm

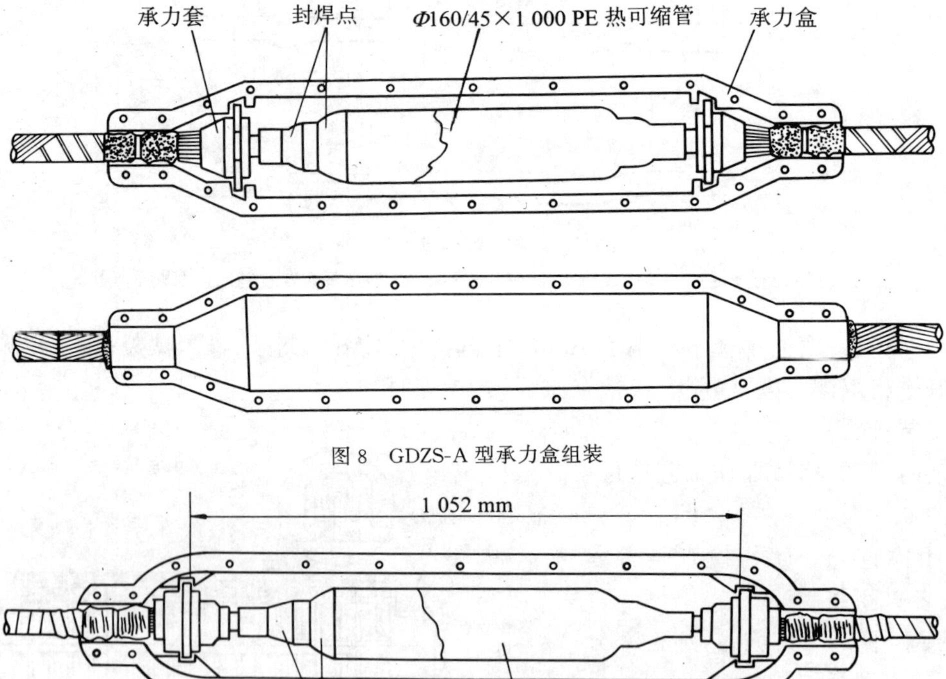

图 8　GDZS-A 型承力盒组装

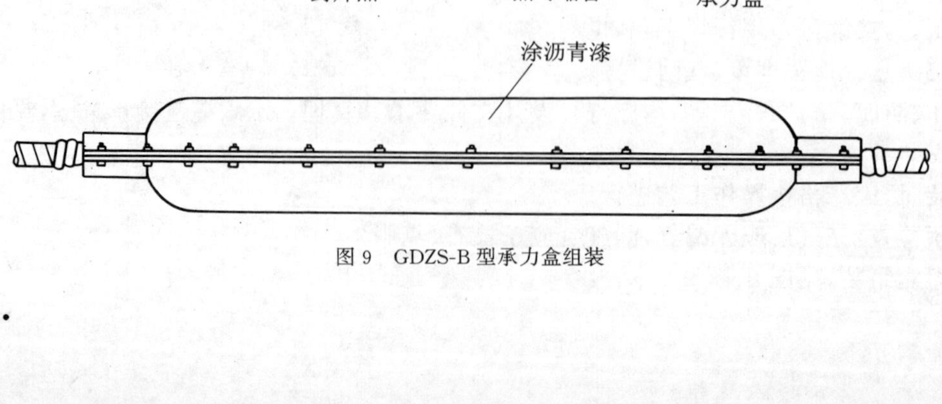

图 9　GDZS-B 型承力盒组装

五、机具设备

直埋缆与直埋—水线缆接续的主要机具，见表 1；水线缆接续的主要机具，见表 2。

表 1　光电综合缆接续测试主要机具

序号	名　称	规　格	单位	数量	备　注
1	发电机	1 500 W	台	1	野外供电(220 V)
2	稳压器	2 000 W	台	1	
3	熔接机	单　模	台	1	
4	光时域反射仪		台	1	
5	光纤连接器		只	1	
6	测试光纤		盘	1	测试匹配用带 FC 头
7	充气帐篷	7 m	顶	2	包括皮老虎 2 只
8	太阳伞		把	2	
9	工作台		只	2	接续测试各 1 只
10	工作椅		把	3	
11	工作灯	60 W	只	2	
12	电话机		台	2	联络(包括终端 1 台)
13	电风扇		台式	1	夏天施工用
14	电吹风机		只	1	
15	电源插销板	连接线 10 m	块	3	
16	接头工具箱		只	1	含专用工具
17	接头材料箱		只	1	
18	光纤切割刀		把	2	
19	镊　子		把	2	
20	除尘气球		只	1	
21	剪　刀		把	2	
22	验电笔		支	2	
23	电烙铁	150 W	把	1	
24	喷　灯		只	2	
25	套筒扳手		把	1	紧气门专用
26	克丝钳	8″	把	1	
27	偏口钳		把	2	
28	螺丝刀		把	2	
29	钢锯弓		把	1	
30	扳手(呆)	8#—10#	把	4	
31	扳手(活络)	150″	把	2	
32	卷　尺	3 m	把	2	
33	电工刀		把	2	
34	接锡盘		只	1	

续上表

序号	名　　称	规　　格	单位	数量	备　　注
35	组合工具	20PC	套	2	
36	小材料盒		只	2	
37	电缆支架		只	2	
38	锉　刀	8″	把	1	
39	防护眼镜	变　色	副	2	光纤接续用
40	记录夹		只	2	
41	手　锤		把	1	
42	火烙铁		把	1	
43	电子喷枪		把	1	
44	打火机		只	1	
45	什锦锉		套	1	
46	量　规	R31.5×55	只	1	密封胶带专用
47	打气筒		把	1	充气专用
48	氯化钙		只	1	充气专用
49	开启器		副	1	盒体开启专用

表 2　光电综合水线缆接续设备及工具表

序号	名　　称	规　　格	单位	数量	备　　注
1	发电机	1 500 W　220 V	台	1	野外供电
2	稳压器	2 000 W	台	1	电源稳压
3	熔接机		台	1	光纤熔接
4	光时域反射仪		台	1	测试用
5	光纤连接器		台	1	
6	测试光纤	带 FC 头	盘	1	测试用
7	电风扇	台　式	台	1	
8	电吹风		把	1	
9	电话机		只	2	联络通信
10	工作灯	50 W	只	2	照　明
11	充气帐篷	3～5 m	顶	1	
12	太阳伞		把	1	
13	皮老虎		把	1	帐篷充气用
14	接头盒		只	1	
15	材料箱		只	1	
16	工作台		只	1	接续光纤用
17	工作椅		把	3	
18	除尘气球		只	2	
19	光纤切割刀		把	2	

续上表

序号	名　称	规　格	单位	数量	备　注
20	镊　子		把	2	
21	剪　刀		把	2	
22	验电笔		支	1	
23	电烙铁	150 W	把	1	
24	喷　灯		只	2	
25	克丝钳	25 mm	把	1	
26	偏口钳	130 mm	把	2	
27	钢锯弓		把	1	
28	活扳手		把	2	
29	卷　尺		把	2	
30	电工刀		把	1	
31	木　锤	中　号	把	1	
32	接锡盘		只	1	
33	焊　布		块	2	
34	组合工具		套	1	
35	操作台		只	1	
36	接头盒		只	1	
37	小材料盒		只	2	
38	缠线板		把	2	
39	断线钳	300 mm	把	2	
40	护套开剥器		把	1	开保护套用
41	锉　刀	200 mm	把	1	
42	防护眼镜	变　色	副	3	光纤接续用
43	记录夹		块	2	
44	铁　锤	0.75 kg	把	1	
45	火烙铁		把	1	
46	承力扳手	966 mm	把	1	承力套安装
47	梅花扳手	14*17	把	2	
48	电源接线板	线长 10 m	块	3	

六、质量控制

(一)质量标准

本工法执行下列标准：

国家标准《通信光缆的一般要求》(GB 7424—87)；

铁道部标准《铁路光缆数字通信工程质量评定验收标准》(TB 10424—93)；

铁道部标准《铁路单模光缆接续标准》(TB 2168—90)；

铁道部标准《铁路通信施工规范》(TBJ 205—86)。

(二)质量控制

1.影响质量的因素分析

(1)生产厂家:应对光纤、铜芯线的来源进行控制,对参数进行筛选;并对生产过程进行严格的质量控制。

(2)操作人员:应严格遵守操作工艺细则,增强工作责任心,并能熟练掌握仪表的使用。

(3)仪表的因素:接续、测试仪表的精度和操作方法。

2.质量控制点

(1)光纤的清洁、端面制作、熔接。

(2)光纤接头的补强、盘留。

(3)四芯组接续、测试。

(4)钎焊、气闭制作及裸铅部位防腐。

(5)接头盒、承力盒内部构件安装与盒体组装。

(6)接头盒的密封、承力盒的防腐。

(三)质量检查

1.严把单盘测试关、产品点验关。

2.光纤熔接质量,在全过程中监测,盘留后复测。

3.四芯组接续质量,测试其电阻、绝缘,以及平衡测试。

4.随工检查

(1)一个区段(二站间)接完后,反方向测量所有光纤接头损耗,发现异常应予检查、克服。

(2)内部构件安装、防腐、盒体组装。

5.中继段测试

(1)光中继段:测试中继段衰减和平均接头损耗。前者应满足设计文件要求,后者不应大于0.12 dB/个。

(2)PCM 中继段测试:环阻、环阻不平衡、绝缘电阻、反向传输组间近端串音衰减、同向传输组内远端串音防卫度、固有衰减。

(3)低频中继段测试:环阻、环阻不平衡、绝缘电阻、电气绝缘强度、近端串音衰减、远端串音防卫度、交流对地不平衡、工作衰减。

6.气闭检查

定期检查保气状况,发现漏气查找原因,并予克服。

七、劳动组织

接续班由 11～14 人组成。班长由接续或测试人员兼任。其中:接续点 3～4 人,测试点 3～4 人,汽车司机 1 人,发电机维护 1 人,辅助工 3～4 人。

接续、测试、司机等人员,均应经专业技术培训,并取得上岗合格证或驾驶证者。发电机维护人员,也应经过培训,并能处理临时出现的故障。

八、安全注意事项

本工法遵守铁道部标准《铁路通信技术安全规则》(TBJ 405—87),并应注意以下安全事项:

1.光纤系玻璃纤维,切割下的光纤要收集在容器内,以免刺伤人。

2.OTDR 系激光仪表,严禁肉眼直视发射端孔,以免灼伤眼睛。

3.水线接头的入水角度,宜控制在 45°;接头入水前后,应适当降低航速。

4.直埋—水线缆的接续地点,除符合设计要求外,应选择在安全、可靠的地带。并掌握水文、地质、气候等资料，确认在水位较低时期进行，保证人身、设备安全。

5. 确认电源电压符合仪表要求，并确认仪表在关机状态时，才能接通电源。

6. 光纤接续，必须在环境温度−5 ℃以上进行，雨天及大雾天严禁接续。

九、效益分析

本工法采用的接头盒、承力盒，使接续工作规范化、标准化，并能保证接续质量。

1. 济青线济南—淄博段，光纤的平均接头损耗，低于部标 0.12 dB/个，保证了 63 km 光中继段的开通使用，为其后光中继段的设置，提供了依据。

2. 研制的接头盒、承力盒，填补了国内光电综合缆接续材料的空白，为路内首创。同时，也减轻了工人的劳动强度，节约金属材料。将对通信现代化建设发挥重要作用。

3. 国产 GDZ-22PY-A 型接头盒，价格约为 1 000 元/个，法国莫雷尔公司生产的可用于光电综合缆的 Morel28170BR86 型接头盒，售价约 6 000 法郎，若按法郎与人民币 1∶1 的比价折算，国产接头盒可节约 5 000 元/个。济淄段 224 个接头盒，仅此一项，可节约 112 万元人民币。

4. 水线缆原覆铠工艺，劳动强度大、所需工时多，且较难保证达到本缆的抗拉强度。

在长江、黄河等河流的水线施工中，每个接头盒仅覆铠工艺一项，需 10～12 工日。在太子河、淄河水线施工中，应用本工法，覆铠工艺为 4～5 工日，提高工效一倍多，降低了劳动强度。接续点的抗拉强度分别为：

GDZS-A 型达到 40 kN，优于单钢丝缆的设计强度 20 kN。

GDZS-B 型达到 100 kN，优于双钢丝缆的设计强度 90 kN。

十、工程实例

本工法首次应用于济（南）青（岛）铁路光电综合缆通信工程的济南—潍坊段，该段已于 1991 年 12 月开通使用。并在沈大线、武大线、衡柳线等通信工程中推广应用，均获得成功，累计约 1 100 km。

1992 年 9 月、10 月，分别在沈大线的太子河（宽约 990 m）、济青线的淄河（宽约 400 m）水线中应用本工法，均保质保量提前完成接续任务，受到用户好评。

执笔：沙福生　董桂生

3. 程控数字交换通信工程调试工法

TLEJGF—92—29

上海工程公司

一、前　　言

在铁路程控数字交换通信工程中，设备安装完毕后，要对程控交换机进行系统调试。由于铁路电话交换网是一个专用网，其信令方式与公用网的标准有许多不同，要使适用于公用网的程控交换机进入铁路电话交换网，调试工作是整个程控工程的关键。系统调试的好坏将直接关系到交换机的质量以及割接开通后整个交换网能否正常地进行工作。

中国铁路通信信号总公司上海工程公司于1989年7月承接了衡（阳）—广（州）复线工程的配套工程衡—广程控数字交换网广州万门程控交换机工程。在施工过程中，我们成立了QC小组。针对程控交换机的调试，QC小组制定了程控交换机的调试方案，明确了调试方法、测试指标和检验标准，确保了调试工作的顺利进行。1990年6月30日，该工程正式割接开通，投入运行。广州万门程控交换机工程被评为优良工程；包括该工程的衡广复线工程获铁道部优质工程称号；1991年，该工程QC小组及发表成果被评为铁道部优秀质量管理小组和优秀成果。

程控数字交换通信工程调试工法在衡阳、郑州、柳州、广（州）—深（圳）等程控工程中运用，效果良好。

二、工法特点

1. 充分利用程控交换机具有人机命令操作的特点，对交换机进行调试。

2. 运用先进的测试仪表对交换机的各种性能进行调测，确保交换机系统的可靠性和稳定性。

3. 建立质量检验体系，确保调试工作顺利进行，保证工程质量。

三、适用范围

本工法适用于铁路新建、改建和扩建程控数字交换通信工程，亦适用于一般的程控数字交换通信工程。

四、工艺原理与关键技术

程控交换机的交换功能通过存储程序控制实现，设备由硬件和软件两大部分构成。在设备安装完毕后，除了对硬件进行测试外，还要进行软件的调试。运用交换机所具有的维护管理程序、测试程序和故障诊断程序等软件分别对交换机硬件和软件，局部和系统进行调试。在联网调试过程中，利用先进的测试仪表，监视交换网系统信号方式及其配合情况，使联网调试顺利进行。

程控数字交换通信工程调试工法的关键技术是：

1. 程控调试工法工艺流程；

2. 运用人机命令对交换机进行调试；

3. 运用交换机维护管理程序和故障诊断程序进行故障定位、排除故障；

4. 联网调试技术。

五、工艺流程

程控数字交换通信工程调试工法流程图见图 1。

(一)系统调试前的准备工作

1. 在系统调试前，保持机房清洁，检查机房的防静电、防电磁干扰及防火装置器材，应符合要求。机房温度、湿度应符合：18～28℃；相对湿度：30％～70％。

2. 交换机电源应符合

直流电压：$-48V^{+5}_{-6}V$。

3. 硬件检查

机架的各印刷电路板数量、规格、位置正确无误；设备的各种选择开关置于正确的位置上；各种熔丝规格符合要求，各机架接地良好，设备内部电源布线正确。

4. 通电

在确认主电源电压正常后，给交换机接上电源。

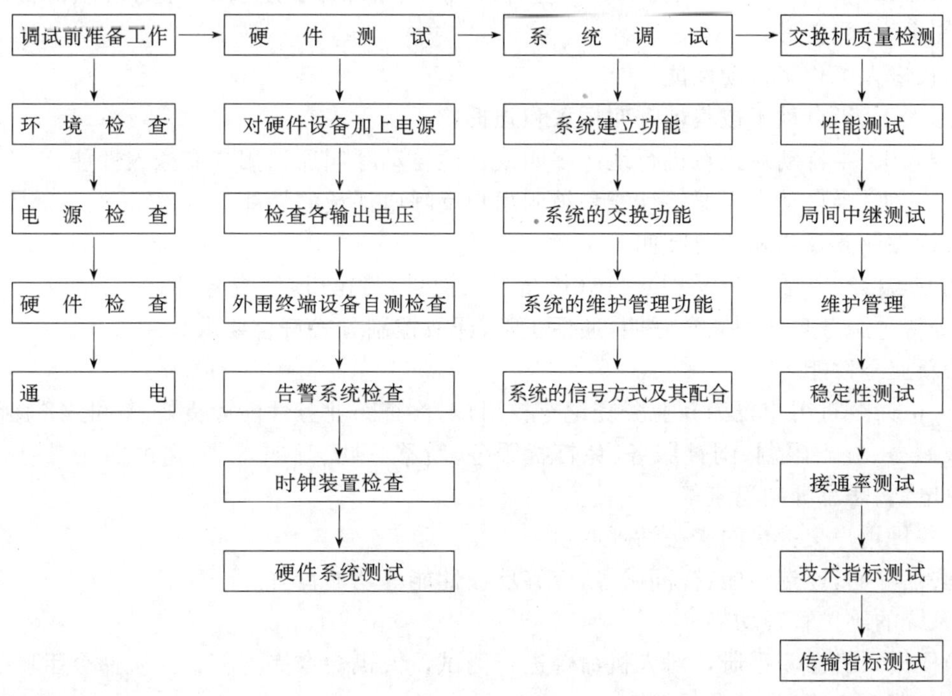

图 1　程控数字交换通信工程调试工法流程图

(二)硬件测试

交换机通电后，按操作程序，将各种硬件设备逐级加上电源，并检查所有变换器的电压应输出正确；对交换机的外围终端进行自测，确认正常；检查告警系统的告警装置应工作正常；时钟装置工作正常，精度符合设计要求；运用测试程序，通过人机命令对设备进行测试检查，确认硬件系统无故障。

(三)系统调试

1. 系统建立功能

(1)系统初始化

将装有软件的磁带装上磁带机，对交换机系统磁盘进行初始化和加载。用人机命令对交换机进行系统启动。初始化后确认交换机的所有模块进入正常运行状态。

(2)系统自动/人工再装入

人为制造模拟故障，使交换机系统需要全部软件再装入，确认交换机系统的自动/人工再装入能正常运行。

(3)系统自动/人工再启动

人为制造模拟故障，检查交换机系统的各级自动/人工再启动功能能正常运行。

2. 系统的交换功能

(1)本局及出入局呼叫

正常通话，摘机不拨号和位间超时，拨号中途放弃，久叫不应，呼叫空群和空号及链路忙等情况，交换机运行正常，功能良好。

(2)地区汇接呼叫功能良好。

(3)长途自动来去话呼叫

正常通话，被叫挂机再应答，久叫不应，被叫忙，中断忙，长途示忙，空号呼叫等情况，交换机运行正常，功能良好。

(4)长途人工和半自动性能

长途人工、半自动不被其他呼叫插入和强拆；

长途人工、半自动对正在进行地区呼叫或长途自动呼叫通话用户有插入性能；

长途人工、半自动有再振铃性能和被叫用户反呼电话员的性能。

(5)特种业务呼叫和紧急呼叫

用户拨 112(电话故障受理)、113(长途人工记录)、114(地区查号、问询)、119(火警)、110(匪警)等特种服务呼叫和紧急呼叫，通话正常，释放控制方式符合要求。

(6)新业务性能

用人机命令将用户设为新业务登记有权用户，检查新业务性能应良好。新业务包括缩位拨号、热线服务、呼出限制、闹钟服务、免打扰服务、转移呼叫、呼叫等待、遇忙回叫、缺席用户服务、会议电话、恶意呼叫追查等。

(7)各种用户交换机的来去话呼叫

来去话呼叫，连选性能、夜间服务，应答反极性能等功能良好。

3. 系统的维护管理功能

(1)根据人机命令手册，对人机命令进行测试，人机命令完全符合人机命令手册的内容。

(2)告警系统测试

对交换机系统的交换、传输、电源等进行摸拟故障试验，告警装置的各种可闻、可视信号动作可靠，告警指示和信息准确，记录完整。

(3)话务观察和统计

用人机命令对处理机、用户级、中继群和公共设备的运行状况进行观察统计，打印结果、输出结果正确；

用人机命令指定中继线和用户线进行话务观察，打印结果、输出结果正确。

(4)例行测试

用人机命令对用户线和用户电路的线路电阻、线间电容、绝缘电阻、杂散交流电压、直流电压、啸鸣音、电缆线对核对等作测试，检查输出结果应正确。

用人机命令对中继线和中继电路进行直流测试，交流测试，线路电阻和线路电容测试，检查输出结果正确。

用人机命令对公用设备、信号链路、交换网络进行例行测试，测试结果应正确。

(5)用户数据、局数据的管理

用人机命令对局数据的局间、中继线数量、路由、信令、发号位数等进行增删改的操作，通过呼叫确认，结果正确。

用人机命令对用户数据的用户号码、设备号码、类别和性能等进行增删改的操作，通过呼叫确认，结果正确。

(6)故障诊断和处理

对电源系统、处理机、交换单元和外围设备等进行摸拟故障试验，故障告警、主备用设备倒换、故障信息及排障过程良好。

系统自动或人工进行故障诊断，故障定位功能符合要求，打印报告准确。

4. 系统的信号方式及其配合

铁路电话交换网是一个专用网，交换网的信令标准与公用网相比有许多不同点。在铁路电话交换网中，交换机制式繁多，信令复杂。要使程控交换机进入铁路电话交换网正常运行，必须在程控交换机和其他原有交换机之间协调系统的信号方式及其配合。这项工作是联网调试的主要工作，目的是检查各类信令系统并确保整个网络正常工作，保证传输指标、同步性能及服务质量指标。其重点是设备与设备之间、交换局与交换局之间的配合工作。

(1)带内单频脉冲 2 600 Hz 信号方式

按照国标《电话自动交换网带内单频脉冲线路信号技术指标测试方法》(GB 5442—85)进行测试。其信号方式和技术指标符合铁标《铁路电话交换网带内单频脉冲信号方式》(TB 1689—85)。

在技术指标测试合格后，结合程控交换机的局数据设置，在存贮示波器配合下，对交换局局间的系统信号方式及其配合进行调试。调试方框图如图 2 所示。

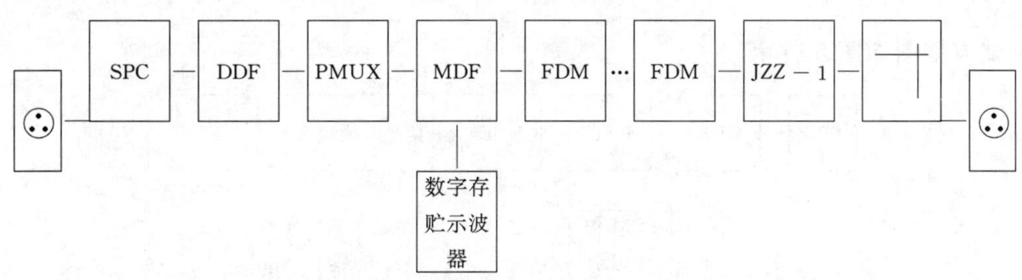

图 2　单频线路信号方式及其配合调试方框图

SPC—程控交换机；MDF—总配线架；十 —纵横制交换机；DDF—数字配线架；

FDM—频分复用设备；PMUX—PCM 复用设备；JZZ—自动电话载波接续机。

(2)数字型信号方式

数字型信号方式和技术指标应符合铁标《铁路电话交换网数字型信号方式》(TB 1690—85)。

在技术指标测试合格后，结合程控交换机的局数据设置，在 PCM 信令记录仪的监测下，对交换局局间的系统信号方式及其配合进行调试，调试方框图如图 3 所示。

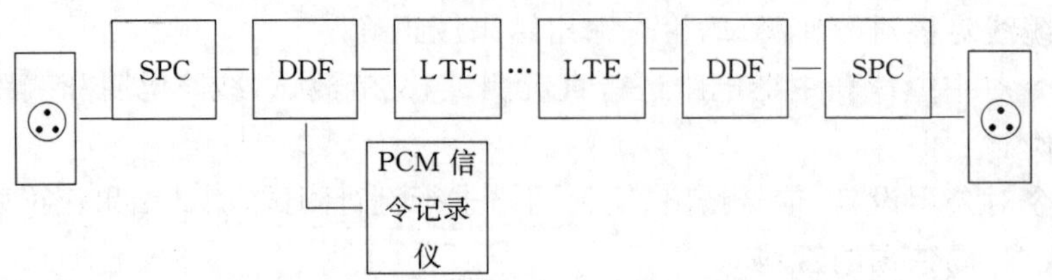

图 3　数字型信号方式及其配合调试方框图

SPC—程控交换机；DDF—数字配线架；LTE—PCM 线路终端设备。

(3)多频记发器信号方式

多频记发器信号方式和技术指标，应符合铁标《铁路电话交换网多频记发器信号方式》(TB 1692—85)。测试方法按照国标《电话自动交换网多频记发器信号技术指标测试方法》(GB 3971—83)进行。

在技术指标测试合格后，结合程控交换机的局数据设置，在多频信令显示仪的监测下，对交换局局间的系统信号方式及其配合进行调试，调试方框图如图 4 所示。

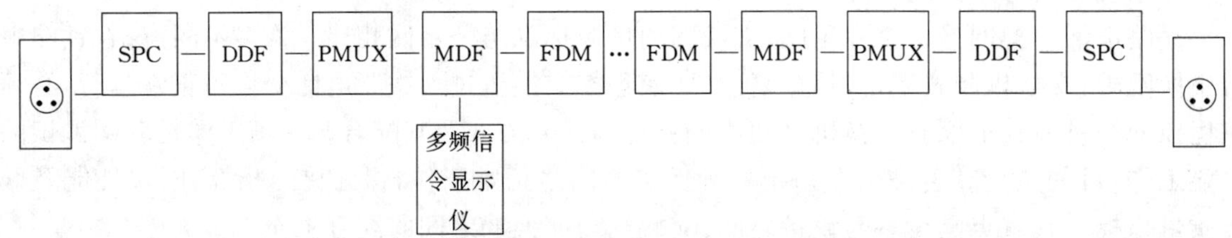

图 4　多频记发器信号方式及其配合调试方框图

SPC—程控交换机；DDF—数字配线架；PMUX—PCM 复用设备；

MDF—总配线架；FDM—频分复用设备。

(4)所间直流信号方式

所间直流信号方式和技术指标应符合铁标《铁路电话交换网所间直流信号方式》(TB 1691—85)。

调试方框图如图 5 所示。

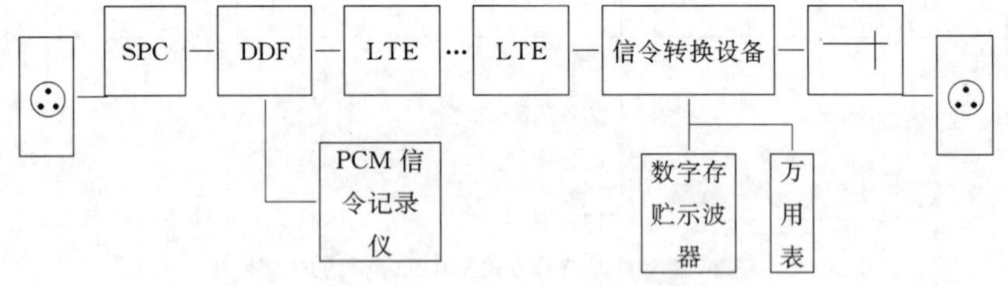

图 5　所间直流信号方式及其配合调试方框图

SPC—程控交换机；DDF—数字配线架；LTE—PCM 线路终端设备；—┼—纵横制交换机。

(四)交换机质量检测

1. 性能测试

(1)用户分类

分别对一般用户、限制用户、特种用户、同线电话用户、远距离用户，作地区、长途自动、市话、新业务呼叫。通话中无杂音、串音、单向通话、振鸣及接近振鸣等现象。用户分类明确、限制功能良好。

(2)新业务性能

用Ⅰ类用户对各种新业务逐一进行登记、试验和撤销，其功能应良好。

检验方法如表1所示。

表1　用户新业务项目检验

序号	项目	按键话机用户				号盘话机用户		
		登　记	撤　销	验　证	应　用	登　记	撤　销	应　用
1	缩位服务	*51*MN*P#	(1)"记新抹旧"同时完成 *51*MN*P# (2)单项撤销：#51*NM#		**MN (即全部采用2位制：MN编号方式)			
2	热线服务	*52*P#	#52#		摘机免拨号待5秒后接通	152P	151,152,	免拨号待5秒后接通
3	限制呼叫	*54*KSSSS#(注1)	#54*KSSSS#	*#54#		154KSSSS	151,154KSSSS	
4	闹钟服务	*55*$H_1H_2M_1M_2$#	(1)单相撤销：#55*$H_1H_2M_1M_2$# (2)全部撤销：#55#	*#55*H_1H_2 M_1M_2#	在定义时间向用户振铃	155H_1H_2 M_1M_2	(1)单项撤销 151,155H_1H_2 M_1M_2 (2)全部撤销 151,155	
5	免打扰服务	*56#	#56#			156	151,156	
6	转移呼叫	*57*T#	(1)在原登记处撤销：#57# (2)在转移处撤销：#57*Q#	*#57*T#		157T	151，157 在原登记处撤销	
7	呼叫等待	*58#	#58#			158	151,158	
8	遇忙回叫	*59#	#59#			159	151,159	
9	缺席用户服务	*50#(注2)	#50#			150	151,150	
10	追查恶意呼叫	事先向电话所登记			R拨号音(注3)，*33#响应,挂机	事先向电话所登记		拨"3"以上号码挂机

注1：K=1　表示限制全部呼出；

K=2　表示限制国际和国内长途自动呼出；

K=3　表示国际长途全自动呼出；

SSSS是密码。

注2：由代答设备回答。

注3：R—按一下"R"键或拍一下话机叉簧。

注4：*—作为登记新业务的前缀；

#—作为登记新业务的后缀和撤销新业务的前后缀；

P—被叫用户号码；

T—作为转移呼叫用户临时去处的电话号码；

Q—登记转移业务所用话机的用户号码；

MN—采用两位制的缩位(MN)拨号号码，M和N的取值均为0～9；

H_1H_2—表示小时，H_1取值0～2，H_2取值0～9；

M_1M_2—表示分钟，M_1取值0～5，M_2取值0～9。

(3)锁定性能

用户摘机久不拨号,20 秒后听忙音;两位号间不拨号,20 秒后听忙音;地区、长途自动被叫用户久不应答,超过 60 秒后听忙音。

(4)释放控制

地区和长途自动呼叫互不控制;话务员呼叫,主叫控制;特种服务,被叫控制。

(5)用户交换机的连选性能、夜间服务、应答反极性能应良好;

(6)对录音通知音逐条进行核实,输出正确,功能良好。

2.局间中继测试

(1)地区中继测试及市话呼叫应符合表 2 要求。

(2)长途中继测试应符合表 3 要求。

表 2　地区中继及市话呼叫测试

项　　目	测　试　方　法	指　标
正常通话,位间超时,拨号中弃,久叫不应,中继忙,被叫应答,一方先挂释放,呼叫空号	1.用话机呼叫测试每个局间的直达中继,包括来去话。 2.由发端局经汇接局呼叫终端局,测试每个局向的汇接中继(包括来去话汇接)。 3.每个项目抽测 3~5 次	良好

表 3　长途中继测试

项　　目	测　试　方　法	指　标
全自动呼叫:正常通话、被叫忙、中继忙、久叫不应、长途示忙、空号呼叫	1.用话机测试每个局间的直达中继,包括来去话。 2.由发端局经汇接局呼叫终端局,测试每个局间的汇接中继。 3.每项抽测 3~5 次	良好
半自动来话:正常通话、被叫再应答、回振铃、中继忙、久叫不应、长途忙、呼叫空号、插入通知	1.由用户经长途半自动台接至被叫用户进行自环测试。 2.每个项目抽测 3~5 次	良好
人工来话:正常通话、再振铃、被叫再应答、插入通知、强拆、中继忙、久叫不应、释放、呼叫空号	1.由人工台话务员接至被叫用户,进行性能测试。 2.每项抽测 3~5 次	良好

3.维护管理

检查系统调试中有关系统的维护管理功能测试记录,对其中的测试项目进行抽测,结果应符合要求。

4.稳定性测试

程控数字交换机稳定性测试的目的,是检查交换机的运行可靠性。通过测试确保交换机运行按要求的那样稳定,而且连接的质量满足程控数字交换机的技术规范。

用模拟呼叫发生器和人工呼叫相结合,对本局呼叫、出局呼叫、入局呼叫、转接呼叫等进行话务呼叫测试,统计故障率不应大于 0.1%。

将 12 对话机保持在通话状态 48 小时,在高话务量的情况下,48 小时后通话路由正常,有长时间通话信号输出。

5. 接通率测试

(1)局内模拟呼叫器大话务测试

在总配线架 MDF 上选择均匀分布在全局所有用户中的 60 个主叫用户,60 个被叫用户接入模拟呼叫发生器,连续测试 48 小时,输出测试结果,接通率不应小于 99.99%。

将模拟呼叫主被叫用户集中于数个用户级,使数个用户级均在接近满负荷运转,连续测试 48 小时,输出测试结果,接通率不应小于 99.99%。

在连续呼叫 48 小时的情况下,观察 20 对主被叫用户,分批取出总数为 2 万次呼叫的运行记录,接通率不应小于 99.99%。

(2)局间人工拨号测试

本局出入局自环测试接通率不应小于 99.99%;

对数字局出入局呼叫接通率不应小于 98%;

对模拟局出入局呼叫接通率不应小于 95%。

6. 技术指标测试

技术指标测试应符合表 4 要求。

表 4　技术指标测试

序号	测试项目及指标	检　验　方　法
1	号盘脉冲接收: 脉冲速度 8～14 脉冲/s 脉冲断续比(2.5～1):1 用户回路电阻≤200 Ω(含话机) 远距离用户电阻≤30 000 Ω(含话机)	参照国标《电话自动交换网用户信号技术指标测试方法》(GB 5444　85)
2	双音信号接收: 频偏±2%之内可靠接收;频偏±3%之外保证不接收;频偏±2%～±3%之间不保证接收。 电平: 双频工作时,单频接收 电平范围－4～－23 dB 双频电平差≤12 dB	参照国标《电话自动交换网用户信号技术指标测试方法》(GB 5444—85)
3	铃源与信号音: 铃源频率(25±3)Hz 输出电压(90±15)V 断续时间 1s 送 4s 断,偏差±10% 信号音频率(450±25)Hz (950±50)Hz 电平(－10±3)dBm (－20±3)dBm 催挂音 0～25 dBm (符合铁标 TB 1723—86)	参照国标《电话自动交换网铃源和信号音技术指标测试方法》(GB 5443—85)

7. 传输指标测试

程控交换机的传输测试项目和指标应符合下列要求,其中有 * 号的是必须测试项目,其余可视具体情况选择进行。

*(1)二线/二线衰减

模拟对模拟:3.5 dB(市内通话、有假线控制)

7 dB(长途通话,有假线控制)

7 dB(市内通话,无假线控制)

*(2)增益/频率特性

在模拟接口点输入 f=1 004 Hz 或 1 020 Hz 正弦波信号,其功率电平为-10 dBm0 时,模拟接口点之间的衰减频率失真应满足图 6 实线范围要求。

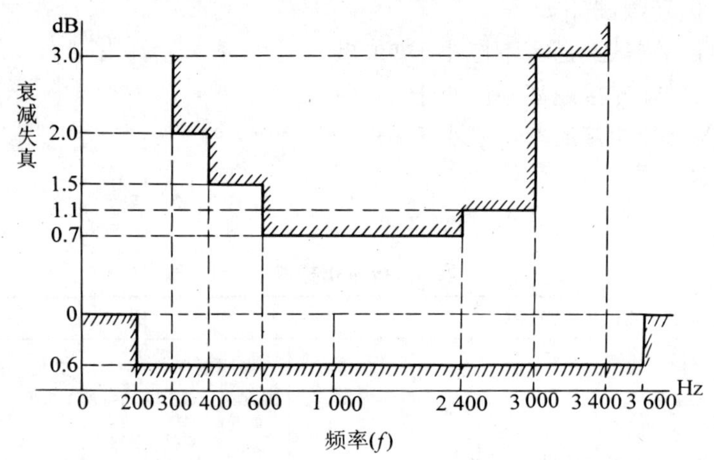

图 6 增益/频率特性

*(3)串音衰耗测试

通过交换机形成的两个连接通路,在最不利条件下(在空间或时间上最容易引起串音的场合),在频率 f=1 100 Hz,输入电平为 0 dBm0 时,串音防卫度不小于 67 dB。

*(4)增益/电平特性

可选用下述两种测试方法:

a. 将 350~550 Hz 带宽内的噪音信号,以-55 dBm0 至-10 dBm0 之间的电平加到任一信道的输入端,这个信道的增益相对于在输入电平为-10 dBm0 时,增益变化应处于图 7(a)所示的范围内;同时,一个频率在 700~1 100 Hz 范围内的正弦波信号,以-10 dBm0 至+3.0 dBm0 之间的电平加到任一信道的输入端,这个信道的增益,相对于输入电平为-10 dBm0 时的增益变化应处于图 7(b)所示的范围内。

b. 将一个频率为 700~1 100 Hz 范围内的正弦波信号,以-55 dBm0 至+3 dBm0 之间的电平加到任一信道的输入端,这个信道的增益对于输入电平为-10 dBm0 时的增益变化处于图 8 所示的范围内。

(5)衡重杂音

由编解码过程引起的杂音应不超过-65 dBm0p。

(6)群时延失真

一个传输方向群时延失真对二线音频口 Z 之间应满足图 9 所示的范围。

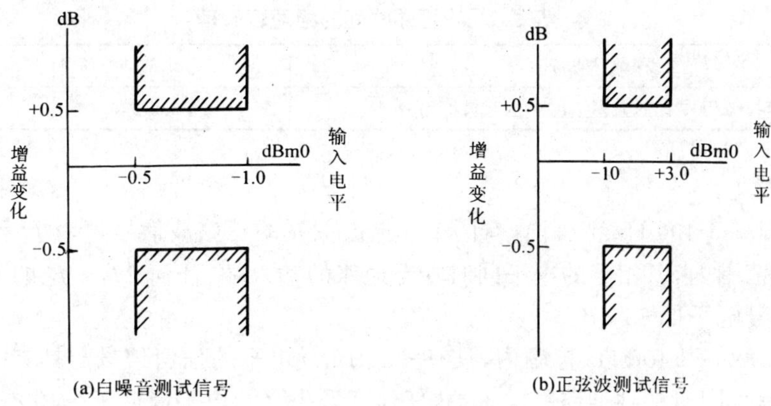

图 7　增益/电平特性

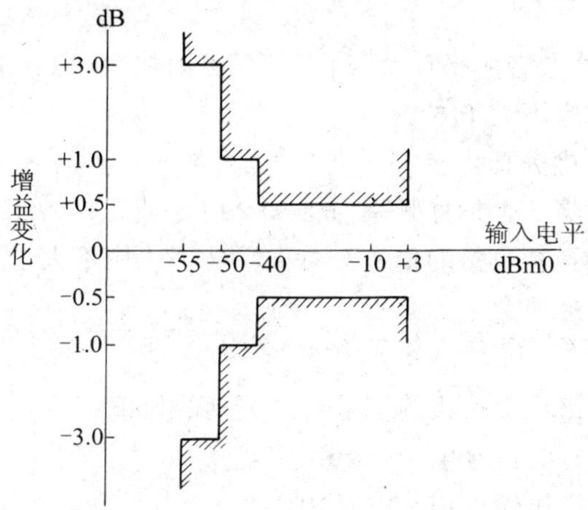

图 8　增益/电平特性

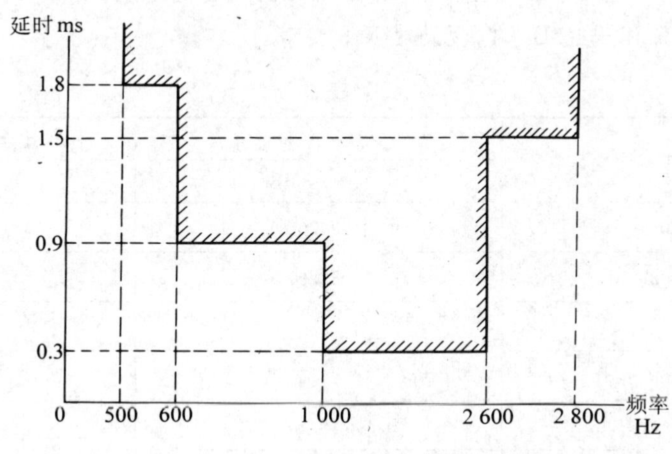

图 9　群时延失真

(7)绝对群时延

通过交换机由用户至用户间的绝对群时延应满足表 5 数值。

表 5　用户至用户间的绝对群时延

二线模拟接口间	平均值	95%的数值
由模拟用户 A 至模拟用户 B 加上模拟用户 B 至模拟用户 A	$<3\ 000\ \mu s$	$\leqslant 3\ 850\ \mu s$

(8)互调失真

在频率 300～3 400 Hz 范围内，有两个非谐波关系的正弦波信号频率 f_1 和 f_2，并且在－4～－21 dBm0 范围内，以相等的电平同时加至通路的输入端，任何 $2f_1-f_2$ 的互调失真电平应比任一输入信号电平低 35 dB。

在频率为 300～3 400 Hz 范围内，具有－9 dBm0 电平的任何信号与具有－23 dBm0 电平的 $f=50$ Hz 信号同时加到通路的输入端，任何互调失真的电平应低于－49 dBm0。

(9)单频杂音

任一单频，特别是取样频率及其信号频率的电平应不超过－50 dBm0。

(10)脉冲杂音

交换局在忙时的脉冲杂音的平均次数，在 5 分钟内超过－35 dBm0(相对零电平点绝对功率电平)的脉冲杂音次数应不大于 5 次。

(11)总失真(包括量化失真)

对二线模拟音频口，将一个标称频率为 $f=820$ Hz 或 1 020 Hz 的正弦波信号加到一个信道的输入口，以适当的杂音衡重量的信号对总失真功率比应不大于下式计算的数值：

$$S/N_T=L_S+L_0-10\log_{10}\left[10^{\left(\frac{L_S+L_0-S/N}{10}\right)}+10^{\left(\frac{L_N}{10}\right)}\right]$$

式中　S/N_T——修正后市话交换机的信号对总失真的比值；

L_S——测试信号的信号电平 dBm0；

L_0——市话交换机输出相对电平 dBr；

S/N——PCM 通路转换设备的信号对总失真的比值；

L_N——－67 dBmp，由模拟设备起作用而引入的衡重杂音。

当 $L_0=-8$ dBr 和－4 dBr 时，应满足表 6 要求。

表 6

输　入　电　平	信　　杂　　比	
	$L_0=-8$ dBr	$L_0=-4.0$ dBr
0 dBm0	33.0	33.0
－10 dBm0	32.9	33.0
－20 dBm0	32.0	32.6
－30 dBm0	27.5	30.0
－40 dBm0	18.4	21.5
－45 dBm0	13.4	16.5

六、机具设备

程控数字交换机调试用主要机具见表 7。

表 7　主要机具表

序号	名　　称	单位	数量	型　号	用　　途
1	数字万用表	套	1		检查各种电源电压
2	对号器	个	1		检查硬件设备的各种配线是否正确
3	试验话机	台	20	脉冲双音频型	呼叫试验用
4	模拟呼叫发生器	台	2		大话务量测试，接通率测试
5	数字存贮示波器(100M)	台	1	TEK2430	信令测试
6	PCM 信令记录仪	台	1	EDR31	数字型信令测试
7	多频信令显示仪	台	1	2TFK76215	多频记发器信令测试
8	频率计	台	1	E312A	频率测试
9	PCM 通路测试仪	台	2	MS371	传输指标测试
10	常用工具	套	1		
11	电烙铁	把	1		

七、劳动组织

程控数字交换机调试一般以班组为单位，人数 8 人左右，其中技术人员 6 人，熟练工人 2 人。

(一)调试前准备工作的人员配置

4 名技术人员负责核对设备印刷电路板数量、规格、位置及各种熔丝、布线等检查；

2 名技术人员负责蓄电池、整流器、配电盘等电源设备的检查；

2 名熟练工人负责配线对号，机房环境检查等零星工作。

(二)硬件测试

调试人员：3 名技术人员

记录：1 名

资料整理：1 名

硬件调试配合人员：2 名

(三)系统调试

交换机调试人员：3 名

接口设备配合人员：2 名

记录：1 名

资料整理：1 名

(四)交换机功能检测

测试人员：3 名

配合人员：2 名

记录：1 名

资料整理：1 名

八、质量控制

(一)质量标准

本工法除应执行《铁路通信施工规范》(TBJ 205—86)和《铁路通信工程质量评定验收标准》(TBJ 418—87)等有关规定外，在调试过程中还应执行以下标准：

1.在系统信号方式及其配合的调试中应执行下列标准

《铁路电话交换网用户信号方式》(TB 1688—85)；

《铁路电话交换网带内单频脉冲信号方式》(TB 1689—85)；

《铁路电话交换网数字型信号方式》(TB 1690—85)；

《铁路电话交换网所间直流信号方式》(TB 1691—85)；

《铁路电话交换网多频记发器信号方式》(TB 1692—85)；

《铁路电话交换网自动电话交换机的信号接口》(TB 1693—85)；

《电话自动交换网带内单频脉冲线路信号技术指标测试方法》(GB 5442—85)；

《电话自动交换网　多频记发器信号技术指标测试方法》(GB 3971—83)。

2.技术指标的测试应符合下列标准

《电话自动交换网用户信号技术指标测试方法》(GB 5444—85)；

《电话自动交换网　铃源和信号音技术指标测试方法》(GB 5443—85)；

《铁路电话网铃流和信号音》(TB 1723—86)。

(二)质量控制点

1.参加程控交换机的工程技术人员必须掌握程控交换原理、PCM 通信原理，接受过技术培训，熟悉程控交换机的硬件系统和软件系统，掌握交换机的操作维护手册。

2.运用交换机故障诊断程序，通过人机命令对交换机进行故障监测，对所发生的故障进行定位，及时排除故障。

3.在联网调试中，充分了解铁标信令的特点，运用必要的测试仪表进行监测，确保系统各设备之间的配合良好，信令畅通。

(三)质量检验

质量检验是确保程控数字交换机系统质量的关键。本工法在程控数字交换通信工程调试中采用全过程质量管理，对调试过程中的每个工序、每个阶段都制订了质量标准及检验措施。质量检验作为一项不可缺少的内容，成为本工法工艺流程的一个组成部分。

质量检验的项目、指标及检测方法参见本工法工艺流程中的交换机质量检测的有关内容。

九、安全注意事项

本工法应遵守铁道部标准《铁路通信施工技术安全规则》(TBJ 405—87)，在调试过程中还应注意以下事项：

1.保持机房卫生。机房的温度、湿度等满足机房条件，落实机房消防措施，并有专人负责。

2.在系统调试前，要特别注意对电源电压、各种熔丝规格的检查，防止电压过高对设备产生破坏。

3.需更换插件板时，应严格按照操作维护手册的要求，将对应硬件退出服务，逐级切断电源，并戴上防静电手环才能拔插印刷线路板。

4.定期生存交换机后备磁带，以免交换机软件数据丢失。

5.在作局数据及用户数据增、删、改操作时，应按操作维护手册的要求进行，并作好打印报告，以备查阅。

6.使用仪表前应确认电源电压符合仪表电源要求后，方可接通使用。

十、效益分析

近年来，铁路通信网出现了从模拟向数字转换的趋势。程控交换机与步进制、纵横交换机相比，有着很大的优越性，程控交换机可组成大容量的全利用度无阻塞线群，因此具有接续速度快，接通率高的特点；由于采用大规模集成电路，程控交换机集成度高，大大减少了机房面积而且其耗电少，故可节省投资；程控交换机可对用户和话局管理提供各种新业务，它还具有集中管理、维护方便、便于通信网的网络管理和规划。

本工法针对程控数字交换工程的调试，明确了测试标准，测试方法和检验标准，使施工规范化、标准化。运用本工法，能在较短的时间内，完成程控数字交换机的调试，确保交换机的系统质量，确保交换机开通后能顺利地正常运行。同时，也保证了工程工期按时完成，使先进的通信设备早日投入运行，从而加强铁路通信网的通信能力，更好地为铁路运输服务。

运用本工法进行程控工程调试，使广大工程技术人员系统掌握了程控调试的全过程，提高了人的素质，积累了程控施工的经验。本工法，对促进铁路通信建设，推动我国铁路通信现代化的发展，起到了一定的作用。就此而言，本工法具有深远的社会效益。

十一、工程实例

1. 广州地区万门程控交换机工程

该工程交换机系引进英国 GPT 公司的 X 系统。整个工程包括三个交换局和两个远端模块。在施工中，我们克服了技术新、质量要求高、工期紧、工程复杂等困难，运用本工法，对交换机进行了全面的调试，层层把关，保证了工程质量。1990 年 6 月 30 日，该工程顺利开通。

2. 柳州地区 5 000 门程控交换机工程

该工程交换机采用上海贝尔 S-1240 系统，数字—模拟接口转换设备由上海铁路通信工厂生产。柳州程控数字交换工程是我国铁路首次全部使用国产设备的工程。运用本工法，整个工程仅用了 5 个月的时间就顺利竣工，于 1991 年 12 月 22 日割接开通，其主要性能、技术指标达到了国外同类产品的水平。柳州程控数字交换工程的开通，改善了柳州铁路地区的通信状况，同时，为铁路推广程控设备国产化奠定了基础。

执笔：王志麟

4. 铁路光通信系统调试工法

TLEJGF—92—93

上海工程公司

一、前　　言

光纤通信是在70年代初发展起来的，它的问世有划时代的意义。

光纤通信吸收了当今世界微电子、光学发展的最新成果，应用了大规模集成电路、微机监控等先进技术。因此，光纤通信系统的调试是整个光纤通信工程的技术难点，也是直接影响工程质量的关键环节。这就要求在调试过程中，充分利用设备的监控功能，并运用系统管理的方法，在较短时间内，高质量地完成光通信系统调试工作。目前，国内各施工单位承担的光纤通信工程一般由厂家派员指导，并负责调试和开通。

上海工程公司承担京郑8芯单模长波长140 Mbit/s光通信工程，于1988年7月组织技术力量，加强技术攻关，运用科学管理技术和方法，安装、调试、开通了京郑的保石、石邢、邢邯、邯安光通信数字段，并研究、开发出本工法。京郑、郑武(郑许段)、胶济光通信系统采用本工法调试后，通过了铁道部电务试验及使用单位联合验收，各项技术指标均符合国际ITU—T有关建议，施工进度及质量得到使用单位的一致好评。

二、工法特点

1. 消化、吸收光通信系统的技术特点，系统地研究设备技术难点，加强科学管理，合理安排人力、物力。

2. 充分利用设备本身具有的监控功能，完成安装检查，在调试过程中监测系统的工作状态，确定故障点，并由监控设备完成一定数量的测试。

3. 配置有限数量的仪表，在完成光系统调试的同时，完成竣工测试。

4. 在整个调试过程中，严格控制质量，一切用数据说话。

5. 本工法具有投资少、见效快、调试工期短等优点。

三、适用范围

本工法适用于调试各家公司生产的具有微机监测功能的8 Mbit/s、34 Mbit/s、140 Mbit/s长途和地区光通信系统，其中包括光设备、高次群复用设备及PCM基群设备。

四、工艺原理

各种型号的光通信系统都由光终端设备、复用设备、监控设备、切换设备、业务联络电话这几个主要部分组成。各个系统单元及有关电源设备都有告警插入电路(I/O)来监测各个单元功能电路的工作状况，经告警或维护总线，有关中央处理器收集并处理告警信息，并以可见(或可闻)信号方式反映出来。同时，监控中心站的微机(或PC机)经光通信系统中的辅助通道把各站中央处理器所获得的告警信息汇总并处理，以一定格式打印出来。监控中心的微机(或PC机)并能完成一定范围的功能测试，这样就大大提高了调试人员的工作效率。通过监控设备不但能使调试人员准确确定故障性质，查找故障点，了解系统工作状态，而且能完成一定数量的竣工测试,大大减少仪表费用。

本工法关键技术:工艺流程。

五、施工工艺及流程

(一)工艺流程(见图 1)

(二)工艺方法

1. 本端站调试

(1)调试准备工作

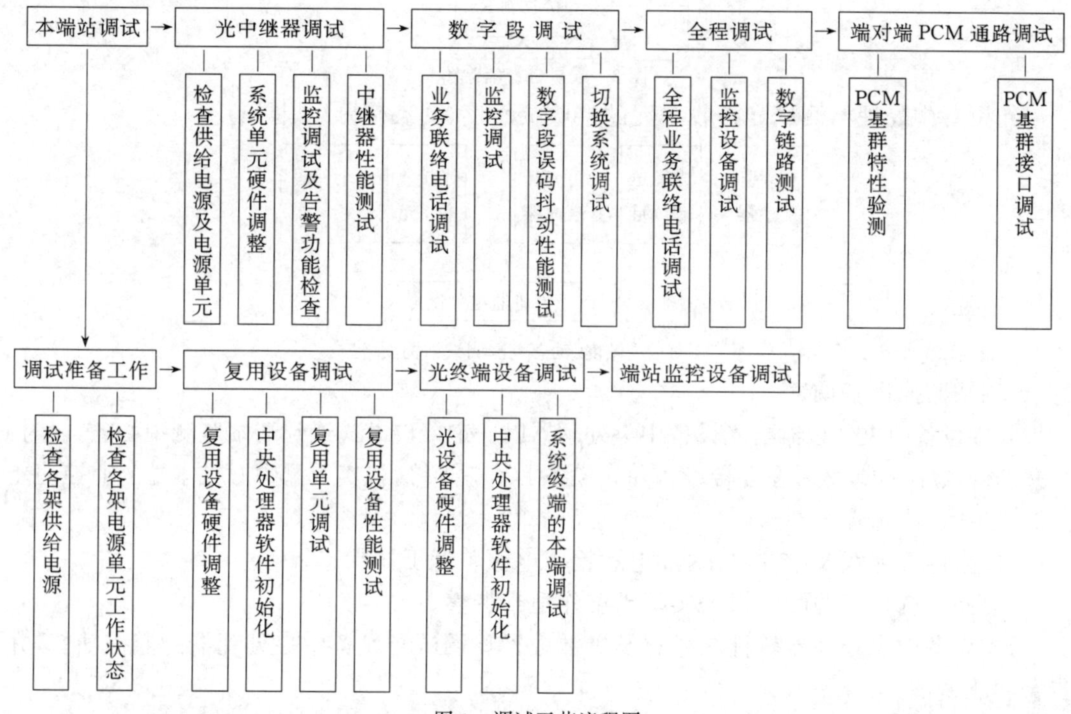

图1　调试工艺流程图

a. 认真检查电源线,测量供给电源电压。

b. 把电源供给单元插入电源供给子架,测试输出电压,与标准进行比较,如有超出范围,调换电源供给单元。

取出电源供给单元。把其他所有单元插入子架,再插入电源供给单元,测试系统供给电压一遍,与标准比较。

(2)复用设备调试

a. 参考设备资料,根据使用情况,调整硬件。

b. 按复用设备中央处理器要求给出各复用单元的地址,并初始化其参数。

c. 调测各复用单元时钟。由复用设备中央处理器检查复用单元工作状态及其同轴配线,并用复用设备中央处理器调试告警功能。

d. 在最高次复用设备的高次群侧环回,用复用设备中央处理器监测整个复用设备,看有否误码及其他告警。

(3)光终端设备调试

a. 根据实际需要调整各单元的硬件。

b. 将光设备中央处理器的软件初始化,并正确设置参数。

c. 消除终端告警。把电接口自环，发送单元的光输出与接收单元的输入经光纤自环线自环（如图 2）。要求中央处理显示一切正常。

d. 调整激光管输出功率，用光设备中央处理器测试激光器的偏置电流和调制电流。

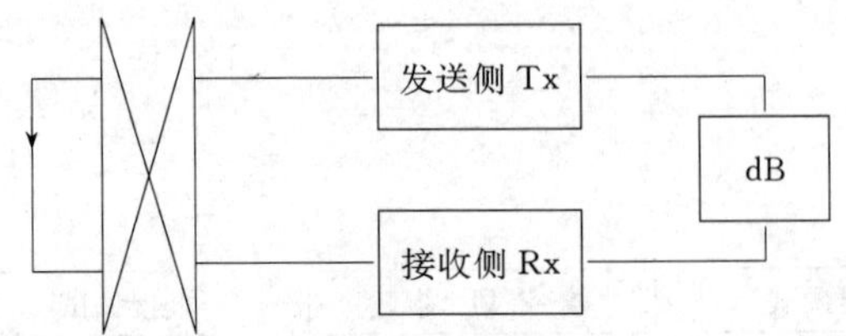

图 2 端机告警消除图

用光设备中处理器测试光接收单元的接收灵敏度、动态范围（如图 3）。

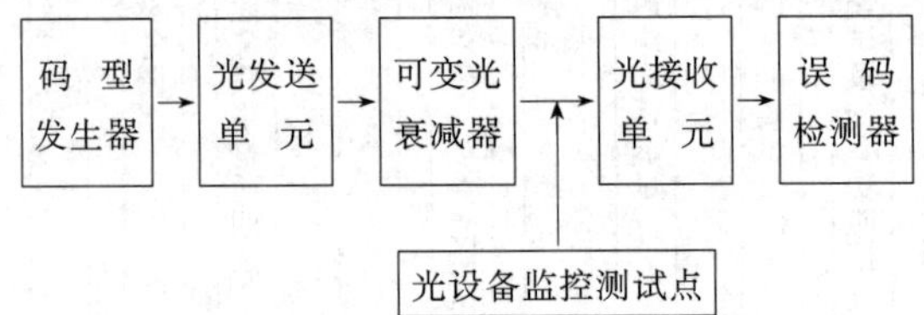

图 3 灵敏度、动态范围测试结构图

（4）端站监控设备调试

把复接设备中央处理器与光设备中央处理器以一定接口方式连到端站监测中心（一般为 PC 机），并进行软件调试，然后在复接设备和光设备上制造告警，核实监测中心在本端的监控功能。

2. 光中继器调试

（1）检查电源配线及电源电压，加电后检查电源单元工作状态。

（2）对光系统单元的硬件根据实际需要作适当调整。

（3）光设备中央处理器软件初始化及参数设置。调试光设备中央处理器的监控功能，并进行告警功能调试。

（4）用光设备中央处理器测试中继器激光器的偏置电流、调制电流、动态范围、灵敏度。

用光设备中央处理器调试激光器的自动保护功能。

3. 数字段调试

（1）业务联络电话调试，在选呼成功的基础上试验组呼功能。

（2）把各站的复用设备中央处理器和光设备中央处理器都纳入监控中心站的微机（一般为 PC 机）监控之下，并调试监控中心对各站设备的监控功能。

（3）数字段误码、抖动性能测试

数字段误码性能测试，如图 4。

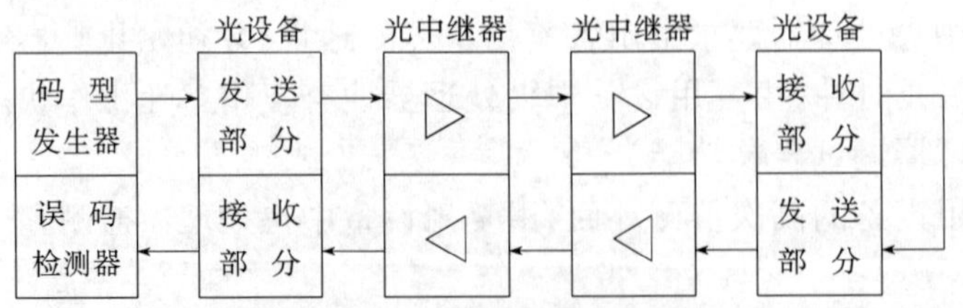

图 4 数字段误码性能测试框图

码型发生器发送相应的伪随机测试信号序列，用误码检测器在相应电接口进行测试，测试时间为 24 小时。有主、备用系统的光传输系统应分别测试。

数字段及数字链路长期平均误码率指标，如表 1 所示。

表 1　数字段及数字链路长期平均误码率指标

比特率(kbit/s)	长期平均误码率	伪随机测试信号
2 048	$n\times10^{-9}$	$2^{15}-1$
8 448	$n\times10^{-10}$	$2^{15}-1$
34 368	$n\times10^{-10}$	$2^{23}-1$
139 264	$n\times10^{-11}$	$2^{23}-1$

误码秒

ES≤0.000 128 %/km

严重误码秒

SES(BER 10^{-3})≤0.000 001 6 %/km

在数字段误码率和误码性能测试时，可同时用监控设备监测整个光系统的状态，如有误码或其他异常情况，可及时操作监控设备确定故障点，迅速找到故障原因，直至排除故障。

数字段抖动性能测试，见图 5。

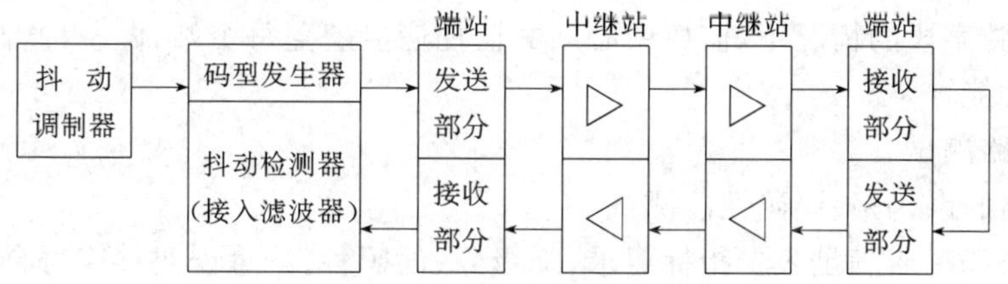

图 5　数字段抖动性能测试框图

无输入抖动时的最大输出抖动、输入口最大输出抖动下限值和数字段抖动转移特性的测试结果必须分别符合表 2、表 3、表 4 指标要求。

表 2　无输入抖动时最大输出抖动

比特率(kbit/s)	输出口最大抖动容限值		测量用滤波器带宽：低频截止频率为 f_1 或 f_3，高频截止频率为 f_4		
	低频限制 $f_1\sim f_4$ (UI_{p-p})	高频限制 $f_3\sim f_4$ (UI_{p-p})	f_1(Hz)	f_3(kHz)	f_4(kHz)
2 048	0.75	0.2	20	18	100
8 448	0.75	0.2	20	3	400
34 368	0.75	0.15	100	10	800
139 264	0.75	0.075	200	10	3 500

表 3　输入口最大容许输入抖动下限值指标

比特率(kbit/s)	抖动幅度(UI_{p-p})			调制数字信号的正弦信号频率					伪随机测试信号
	A_0	A_1	A_2	f_0 (Hz)	f_1 (Hz)	f_2 (Hz)	f_3 (kHz)	f_4 (kHz)	
2 048	36.9	1.5	0.2	1.2×10	20	2 400	18	100	$2^{15}-1$
8 448	152	1.5	0.2	1.2×10	20	400	3	400	$2^{15}-1$
34 368		1.5	0.15		100	1 000	10	800	$2^{23}-1$
139 264		1.5	0.075		200	500	10	3 500	$2^{23}-1$

抖动转移特性为：

$$J=20\frac{输出抖动幅度}{输入抖动幅度}$$

输入抖动幅度不得超过输入抖动容限值。并且数字段抖动转移特性的最大增益不应超过 1 dB。

表 4 抖动转移特性测试频率

比特率(kbit/s)	f_0(Hz)	f_5(Hz)	f_6(kHz)	f_7(kHz)
2 048	10	40	1.34	100
8 448	10	100	3.35	400
34 368	10	300	10.05	800
139 264	10	500	16.75	3 500

(4)切换系统调试

人为造成切换条件,核实切换动作是否正常,并推算切换动作时间,看其是否符合要求。

4. 全程调试

(1)在多个数字段的情况下,所有业务联络电话试验选呼和组呼功能。

(2)在多个数字段的情况下,监控中心站的监控应能覆盖每个站,做各种告警试验,核实监控中心的监控功能。

(3)数字链路测试

a. 数字链路的误码率、误码性能测试

长期平均误码率应满足表 1 指标要求,降级分、误码秒、严重误码秒应符合下列规定:

降级分

DM(BER 10^{-6})≤0.000 16 %/km

误码秒

ES≤0.000 128 %/km

严重误码秒

SES(BER 10^{-3})≤0.000 001 6 %/km

b. 数字链路输入口最大容许输入抖动下限值测试和输出口最大容许输出抖动测试

输入口最大容许输入抖动下限值必须符合表 3 指标要求。

输出口最大容许输出抖动指标符合表 5 指标要求。

表 5 输出口最大容许输出抖动指标

比特率(kbit/s)	输出口最大抖动容限值		测量用滤波器带宽:低频截止频率为 f_1 或 f_3,高频截止频率为 f_4		
	低频限制 $f_1\sim f_4$ (UI_{p-p})	高频限制 $f_3\sim f_4$ (UI_{p-p})	f_1(Hz)	f_3(kHz)	f_4(kHz)
2 048	1.5	0.2	20	18	100
8 448	1.5	0.2	20	3	400
34 368	1.5	0.15	100	10	800
139 264	1.5	0.075	200	10	3 500

5. PCM 通路调试

(1)音频特性测试

PCM 音频特性 6 项指标测试结果必须符合国际 ITU—T 建议的规定。

(2)根据各种接口要求连接话机,试验各种接口功能。

六、机具设备

表 6　光传输系统调试主要仪表和机具表

序号	名　称	单位	数量	参考型号	主　要　用　途
1	数字万用表	只	1		测试电压
2	传输分析仪	套	1	ME520B	码型发生,检测误码抖动
3	光功率计	台	1	16XT	测试光功率
4	光衰耗器	台	1	MN95D	光发送接收环回用
5	抖动调制发生器	台	1	MS370A	调制抖动信号发生
6	PCM 特性测试仪	台	2	MS371	音频通路测试
7	GB-IB 接口线	根	2		码型发生器与抖动调制器配合用
8	音频测试线	根	4		测试音频口特性
9	高频测试线	根	4		DDF 架与传输分析仪连接用
10	高频环回线	根	24		DDF 架上复接口环回
11	光纤测试线	根	3	不同型号设备不同	与光衰耗器、功率计配合使用
12	电压测试辅助线	根	2		与万用表一起测试电源供给电压
13	防静电护腕套	只	4		防止拔取单元盘时静电击坏单元盘
14	工具	套	2		处理故障,安装存在问题用
15	中型仪表车	辆	1		搬运仪表,调试人员转移用

传输分析仪应能至少 24 小时不间断监测误码,能同时打印出误码率、误码个数、严重误码秒、固有抖动峰值。并能加进抖动调制信号,能测试 2 Mbit/s、8 Mbit/s、34 Mbit/s、140 Mbit/s 信号,并能发送伪随机序列 $2^{15}-1$、$2^{23}-1$ 人工码。

光衰耗器的可调节范围至少在 0 dB～50 dB。

抖动调制发生器应能产生 0 UI～10.25 UI 的抖动,频率范围应能满足 20 Hz～1 000 MHz。

PCM 特性测试仪应能测试 PCM 的 6 项特性。最好具有自动测试功能并能自动打印。

七、劳动组织

所需定员与计划工作量和工作熟练程度有关,在光纤接续完毕后,尾纤已接上并已完成光缆全程测试的条件下,一般只需 4 个技术人员、10 个工人及 1 辆仪表专用车(配司机 1 人),10 个工人不必在整个调试过程中都参与。

1. 开始端站本机调试,由 1 个技术人员操作仪表,2 人改动设备,1 人记录,发现并确定问题后由 2 个熟练工人来动手改正。

2. 一个端站调试结束,由 4 名技术人员及 2 名熟练工人带仪表去另一端站进行本端调试。

3. 端机调试结束,2 名技术人员去中继站调试,1 名技术人员返回另一端站,另 1 名技术人员留在端站,同时每站配 2 名工人。

4. 在业务电话试通后,调试监控系统进行 24 小时监测误码时,每站 3 人值班,发现问题技术人员及时解决。调试及切换系统后,由两端站负责调接口。

在安装问题少，设备没有重大问题的情况下，一般一个端站本机调试需 2 天，途中 1 天，去中继站半天，中继站每个需 1 天，端对端调试需 10 天，即完成一个数字段光系统调试正常情况需 17 天左右时间。

八、调试注意事项

1. 设备加电前必须检查电源极性、电压值，防止电源极性接反或电源电压不正常造成设备损坏。

2. 拔取单元必须带静电防护手腕。

3. 端站的站内调试必须彻底，这样可及早发现问题，减少人员在数字段调测时的来回跑动。

4. 断开、接上光尾纤要小心，每次重新接上光尾纤之前必须清洗光尾纤活动接头。

九、调试质量控制

光传输设备调试之前，必须经过质量检查，并进行有关技术参数的测试，把测得值与设备出厂测试记录比较，以便确定设备质量。光缆敷设前要进行单盘测试，与光缆出厂测试记录进行比较，以便发现光缆出厂后存在的质量问题。

（一）质量标准

光传输系统经本工法调试后，各项指标必须符合设计的全程质量标准以及国标、ITU—T 建议中《数字网络——传输系统和复用设备》的有关指标规定。

（二）质量控制

采用本工法，要保证调试质量，调试人员应有较高的素质，有较强的全面质量管理的观念。

在调试过程中，用监控中心的微机、复用设备中央处理器、光设备中央处理器监控整个光系统的工作状态。一有异常情况，发挥监控中心的故障定位功能，迅速确定故障点，派员排除故障。

每一项测试都是分部质量检验的过程，一切用数据说话。在测试过程中所获得的数据，必须用正规表格认真整理，仔细分析，发现不符合指标要求的数据，绝对不能轻易放过，要综合分析调试过程、测试结构、测试原理，找到造成数据不合格的原因，并经处理后，再重新测试这些数据，直至所有数据符合指标要求。整理出来的测试数据可以作为竣工资料交给使用单位。

（三）质量检验

本工法质量检验的关键环节就是检验监测系统、勤务电话系统的功能，数字链路的误码性能测试及抖动性能测试、音频特性测试。要求监测系统、勤务电话系统所具有的功能必须与工程设计的全程质量标准要求一致。数字链路的误码率要符合表 1 指标，误码秒 ES$\leqslant$0.000 128 %/km，严重误码秒 SES(BER 10^{-3})$\leqslant$0.000 001 6 %/km。数字链路的输入口最大容许输入抖动下限值应符合表 5。PCM 音频特性的通路电平、净衰减频率特性、增益随输入电平的变化、空闲信道噪声、总失真、路际串音电平等 6 项测试值必须符合音频特性测试的有关指标要求。

十、效益分析

按本工法调试光通信系统，把竣工测试融合在整个调试过程中，就能以较快速度完成调试任务，保证系统顺利通过验收和开通。

目前，光通信系统一般都由厂家派人到现场调试。这就需化费一笔不小的开支，且工程单位并不能掌握工程开通的主动权。采用本工法调试各种进口光通信系统，不仅能掌握开通的主动权还能为工程省下一笔昂贵的外国专家现场技术服务费和招待费。

开通一个光通信工程，就能为运输部门提供大容量的通道，并为提高运输效率提供服务。

采用本工法，能使我们接触、了解、掌握新技术，从而提高企业素质，推动企业技术进步。本工法的社会效益是十分明显和重大的。

十一、工程实例

1.1990 年 3 月京郑光纤通信工程的保定—石家庄段调试采用了本工法。

调试小组先后从保定、石家庄进行本端调试，查出并处理了存在的一些问题。接着去新乐、定州进行光中继架调试，解决了存在的问题(光终端架内尾纤故障)。

然后，调试监控系统，并进行链路测试、切换功能试验、PCM 话路调试。

通过二个多星期的努力，调试工作基本完成，经北京局电务试验室、京郑光缆技术组、所辖电务段及铁道部电务试验室联合验收，所有抽验项目均达到国际 ITU—T 建议的有关规定。

石家庄—保定段首次在没有外国专家的情况下完成系统调试，不仅为工程节省了 3 万荷兰盾(约 12 万人民币)，还培养了一批光电设备开通调试人才。

此外，京郑线石家庄—邢台、邢台—邯郸、邯郸—安阳等光数字段，应用本工法调试也均成功地开通，并投入运行。

2.胶济线的济淄数字段光通信系统是采用本工法调试的。调试人员克服了设备说明书不全，设备到货不齐等困难，仅用约 2 周时间，完成调试任务，使该工程在 1991 年 12 月 29 日顺利开通，得到济南局的赞扬。同时节省外国专家指导费 9 万元人民币。

3.郑武光通信工程的郑许段，采用本工法。在英国专家指导下调试光通信系统，完成调试工作，并顺利开通。其进度在整个郑武光通信工程中处于领先地位，获得郑武两线指挥部的表彰，为郑武电气化作出了贡献。

执笔：谢亚文

5. 光电综合水线缆接续工法

TLEJGF－94－32

上海工程公司

一、前　　言

本工法为指导光电综合水线缆的施工接续而研究开发。适用于单钢丝光电综合水线缆直通头的接续。

为保证水线缆接头的抗拉强度，采用单钢丝水线缆专用的GDZS-A型锥形紧固结构承力盒。光纤由高精度熔接机接续，并置于S型光纤自由伸展盘内；四芯组接续，采用扭接加焊；金属护套连接则采用钎焊工艺，并用PE热可缩管和EVA胶防腐。

水线接续由经过培训并取得合格证的技术工人上岗操作。

GDZS-A型锥形紧固承力盒，于1992年3月经过通号总公司审定。

光纤和四芯组的接续、金属护套的连接与防腐、钢线覆铠、承力盒的组装是本工法的关键。

1992年，在沈大、济青光电综合缆工程的太子河和淄河水线接续中应用本工法，均获得成功。

二、特　　点

1. 光电综合水线缆接续器材全部国产化。

2. 采用了光纤束自由伸展盘(自由伸展度为±10 mm)，可确保大跨度水线敷设中光纤良好的稳定性。

3. 金属护套连接采用钎焊工艺，厚度为8 mm的高强度铅套管可承受0.3～0.35 MPa气压，整个裸铅部位用PE热可缩管加EVA胶防腐，使之具有良好的气闭性和抗腐性。

4. 采用锥形紧固结构承力盒，不仅简化了覆铠操作工艺，由于接续后的抗拉强度和防腐性能均优于本缆，故其敷设时，仅需适当降低航速；敷设后的防护则与本缆相同，从而方便现场施工。

5. 全面质量管理体现在本工法中。

三、适应范围

本工法适用于长江、黄河以及其他通航的江、河、湖泊中，GQ241型和GQ43型光电综合水线缆的直通头连续。

四、工艺原理

1. 光纤接续采用熔接法。四芯组接续采用扭接加焊法，保证足够小的接触电阻。

2. 光纤束在自由伸展盘中的S形盘留，使光纤束在盘内有±10 mm的伸展距离，保证光纤有足够的抗拉强度和弯曲半径。

3. 铅主、副套管采用铅封焊法，以保证接头密封性能。

4. 覆铠采用金属机械连续结构，即通过锥形紧固承力盒与本缆钢线连接，以增强接续处的抗拉强度。

五、施工工艺

(一)工艺流程(见图1)

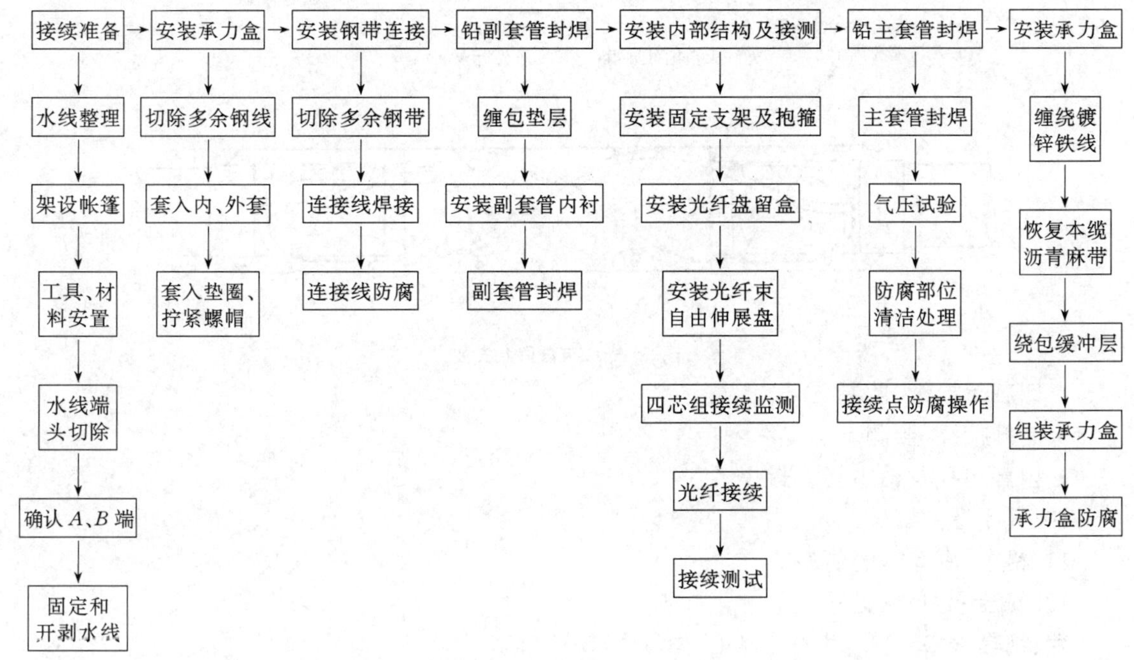

图 1　光电综合水线缆接续工艺流程图

(二)工艺操作

1. 准备工作。

2. 安装承力套(图 2)。

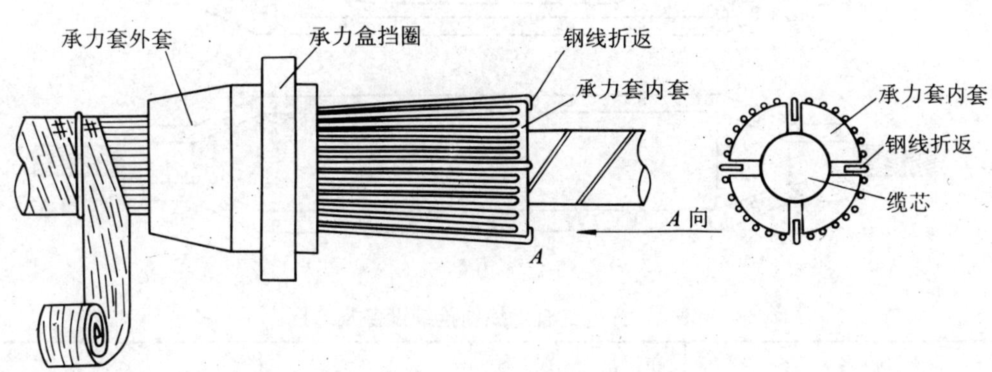

图 2　承力套安装

3. 安装钢带连接线。

4. 铅副套管封焊。

5. 安装固定支架及抱箍。

6. 安装光纤盘留盒和光纤自由伸展盘

(1)将自由伸展盘与光纤盘留之间的光纤束盘成 C 形，进出口处用 PE 热可缩管将光纤束固定；

(2)光纤束自由伸展盘内的光纤束盘成 S 形(图 3)。

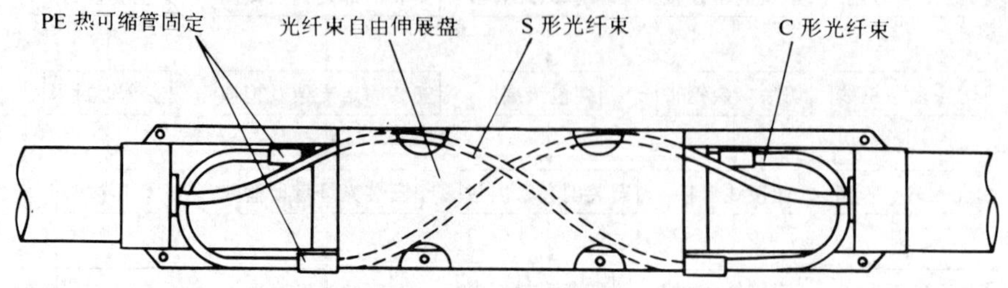

图 3　光纤束盘留盒安装

7. 四芯组接续、监测。

8. 光纤接续、监测。

9. 内部包扎及铅主套管封焊。

10. 气闭性能试验。

11. 铅主、副套管的防腐。

12. 安装承力盒(见图 4)。

六、机具设备

光电综合水线缆接续所用主要机具见表 1。

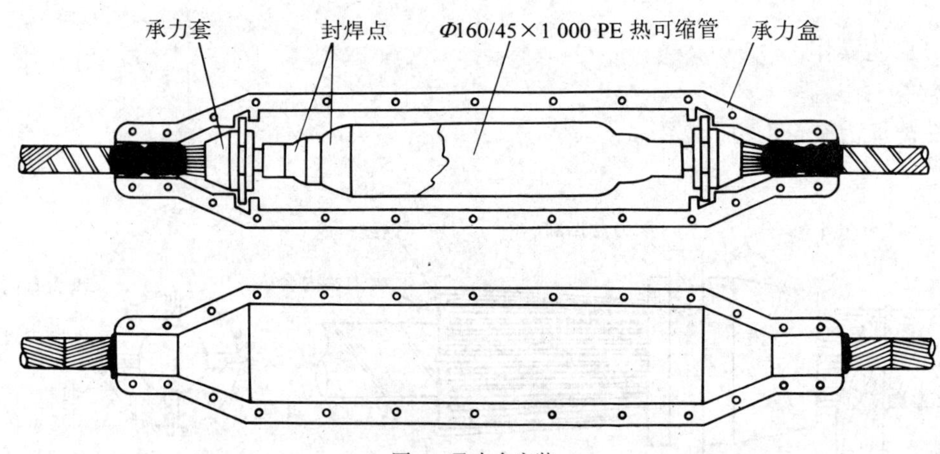

图 4　承力盒安装

表 1　光电综合水线缆接续设备及工具

序　号	名　　称	单　位	数　量	规　　格	用　　途
1	发电机	台	1	(800～1000)W/220 V	野外供电
2	稳压器	台	1	500 W	电源稳压
3	熔接机	台	1		光纤熔接
4	光时域反射仪	台	1	OTDR　1.3　μm	
5	光纤连接器	只	1		
6	测试光纤	盘	1	带 FC 头	测试用
7	电风扇	台	1	台　式	
8	电吹风	把	1		
9	电话机	只	2		通讯联系

续上表

序号	名　　称	单位	数量	规　　格	用　途
10	工作灯	只	2	60 W	照　明
11	充气帐篷	顶	1	3～5 m	
12	太阳伞	把	1		
13	皮老虎	把	1		帐篷充气用
14	接头箱	只	1		
15	材料箱	只	1		
16	工作台	只	1		接续光纤用
17	工作椅	把	3		
18	除尘气球	只	2		
19	光纤切割刀	把	2		
20	镊　子	把	2		
21	剪　刀	把	2		
22	验电笔	支	1		
23	电烙铁	把	1	150 W	
24	喷　灯	只	2		
25	克丝钳	把	1	25 mm	
26	偏口钳	把	2	130 mm	
27	螺丝刀	把	2	70×6	
28	钢锯弓	把	1		
29	活扳手	把	2	250 mm	
30	卷　尺	把	2	3 m	
31	电工刀	把	2		
32	木　锤	把	1	中　号	
33	接锡盘	只	1		
34	焊　布	块	2		
35	组合工具	套	1		
36	操作台	只	4		
37	小材料盒	只	2		
38	缠线板	把	2		
39	断线钳	把	1	300 mm	
40	锉　刀	把	1	200 mm	
41	护套开剥器	把	1		剥外护套用
42	防护眼镜	副	3	变色	光纤接续用
43	记录夹	块	2		
44	铁　锤	把	1	0.75 kg	
45	火烙铁	把	1		
46	承力套扳手	把	1	966 mm	承力套安装
47	梅花扳手	把	2	14×17	
48	电源接线板	块	3	线长 10 m	

七、质量控制

（一）质量标准

光纤接续损耗及盘留弯曲半径，均符合铁道部标准《铁路单模光缆接续标准》(TB 2168—90)的规定；四芯组接续及铅主、副套管的封焊，均符合铁道部标准《铁路通信施工规范》(TBJ 205—86)的规定。接续后的抗拉强度不小于GQ 241型和GQ 43型光电综合缆的设计抗拉强度(20 kN)。

(二)质量控制

1.影响质量的因素分析

(1)因水线缆的生产量相对较小，生产厂家应对光纤的来源进行控制，对参数进行筛选，尽量做到光纤相互匹配。

(2)人的因素：操作人员应严格遵守操作工艺细则，有较强的工作能力、责任心，并能熟练掌握仪表的使用。

(3)仪表的因素：接续、测试仪表的精度及操作方法。

2.质量控制点

(1)承力套的组装；

(2)内部结构安装；

(3)光纤及四芯组接续、测试；

(4)铅主、副套管封焊和防腐；

(5)承力盒组装。

(三)质量检查

1.光纤熔接质量用光时域反射仪(OTDR)进行监测；

2.四芯组接续质量：测试其电阻及绝缘；

3.气闭性质量检查：充入0.3～0.35 MPa气压无漏气；

4.随工检查安装内部结构、防腐、承力盒组装质量。

八、劳动组织

光电综合水线缆接续的人员为：接续点3人，测试点3人，司机1人，发电机维护1人，杂工1人，合计9人。

接、测人员必须经过专业技术培训，能熟练掌握操作程序和质量控制要点，而且均需持证上岗；发电机维护应经过专业培训，能够熟练管理发电机并能处理临时出现的故障。

九、安全注意事项

1.应遵守铁道部标准《铁路通信技术安全规则》(TBJ 405—87)的有关规定。

2.施工前，应事先与当地水文、气象和有关单位联系，充分掌握水文、地质、气候等资料，确认在河流水位较低季节进行接续施工，以确保人身与设备安全。

3.敷设时，水线缆及接头的入水角度，宜控制在45°(可略大于)。接头入水前后，应减低航速。

4.光纤系玻璃纤维，切割下的光纤要收集在容器内，以免刺伤人。

5.OTDR系激光仪表，严禁肉眼直视激光发射端孔。

6.确认电源电压符合仪表要求，并确认仪表在关机状态时才能接通电源。

十、效益分析

本工法采用承力盒，不仅具有独创性(填补了水线缆接续器材的空白)，而且使水线接续规范化、标准化。

水线缆原有的覆铠工艺，劳动强度大，所需工时多，且不能保证接续点达到本缆的抗拉强度。

在长江、黄河等河流的水线施工中，每个接头仅覆铠工艺一项，约需10～12工日。在太子河等水线施工中，应用本工法，覆铠工艺需4～5工日，提高工效一倍，并大大降低了劳动强度，同时接续点的抗拉强度(40 kN)和防腐性能均优于本缆。

本工法的推广应用，不仅具有一定的经济效益，由于抗拉强度的提高，对水线缆的安全使用，具有较好的社会效益。

十一、工程实例

本工法1992年9月首次在沈阳—大石桥铁路光电综合缆太子河水线(宽约990 m)工程中应用，1992年10月在济南—青岛铁路光电综合缆工程中，淄河水线(宽约400 m)应用，均保质保量提前完成接续任务，受到用户好评。

执笔：朱鹤群　曹俊敏

6. 在既有明线路上架空光缆线路施工工法

TLEJGF－95－29

上海工程公司

本工法系针对齐齐哈尔至富裕架空光缆高寒地区试验工程需要进行研究开发。适用于在既有架空明线路上挂设架空光缆线路的施工。

由于既有架空明线路杆高的限制，架空光缆的架设位置，一般在两排横担之间，因而施工时确保使用中的架空明线路的安全，是十分重要的，也是施工难点之一。本工法采用钢绞线作吊线，并通过抱箍和夹板固定在电杆上，光缆则用挂钩吊挂在吊线上。

光缆的接续，采用高精度的光纤熔接机进行电弧熔接。整个接续过程中，进行质量控制。由经过培训并取得合格证的工人上岗操作。光纤熔接后的防护、光纤盘留后合理的弯曲半径是光纤熔接质量的保证。本工法采用国产GJK-16DC-Ⅲ型架空光缆连接器。该连接器用于杆上固定式架空光缆的连接（直通或分歧），具有重量轻、结构紧凑、操作简便、维护方便等特点。苏州光电缆施工工艺研究所Ⅲ型架空光缆连接器质量管理小组，1993年4月被评为铁道部"优秀质量管理小组"。该连接器于1995年8月经通号总公司组织鉴定。鉴定证书：(95)铁通技鉴07号。

一、特　　点

1. 架空明线路的加强，钢绞线和光缆的架设，采用传统工艺和机械牵引，对既有线路的影响较小。

2. 光缆接续器材全部国产化，且施工、维护方便。

3. 光纤接续采用电弧焊接，其接续损耗小、长期稳定可靠性好。

4. 施工工期短、投资省。

二、适用范围

本工法适用于在既有架空明线路上架设光缆。

三、工艺原理

1. 线路架设

把钢绞线盘或光缆盘架在新型放缆架上，通过牵引钢绞线或光缆加强件，并通过滑轮进行架设。

2. 光纤接续

(1)端面制备。采用光纤切割刀，使光纤端面形成与轴线垂直的镜面。

(2)对准。依据光纤熔接机的不同，可采用监控光功率的方法或直接观察纤芯位置法。

(3)熔接。光纤在电弧作用下，自身熔化合为一体。

(4)增强。采用热可缩加强管对光纤熔接部位增强。

3. 光纤接续损耗的测量方法

(1)光时域反射法。光时域反射仪分别置于光缆（或光中继段）两端，利用后向散射法，测量光纤的衰减、衰减常数、接续损耗、长度等。

(2)介入损耗法。利用光源、光功率计在光端机或光中继器的终端盒光连接板上进行测试，可检测光中继段光纤平均损耗。

四、施工工艺

(一)工艺流程(见图1)

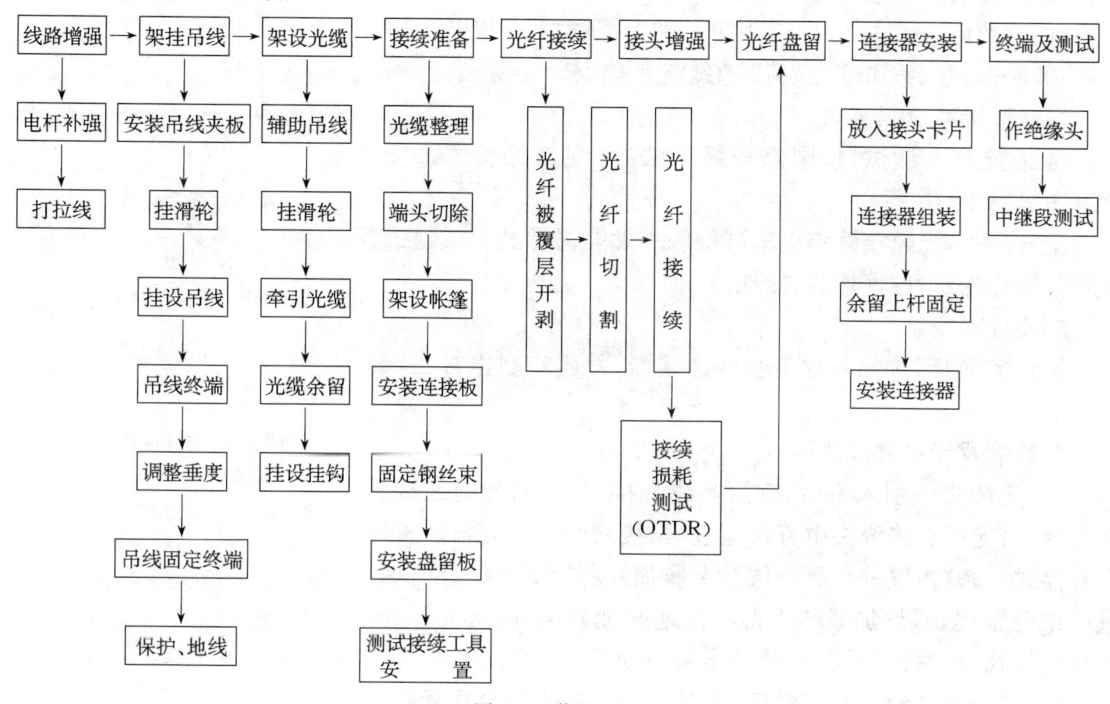

图1　工艺流程图

(二)工艺操作

1.线路增强

拉线加固，角杆、终端杆、引入跨越杆及地形急剧变化或土质松软地区的线路应加固。在较长直线路上，可于适当中间杆上加设对面和顺线拉线。直线路上电杆两侧杆距相差较大时，在杆距较小的一侧设置拉线。拉线的设置和程式，应符合设计文件规定。

2.架挂吊线

(1)在电杆上安装钢绞线夹板，并挂好滑轮，逐根电杆牵引钢绞线，做好一侧终端、调整好垂度后，上紧杆上夹板，并做好另一侧终端。

(2)新设顺线拉的电杆，应设防雷地线，可采用顺电杆表面引下方式。其接地电阻应符合设计规定。

(3)全悬浮式，吊线每隔1.5～2.0 km，做好电气绝缘。非全悬浮式，应按设计规定，做好连通、接地。

3.架设光缆

(1)从光缆盘至吊线间做一个辅助拉线，并在辅助拉线和吊线上挂好滑轮，然后以机械进行牵引。在地形急剧变化的地段（如长大杆距、坡度变化、连续转角等），可采取由线路中间向两端架设、8字盘放分段架设、增加滑轮数量、在杆上人工辅助等方法，以确保光缆架设安全。

(2)引入通信站、中间站余留不少于5 m。

(3)中间站引入，在引入杆地下余留不少于 2 m。

(4)光缆接头余留，根据杆高再另加 2～3 m(每端)。余留采用“O”型留在电杆一侧，固定在吊线和支撑横铁之间，见图 2。

(5)接续后接头盒内光纤收容余长不应少于 1.2 m。

(6)在角杆、分歧杆及轻负荷区直线路上每隔 3～5 根电杆余留 0.5～0.8 m。中、重和超重负荷区直线路上每根杆均作余留。

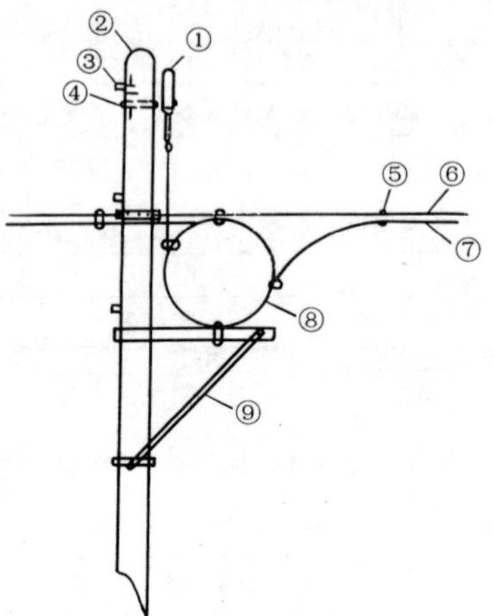

图 2 架空光缆连接器固定及余留示意图

①—架空光缆连接器；②—电杆；③—横担；④—连接器固定抱箍；⑤—扎线；⑥—钢吊线；⑦—架空光缆；⑧—余留光缆(φ> 700 mm)；⑨—余留光缆托架[尺寸(mm)：50×50×5×1000、50×5×1300]。

4. 光缆接续及测试

光缆接续及测试，按国家一级工法《光缆施工接续工法》(YJGF 67—92)执行。

全悬浮式，光缆接续点应电气绝缘。非全悬浮式，光缆接续点应按设计规定，做好连通、接地。

5. 连接器安装

接续完成后，按操作规定组装连接器，并固定在电杆上，参见图 2。

6. 终端及光中继段测试

(1)光缆进入引入室后，宜用本缆直接引入，用光缆连接器作绝缘头，光纤在绝缘头中直接通过后，接到光纤收容器。采用全悬浮式时，室内室外金属护层及金属加强芯应断开彼此绝缘；室内部分金属护层、加强芯不得与接地的金属构件、机壳连通。非全悬浮式，应按设计规定，做好连通、接地。

(2)整个中继段接续完成后，应对每根光纤进行全程衰减测试。每根光纤的实测衰减不应大于设计计算值。

(3)采用光时域反射仪(OTDR)测试 $A \rightarrow B$ 方向和 $B \rightarrow A$ 方向的散射信号曲线图，并将打印结果归档。

(4)每根光纤接续损耗的平均值应小于 0.12 dB。

(5)光中继段的传输特性检验方法，应符合 TB 10424—93 的规定。

五、劳动组织

1. 线路增强

依据工期要求，可配备一个或多个班组。一个班组的人员配备为 6～8 人，其中：指挥 1 人，杆上作业 2 人，辅助工 3～5 人。

2. 吊线及光缆架设

(1)挂设吊线 10～11 人，其中：指挥兼看线 1 人，安装滑轮、夹板 3～4 人，杆上吊线作终端 2 人，掌握放缆架、钢绞线盘 2 人，汽车司机及牵引吊线 2 人。

(2)架设光缆 10 人，其中：指挥 1 人，杆上作业、安装滑轮 3 人，汽车司机及牵引 2 人，掌握放缆架、光缆盘 2 人，光缆挂钩、余留 2 人。

3. 光缆接续测试

由 9～10 人组成，指挥由接续或测试人员兼任。人员组成为：光纤接续 2 人，司机 1 人，设备搬运 3～4 人，发电机维护看守 1 人，测试 2 人。

以上人员中，杆上作业人员，应经技术培训。接续、测试人员应经技术培训并取得上岗证。司机必须执证驾驶。发电机维护人员应培训，并能处理故障。

六、机具设备

线路增强、吊线光缆架设、光缆接续测试的主要机具设备，见表 1、表 2、表 3。

表 1　线路增强主要机具设备(一个班组用)

序　号	名　　称	规　　格	单　位	数　量	备　　注
1	铁　锹		把	3	
2	铁　镐		把	3	
3	钢　钎	长 1.5～2 m	把	3	
4	脚扣及保安带		套	3	
5	紧线器	350～400 mm	副	3	

表 2　吊线及光缆架设主要机具设备

序　号	名　　称	规　　格	单　位	数　量	备　　注
1	放缆架		副	1	
2	单槽滑轮		百个	1～2	
3	紧线器		副	2	
4	钢　轴	50 mm	根	1	
5	破坏钳		把	1	
6	脚扣及保安带		套	5	
7	电缆滑椅		个	2	
8	牵引机		个	1	以汽车为动力
9	汽　车	卡　车	台	1	
10	垂度尺		个	2	

表 3　光缆接续测试主要机具设备

序　号	名　　称	规　　格	单　位	数　量	备　　注
1	发电机	800～1 000 W	台	1	
2	稳压器	500 V 磁式	台	1	
3	熔接机		台	1	
4	光时域反射仪		台	1	
5	充气帐篷	7 m	顶	1	
6	工作台		个	1	
7	工作灯	60～100 W	个	1	
8	勤务电话		只	2	通信联络
9	吹风机		把	1	
10	光纤工具箱		只	1	
11	材料箱		只	1	
12	光纤切割器		只	2	
13	光纤连接器		只	1	
14	喷　灯		只	2	
15	防护眼镜		副	2	
16	破坏钳		把	1	
17	电子喷枪		把	1	

七、质量控制

(一)质量标准

本工法遵守下列铁道部标准:

《铁路光缆数字通信工程质量评定验收标准》(TB 10424—93);

《铁路通信工程质量评定验收标准》(TBJ 418—87)。

(二)质量控制

1.影响质量的因素分析

(1)生产厂家:应对光纤、钢绞线的来源进行控制,对参数进行筛选,并对生产过程进行严格的质量控制。

(2)操作人员:应增加责任心,严格遵守操作工艺,熟练使用仪表。

(3)仪表的因素:接续、测试仪表的精度和操作方法。

2.质量控制点

(1)吊线挂设后,线路强度、线条垂度及吊线垂度。

(2)光缆的弯曲半径应大于 320 mm(或光缆直径的 15 倍)。

(3)光纤的端面制作、清洁、增强防护、余留及弯曲半径。

(三)质量检查

1.线路部分加强随工检查。

2.用 OTDR 检查单盘光纤的衰减、长度及有无断纤。

3.接续质量,在全过程中监测,盘留后复测。

4.二个站间接完后,反方向测试所有光纤的接续损耗,发现异常应予检查、克服。每个接头的损耗为两方向接续损耗的平均值。

5.光中继段测试,应符合 TB 10424—93 的规定。

八、安全措施

应遵守铁道部标准《铁路通信技术安全规则》(TBJ 405—87)。根据架空光缆的特点,还应遵守:

1.吊线架挂前后,应认真检查线路强度,避免因加挂架空光缆而引起线路强度降低。

2.吊线架挂时,操作人员应有高度的责任心,避免金属物件撞击明线条,而影响通信。

3.架挂吊线,由工班组长统一指挥,操作人员应听从指挥。牵引吊线,应注意保持速度均衡,避免突然起动或停止,在牵引起动之初、牵引索与钢绞线的接头通过滑轮时,均应适当控制牵引速度和钢绞线的放出速度,尽可能使钢绞线沿直线前进。

4.光缆架设,牵引力应控制在光缆允许拉力以内,牵引速度限制在 15 m/min 以下,并应保持恒定,不得突然起动或停止。

5.切割下的光纤应用容器收集、处理,不得到处乱丢,以免刺伤人。

6.激光仪表,严禁用肉眼直视激光发射孔,以免灼伤眼睛。

7.确认电源电压符合仪表要求,并确认仪表在关机状态时,才能将电源接入仪表。

8.光纤接续,需在环境温度-5℃以上时期进行,雨天及大雾天严禁接续。

九、技术经济分析

在既有明线路上架挂光缆,同直埋光缆相比,具有工期短、投资省等优点。

1.工期比较

齐富工程,从明线路加强直到完成光缆接续,全长 65 km,实际用时 3 个月,用工 7 871 工日，平均每公里用工为121.1工日。

根据1992年的铁道部《铁路工程预算定额（通信工程）》，统一按平原地区、普通土的定额计算（TY—0036和TY—1289），8芯直埋光缆每公里用工为291.81工日。则齐富工程光缆线路架设部分实际用工仅为直埋方式的41.5%，节约工时58.5%，从而线路部分工效提高一倍多。

2.投资比较

（1）8芯光缆，机械工业部1993年4月编印的产品目录价，架空每km为2.35万元，直埋每km为3.04万元，差价为0.69万元。

钢绞线，现行价每吨约0.7万元（1×7×2.6），每km重为0.318 t，则每km价格为0.223万元。

架空光缆和钢绞线每km成本合计为2.57万元，与直埋光缆相比，每km差价为0.467万元，则齐富工程可降低成本约30.3万元。

（2）国产连接器，每只价格约850元，日本进口同类产品价格约230美元，按1∶8.4的比价折算人民币为1932元，则37个接头可节约4.0万元。

仅以上两项合计，齐富架空光缆工程可比直埋光缆降低成本34.3万元。同时因节约工时58.5%，工费也相应地有较大的减少。

十、工程实例

本工法应用于齐齐哈尔—富裕架空光缆工程。1992年仅用3个月的时间，完成了65km明线路加强、架挂吊线、架设光缆，以及37个接头的接续任务；光端机（两个通信站）的安装，也只用了一个月时间。其间因进口基群设备到货较晚，全工程于1993年12月28日通过验收，顺利开通。全线接头平均损耗为0.051 dB，每根光纤的平均衰减为26 dB。

1993年8、9月间，在相继开工的沈阳—吉林（495 km）、吉林—哈尔滨（287 km）等架空光缆工程中，应用本工法也获得成功。这二个工程，均于1995年6月20日竣工，整个工期约22个月。但扣除因原订光缆不合格又重新订货、东北地区冬季无法施工、水害等影响而延误工期，线路部分的施工，实际工期约为9个月左右（多段同时架挂），取得了较好的效果。沈局、哈局都对线路工程给予了“优良”的评价。

执笔：宋立人

7. 拖轮快放敷设通信水线缆工法

TLEJGF—95—30

上海工程公司

本工法针对通信水线缆的敷设进行研究开发。适用于在通航的河流(如长江、黄河)中,敷设光电综合水线缆或小同轴综合水线缆、长途对称水线缆。

随着通信建设的不断发展,在通航的河流中,敷设各种通信水线缆将逐渐增多。本工法采用拖轮快放,无需购置专用敷缆设备,具有敷缆速度快、封航时间短、投资相对较省等特点。

1987 年和 1991 年,在敷设长江第二、第三条水线缆时,应用本工法均获得成功,封航时间均不足 1 小时。1987 年长江第二条水线缆敷设工程,被通信信号公司评为“优质工程”。本工法施工工艺及其关键技术,于 1995 年 10 月,通过通号总公司组织的技术鉴定,鉴定证号:(95)铁通技鉴字 12 号。

一、特　　点

1. 拖轮快放,敷设速度快,封航时间短。

2. 采用常规设备,无需购置专用敷缆设备,投资相对较省。

3. 接续采用国家级工法《光电综合缆接续工法》(YJGF 37—94),敷设时仅需适当降低航速,敷设后的防护与本缆相同。

二、适用范围

本工法适用于水深、流速及航运密度均较大的通航河流(如长江、黄河)中,敷设光电综合水线缆、小同轴综合水线缆、长途对称水线缆等。

三、工艺原理

水线缆经接续且气压稳定后,按双 8 字形,将全部水线缆盘放在船舱面上(见图 1),由有足够动力的拖轮牵引前进,随即将水线缆沿航行经路敷设入水。

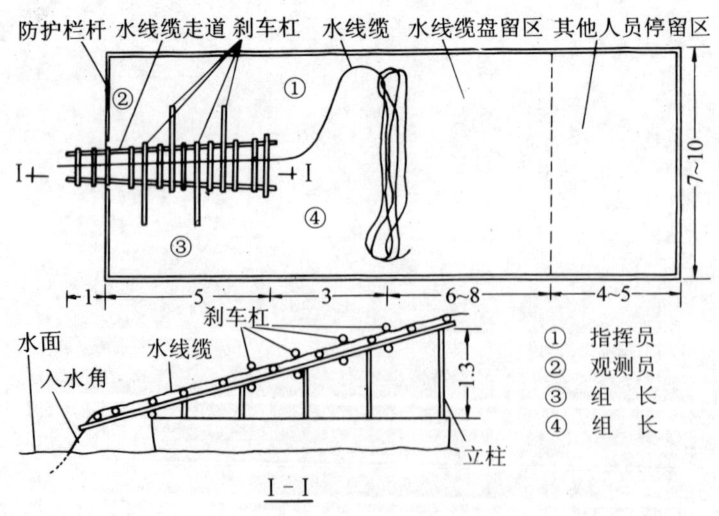

图 1　敷缆工作船示意图　单位:m

四、施工工艺

(一)工艺流程(见图 2)

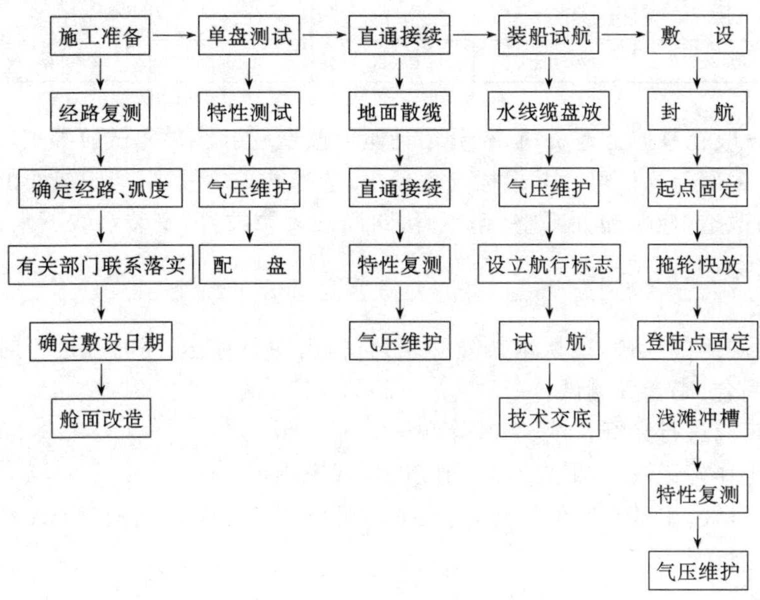

图 2　工艺流程图

(二)工艺操作

1. 施工准备

依据设计文件,进行施工复测,确定水线缆的起止点、预留、终端、穿越大堤、敷设径路等。并与规划、城建、水利、水文地质、气象台站、水上公安、港监、航运、航道、大堤管理等部门联系,得到认可并商定施工期、配合方案。

施工期宜选择在河流水位较低的枯水季节,特别注意避开汛期、雨季。

施工复测时,应掌握河流的有关情况,主要是:

用流速仪每隔 50 m 测一次水线缆水中径路的流速,水线敷设弧度较大时,则测三个断面:基线、中点、顶点(图 3,AA′、BB′、CC′)的河面、河床两个流速。

用回声仪,每隔 10 m(河床变化大的,应适当加密)测一次水深,绘出 AA′、BB′、CC′之河床断面。

用经纬仪测量河宽,可测 2～3 次,力求精确。

用取土器在水线径路上取土样,确定河床土质、了解有无障碍,遇特殊情况或障碍时,由潜水员下水调查。

水线弧度,视河床坡度、流速、水深等情况确定,一般为河宽的 10%～20%,其顶点应设在主流的中心(参见图 3),水线弧长的计算公式为:

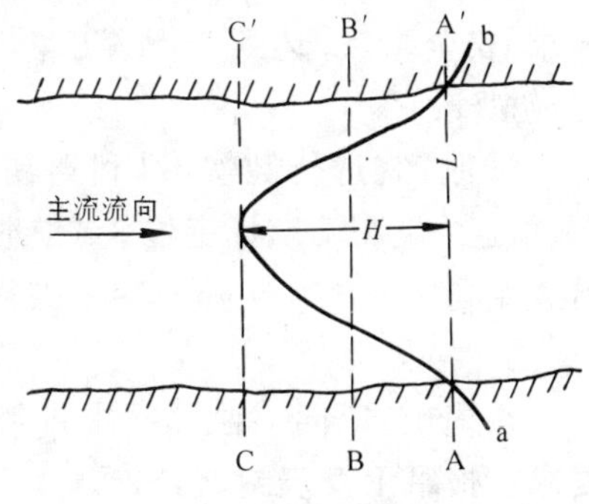

图 3　弧度三断面示意图

$$1(\widehat{ab})=\frac{8H^2}{3L}+\frac{(4H)^4}{120L^3} \qquad (1)$$

当 $H=0.1L\sim0.15L$ 时,公式(1)可简化为:

$$1(\widehat{ab})\approx\frac{8H^2}{3L}=KL \qquad (2)$$

公式(2)中,K 值如表1。

表1　K 值表

H/L	0.1	0.11	0.12	0.13	0.14	0.15
K	0.027	0.032	0.038	0.045	0.052	0.06

敷缆日期,一般在掌握上述资料,充分估计舱面改造、接续、装船试航等工作完成日期后确定。还应取得有关部门的认可。并根据气象预报,选择能见度较高、风浪较小的晴天。

船只的舱面改造,应使舱面平整、无障碍,四周加设防护栏,安装水线下水走道等,以便于水线缆盘放和敷设。

2. 单盘测试

依据对称四芯组的色谱,确认水线缆的端别,作出明显标志;同时应进行对号、直流电阻、绝缘电阻、电容耦合、串音等测试。

光电综合缆,应进行光纤长度、衰减等测试。

各种测试,应作好记录。测试前后,均应进行气压维护。

配盘,依据测试的串音衰减值进行,适当兼顾低频回线。同时,结合考虑水线缆长度、径路、地形、河床断面等情况。

3. 直通接续

经单盘测试合格、气压稳定的水线缆,按配盘顺序,将其按8字形散盘在地面上,进一步考察气闭特性,确认气闭良好,方可按国家级工法《光电综合缆接续工法》(YJGF37—94)进行接续。

接续后,进行特性复测和气压维护。

4. 装船试航

将经接续、且气压稳定的水线缆,从地面移至船舱面上,按双8字形盘放,继续进行气压维护。

根据敷缆径路、弧度,设立航行标志,见图4。

主流中,为不影响航运,可在敷缆当天,请港监用船只替代。

技术交底,在于使全体施工人员掌握敷缆时的操作要求、安全事项,达到令行禁止、步调一致,必要时,应进行模拟演练。

试航,宜进行数次,以利驾驶员和水手熟练掌握航向、航速。也利于航标定位。试航时的航速应与敷缆时的航速相同。

5. 敷设

敷缆前,应向港监部门报告封航日期、时间,并按其要求在报纸上发表封航公告。

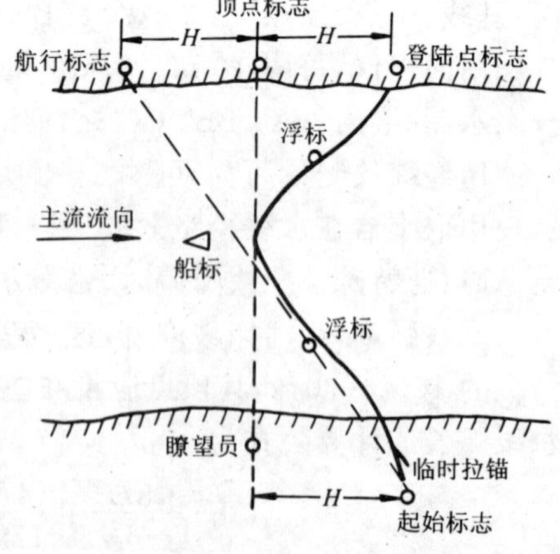

图4　航行线路标志设立示意图

敷缆当天,确认已封航后,在起始岸将水线缆作好临时固定,由总指挥下达启动命令,拖船沿指定航线航行,水线缆顺走道下水,注意观察缆的入水情况,估计已沉到河底时,适当控制缆的入水角度和速度,入水角以45°为最佳(参见图1)注;入水速度应尽量与航速保持一致,一般掌握宁紧勿松,以避免水线缆在河底堆积打扣。

航速应控制在 60～80 m/min注，在河床断面变化大的地段，应略降航速，以使水线缆充分沉降，避免悬空浮挂。但航速切不能忽快忽慢，以免操作船无法配合。水线缆接头通过下水走道时，除略降航速外，刹车组应注意避免损伤接头。

船只到达弧度顶点后，船头仍应向上游方向，斜着向下游退走，航速仍应保持不变。

到达彼岸登陆点后，船上的水线缆转移到岸上，作好终端临时固定后，通知撤消封航，恢复通航。至此，水线缆的水中敷设即告结束。

岸上部分的水线缆，应按设计文件和有关部门的要求，做好穿越大堤、预留、终端固定和各种防护；水深小于 8 m 的浅滩部分采用冲槽下埋；穿越大堤后应保证大堤的安全，不留隐患。

其后，应做好光电特性的复验和气压维护，确认无隐患和故障。

五、劳动组织

1. 施工准备 5～7 人，其中主管工程师 1 人，技术员 2～3 人，通信工 2～3 人。

2. 单盘测试 4 人，其中班长 1 人（由测试人员兼任），电缆工 1 人，测试工 2 人、辅助工 1 人。

3. 接续 9 人，其中班长 1 人（由接续人员兼任），接续 3 人，测试 3 人，发电机维护 1 人，辅助工 2 人。

地面散缆由接续班负责，另配辅助工 30 人。

接续、测试人员应经专业技术培训，能熟练掌握操作程序和质量控制要点，并持证上岗。

4. 装船试航，按水线缆长度和散缆地点到船只距离确定人数，一般为 60～70 人。其中班长 1 人，安全防护 2～3 人，电缆工 1～2 人，其余均为辅助工。

试航人员人数，协商确定。

5. 敷设，除船上应有的驾驶人员、水手等以外，共需配备 60～70 人，其中：

总指挥　1 人，其位置在拖船驾驶舱内；

分指挥　2 人，工作船上 1 人、起始岸 1 人；

瞭望员　3 人，工作船上 1 人、两岸各 1 人；

联络员　3 人，配合公安、港监等；

水线运送组　14～18 人，其中班长 1 人，分两组工作；

刹车组　9 人，其中班长 1 人；

医务人员　2～3 人；

安全员　2～3 人；

汽车司机与车辆相适应；

两岸人员　20～30 人，其中班长 1 人。

六、机具设备

水线缆敷设的主要机具设备，见表 2。

表 2　主要机具设备

序号	名　　称	规　　格	单位	数量	备　　注
1	动力船	117 kW	艘	1	
2	工作船	无动力	艘	1	舱面 20 m×10 m
3	无线对讲机		套	12	通信联络

续上表

序号	名　　称	规　　格	单位	数量	备　　注
4	汽　车	5～8 t	辆	1～2	运　输
5	指挥车	小型或面包	辆	1～2	指挥、联络
6	汽车吊	5～10 t	辆	1	吊装水线缆
7	救护车		辆	1	救护用
8	接续用设备仪表		套	2	详见光电综合缆接续工法
9	流速仪		台	1	测流速
10	回声仪		台	1	测水深
11	经纬仪		台	1	测河宽
12	取土器		台	1	取土样
13	万用表	500 或 MF30	台	1	测试用
14	直流电桥	QJ-23 或 F-45	台	1	测试用
15	绝缘电阻测试仪	TC-7 或 ZC-14	台	1	测试用
16	电容耦合测试仪	CCF-3	台	1	测试用
17	振荡器	UX16	台	1	测试用
18	低频测试仪	DP7311-ⅢB	台	1	测试用
19	选频电平表	UD20	台	1	测试用
20	介质击穿装置	JC-4	台	1	测试用
21	专用潜水装备		套	2	潜水冲槽用
22	高压水枪、水管		套	2	潜水冲槽用
23	高压水泵	5～8 个大气压	台	1	潜水冲槽用
24	放缆架	带 ϕ50 钢轴	套	2	散缆用

七、质量控制

(一)质量标准

本工法遵守下列铁道部标准：

《铁路光缆数字通信工程质量评定验收标准》(TB 10424—93)；

《铁路通信工程质量评定验收标准》(TBJ 418—87)；

《铁路单模光缆接续标准》(TB 2168—90)。

(二)质量控制

1. 影响质量的因素分析

(1)生产厂家对光纤和其他材料的材质进行控制，并加强生产过程中的质量控制，提高产品质量。

(2)操作人员加强工作责任心，服从命令听指挥，接续、测试人员应能熟练掌握接续测试技术。

(3)各种机具、仪表，其使用方法和精度。

2. 质量控制点

(1)单盘测试。

(2)气压维护。

(3)船只航向、航速及敷设弧度、入水角度。

(4)技术交底。

(5)穿越大堤。

(三)质量检查

1.光纤熔接质量,用 OTDR 监测。

2.四芯组接续质量,测试环阻、绝缘、防卫度。

3.气闭检查,按水深每米 10 kPa 计量,并加一定保险值,一般为 0.4MPa。

4.水下径路检查:潜水员下水巡视,水线缆应无悬空、打扣现象;水深不足 8 m 的,应冲槽埋设。

5.加强随工检查。

八、安全措施

本工法遵守铁道部标准《铁路通信技术安全规则》TBJ 405—87 的有关规定。施工中,还应注意:

1.船上工作人员,均应穿平底鞋、救生衣。

2.工作船上盘放的水线缆,距船沿应大于 0.5 m。

3.工作船上的水线走道、防护栏等,均应牢固光滑,不得松动带钩刺。

4.加强安全教育和技术交底,使全体人员熟悉、了解全过程,做到:服从命令、听从指挥、步调一致。

5.关键工序,如抬送水线缆上架、试航、航速控制、通信联络等,均应反复操练,以确保人身、设备安全。

九、技术经济分析

本工法采用拖轮快放法,实际敷缆时间仅 0.5～1 小时(即船从此岸驶抵彼岸的时间),这比冲放器敷缆或抛锚布放法快得多,因而大大缩短了封航时间,减少了因封航对航运的影响,其社会效益较为显著。

同冲放器敷缆相比,因无需购置专用设备,投资相对较省。第二条长江水线缆工程中,租用拖轮和操作船只实际费用为 3.1 万元(当时价格),若租用敷缆船,其费用约 6～8 万元(当时价格,按 20 天工期),则本工法租用船只费用仅为敷缆船费用的二分之一。

十、工程实例

1987 年 2、3 月间,应用本工法在长江敷设小同轴小综合水线缆,总长 5.04 km。该处分主、次两个航道,中间有江心岛隔开,相当于敷设了两条水线缆。该工程于 1990 年 3 月,被通信信号公司评为“优质工程”。

1991 年 3 月,应用本工法在芜湖附近的长江中,敷设对称电缆一条,总长 3 km,工程评语为“优良”。

这两处施工中,均一次成功完成,封航断航时间均不足 1 小时,对长江航运的影响较小。

执笔:王彬芳　宋立人等

注:

根据邮电部设计院编著的《长途通信电缆线路工程设计手册》(人民邮电出版社,1986 年),水线缆在敷放时所承受的张力,如图 5,计算公式如下:

$$T_1=h\left[P_1-\frac{9.80665\times4.4V_k^2D(V_b/V_k-\cos\beta)^2}{\sin\beta}\right]$$

式中　T_1——水线缆敷放时承受的张力(N)；

h——水深(m)；

P_1——单位长度水线缆在水中的重量(N/m)；

$$P_1=W_1-W_2$$

其中　W_1——单位长度水线缆的重量(N/m)；

W_2——单位长度水线缆的排水重量(N/m)；

$$W_2=\gamma\pi\frac{D^2}{4}\times10^3\times9.80665$$

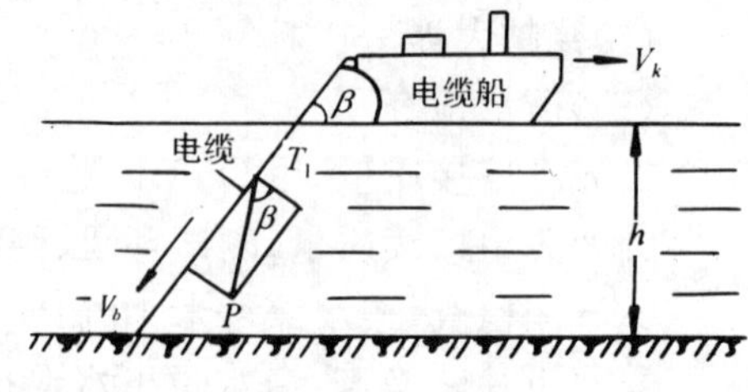

图5　水线缆布放状态和受力图

D——水线缆外径(m)；

γ——河水密度(t/m³)，视水的混浊程度，可在1.0～1.4范围内选定；

V_k——拖轮行驶速度(m/s)；

V_b——水线缆放出速度(m/s)；

β——水线缆入水角度(°)。

在设计过程中，对水线缆的金属护套、铠装类型等，已根据河流的河床构造、水流冲刷、通航情况等，作了计算和确定，工厂则依据设计部门提出的要求进行生产。因而施工时，河流的水密度、水深，水线缆的外径、抗张强度(T)、重量等，均为已确定的数据。所以敷放时，要保证水线缆的安全，应使水线缆承受的张力，小于其抗张强度T，即$T_1<T$。

从T_1的计算公式，可以看到，只有V_b、V_k和β为3个可变值，这是施工中的关键。

V_b、V_k值的确定：由于本工法采用常规设备和人工进行水线缆的敷放，水线缆是沿拖轮的航行路线敷放入水，这就使$V_b\approx V_k$。经过模拟试验，人工敷放的速度，以1 m/s左右为好(即60 m/min)。过慢一则船速不易控制，二则易造成水线缆堆积打扣；过快一方面水线缆易造成悬空浮挂，另一方面因操作船舱面限制，人员过多过快地移动，极易发生意外事故。同时，考虑到拖轮是先向上游顶水航行，船速宜稍快，过水线缆弧度顶点后，变成顺水航行，此时航速宜适当减慢，因此V_k值有一个变化范围，故我们取60 m/min～80 m/min，这样敷缆速度也在1 m/s～1.33 m/s之间变化，而这一点变化，是人力能承受的。

β值的确定：水线缆的入水角度，一般在30°～60°内选择。因为在0°～30°范围内，实际上是要求将水线缆在水面全部拉直(或接近拉直)以后，一起放下去，这是无法做到的；而在60°～90°范围内，因本工法是从船的后部放出水线缆，所以拖轮是在几乎停止的位置才能使水线缆接近垂直地敷下，这样做船速不易控制(过慢)，且易使水线缆堆积打扣。因此过小或过大的角度，施工时都难以做到，考虑到施工中为便于迅速判断和掌握，以45°左右为宜。

下面以$V_b=1$ m/s、$V_k=1$ m/s、以及β分别为30°、45°、60°计算相应的T_1值：

30°时，$T_{1a}=h(P_1-9.80665\times0.158\,D)$

45°时，$T_{1b}=h(P_1-9.80665\times0.5338\,D)$

60°时，$T_{1c}=h(P_1-9.80665\times1.2702\,D)$

由于水线缆的外径D值，一般为40～90 mm，即为0.04～0.09 m，比较上述T_{1a}、T_{1b}、T_{1c}值，可以看出，随着水线缆的入水角度的增大，水线缆承受的张力有所减小，虽然其幅度很小，但却已使T_1值小于T值(抗张强度)，从而保证水线缆的安全敷放。

8. 轻便型抢修光、电缆施工工法

TLEJGF97—36

上海工程公司

本工法针对光、电缆线路意外中断时，短时间内恢复通信的需要而研究开发。适用于多种制式的光缆线路和光电综合缆、小同轴电缆、长途对称电缆线路的抢修。

意外中断的光、电缆线路，通过与介入的抢修光、电缆的连接，使通信线路恢复畅通。中断的光、电缆(以下简称断缆)与抢修光、电缆(以下简称抢修缆)的连接，采用高性能的插入式连接器，并有锁定装置自我保护，以使连接可靠稳定。

中断的光缆、抢修光缆、连接器和光纤余长，均固定在光缆连接盒内，以保证光纤不因外力而增加附加衰减，确保通信质量。

施工时，无需电源和熔接机、发电机等设备，整套器材结构简单轻巧，连接便捷，组合灵活。

电缆的连接与防护，以及光纤的端面制备、接续、盘留、连接盒组装，是本工法的关键。

1993 年 5 月，QTSD-1 型轻便型抢修电缆，经通号总公司组织鉴定。鉴定证书号：(1993)铁通产鉴字第 07 号。

1994 年 11 月，轻便型抢修电缆获铁道部战备办公室颁发的科技进步二等奖。

1997 年 1 月，GLQX-3 轻便型抢修光缆通过铁道部科技司组织的鉴定。鉴定证书号：铁道部科技司技鉴字[1997]第 017 号。

一、特　　点

1. 光纤和电缆的接续便捷、可靠、稳定，可快速接通中断的光、电缆线路。
2. 平战结合的抢修器材。
3. 全面质量管理体现在工法中。

二、适用范围

本工法适用于骨架式、束管式、层绞式等制式的直埋或架空 8 芯单模光纤光缆线路，以及光电综合缆、1.2/4.4 mm 小同轴电缆、0.9 mm 长途对称电缆线路，因意外中断时的抢修。

常用抢修光缆的长度为 50 m 或 70 m，8 芯光纤。

常用抢修电缆的长度为 160 m，2 管小同轴和 1 组四芯组。

三、工艺原理

(一)光缆

断缆的每根光纤，以及与其对应的抢修缆光纤，经端面制备后，分别从光纤连接器的两端插入，达到两端面接触耦合(从透明窗隐约可见)，然后将旋扣螺母旋紧，完成可靠连接，见图 1。

当断缆的两端，分别与抢修缆的两端完成连接、经检测合格，即可恢复通信。

(二)电缆

断缆的小同轴管、四芯组，经开剥后，从与其对应的铜质镀银连接器(在抢修终端电缆上)

的另一端插入，外套为可旋式，旋紧外套后，即夹紧同轴管内外导体或四芯组的芯线，达到可靠连接，见图 2、图 3、图 4、图 5。

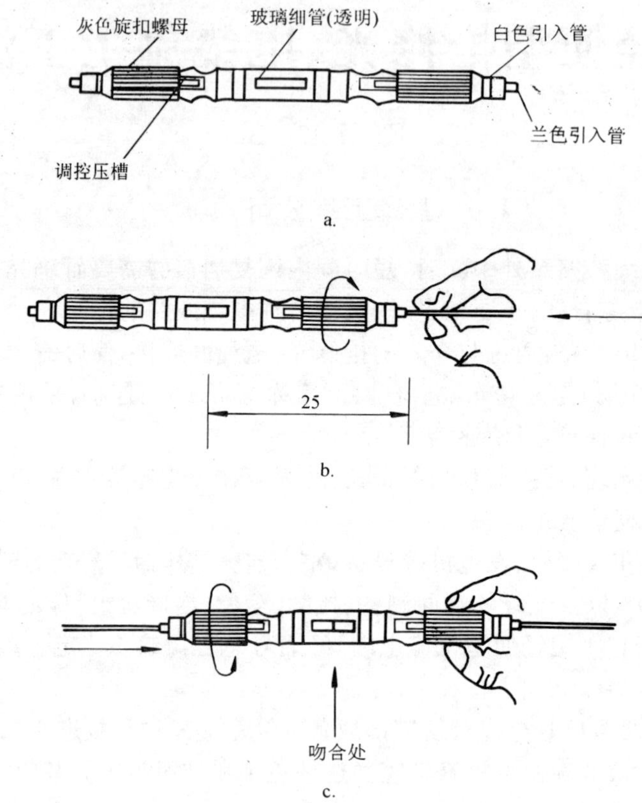

图 1　光纤连接器及插入示意图　　单位：mm

a. 光纤连接器示意图；　b. 光纤从一端插入，旋紧旋扣螺母(锁定)；　c. 从另一端插入另一光纤，旋紧旋扣螺母(锁定)。

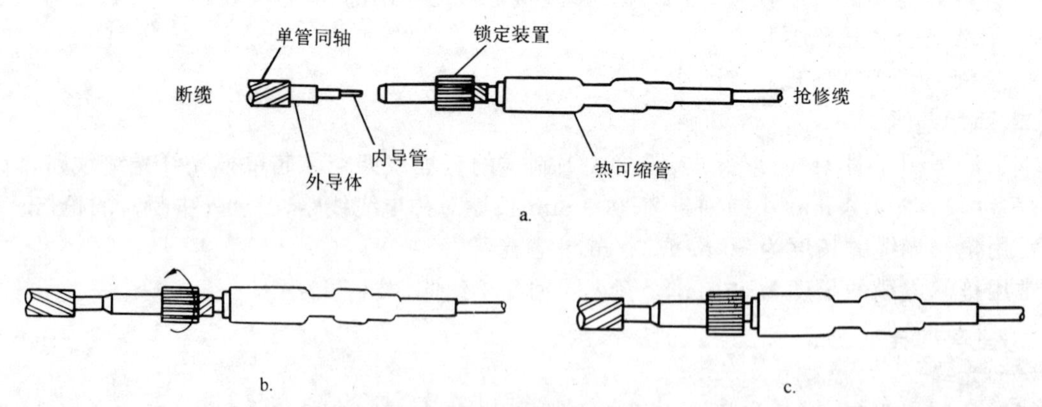

图 2　断缆与终端缆的小同轴管连接示意图　　单位：mm

a. 开剥好的断缆同轴管插入连接器；　b. 顺时针旋转锁定装置(锁定)；　c. 完成接续的小同轴管连接器。

终端电缆与抢修电缆的连接，以及抢修电缆之间的连接，均通过铜质镀银连接器，直接对插完成连接。

中断的电缆线路，经与抢修终端电缆及抢修电缆连接后，即可恢复通信。

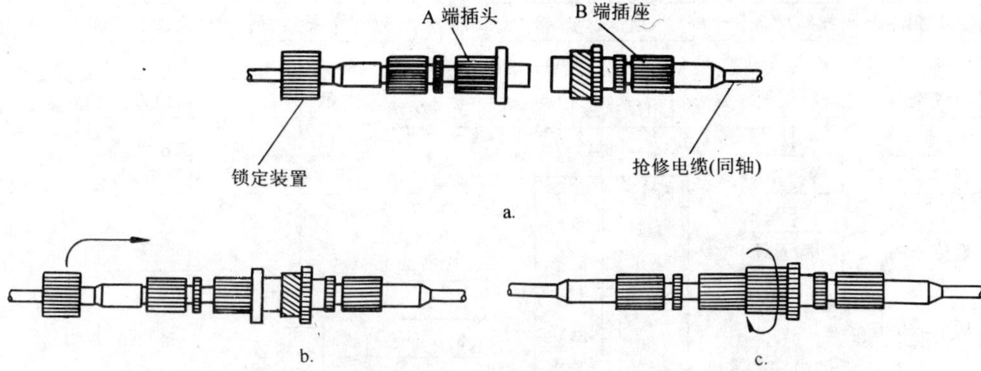

图 3　终端缆与抢修缆，以及抢修缆之间的小同轴管的连接示意图　　单位：mm

a. 将插头、插座对插连接；　b. 将锁定装置移至插座上；　c. 顺时针方向旋转锁定装置，锁定连接器。

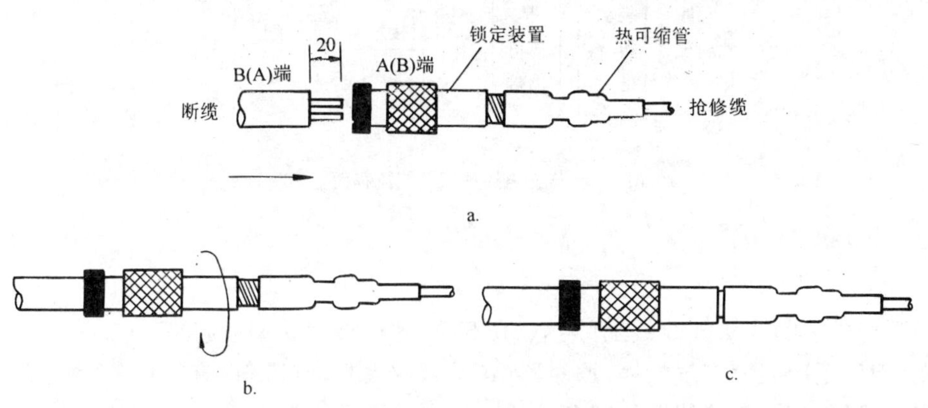

图 4　断缆与终端缆四芯组(一组)的连接示意图　　单位：mm

a. 开剥好的断缆四芯组(一组)插入终端缆(注意端别)连接器；　b. 顺时针方向旋转锁定装置(锁定)；　c. 完成接续的四芯组连接器。

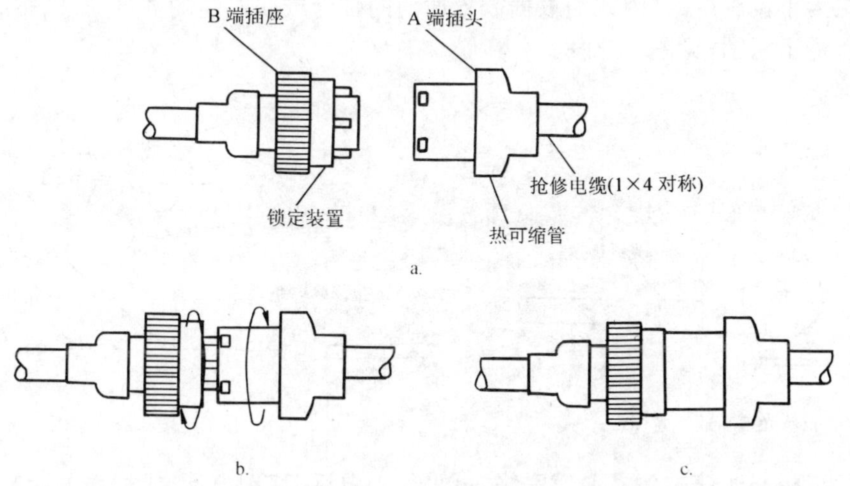

图 5　终端缆与抢修缆，以及抢修缆之间的四芯组(一组)连接示意图　　单位：mm

a. 将 A. B 两端对插连接；　b. 顺时针旋转锁定装置，使连接器锁定；　c. 锁定后的连接器。

四、施工工艺

(一)工艺流程(见图 6)

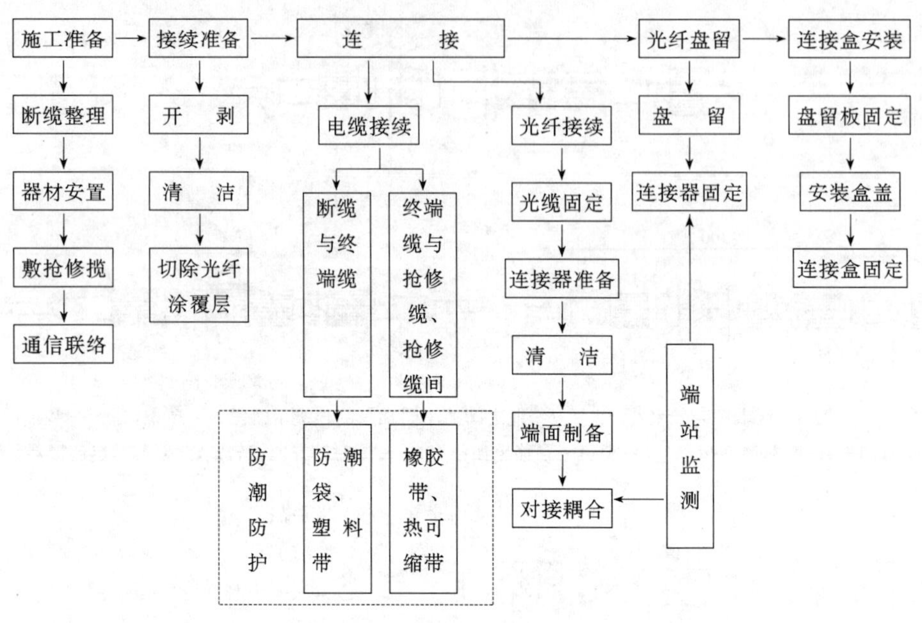

图 6　抢修光电缆施工工艺流程图

(二)工艺操作

1．施工准备

断缆经开挖(直埋)或从钢绞线上(架空)取下后,进行整理并架设起来。

抢修光缆时,还应架设充气帐篷、取暖器(冬季),或太阳伞(避雨、遮阳)。

抢修缆安置到位后,将抢修缆从断缆处的一端布放至另一端。布放时注意速度不要太快,并尽量减少与地面的摩擦。

布放抢修电缆时,注意确认断缆和抢修缆的 A、B 端,以利正确连接。抢修电缆是以单管同轴或单个四芯组为单位出厂的,因此需根据欲抢通的同轴管或四芯组的数量,分别布放相应数量的抢修缆。布缆示意图,见图 7、图 8。

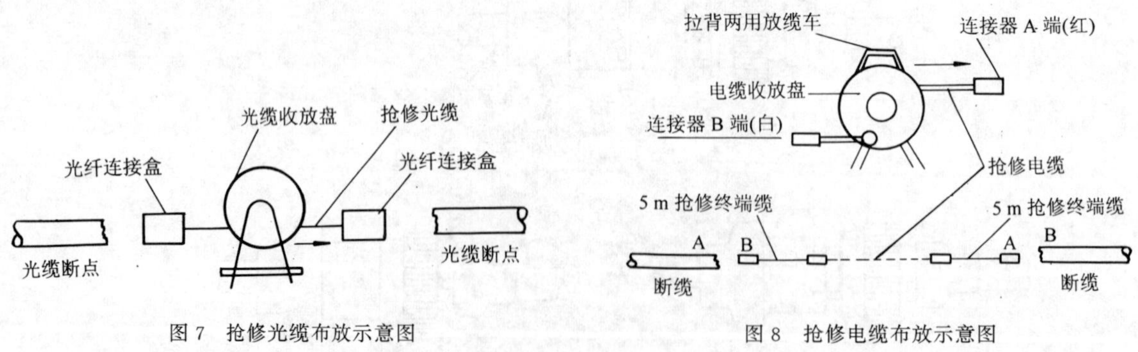

图 7　抢修光缆布放示意图　　　图 8　抢修电缆布放示意图

断缆地点应与相邻通信站建立通信联络,可采用光电话、移动电话,或加挂电话等方式。

2．接续准备

中断的电缆，按图 9、图 10 进行开剥。

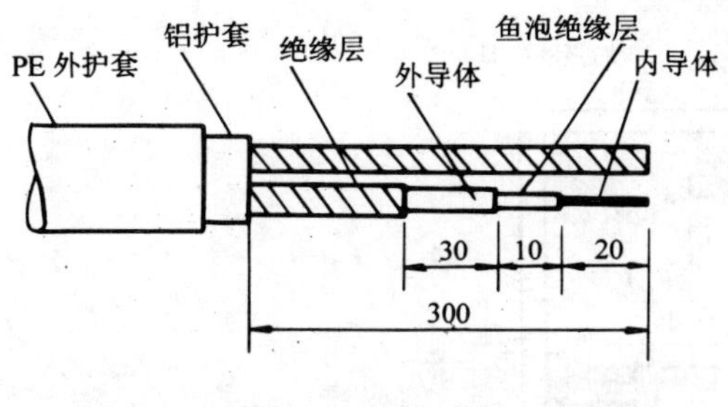

图 9　同轴管开剥尺寸示意图　　单位：mm

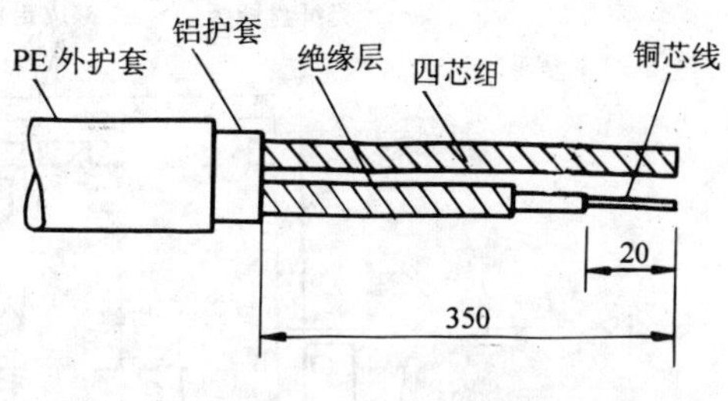

图 10　四芯组开剥尺寸示意图　　单位：mm

中断的光缆和抢修缆的光纤，均按图 11 进行开剥。开剥后，剪去填充物和多余的加强芯，清除光纤松套管和加强芯上的油膏。

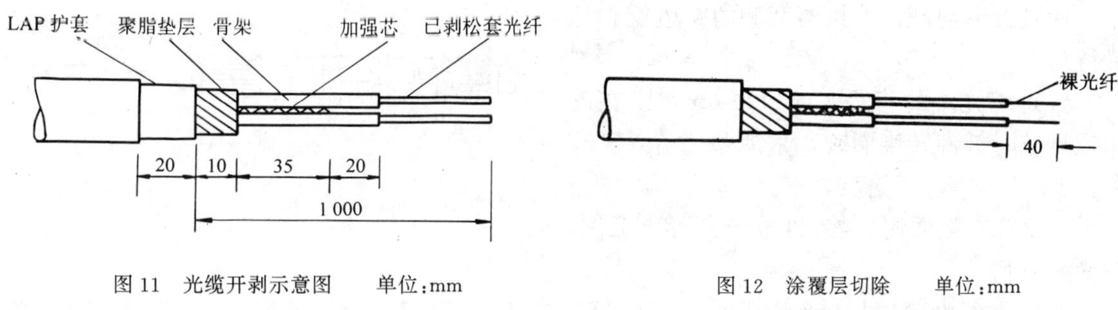

图 11　光缆开剥示意图　　单位：mm

图 12　涂覆层切除　　单位：mm

光纤清洁后，用专用工具切除涂覆层，露出裸光纤。切除时，注意勿损伤光纤。切除后做好清洁工作。切除长度见图 12。

3．连接

(1)电缆连接

a. 松开抢修终端电缆连接器的外套，将制备好的断缆的同轴管内外导体或四芯组芯线(注意 A、B 端及相应色谱)，插入相应的连接器内，旋紧外套，完成连接。

重复以上步骤，完成所需接通的同轴管或四芯组的连接。

b. 终端电缆与抢修电缆，以及抢修电缆之间，应将红色标志的 A 端与白色标志的 B 端，直接对插、旋紧外套，完成连接。

c. 防潮保护

终端连接器：采用防潮塑料袋，将连接器及电缆裸露部位一并盖住，两端用自粘带包扎。遇雨天，再加防雨布包扎。

其他连接器：采用橡胶自粘带包封防潮。遇雨天，再加两层热可缩带保护。

当断缆的两端，经过以上步骤，同抢修缆的两终端电缆，以及抢修缆也全部完成连接，中断的电缆线路即已抢修连通完毕，即可恢复通信。

(2)光缆连接

a. 光缆固定

断缆和抢修缆，从光纤连接盒两端引入，加强芯固定在加强芯夹具上(芯头露出夹具 3～

5 mm)，缆身用夹箍夹紧，见图 13。若缆身过粗或过细，导致无法夹紧时：过粗可切除部分外护层，过细则缠绕橡胶自粘带。

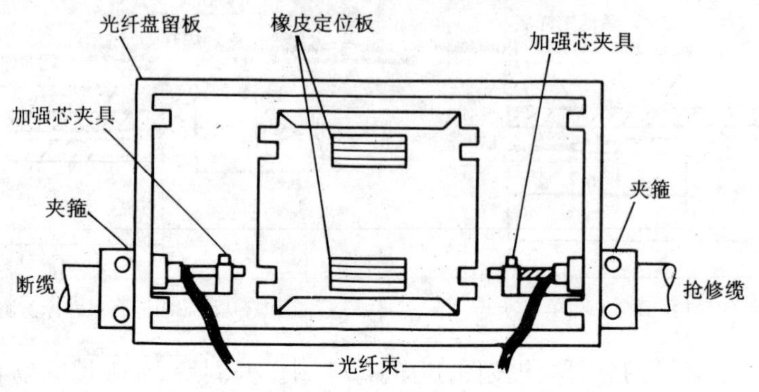

图 13　断缆与抢修缆引入连接盒示意图

b. 连接器准备

逆时针方向旋松连接器两侧的灰色旋扣螺母待用。

若断缆光纤的直径大于 900 μm，则在旋扣螺母逆时针旋转半圈时，拿掉蓝色引入管即可。

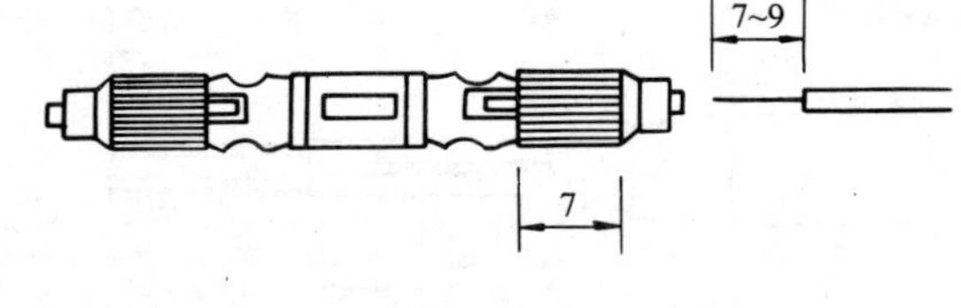

图 14　光纤切割　　单位：mm

c. 光纤在端面制备前，再做一次清洁工作，擦净残留物。

d. 距光纤涂覆层切口约 7～9 mm 处，用光纤切割刀切割光纤，见图 14，制成所需要的端面。

e. 制备好端面的光纤，从连接器的一端轻轻插入，通过透明窗观察，插入 25 mm 左右。此时，顺时针方向轻轻旋紧旋扣螺母，插入的光纤即被固定。

然后，从连接器的另一端，插入制备好的光纤(注意，若先插入的是断缆某光纤，则此时应插入与其相对应的抢修缆光纤，反之亦然)，慢慢向中间移动，在透明窗中央与另一端已固定的光纤相互接触吻合，顺时针旋紧旋扣螺母，完成一根光纤的连接。

此时，通知通信站进行监测，若光纤连接损耗大于 0.5 dB，应予检查克服。

重复上述 c～e 的步骤，将断缆光纤和抢修缆光纤逐一接续，完成连接。

4. 光纤盘留

光纤接续并监测合格后，连接器放入橡皮定位槽内，将余长光纤在自由状态下，盘放在盘留板内(注意光纤弯曲半径)。盘留后，通知通信站进行复测，有附加损耗时，应予检查、克服。每块盘留板安装四个连接器。

5. 连接盒安装

连接盒内有两块盘留板，光纤盘留后，盘留板间用螺栓固定。然后盖上盒盖、上紧螺栓即可。为保证连接盒的安全，用支架固定连接盒，使其架离地面。必要时应有防雨措施。

五、劳动组织

抢修时，视抢修时间要求、中断长度、地形、气候、灾害情况等，人员可作增减。

一般情况(非特大自然灾害)下，配备 5～9 人，在断点两端同时进行工作。抢修组设组长 1

人，由接续人员兼任。其中，挖缆或从架空线路上取缆、整理，配备通信工 2～4 人；器材安置、布缆、接续，配备通信工 2～4 人，汽车司机 1 人。

抢修人员应经技术培训，能熟练掌握施工，汽车司机应持驾驶证。

六、机具设备

抢修光、电缆施工用机具设备，见表 1、表 2。

表 1　轻便型抢修光缆施工用机具设备

序号	品　　名	单位	数量	备　　注
1	光缆收放盘	只	1	（附光缆连接盒 2 只）
2	光缆收放盘存放箱	只	1	
3	工具箱	只	2	含 4～19 项
4	应急照明灯	只	2	应急时使用
5	光缆外护层开剥刀	把	2	
6	小钢锯弓	把	2	
7	断线钳	把	2	
8	克丝钳	把	2	
9	斜口钳	把	2	
10	钢卷尺(2 m)	把	2	
11	螺丝刀(一字)	把	2	
12	螺丝刀(十字)	把	2	
13	医用剪刀	把	2	
14	微型焊枪	把	2	
15	光纤切割刀	把	1＋2	（进口 1、国产 2）
16	光纤松套切割刀	把	2	
17	光纤剥线钳	把	2	
18	镊子	把	2	
19	电工刀	把	2	
20	光纤连接器	只	16	
21	放大镜眼罩	只	2	
22	太阳伞	把	2	（根据实际需要配置）
23	充气帐篷(7 m、3 m)	只	2	（根据实际需要配置）
24	煤油红外线取暖器	只	2	（根据实际需要配置）
25	面包车	辆	1	
26	铁锹	把	2	直埋缆用
27	铁镐	把	2	直埋缆用
28	脚扣、保安带	套	2	架空线路用

表 2　抢修电缆施工用机具设备

序号	名　　称	规格	单位	数量	备　　注
1	钢　锯	300 mm	把	1	
2	喷　灯	0.5 kg	把	1	
3	克丝钳	200 mm	把	2	
4	同轴管开剥钳		把	2	配备的专用工具
5	钢卷尺	2 m	把	1	
6	微型焊枪		把	2	配备的专用工具
7	工具包		只	2	配备的专用工具
8	美工刀		把	2	配备的专用工具
9	斜口钳		把	2	
10	应急灯		台	2	
11	大雨伞		把	2	
12	电工刀		把	2	
13	对讲机		套	2	
14	剪　刀		把	2	
15	电话机		只	2	或移动电话
16	面包车		辆	1	
17	铁锹、铁镐		套	2	直埋缆用
18	脚扣、保安带		套	2	架空线路用

七、质量控制

(一)质量标准

抢修光缆、电缆的特性指标，目前我国国标、部标尚无规定。依据铁道部电务局[1992]35号文要求，抢修使用的光缆、电缆，主要特性允许适当放宽：

光纤连接损耗稳定性 $\Delta\alpha \leqslant 0.1$ dB/头；系统结构稳定、连接牢固；

电缆特性阻抗：小同轴(75±3) Ω；对称四芯组(175±8.75)Ω；

衰减特性：不大于原干线电缆相应回线衰减常数的 1 倍。

(二)质量分析

1. 影响质量的因素分析

(1)抢修缆和连接器，应选择信誉良好的生产厂家，并加强质量检验。

(2)人的因素，抢修人员应增强工作责任心，提高技术水平，严格按操作要求进行操作。

(3)抢修器材的日常保管和检查。

2. 质量控制点

(1)光缆

a. 光纤的开剥、清洁、端面制备；

b. 光纤的连接、盘留；

c. 连接盒的安装。

(2)电缆

a. 断缆的端面处理、制备；

b. 连接；

c. 防潮保护；

d. 日常保管。

(三)质量检查

1. 加强随工检查，确保布缆、开剥、连接质量。

2. 接通后进行检测，光纤盘留后进行复测。

3. 日常保管，注意器材的防潮、防尘；宜定期进行操练和检查。

八、安全措施

本工法遵守铁道部标准《铁路通信技术安全规则》(TBJ 405—87)，并应采取以下措施：

1. 抢修前，掌握断缆处的地形、气象等资料，制定抢修方案。

2. 布缆时，避免缆身与地面的过多摩擦，连接器切忌与坚硬物件碰撞。连接后的连接器、连接盒应架离地面。

3. 灾害较大并可能危及抢修人员与抢修缆的安全时，应采取特殊的措施，确保人身与缆的安全。

4. 光纤系玻璃纤维，切割下的光纤应收集在容器内，以免刺伤人。

5. 冬季或雨天进行抢修光缆施工，从缆的开剥到连接盒组装，均应在帐篷内或太阳伞下进行；气温在 0 ℃左右时，应开启取暖器。

九、技术经济分析

本工法可用于光缆线路或电缆线路的抢修；也可用于光电综合缆或光、电双缆线路的抢修。器材结构轻巧、合理，连接便捷，无需电源。

一般情况(非特大自然灾害)下，按本工法施工，8 芯直埋光缆线路(长度 50 m)的抢修工作，约在 2 小时内完成；抢修 160 m 长的 2 管小同轴和 1 组四芯组的电缆线路，约 1.5 小时完成。

抢修缆介入线路后，连接稳定可靠，能保证通信质量。对尽快恢复通信畅通，尽可能减少灾害的影响，确保运输指挥、行车安全，具有较为显著的社会效益，以及一定的经济效益。

十、工程实例

抢修光、电缆，是平战结合的抢修器材，已配备在全路 100 多个电务段。兰州局在其管内的陇海、兰新、兰青、包兰、宝中等主要干线光电缆线路抢修中，以及济南局青岛分局在管内的胶济线区段光、电缆线路抢修中，应用本工法抢修光电缆，均能在 2 小时内完成光缆、1.5 小时内完成电缆的抢修，从而尽可能地减小了灾害造成的损失，尽快地恢复了通信。

执笔：曹俊敏　董桂生

9. SDH 传输网调试工法

TLEJGF97—37

上海工程公司

同步数字体系(SDH)是通信传输网的新技术,具有速率高、容量大、安全可靠、组网灵活、使用方便等特点,能支持现代复杂的通信业务,因而得到世界各国的青睐。

基于 SDH 的诸多特点,其调试就不同于 PDH(准同步体系)系统。本工法针对 SDH 的新特点而研究开发,编制调试计划,逐站实施,并利用 SDH 设备自身具备的网管功能来协助调试,从而使调试工作系统化、规范化,提高工作效率和工程质量。

本工法首次应用于上海铁路地区 SDH 网的调试,获得成功。并在京沈、郑徐两长途网,及沈阳、济南地区等工程的 SDH 调试工作中应用,均取得良好效果。

目前的 SDH 设备,大多出自世界各国的各大厂商,其主要功能是一致的,但在产品设计、软硬件设置等方面存在差异,故本工法描述的为功能性步骤,操作时应参照厂家的说明书。

1998 年 6 月,本工法调试工艺及关键技术,通过由通号总公司组织的专家评审。

一、特　　点

1. 编制详细的调试工作计划,逐站实施、循序渐进,避免了重复调试。

2. 利用 SDH 本身的网管功能,对系统进行调试、查找故障,缩短调试时间,提高了工程质量。

3. 全面质量管理体现在工法中。

二、适用范围

本工法适用于以光纤传输的、由 SDH STM-1、STM-4 及 STM-16 设备组成的地区网或长途网。

三、工艺原理

SDH 网络是由一些 SDH 网元组成的,进行同步信息传输、复用、分插和交叉连接的网络。同 PDH 系统相比,在 SDH 系统功能增多的同时,大大增加了技术上和调试上的复杂性。因此在调试前先编制详细的调试计划,然后按计划逐站进行单机调试和测试。采取边调边测的方法,调通一个站,就完成这个站的测试工作,并尽量清除这个站的所有工作量。做到到一个站,清一个站;到一段,清一段。然后进行端—端调试和测试。最后进行全网调试和测试。在整个调测过程中,充分利用 SDH 本身的网管,协助进行调试和指标测试,发现并排除故障,这样大大减少了盲目性、被动性,使调试工作系统化、规范化。

本工法的关键技术是:

1. 调试和测试并行;

2. 建立测试通道;

3. 充分利用 SDH 网管。

四、施工工艺

(一)工艺流程(见图 1)

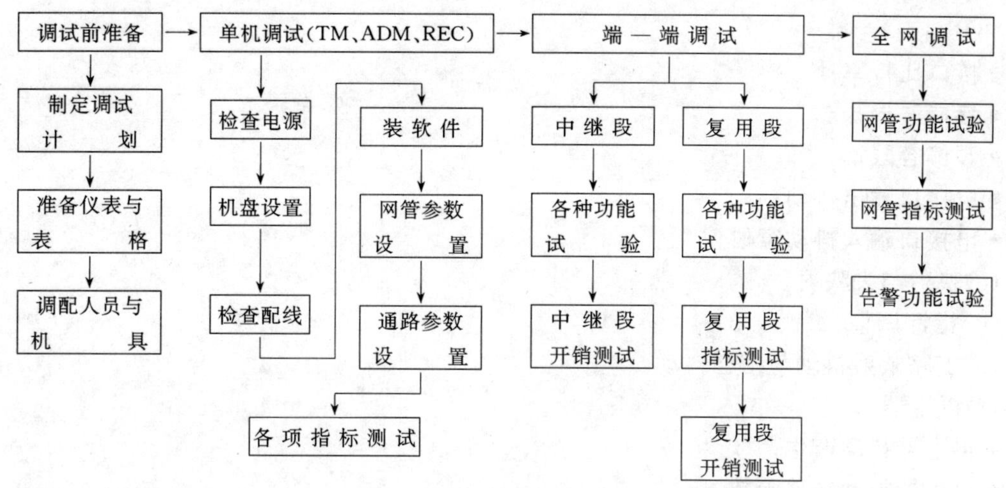

图1　工艺流程图

TM—终端复用器;ADM—分插复用器;REG—再生中继器。

(二)工艺操作

1. 调试前准备

依据网络大小和特点,制定详细的调试计划,准备仪表、记录表格等,安排好人员与车辆,必要时,应对人员进行技术培训。

2. 单机调试

(1)硬件调试

a. 供电电源:接线正确,无短路、接地现象,电源电压应符合设备技术条件要求。

b. 设备机盘:各机盘硬件设置符合设备运用条件,并按照设计要求插入相应位置(暂不插紧)。

c. 工作电源:插紧电源盘,使其工作,测量电源盘工作电压,应符合设备技术条件要求。

d. 机盘工作:插紧各机盘,应无异常情况。

e. 设备与配线:用误码仪检查每对配线的配置和设备的工作情况,配线应标志明确,数量与位置符合设计要求,无中断、混线、接地现象,设备应正常工作,无误码。

(2)软件调试

a. 对所需软件,经检查确认为正品后,装入设备。

b. 根据设备使用情况和设计配置,设置各种网管参数,如站名、站号、系统号、保护倒换、勤务、时钟运用、口令等。

c. 根据设计配置路由。

(3)测试

a. 测试内容

根据ITU—T诸建议,主要测试项目如下:

(a)光接口参数

- 发送光功率;
- 接收灵敏度;
- 过载光功率;
- 光接口输出抖动;
- 光接口输入抖动容限。

(b)电接口参数

● 接口比特率；

● 接口波形；

● 频偏容限；

● 电接口输出抖动；

● 电接口输入抖动容限。

(c)映射与去映射。

(d)指针调整。

(e)支路映射抖动与结合抖动。

(f)再生器

● 再生器抖动产生；

● 再生器抖动转移函数。

(g)时钟

● 时钟频率；

● 牵引范围；

● 失步范围；

● 噪声产生；

● 保持性能。

(h)漂移。

b. 测试方法

部分测试项目的测试方法与PDH测试方法基本相同，这里就不再赘述。所有测试的第一步都是根据测试目的而建立相应的测试通道。

(a)接口波形：测试配置如图2。

从示波器分别观察各接口波形，应符合相应ITU—T模板要求。接口波形应打印出来。

(b)频偏容限，测试配置如图3。

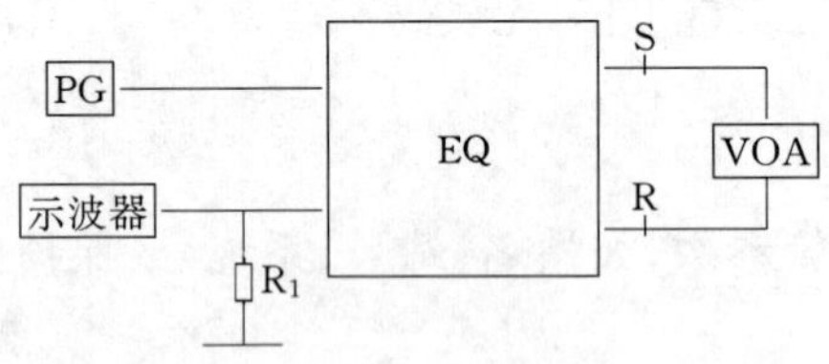

图2 接口波形测试

PG—码型发生器(SDH测试仪)；EQ—设备；S—发送端光接口；R—接收端光接口；VOA—可变光衰减器；R_1—75 Ω。

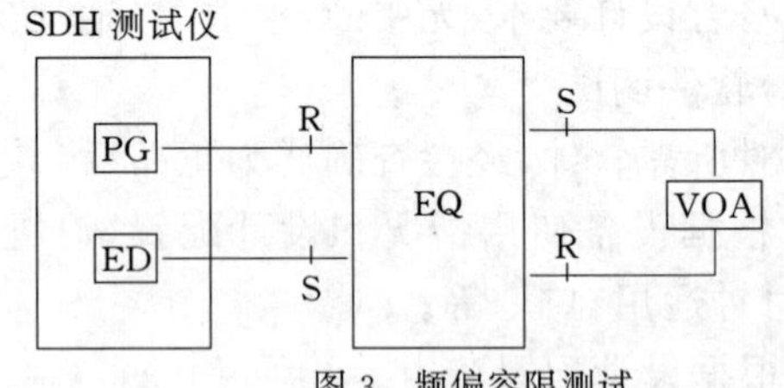

图3 频偏容限测试

ED—误码检测器(SDH测试仪)。

改变PG的时钟频率，直至ED检测到误码，再将PG的频率值倒退一些，使误码消失，记下此时的改变值(最大和最小值)，就是该接口的频偏容限。

(c)映射：测试配置如图4。

在某一支路上接码型发生器(SDH测试仪送2 M码型)，在光发送端的相应径路上，应检测无误码，改变径路号，则误码出现，则此映射路径正确，且无误码发生。

(d)去映射:测试配置同图 4。

SDH 测试仪发送装有某支路信号的光信号,在对应支路上应能检测到该信号,并无误码;改变发送端支路号,应检测到误码,则去映射经路正确并无误码发生。

(e)光接口输入抖动容限:测试配置如图 5。

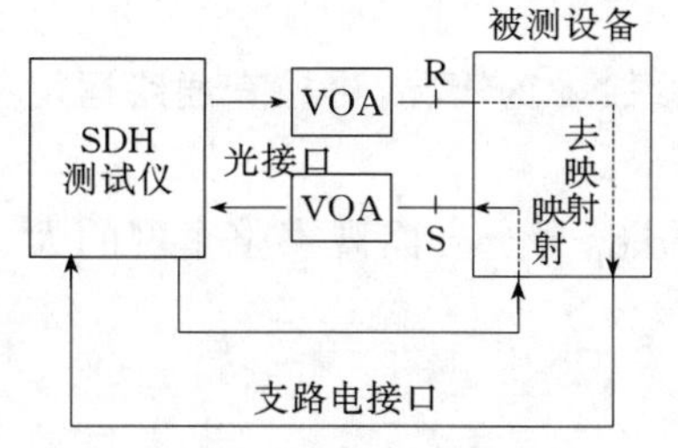

图 4　映射测试

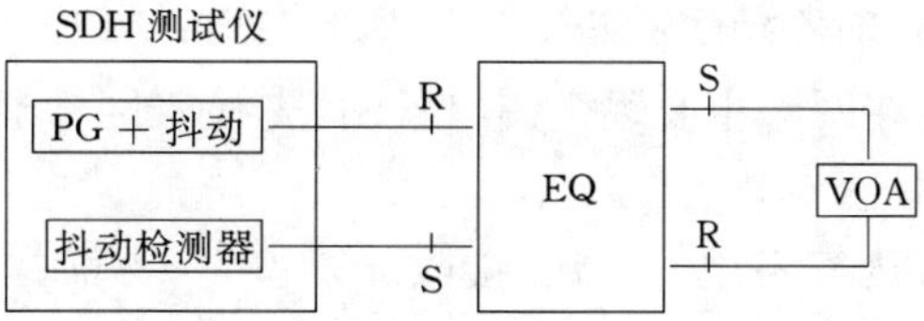

图 5　光接口输入抖动容限测试

用 SDH 抖动容限自动测试法进行测试,测试模板为 ITU—TG. 958,打印测试结果。

(f)支路结合抖动:测试配置同图 4。

分别在输入端的信号中加入图 6 所示(a)、(b)、(c)、(d)4 种指针序列,并在相应支路按规定滤波器检测抖动,记入表格。

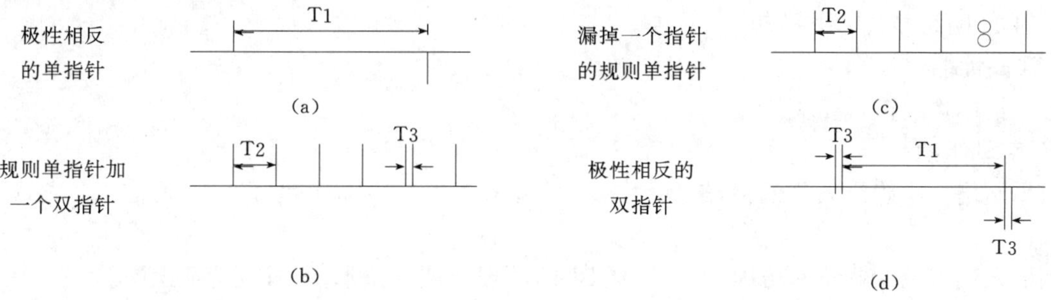

图 6　4 种测试指针序列

3. 端—端调试

从中心站(环行网时)或端站(线形网时)逐个站进行,每完成一个站的调测后(中心站或端站除外),与其上一个站进行中继段或复用段的测试与试验。此过程均借助网管进行。测试方法与 PDH 基本相同,不再赘述。

(1)中继段

a. 勤务调试。

b. 中继段开销测试:测试配置如图 7。

测试开销字节有:A1、A2、B1、J0、D1～D3 等。

c. 中继段保护倒换试验。

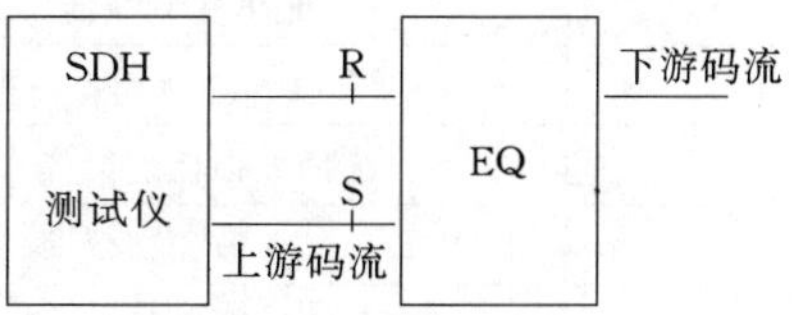

图 7　中继段开销测试

(2)复用段

a. 勤务调试。

b. 复用段开销测试,测试开销有:A1、A2、B2、B3、D4～D12 等。

c. 复用段保护倒换试验,复用段内高阶和低阶保护倒换试验。

d. 复用段告警功能试验,LOS(信号丢失)、LOF(帧定位丢失)、LOP(指针丢失)、MS—AIS(复用段告警指示)、MS—RDI(复用段远端失效指示)等。

e. 复用段误码和抖动测试。

f. 复用段内 2 M 支路抖动和误码测试。

4. 全网调试

网内所有站全部调试结束后进行全网调试。

(1)网管功能试验

a. 在网管中心逐个调出各站,先检查网管通道及各站网管参数设置情况。再检查通路运用设置情况。

b. 观察各站的发送、接收光功率,一方面是检查网管的此功能,另一方面观察整个网的大致运行情况,若发现故障,及时排除。

c. 勤务试验。

d. 通路保护倒换试验。

e. 告警功能试验,分别发送 LOS、LOF、LOP 等,观察设备、仪表及网管的反应,三者应一致。

f. 性能管理功能试验。

(2)网络指标测试

a. SDH 网络接口输出抖动。

b. PDH 网络接口输出抖动。

c. 误码性能。

各项指标均应符合要求。

五、劳动组织

根据网络大小确定人员配备,最少为 5 人,设班长 1 人。其中,工程师 2 人,通信工 2 人,司机 1 人。

调试人员应经专业技术培训,充分掌握 SDH 原理及调试技术;司机应持证上岗。

六、机具设备

SDH 传输网调试使用的主要仪表和机具,见表 1。

表 1　SDH 传输网调试主要机具和仪表

序号	名　称	单位	数量	主要用途
1	SDH 测试仪	台	1	测指标、功能
2	光可变衰减器	只	2	测参数
3	光功率计	只	1	测参数
4	回波损耗测试仪	台	1	测参数
5	色散测试仪	台	1	测参数
6	频率计	台	1	测频率
7	数字万用表	只	2	测试用
8	打印机	台	1	打印
9	测试用尾纤	根	4	测试用
10	高频环回线	根	8	测试用
11	高频测试线	根	4	测试用
12	常用工具	套	1	
13	中型仪表车	辆	1	运送

七、质量控制

(一)质量标准

本工法执行下列标准：

铁道部标准《铁路通信施工规范》(TBJ 205—86)。

铁道部标准《铁路通信工程质量评定验收标准》(TBJ 418—87)。

铁道部标准《铁路光缆数字通信工程质量验收标准》(TB 10424—93)。

ITU—T G.958,基于同步数字系列的光缆数字线路系统。

ITU—T G.821,基于 ISDN 的国际数字连接的误码性能。

ITU—T G.823,基于 2 048 kbit/s 体系的数字网内抖动和漂动的控制。

ITU—T G.825,基于同步数字体系的数字网内抖动和漂动的控制。

ITU—T G.826,基群率或基群率以上国际恒定比特率数字通道的差错性能参数和指标。

ITU—T G.709,SDH 复用结构。

(二)质量控制

1.影响质量的因素分析

(1)参加 SDH 网调试的人员是否掌握了 SDH 原理、PCM 通信原理,是否对所调设备的硬软件系统十分了解,是否掌握调试技术等,是影响质量的关键因素。

(2)调试用仪表的精确度及测试方法的正确与否,关系到所调网络的质量。

(3)所选设备的好坏,网络设计的合理与否,决定了网络的合理性与质量等级。

2.质量控制点

(1)调试人员的专业技术培训。

(2)软件检查。

(3)中继段、复用段开销测试。

(三)质量检验

1.在单机调试、中继段或复用段调试、全网调试过程中,无论何时发现故障应及时排除。

2.每一项测试均按质量标准严格执行,未达标准者,均应予检查、克服。

八、安全措施

本工法遵守铁道部标准《铁路通信技术安全规则》(TBJ 405—87),并采取以下安全措施:

1.输入的电源电压和电源机盘输出的工作电压,均应符合设备技术条件要求。

2.插拔机盘应先关闭电源,戴上防静电手环。

3.人眼不要对着输出光源看。

4.不得直接从光口环回。

5.设备输出光功率偏高时,宜在仪表与设备间接光衰减器,以免烧坏仪表。

九、技术经济分析

在上海铁路地区 SDH 网的调试工作中,按本工法施工,用了约 40 天的时间,日均 5 人,共用 200 工日,就完成了 3 个环形网和全网(13 个站)的调试任务。鉴于目前 SDH 调试尚无定额,参照铁道部 1992 年版的“铁路工程预算定额”进行粗略估算:

TY—2721,数字有人段调测,每站按 1 系统,需 28 工日,则 13 个站共需 364 工日。

TY—2728,稳定观测,需 28 工日。

两者共需 392 工日,上述定额虽为预算定额,但实际情况,也要复杂一些。故从这初步比较可见,工效的提高是很显著的。

运用本工法，能在较短的时间内，完成 SDH 传输网的调试，使先进的通信设备能早日投入运行，发挥投资效益。对促进我国铁路通信现代化的建设和发展，支持三年攻坚战，发挥一定的作用。就此而言，本工法具有较好的社会效益和经济效益。

十、工程实例

1995 年 5 月，上海铁路局引进法国 TRT 公司 STM-1(155M)的设备，组成 SDH 地区网，全网设 13 个站，构成 3 个环形网，在上海通信段由交叉连接设备将 3 个网连通。鉴于当时 SDH 工程为初次施工，技术新、难度大，我们编制了本工法，并按此工法组织施工，仅用 40 天左右时间顺利完成了调试任务，各项指标符合要求，得到了建设单位的好评。

1996 年在北京—沈阳、郑州—徐州两长途通信网的 SDH 调试，以及沈阳局沈阳地区 SDH 网调试、济南局济南地区 SDH 网调试等工程中，均运用本工法进行调试，都仅用一个月左右时间，保证了 SDH 网的顺利开通和正常运行。

执笔：周春贵

10. DMIS 干线调度通信系统调试工法

TLEJGF99.00－47

上海工程公司

一、前　　言

DMIS 干线调度通信系统是铁道部为改变原有干线调度系统设备老化、功能少的落后状况，以适应铁路现代化的要求，而采用的具有多种新业务及网络管理功能的调度专用交换机。本工法系针对该工程的系统调试而研究开发。

新采用的调度专用交换机具有很强的组网、汇接能力。上海工程公司研究开发的 DMIS 干线调度通信系统调试工法，充分利用了调度专用软件，并经总结建立了正确的多媒体接口调试顺序，对调度通信网各功能模块有序地进行调测，实现了调度通信系统的窄带 ISDN 功能。同时利用调度网管系统的维护管理程序和故障诊断程序进行故障定位和故障排除，从而加快了调试进度，提高了工效。1998 年 9 月，在 DMIS 干线调度通信系统工程的系统调试中，运用本工法，取得了成功，于同年 12 月 18 日该工程正式投入试运行。

二、工法特点

1. 充分利用调度专用软件，自行总结研究建立了多媒体接口调试顺序，对交换机各功能模块进行调试，提高了工效，缩短了工期。

2. 运用调度网网管系统对调度交换机的各种性能进行监测，确保交换机系统各功能模块的可靠性和稳定性。

3. 质量管理体现在本工法之中。

三、适用范围

本工法适用于铁路调度通信系统的调试工作，亦适用于一般的具有 B-ISDN 功能的交换机通信工程。

四、工艺原理与关键技术

充分利用调度专用软件，建立正确的多媒体接口调试顺序，对调度通信网各功能模块有序地进行性能调测，以实现调度通信系统的窄带 ISDN 功能。同时利用调度网管系统维护管理程序和故障诊断程序进行故障定位及时排除故障，从而确保了调度通信系统各功能模块的可靠性、稳定性，使系统调测顺利进行。

本工法的关键技术是：

1. 运用调度管理终端专用软件，对各调度台进行快速设置；

2. 建立正确的接口调试顺序，使多媒体可视会议系统顺利调试；

3. 联网调试技术。

五、施工工艺

(一)工艺流程(见图 1)

(二)工艺操作

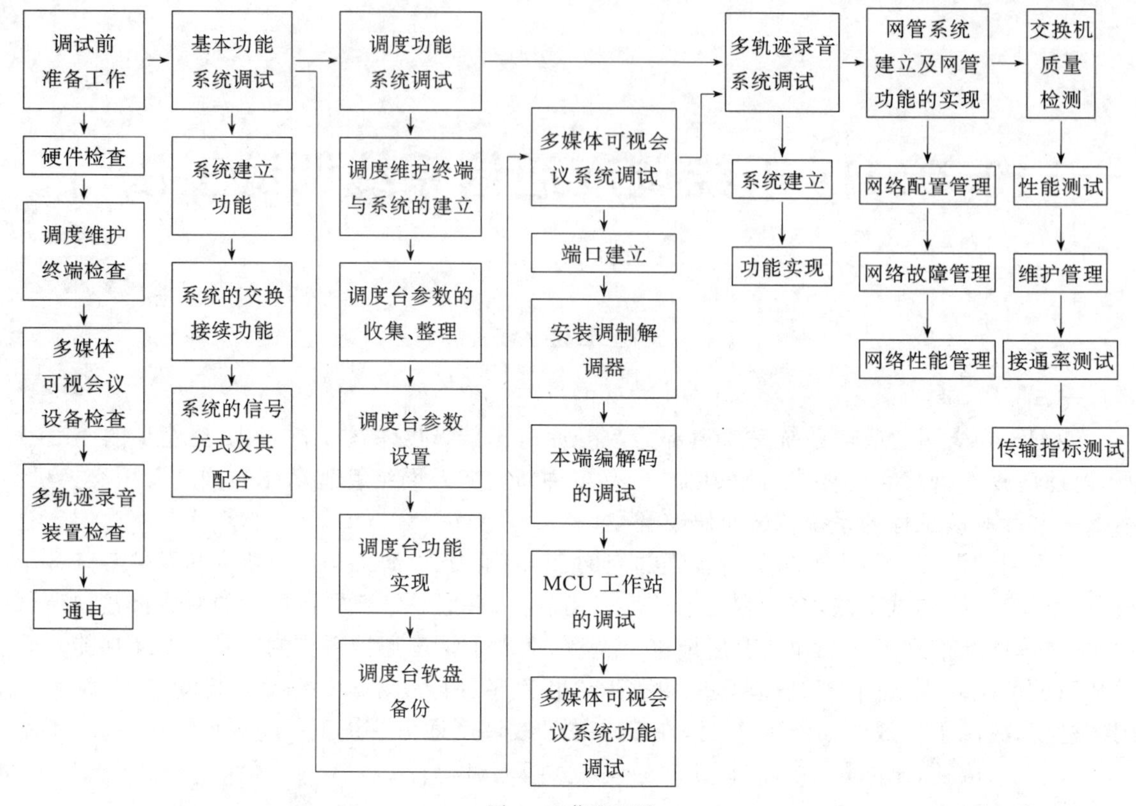

图1　工艺流程图

1.系统调试前的准备工作

(1)硬件检查:机架的各印刷电路板数量、规格、位置应符合要求;设备的各种开关置于正确的位置上;各种熔丝规格符合要求,机架接地良好,设备内部电源布线正确;调度台内部连接应正确,各按键应弹放自如,外观应完好无缺。

(2)调度维护终端检查:内置于计算机的 ISDN-S_0 通信卡插放位置与交换机 2B+D 端口的连接均要正确。

(3)多媒体可视会议设备检查:内置于计算机的视频编解码器 CODEC 卡插放位置正确,与固定图像摄像机连接电缆要接触可靠,与交换机 2B+D 端口的连接要正确。

(4)多轨迹录音装置检查:内置于计算机的录音卡插放位置正确,与交换机调度模块的录音接口连接要正确。

(5)在确认主电源电压正常后,给交换机接通电源。

2.基本功能系统调试

(1)系统建立功能

依据交换机随机资料,对交换机的系统初始化 ,并检查系统自动/人工再装入、再启动等功能,确认交换机运行功能齐全。

(2)系统的交换机接续功能

——本局呼叫;

——地区呼叫、市话呼叫和地区汇接呼叫功能良好;

——长途自动来去话呼叫。

(3)系统的信号方式及配合

由于DMIS工程干线调度网是一个专用网，必须与铁路电话交换网衔接，并与其信号方式相配合。这是联网调试的主要工作，以确保整个网络正常工作。

——带内单频脉冲线路信号方式（与模拟局相连）；

——数字型线路信号方式（与部中心NO.5号机相连）；

——所间信号方式（西门子CorNet—N信号方式）。

3.调度功能系统调试

(1)调度维护终端与系统的建立

——内置ISDN-S_0通信卡，准确插入计算机总线槽内。

——检查计算机的操作环境，至少在DOS4.1版本以上。

——选择调度终端与调度功能模块之间的通信协议。

——释放内存空间，使常规内存容量大于560 KB，在计算机CONFIG.SYS文件中用DEVICE命令将两个内存管理程序HIMEM.SYS和EMM386.EXE装入内存，并用DOS＝HIGH命令把MS—DOS的大部分装入到高段内存中。

(2)调度台参数的收集、整理

——根据设计院技术规范书和调度用户要求，使相同性质的调度台的编号的千位数和百位数一致，如：铁道部货调与路局货调的编号为26XX、26YY。

——使相同性质的调度台所开放的功能趋于一致，便于用户识别，容易掌握使用。如各路局的客调都开放一键直通功能，分配给客调的调度网内的识别号与各路局的铁路长途区号一致，如上海路局的识别号为41、广州路局的识别号为57。

(3)调度台参数设置

——调度台一般都有4页设置参数空间，安排相同内容的功能键设置在同一页内。

——安排每个调度台要有一条专线，避免其他调度台争抢线路。

——安排本局各调度台要有一条共线，能在本局内召开多方会议。

——设置首长调度要有强插、强拆功能。

——设置每个调度台有电子号码簿，并置成汉显方式。

(4)调度台功能实现

通过调度维护终端专用软件的设置，验证调度台全网功能的实现，包括选呼、组呼、全呼、铃流转移、网桥功能、20方电话会议功能、一触就通功能等。

(5)调度台软盘备份

铁道部在DMIS干线调度通信系统中，购买了3种型号的调度台，它们分别是TBL调度台，TBT调度台，SET551调度台，在具体运用调度专用软件设置完成后，应及时做软盘备份，为下一个接点开通节约时间。

4.多媒体可视会议系统调试

(1)端口建立

——在Windows95控制面板中选择添加新硬件。

——选择串行接口，直接从光驱中安装。

——从计算机缺省设置中查看中断号IRQ和I/O参数是否与计算机其他硬件冲突，若冲突，更改缺省设置。

(2)安装调制解调器

——在Windows95控制面板中选择添加新硬件。

——选择调制解调器，直接从光驱中安装。

——确保传输时的数据格式(数据位、校验位和停止位的设置，一般为：8位数据位、无校验位、1位停止位)。

(3)本端编解码器CODEC的调试

进行本端编解码器CODEC卡与摄像机、送话器、扬声器的调试，能在监视器上显示稳定的图像。

(4)MCU工作站的建立

对MCU工作站进行设置，包括它的通信协议、控制方式和数据传输格式等内容，并创立一个会议配置文件，然后进行4种会议的控制方式演习：主席控制、声音激励、主管者控制、演讲者控制，通过MCU工作站的操作，结果应正确。

(5)多媒体可视会议系统功能调试

召开多项练习会议，能实行对MCU的可靠控制，结果正确。

5.多轨迹录音系统的调试

(1)按厂家要求，对记录仪和工作站进行系统初始化，检查系统自动、人工再启动等功能，确认录音设备工作正常。

(2)在工作站上配合记录仪进行各项功能的实现。包括同时录音和重放，按录制的日期、时间，呼叫时间，以及录音时的标识等进行检索，按一键即可从系统数据库中生成一张所有记录的清单。所有的记录可存储在内置的硬盘上，提供快速重放，通过DTMF话机远端检索通话记录，具有静噪功能。

6.网管系统建立及网管功能的实现

在铁道部的网管中心负责对调度干线网路上的所有调度交换机进行统一管理，实现的网络管理功能如下：

(1)配置管理

对所有网络节点交换机的连接相关数据(编号、服务等级等)，人员相关数据(名字、单位、职务等)，组相关数据(等线组、代答组等)的集中记录、查询、删除、修改和存储。自动完成与各节点交换机用户和局数据的同步。

(2)故障管理

自动收集、统计、诊断处理全网范围内的各交换机的各种信息，显示故障处理优先级，故障系统和设备名称等，并提供超文本在线帮助服务，帮助处理故障。

(3)性能管理

各种话务量统计数据的客户/服务器的方式进行处理，结果以条形显示，在连到小型机的性能管理PC机上，话务量统计包括基于时间、中继线组的话务统计和忙时话务量统计、功能统计。

7.调度交换机质量检测

调度交换机实际上是程控交换机，故要进行质量检测，测试项目如下：

(1)性能测试

对多媒体可视会议终端，多轨迹录音装置和调度台进行性能测试，以确保各类终端在联调中性能稳定、可靠。

(2)维护管理

利用调度网网管系统维护管理程序和故障诊断程序进行性能监测，以确保整个调度网运行可靠。

(3)接通率测试。

(4)传输指标测试。

六、劳动组织

根据工期要求,可设数个班组,一个班组负责一个铁路局的调试,一个班组人数 5 人(设班长 1 人,由技术人员兼任),其中技术人员 2 人,熟练通信工 3 人。

七、机具设备(见表 1)

表 1 主要机具设备

序 号	名 称	单位	数量	型号	用 途
1	PCM 通路测试仪	台	1	MS371	传输指标测试
2	PCM 信道监测仪	台	1	EPM11	信令测试
3	PCM 呼叫分析仪	台	1	EPC91	信令测试
4	MFC 多频显示仪	台	1	ZTFK76215	信令测试
5	模拟呼叫发生器	台	1	AM2-A	大话务量测试,接通率测试
6	数字万用表	套	1		检验各种电源电压

八、质量控制

(一)质量标准

本工法执行铁道部《铁路通信施工规范》(TB 10205—99)和《铁路通信工程质量评定验收标准》(TBJ 418—87)。

(二)质量控制

1. 施工人员必须掌握窄带综合业务数字网通信原理和多媒体可视技术,熟悉其操作和维护的有关要求,另外,也必须熟悉计算机网络技术。

2. 在 DMIS 干线调度通信系统调试过程中,必须严格遵循其调试步骤、调试顺序,特别是多媒体可视会议中的接口调试顺序至关重要,它能确保多媒体可视会议系统运行可靠。

3. 充分利用 DMIS 干线调度通信系统中的网管系统对整个调度网运行进行定期监测,并作好记录,分析其产生故障的实质,以确保整个调度网运行稳定、可靠。

九、安全措施

本工法执行铁道部《铁路通信施工技术安全规则》TBJ 405—87,在调试过程中应注意以下事项:

1. 保持机房卫生,落实机房消防措施,并由专人负责。

2. 在系统调试前,要特别注意对电源电压、各种熔丝规格的检查,防止电压过高损坏设备。

3. 更换插件板,应按照操作维护手册的要求将对应硬件退出服务,逐级切断电源,并套上防静电手环才能更换。

4. 定期作交换机软件数据磁盘备份,以防丢失。

5. 利用人机命令进行各种测试检查,应完全符合人机命令手册的要求。

十、技术经济分析

DMIS 干线调度通信系统工程系铁道部重点工程项目。由于本工法的成功应用,整个系统比铁道部原定计划提前 30 天完成调试任务,及早投入试运行,这对强化运输组织指挥功能,提高运输效率,确保行车安全都带来了较大的经济效益和社会效益。

十一、工程实例

全路 DMIS 干线调度通信系统工程，在铁道部运输指挥中心和北京、上海、济南、呼和浩特等 14 个铁路局共安装了 15 个节点机。运用本工法，对其分批进行调试。首批对上海局、郑州局等 5 个接点机进行分系统调试，取得了快速高效的良好效果。其后在第二批 5 个接点、第三批 5 个接点分系统调试中，均获得了成功。整个工程从 1998 年 9 月 22 日开始，在不到 3 个月的时间内，质量良好地完成了系统调试，并于同年 12 月 18 日正式投入试运行，受到建设单位的好评。

执笔：周志红　周敏尧

11. 铁路光接入网调试工法

TLEJGF99.00—46

上海工程公司

接入网的特点在于其能接入多种业务，支持各种业务需求，从而得到各运营者和使用者的欢迎。

目前铁路也正在大量采用光纤接入网，本工法就是针对铁路接入网工程的特点而研究开发。编制调试计划，逐站实施，并利用 SDH 和接入网本身的网管功能来协助调测，从而使调试工作系统化、规范化，提高工作效率和工程质量。

本工法首次应用于上海铁路局内上海到镇江间的光接入网调试，获得成功。并在哈齐、锦沈、大太线光接入网工程的调试工作中应用，均取得良好效果。

虽然各厂家生产的接入网产品的功能部件是一致的，但在产品设计、软硬件的设置等方面存在差异，故本工法描述的为功能性步骤，操作时应参照厂家的产品说明书。

一、特　　点

1. 编制详细的调试工作计划，以 OLT(光线路终端设备)为中心，逐站实施，循序渐进，避免了重复调试。

2. 利用接入网本身的网管功能，对系统进行调试、查找故障，缩短调试时间，提高工程质量。

3. 全面质量管理体现在本工法中。

二、适用范围

本工法适用于以 SDH 传输的光接入网系统。

三、工艺原理

光接入网的功能是完成各种业务的接入，其本身并不具有交换功能，接入网的所有业务，包括接入网内的用户之间的业务也必须通过本地交换机的交换才能完成，光接入网与本地交换机的连接是通过 OLT 实现的，因而 OLT 是整个接入网的中心部分。接入网调试时结合 SDH 和接入两部分的特点，调试前先编制详细的调试计划，然后按计划逐站进行单机调试和测试。采取边调试边测试的方法，调通一个站，就完成这个站的测试工作，并尽量清除这个站的所有工作量，做到到一个站，清一个站；到一段，清一段。然后进行端—端调试和测试。最后进行全网调试和测试。在整个调测过程中，充分利用 SDH 和光接入网本身的网管，协助进行调试和测试，发现并排除故障，这样大大减少了盲目性、被动性，使调试工作系统化、规范化。

本工法的关键技术是：

1. 调试和测试并行

编制计划后，按计划逐站进行调试，调试完成即进行指标测试，这样发现问题，及时调整、排除，做到到一站，清一站，到一段，清一段，从而避免了调测分别进行而造成的人员、机具往复的浪费。既缩短了工程时间，又提高了工程质量。

2. 建立测试通道

SDH和接入网的通道都能做到灵活运用，因此测试时的第一步就是依据各自的特点建立一个测试通道。

3. 以OLT为中心

光接入网主要由光线路终端设备OLT和远端光网络单元ONU完成，通过OLT和ONU完成业务节点接口(SNI)和用户网络接口(UNI)之间的有关信令转换，但接入网根本的任务是完成各种业务的接入，而无交换功能。接入网中的业务通过OLT来实现，如通过OLT与LE之间的Z接口而与公共电话网PSTN相连，通过U接口与综合业务数字网相连，通过开放的V5接口等标准协议与公共数据网DDN、公共分组数据网PSPDN和CATV网相连，并通过光传输网透明传输。而ONU只是提供各种接口，支持多种用户终端。而接入网的组网也是以OLT为中心组成，因此调测时就必须根据接入网的这一特点而以OLT为中心进行。

4. 充分利用网管

SDH和接入网都有一个功能强大的网管，用于网络的维护和管理。在调测过程中，一方面要调好网管，以便实现网络使用后的维护与管理；另一方面，可以借助网管进行调试、测试、排除故障，这也有助于提高工程效率和工程质量。

四、施工工艺

(一)工艺流程(见图1)

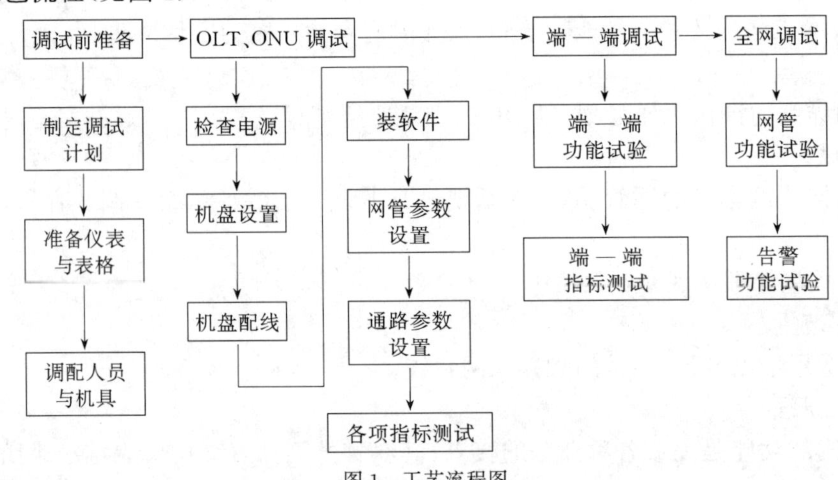

图1 工艺流程图

OLT—光线路终端设备；ONU—光网络单元。

(二)工艺操作

1. 调试前准备

依据网络大小和特点，制定详细的调试计划，准备仪表、记录表格等，安排好人员与车辆，必要时，应对人员进行技术培训。

2. OLT、ONU单机调试

(1)硬件调试

a. 供电电源：接线正确，无短路、接地现象，电源电压应符合设备技术条件要求。

b. 设备机盘：各机盘硬件设置应符合设备运用条件，并按照设计要求插入相应位置(暂不插紧)。

c. 工作电源：插紧电源盘，使其工作，测量电源盘工作电压，应符合设备技术条件要求。

d.机盘工作:插紧各机盘,应无异常情况。

e.设备与配线:设备配线应标志明确,数量与位置应符合设计要求,无中断、混线、接地现象。设备应工作正常。

(2)软件调试

a.对所需软件,经检查确认为正品后,装入设备。

b.根据设备使用情况和设计配置,设置各种网管参数,如站名、站号、系统号、口令等。

c.根据设计配置各种运行数据。

(3)测试

a.测试内容

根据ITU—T诸建议,主要测试项目如下:

——光接口参数

● 发送光功率

● 接收灵敏度

● 过载光功率

● 光接口输出抖动

● 光接口输入抖动容限

——2 M电接口参数

● 接口比特率

● 接口波形

● 频偏容限

● 接口输出抖动

● 接口输入抖动容限

——映射与去映射

——指针调整

——支路映射抖动与结合抖动

——时钟

● 时钟频率

● 牵引范围(ITU—T G.810定义牵引范围是从时钟参考频率上特定标准频率的最大频偏,在此频偏范围内,从时钟能达到的锁定方式。)

● 失步范围

● 噪声产生

● 保持性能

——V5.2接口测试

● V5.2接口物理层测试

● V5.2接口系统启动程序测试

● V5.2接口PSTN呼叫协议测试

● V5.2接口控制协议测试

● V5.2接口BCC协议测试

● V5.2接口保护协议测试

● V5.2接口链路控制协议测试

● 呼叫通话测试

——n×64 kbit/s 数据接口测试

——ISDN 2B+D 接口测试(说明在后)

● 数字电话试验

● 半永久连接

——音频接口测试

● 传输电平测试

● 衰减—频率特性

● 增益—频率特性

● 总失真

● 空闲信道噪声

● 串音

——自动电话拨叫试验(说明在后)

b. 测试方法

部分测试项目的测试方法参见《SDH 传输网调试工法》。所有测试的第一步都是根据测试目的而建立相应的测试通道。

——V5.2 接口测试

测试配置如图 2。

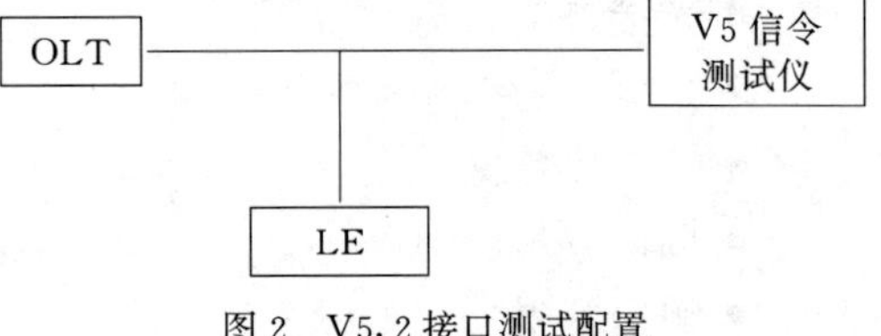

图 2 V5.2 接口测试配置

OLT—光线路终端设备;LE—本地交换机。

测试时按照中国电信《接入网现场试验 V5 接口测试方法 第二分册:V5.2 接口测试方法》,一步一步观看其信令是否符合规定。

——n×64 kbit/s 数据接口测试

测试配置如图 3。

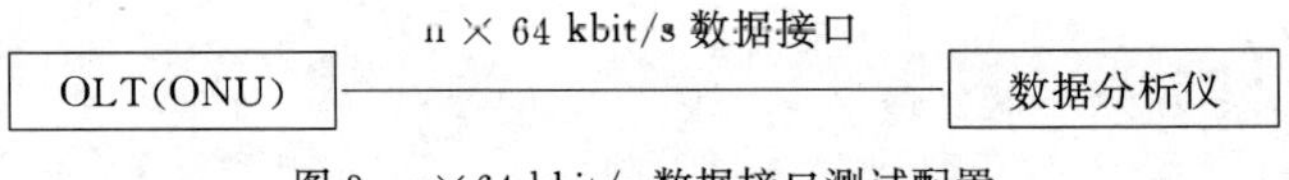

图 3 n×64 kbit/s 数据接口测试配置

将数据分析仪与所要测的接口相连,在 OLT 上用网管将此一接口与另一相同接口做一连接,并将另一接口环回。根据接口类型设定仪表同 OLT 上的接口类型与速率。测试结果应无误码。

——ISDN 2B+D 接口测试(检查从 2B+D 接口板到中配架的配线情况,考核 2B+D 接口板的工作性能;OLT 或 ONU 对此信号的处理能力以及从 ONU 到 OLT 和 OLT 到交换机的传输能力。)

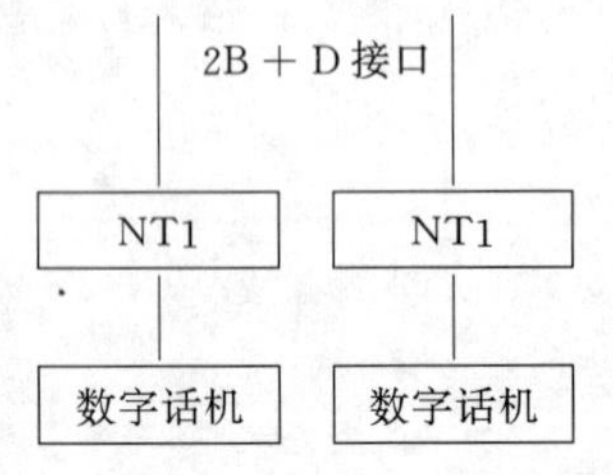

图 4 数字电话拨叫试验测试配置

● 数字电话拨叫试验

测试配置如图 4。

分别在 OLT 或 ONU 的两个 2B+D 接口上接两个 NT1,各自接上数字话机。在 LE 上给此端口分配号码,然后数字话机间互相拨叫电话,拨叫指标应符合有关规定。

● 半永久连接测试

测试配置如图 5。

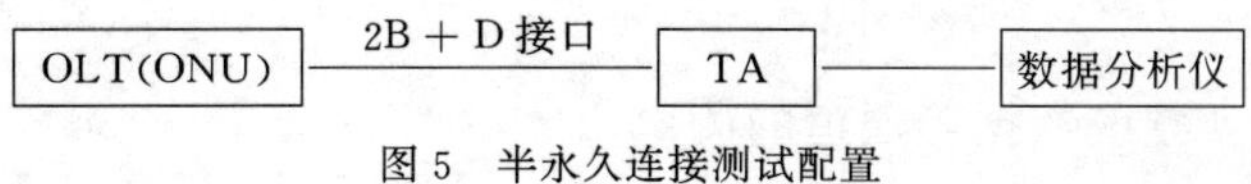

图 5 半永久连接测试配置

将 TA 接在 OLT 或 ONU 的一个 2B+D 端口上，在 OLT 上用网管将此端口与另一端口相连，并在另一端口上做一环回，将数据分析仪与 TA 相连，并按照端口类型设置仪表的测试配置。测试结果应无误码。

——自动电话呼叫试验(检查从自动电话接口板到中配架的配线情况，考核自动电话接口板的工作性能，OLT 或 ONU 对此信号的处理能力以及从 ONU 到 OLT 和从 OLT 到交换机的传输能力。)

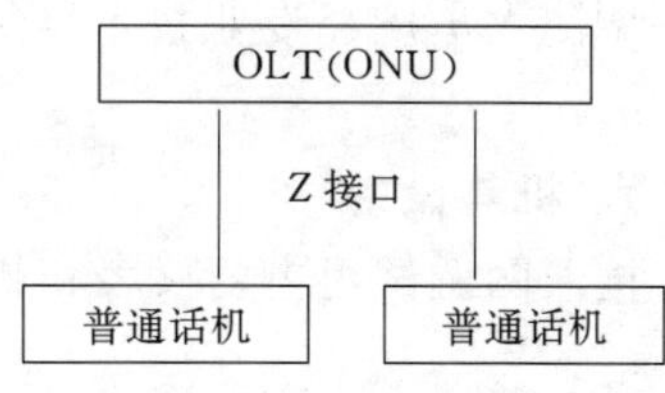

图 6 自动电话呼叫试验测试配置

测试配置如图 6。

将普通话机接在 OLT 或 ONU 的 Z 接口上，在 LE 上给相应端口分配号码，进行话机间相互拨叫试验，应符合有关规定。

音频 2/4 线接口测试

测试配置如图 7。

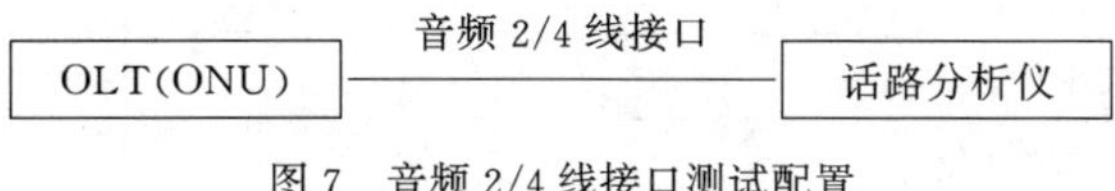

图 7 音频 2/4 线接口测试配置

将话路分析仪接在 OLT 或 ONU 的两个音频 2/4 线接口上，在 OLT 上用网管将这两个端口相连，然后按照 6 项指标进行测试，测试结果应符合相关规定。

3. 端—端调试

从 OLT 所在站开始，逐站进行调测，每完成一个站，就与其上一个站进行端—端调试，主要有：

——时钟设置与试验

——通道配置与测试

——保护倒换配置与试验

——勤务配置与试验

——告警功能配置与试验

——网管参数配置与试验

4. 全网调试

网内所有站全部调试结束后进行全网调试。

(1)网管功能试验

——在网管中心逐个调出各站，先检查网管通道及各站网管参数设置情况，再检查时钟和通路运用设置情况。

——观察各个站的运行情况，若发现故障，及时排除。

——进行网管的所有功能试验。

(2)网络指标测试

——SDH 网络接口输出抖动。

——2M 链路接口输出抖动。

——误码性能。

——其他配置的音频或数据等通道的测试。

各项测试结果均应符合相应的指标要求。

五、劳动组织

根据网络大小确定人员配备，最少为 5 人，设班长 1 人，其中，工程师 2 人，通信工 2 人，司机 1 人。

调测人员应经专业技术培训，充分掌握 SDH 和接入网的原理及调试技术；司机应持证上岗。

六、机具设备

接入网调试用主要仪表和机具，见表 1。

表 1　接入网调试主要仪表和机具

序号	名　　称	单位	数量	主 要 用 途
1	SDH 测试仪	台	1	测指标、功能
2	光可变衰减器	只	1	测参数
3	光功率计	台	1	测参数
4	频率计	台	1	测参数
5	V5 接口测试仪	台	1	测试 V5 接口
6	话路分析仪	台	1	测音频话路
7	数据分析仪	台	1	测数据接口
8	TA 终端	只	2	测 ISDN 接口
9	NT1 终端	只	2	测 ISDN 接口
10	数字话机	台	若干	试 ISDN 电话
11	普通话机	台	若干	试普通电话
12	BNC 三通头	只	4	测试用
13	测试用尾纤	根	4	测试用
14	高频测试线	根	8	测试用
15	音频测试线	根	2	测试用
16	数字万用表	块	2	
17	常用工具	套	2	
18	中型仪表车	辆	1	运送

七、质量控制

（一）质量标准

本工法执行下列标准：

铁道部标准《铁路通信施工规范》（TB 10205—99）；

铁道部标准《铁路光缆通信同步数字系列（SDH）工程施工规范》（TB 10219—99）；

铁道部标准《铁路光缆数字通信工程质量评定验收标准》（TB 10424—93）；

中国邮电《本地数字交换机和接入网之间的 V5.2 接口技术规范》；

ITU—T G. 958,G. 821,G. 823,G. 825,G. 826,G. 783,G. 707,G. 960,G. 961,G. 962。

（二）质量控制

1. 影响质量的因素分析

（1）参加光接入网调试的人员是否掌握了接入网原理、SDH原理、PCM通信原理、测试理论与方法，是否对所调设备的软硬件系统十分了解，是否掌握调试和测试技术等，是影响质量的关键因素。

（2）调测用仪表的精确度及测试方法的正确与否，关系到所调网络的质量。

（3）所选设备的好坏，网络设计的合理与否，决定了网络的合理性与质量等级。

2. 质量控制点

（1）调试人员的专业技术培训。

（2）软件检查。

（三）质量检验

1. 在单机调试、端—端调试、全网调试过程中，无论何时发现故障应及时排除。

2. 每一项测试均按质量标准严格执行，未达标准者，均应予以检查、克服。

八、安全措施

本工法执行铁道部标准《铁路通信施工技术安全规则》（TBJ 405—87），并采取以下安全措施：

1. 输入的电源电压和电源机盘输出的工作电压，均应符合设备技术条件要求。

2. 插拔机盘应先关闭电源并佩带防静电手环操作。

3. 人眼不要对着输出光源看。

4. 不得直接从光口环回。

5. 设备输出光功率偏高时，应在仪表与设备间接光衰减器，以免烧坏仪表。

九、技术经济分析

接入网调试工法在铁路专用通信网中的应用，提高了专用网的运用质量和可靠性。由于采用了边调试边测试，调通一个站就完成这个站的单机测试、数据输入、排除障碍等技术工作。在统调中，充分利用接入网本身的网管功能，避免了人员、仪表和车辆的往返，减少了投入，缩短了工期。

根据上海铁路局电务处原计划二个月完成的上海至镇江段调测任务，经运用本工法，仅用一个月即提前完工。哈尔滨至齐齐哈尔段也应用本工法不到一个月即完成全部调测任务，为早日发挥投资效益，并产生广泛的社会效益起到了重要的作用。

十、工程实例

1. 在上海至镇江（265 km）光接入网设备安装统调中，安装测试ONU（光纤网络单元）30架，OLT（局终端设备）2架。1999年3月1日～1999年3月30日，采用本工法调试，解决了光接入网设备首次在铁路专用网中运用出现的技术问题，比原计划工期缩短了一个月，开通并投入运行。

2. 在哈尔滨至齐齐哈尔（297 km）光接入网设备安装统调中，安装测试ONU共25架，OLT共4架。1999年8月1日～1999年8月25日，采用本工法调试，缩短了调试时间，为光接入网施工调试创出了一条新思路，受到了哈尔滨电务处的高度评价，为确保铁路运输安全创造了条件。

执笔：周春贵

12. 铁路卫星通信地球站工程施工工法

TLEJGF99.00—45

上海工程公司

一、前　　言

卫星通信是一种新型的通信技术，它具有频带宽、容量大、机动灵活、覆盖能力强、不受地理条件限制、性能稳定可靠等特点，能支持多种通信业务。

本工法针对铁道部会议电视网卫星数字通道工程研究开发，并在铁路卫星通信网一期工程中得到成功应用，取得了工期短、质量高的效果，工程顺利开通并投入使用，改善了铁路运输指挥能力。目前正在施工的铁路卫星基层数据通信网工程也按本工法实施。

鉴于各工厂的设备在安装测试的具体方法上略有差异，故本工法仅叙述其共性部分，个别部分应参照厂家说明书进行。

二、工法特点

1. 本工法为卫星通信地球站规范化、标准化、系统化施工作业奠定了基础。

2. 在系统调测过程中，采用对星上网，先设置后标定技术，并充分利用网管功能进行测试及故障定位，缩短了调试时间。

3. 本工法按全面质量管理执行。

三、适用范围

本工法适用于新建、扩建和改建卫星通信地球站工程的安装与调试。

四、工艺原理

卫星通信是在微波通信和空间技术的基础上发展起来的，与计算机技术和网络技术相结合的新型通信技术，其设备安装方法和调测技术与其他通信不同。在施工前先编制施工组织设计，然后按计划安装设备、布放电缆，进行本机测试，最后进行系统调测。

在系统调测过程中，采用对星上网，利用频谱仪观察接收到的卫星信标单载波波形，根据波形特点分析主、旁瓣特性，确定天线对准在卫星主瓣上。先设置功率电平参数，由国际通信卫星管理机构根据标准来标定功率电平。对于极化角的调整，通过零点法或峰值法确定馈源极化器的位置，使之符合设计及国际卫星组织的要求。

同时充分利用网管功能，通过网管中心的指导与控制，对系统的各项业务、功能、指标进行测试。也可利用网管中心监测全站各种设备的性能及运行情况，及时查找和排除故障。

本工法的关键技术是：

1. 对星上网，先设置后标定。

2. 利用网管中心进行系统调测。

五、施工工艺

(一)工艺流程(见图 1)

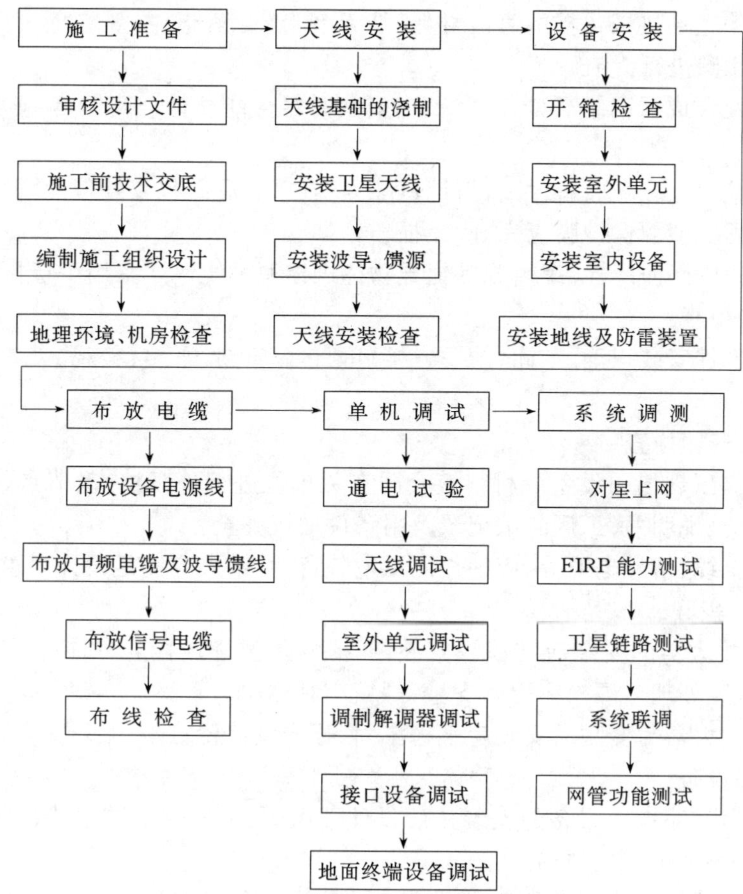

图 1　卫星通信地球站通信工程工艺流程图

(二)工艺操作

1. 施工准备

审核和熟悉施工图纸和有关技术文件，认真进行施工前技术交底。

编制施工组织计划时，应重点落实施工方案、机具、仪表，特别注意的是天线基础、电力、地线、机房等前期准备工作情况，专用工具及专用仪表需配置齐全。

卫星地球站的环境必须通过电测并符合建站要求；机房的建筑装修应符合设计要求。

2. 天线安装

(1)天线基础应平整、无裂缝，且必须符合设计对于抗风能力、牢固程度等的要求。

(2)安装卫星天线

——天线主、副反射面应无损伤、无脱漆，各紧固件无锈蚀。

——各种含有转动关节的构件，应先进行转动试验，确认灵活、平滑且无异常声音才能进行安装。

——组装骨架及反射面的场地应平整，骨架各支承点应水平，允许误差为 2.5 mm，中心体顶部中心，其偏差应不超出安装手册规定的技术要求。

——主反射器面板就位后，先用少量螺栓临时加固，待全部面板安装完毕后再装上其余的螺栓，采用专用工具紧固。

——按照设计要求和工厂的安装手册进行组装。

(3)安装波导、馈源

——安装前检查连接极化器的直波导，确认无变形、无锈斑、内壁洁净，必要时用柔软、干净的丝绸沾四氯化碳进行清洁。

——极化器及合成器网络严禁任意调整，安装时尽可能整体与喇叭辐射器及其他波导元件连接。

——馈源各接口处应安装密封圈，用销钉准确定位，然后做包胶处理。螺栓应配套齐全，螺帽应对称均匀紧固。馈源保护膜应完好、无损伤。

——安装过程中严防螺栓、螺帽或其他异物掉进馈源系统。严禁用手抚摸馈源的内壁。

(4)天线安装检查

确认天线各部件安装正确、牢固；馈源各接口处包胶密封、平整、美观。

3. 设备安装

(1)设备器材开箱检查

——对运到施工现场的设备及材料应会同有关单位进行外观检查、清点数量、核对型号，主要设备的合格证、说明书、工厂测试记录及附备件均应齐全。

——对中频电缆、信号电缆等，应抽样测试电气特性，结果应满足设计要求。

(2)安装室外单元

——低噪声放大器的安装应与馈源安装结合进行，波导连接元件应自然吻合，安装密封圈，接口处应做包胶处理。螺栓应配套齐全，螺帽应对称均匀紧固。

——高功率放大器与变频器安装应平稳牢固，符合设计要求。

(3)安装室内设备

——机架及监控系统等设备的安装按照设计平面图、工厂的安装手册进行，保证尺寸(位置、垂直度、水平度)准确，牢固整齐。

——机框和分部件安装应平稳牢固，有紧固装置的要锁好紧固件。

——机盘装插应根据设备的机架面板布置图进行，确认装插件位置正确，接触良好，且能顺利灵活拔插。机盘拔插时必须严格遵守操作流程，佩带防静电保护手腕进行操作，用力应均匀适度。

(4)安装地线及防雷装置

室内外工作接地及防雷、保护接地装置的接地电阻应符合设计要求，零地电压必须符合设备的要求。

4. 电缆布放

电缆和电线布放前，检查其型号和规格，应符合设计要求；芯线应无错线或断线、混线，芯线间的绝缘电阻应符合技术要求。

(1)电源线宜采用整段线料，安装后的电源线末端应用绝缘物封头。

(2)布放中频电缆及波导馈线

——中频电缆及波导馈线的走向、连接顺序及安装固定方式应符合设计要求。

——中频电缆转弯的曲率半径和波导馈线的扭转角应符合设计要求，布放时应留出适当的余量，以适应天线的转动范围。

——中频电缆和波导馈线的外导体，应与接地体做良好的电气连接。连接口处应做包胶处理。

(3)布放信号电缆

信号电缆的走向、连接顺序及安装方式应符合设计要求，编号清晰，无曲折、扭角现象。信号线的屏蔽层不宜松散，应按设计或设备说明书要求接地。线缆端头宜加装合适的套管，保护焊点。

(4)布线检查

确认电缆布放是否正确，连接是否可靠牢固，有无松动、虚焊假焊现象。电源线布放有无碰地混线，零地电压是否符合要求。波导馈线和中频电缆连接口处是否包胶密封、平整、美观。

5. 单机调试

(1)在系统通电试验前，应对室内外环境进行检查。要求室外天线及设备做安全防护，室内机房保持整洁，机房内的电源应符合设计规定。检查调试工作所需仪器仪表、专用工具配备及通信联络等状况。确认无误，方可通电试验。

(2)天线调试

天线调试的主要项目，包括以下内容：

——系统衰减及端口驻波比测试

● 系统衰减包括发信波导衰减及收信同轴电缆衰减等，应符合设计的要求。

● 端口驻波比是衡量馈源网络端口阻抗是否匹配的一个重要指标，可以用测量线法测试，也可以用回波损耗法测试，其指标为：VSWR＜1.2。

——端口隔离度测试

● 端口隔离度测试是根据端口隔离度的定义进行的，即主串端口输入电平减去被串端口的输出电平。

● 对于双极化馈源来讲，要求：发—收端口隔离度＞60 dB

发—发端口隔离度＞35 dB

收—收端口隔离度＞35 dB

——线极化馈源极化器调整

● 当天线工作在线极化方式时，可通过零点法或峰值法确定馈源极化器的位置，使之符合设计及国际卫星组织的要求。

——地球站品质因素 G/T 值测试

● 地球站品质因素 G/T 值是衡量地球站接收系统性能好坏的一个重要指标，可采用射电星法、比较法和频谱仪法测试。具体指标参见国际卫星组织对各类标准站 G/T 值的规定。

——天线增益测试

● 天线增益是天线的一个重要性能指标，可采用射电星法和卫星法进行测试，应符合设计和国际卫星组织入网验证测试的要求。

——接收方向图测试

● 天线接收方向图关系到该地球站是否会受到邻近卫星的干扰，是否会受到交叉极化的干扰，可利用卫星信标信号进行测试。

● 由于信标信号电平很低，一般只能测得主瓣及第一旁瓣。以主瓣峰值为标准，两侧第一旁瓣电平的平均值应不高于－14 dB，两侧第一旁瓣电平之差应不大于 2 dB。

——发射 EIRP(全向有效辐射功率)及频率稳定度测试

● 发射 EIRP 及频率稳定度测试是地球站入网验证测试中一项必做的测试，它主要是检测被测站在 24 小时内发射载波的功率和频率的稳定度，其测试框图见图 2。

● 国际卫星组织规定：

EIRP 稳定度指标　±0.5 dB

发射频率稳定度　±3.5 kHz

——自动跟踪性能测试

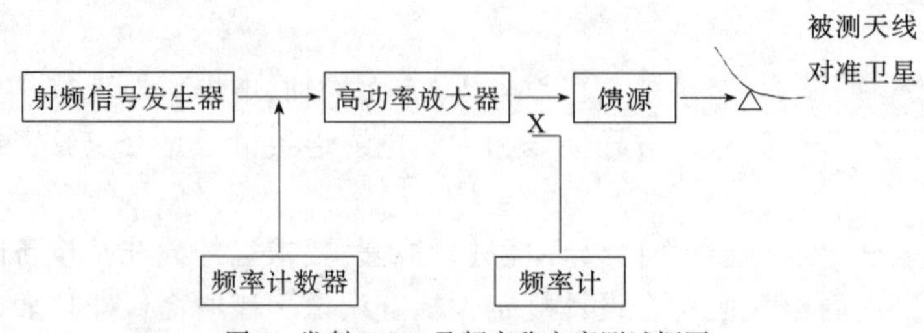

图2　发射 EIRP 及频率稳定度测试框图

● 低噪声放大器进入正常工作状态后，立即转动天线，将天线主波束中心对准卫星。调整信标接收机，使接收到的卫星信标信号电平达到最大值。

● 按设备出厂说明书的技术要求校准跟踪控制单元。

● 在俯仰(上、下)及方位(左、右)四个方向上人为转动天线，使之偏离卫星方向，直到信标信号电平下降 2 dB 为止。启动自动跟踪系统，经过一个扫描循环应能使信标信号电平恢复到最大值。

● 天线跟踪精度、指向精度应符合设计指标要求。

——天线平均转动速率测试

● 利用卫星信标信号从波束中心驱动天线在方位和俯仰两个平面内分别转动±5°，测量 2～3 次求出平均转动速率。

(3)室外单元测试

室外单元测试的主要项目，包括以下内容：

——高功率放大器测试

● 功能测试和幅频响应测试应符合设计和设备出厂说明书的技术要求。

● 输出功率测试

本测试是测量高功率放大器的单载波饱和输出功率，其指标应符合设计和设备出厂说明书的技术要求。具体测试框图见图 3。

● 增益测试

本测试是检验高功率放大器所具有的放大能力，其指标应满足设计和设备出厂说明书的技术要求，测试框图和使用仪表与高功率放大器输出功率测试基本一致。

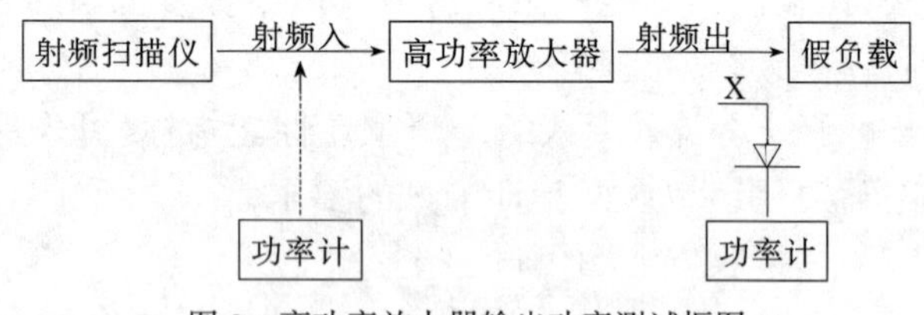

图3　高功率放大器输出功率测试框图

——低噪声放大器测试

● 功能测试、增益及频率响应测试应符合设计和设备出厂说明书的技术要求。

——变频器测试

● 功能测试应符合设计和设备出厂说明书的技术要求。

● 增益测试

上变频器增益应在 10～30 dB 范围内可调，或符合设备出厂指标。

下变频器增益应在 20～40 dB 范围内可调(射频输入 －75～－30 dBm，3 625～

4 200 MHz频率范围内任一频率），或符合设备出厂指标。

● 中频与射频之间的频率响应测试

正常电平时，其相互之间输出幅度允许偏差为±0.4 dB。

● 频率稳定度测试

在 24 小时内允许偏差为$\pm 5\times 10^{-9}$。

● 相位噪声

相位噪声可采用频谱仪法测量，其指标应符合如下标准：

100 Hz	≤−65 dBc/Hz	100 kHz	≤−95 dBc/Hz
1 kHz	≤−75 dBc/Hz	1 MHz	≤−112 dBc/Hz
10 kHz	≤−85 dBc/Hz	10 MHz	≤−130 dBc/Hz

● 杂散输出电平

杂散输出电平也可采用频谱仪法测量，其指标应符合如下标准：

与信号无关的杂散输出电平　<−80 dBm

与信号相关的杂散输出电平　上变频器为<−65 dBc

下变频器为<−75 dBc

——线性放大器测试应符合设计和设备出厂说明书的技术要求。

(4)调制解调器调试

应符合 ITU—T 标准并满足设计和设备出厂说明书的技术要求。

(5)接口设备调试

应按照设计和设备出厂说明书的技术要求进行操作，并确认符合指标要求。

(6)地面终端设备调试

应按照设计和设备出厂说明书的技术要求进行操作，并确认符合指标要求。

6. 系统调测

(1)对星上网

使用频谱仪观察接收到的卫星信标单载波波形信号，确认天线对准在卫星主瓣上；先设置卫星地球站的功率电平，再由国际卫星管理机构根据标准进行标定；对于极化角的调整，通过零点法或峰值法确定馈源极化器的位置，使之符合设计和国际卫星组织的要求。

(2)EIRP 能力测试

EIRP 能力是指卫星地球站发射某种业务载波时，EIRP 的最大值和该载波 EIRP 的调整范围，其指标应符合设计和卫星组织的要求。具体测试框图见图 4。

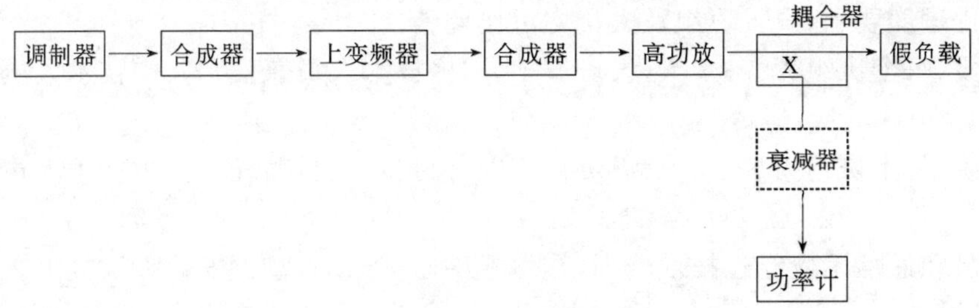

图 4　EIRP 能力测试框图

(3)卫星链路测试

其指标应满足设计要求，有两种测试方法（见图 5、图 6）。

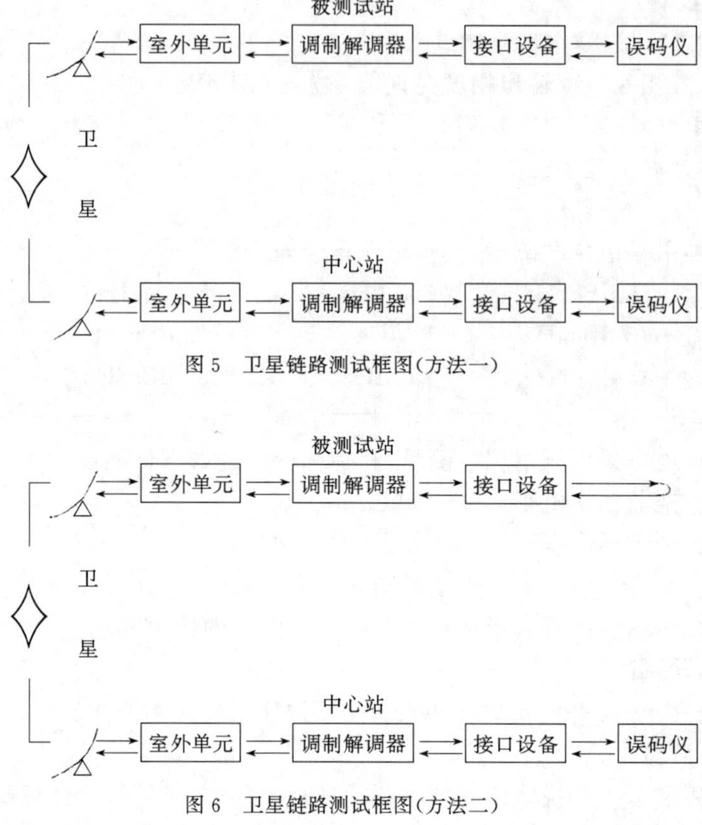

图 5　卫星链路测试框图(方法一)

图 6　卫星链路测试框图(方法二)

(4)系统联调

卫星系统联调是对卫星通信地球站所支持的各种通信业务的全面调试,测试项目及指标应符合设计和工程验收技术规范的要求。

(5)网管功能测试

——在网管中心逐个调出各站,先检查网管通道和各站参数设置情况,再检查通道运用设置情况。

——观察各站的发送、接收通道运用情况,监测设备工作状态,若发现故障,及时处理。

——性能管理功能试验。

六、劳动组织

根据工程进度要求,设置班组及人员均可作调整。

安装阶段,每个班组为 5～7 人(设班长 1 人,由技术人员兼任),其中技术人员 2～3 人,通信工 3～4 人。

调试阶段,每个班组为 3～4 人(设班长 1 人,由技术人员兼任),其中技术人员 1～2 人,通信工 2 人。

技术人员和通信工应经过技术培训,熟悉卫星通信原理,掌握安装调试技术。

七、机具设备

卫星通信地球站安装调试主要机具见表 1。

八、质量控制

(一)质量标准

本工法执行下列标准：

《铁路通信施工规范》(TB 10205—99)；

《铁路通信工程质量评定验收标准》(TBJ 418—87)；

《铁路卫星通信网工程验收技术规范》*；

《卫星通信地球站设备安装工程施工及验收技术规范》*。

注：*表示铁路卫星一期工程中由铁道部及设计单位形成的工程技术文件。

表1　主要机具表

序号	名　　称	单位	数量	型　号	用　　途
1	数字万用表	套	1		检验各种电源电压
2	对号器	个	1		检查硬件设备的配线是否正确
3	同轴切剥钳	把	1		做各种连接头
4	电缆卡线钳	把	1		电缆配线卡接
5	天线安装专用工具	套	1		安装天线
6	罗盘	个	1		检测天线方位角及俯仰角
7	全球定位仪	台	1	CARM1N	检测站点的地理位置
8	频谱分析仪	台	1	HP8593E	分析载波特性
9	射频信号发生器	台	1	HP83751	发送测试载波
10	微波功率计	台	1	HP5347A	检测发射功率
11	频率计	台	1	HP53181A	检测载波频率特性
12	频率扫描仪	台	1	HP8757	发送可调测试载波
13	误码仪	台	1	HP37732A	检测通道误码特性
14	规程分析仪	台	1	HPJ2300C	检测传输数据及传输协议

(二)质量控制点

1．施工人员实行先培训后上岗，掌握卫星通信技术原理，熟悉设备的安装、调测和开通方法。

2．在上网调试时，运用网管系统、仪表监测，正确下载文件参数，进行各项测试。

3．在系统调测中，需认真考虑地球站的极化角，以及功率电平对其他地球站的影响。并采取相应措施。

4．设备连接电缆布放时需做防护，防止出现死弯、损伤等现象。

(三)质量检验

本工法对安装调测过程中的每道工序、每个阶段都及时进行检查。

九、安全措施

本工法遵守《铁路通信施工技术安全规则》(TBJ 405—87)，还应注意以下事项：

1．施工时注意高频辐射对人体的伤害，必要时在天线基础外围加防护栏。

2．机房配备足够的有效消防器材。

3．在系统调测前，要特别注意对电源电压、接地体、零地电压检查。

4．插拔机盘，应严格按照操作维护手册要求，将对应的硬件退出服务，并采取防静电措施。

5．在文件数据下载时，应按操作维护手册进行，并做好打印报告，以备查阅。

十、技术经济分析

本工法针对卫星通信地球站工程的施工特点，优化了施工组织与方案，规范了施工作业流程，明确了测试标准与方法，使施工规范化、标准化、系统化。有利于提高工效，缩短工期，降低成本。

由于目前尚无有关卫星通信安装调试的定额，现根据铁路卫星通信网一期工程建设单位与上海工程公司签定的合同，其工期要求是12个月。但在该工程中应用本工法，从1998年9月至1999年5月，实际仅用9个月的时间即完成了15座固定卫星地球站和一座可移动站的施工，工期缩短了3个月。这对加速实现全路通信三年攻坚目标，推动我国铁路通信现代化建设，也为早日发挥投资效益奠定了良好的基础，具有较好的经济效益和社会效益。

十一、工程实例

1. 铁道部电视会议网卫星数字通道工程

该工程卫星通信地球站是引进美国ComStream公司的设备，整个工程包括昆明、成都、呼和、济南、兰州、乌鲁木齐等局6座远端地球站和铁道部直属通信处1座中心站，在施工中运用本工法，自1996年11月起对卫星通信远端地球站进行安装调试，仅用了一个月的时间即完成安装调试开通。

2. 铁路卫星通信网一期工程

该工程卫星通信网设备引进美国ComStream公司的设备，计有15座固定卫星地球站、1座可移动卫星地球站、1个网控中心。运用本工法，对该工程进行施工管理，解决了施工中安装及对星上网和系统测试有关的问题。整个工程自1998年9月开始实施，于1999年5月25日开通，并投入使用。

执笔：陈锦山　黄　玮

13. 地铁自动售检票系统施工工法

TLEJGF99.00—48

济南工程公司

一、前　　言

为了改善地铁的运营服务环境，近年来，国内引进了先进的地铁自动售检票系统（AFC）。对该系统的消化、吸收、安装、调试即成为地铁施工领域内的新课题。本工法就是针对广州地铁1号线的需要而研究开发的，并在广州（1号线）、上海（1号线南段）地铁AFC系统安装工程中成功地应用。

二、特　　点

1. 开发了车站间模拟运营测试程序，使系统测试更加完整。

2. 研制了专用安装工具，保证了设备安装的精度；同时引进了国际流行的螺栓安装新工艺，使设备安装美观、牢固。

3. 采用流水作业方式，根据工程具体情况处理好工序衔接，优质高效。

三、适用范围

本工法适用于地铁自动售检票系统及其他的自动售检票系统的安装和调试。

四、工艺原理及关键技术

运用系统工程的原理，优化了工艺流程。

其关键技术为：

1. 开发了车站间模拟运营测试程序。

2. 研制了专用安装工具，并引进了螺栓安装新工艺。

3. 采用流水作业方式。

五、施工工艺

（一）工艺流程（见图1）

（二）工艺操作

1. 施工准备

（1）了解并熟悉施工设计图和系统设备的结构、性能。

（2）调查前期土建、装修工程的实施情况。检查下述各项是否达到系统的设计要求：地下预埋钢管、分向盒、终端盒；站厅层、车控室、通信设备室、售票亭的装修工程；配电盘；RS422通信接口；设备安装地点的温度、湿度等。

（3）编制施工组织设计和工程技术标准。

（4）准备通用机具、仪表，并制作下述专用安装工具：

钻孔定位模板：闸机、自动售票机、验票机需用200 mm长的ϕ12 mm螺栓固定在地面上。为了提高定位和钻孔的精度和速度，按照各设备的底座结构图，制作专用的钻孔定位模板。该模板的钻孔定位部分应采用加强结构，使其能够经受冲击钻头的冲击和摩擦，延长使用寿命。

长柄中空式套筒扭力扳手：闸机内部部件密集，且许多部件靠近底座，作业空间狭小，使用普通工具很难对底座螺栓加以紧固，特制的长柄中空式套筒扭力扳手能够很好地解决这个问题。该扳手直柄长1.2 m，采用不锈钢管，在其上端焊接一个套筒卡头，以便安装扭力手柄；在其下端焊接一个20 mm套筒头，打通该套筒头的底部，使螺栓能够深入到钢管内部。使用该扳手，可以轻松地从闸机上盖紧固底座螺栓。

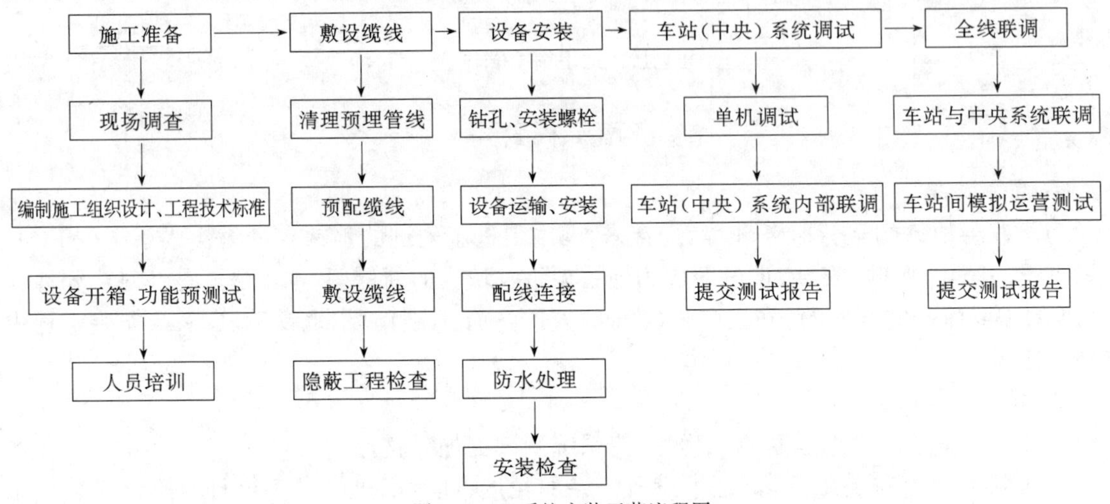

图1　AFC系统安装工艺流程图

(5)设备开箱、功能预测试

①检查设备包装箱外观，根据装箱单，核对装箱标志和装箱号码。

②对照装箱清单，清点设备数量，核对设备部件号和序列号，并做设备外观检查。

③附件、备件、说明书、出厂检验书等当即移交建设单位项目工程师。

④会同建设单位、供货商、驻地监理做好设备开箱、检查记录，并签字确认。

⑤设备外观检查完毕后，要在仓库的测试区内进行设备功能预测试：加载系统软件；测试设备各部件工作是否正常，功能是否完整；定义各设备的通信信道；定义各设备的位置编码并做好标识。

(6)人员培训

①结合设备功能预测试，熟悉设备功能，掌握系统调试程序。

②培训配线人员，使其掌握RS-232电缆插头的制作方法和测试手段。

③培训安装人员，使其掌握设备的安装要求、安装方法和注意事项。

2.敷设缆线

(1)清理地下预埋管线，保证管线内无水、无杂物，管线接地良好。

(2)对整盘电缆进行绝缘测试，然后实测电缆长度，预配电缆。

(3)敷设电缆时，应做好防护和标识。

(4)根据技术要求，进行电缆测试，做好测试记录。

(5)会同建设单位、供货商、驻地监理进行隐蔽工程检查，做好检查记录。

3.设备安装

(1)使用钻孔定位模板进行钻孔、安装螺栓。根据车站的具体情况，抽测螺栓强度。

(2)将设备运输到安装现场。设备装运时，要检查装运机具是否良好，并随时注意天气的变化，做好设备的防护。

(3)设备安装时，要轻搬轻放，设备水平偏差、垂直偏差应符合技术要求。

(4)配线时，应遵照设备内部配线图及设备连接图的规定。

(5)进行防水处理。用防水胶密封终端盒、分向盒、出线管孔、设备底座。

(6)设备安装完毕，会同建设单位、供货商、驻地监理进行设备安装检查验收，做好检查记录。

4.车站(中央)系统调试

(1)设备单机测试

按照程序对车站系统中的车站计算机、自动售票机、半自动售票机、进/出闸机、验票机和中央系统中的服务器、工作站、编码/分拣机的功能一一进行测试，并在测试数据表中记录相应的结果及结论。

(2)车站(中央)系统内部联调

车站(中央)系统内部联调的前提条件是：所有车站(中央)设备均已完成单机测试，存在问题均已处理完毕，单机工作状态良好；设备间通信正常，传输速率及误码率符合设计要求。

从车站计算机上下达控制命令，控制车站设备的状态，并从各车站设备获取各种运营数据，以确认车站计算机与各车站设备的通信是否快速、有效。

根据中央系统的功能设计，确认服务器、工作站、编码/分拣机之间的命令或数据传输是否准确，并检查相关报表数据是否与实际发生的数据相符。

(3)提交完整的测试报告，对存在问题进行处理，直至所有设备功能都能达到设计书的要求为止。

5.全线联调

(1)车站与中央系统联调

按照中央计算机与车站计算机的功能要求，从中央计算机向车站计算机下达各种控制命令，通过车站计算机控制车站设备的运行，并从车站计算机获取各种运营数据，生成各种统计报表、设备维护报表、设备故障报警信息等。对照设计书的各项功能要求，确认实际测试结果与设计要求是否相一致，并提出最终的测试报告。积极配合相关单位解决存在的问题，直至所有设备均达到设计要求为止。

(2)车站间模拟运营测试

以测试车站为中心，模拟实际运营中的各种情况，与其他各站之间进行运营测试。测试结束后，打印测试车站的半自动售票机、自动售票机、进/出闸机、车站计算机的运营数据，确认这些数据与实际发生的数据是否相符，若有出入，调查产生出入的原因，并加以修正。

六、劳动组织

组成4个施工小组，按车站进行流水作业，各小组设班组长一人。

1.第1小组：5人，负责缆线敷设。其中通信工1人，辅助工4人。

2.第2小组：6人，负责设备运输、安装。其中通信工1人，辅助工5人。

3.第3小组：3人，负责设备配线、连接。3人全是通信工。

4.第4小组：4人，负责设备功能测试。测试人员应具有助理工程师以上职称。

工程技术人员2人，计算机和通信专业工程师各1人。

七、机具设备(见表1)

八、质量控制

(一)质量标准

因国内尚无 AFC 系统的有关标准，故本工法的质量标准，以下列资料为依据：

1. 美国 CUBIC 自动收费集团：AFC 系统设备设计报告书。

表 1　主要机具、仪表配备

序　号	名　　称	数　量	序　号	名　　称	数　量
1	吸盘	2 个	18	偏嘴钳	3 把
2	吸尘器	2 台	19	加热枪	3 把
3	电源接线盘	4 个	20	打线器	1 把
4	弯管机	1 台	21	数字万用表	3 块
5	钢管切割机	1 台	22	500 V 兆欧表	3 块
6	氩弧焊机	1 台	23	组合螺丝刀	8 套
7	云石机	1 台	24	特制定位钻孔模板	2 套
8	角磨机	1 台	25	冲击钻	2 台
9	叉车	1 辆	26	12 mm 冲击钻头	若干
10	5 吨大货车	1 辆	27	12 mm 专用螺栓转接头	2 个
11	可升降滑车	1 辆	28	手枪钻	1 台
12	剥线钳(22～30)	3 把	29	4 mm 手枪钻头	若干
13	剥线钳(0.5～2.0)	3 把	30	特制长柄中空式套筒扭力扳手	4 把
14	剥线钳(10～18)	3 把	31	电动套筒	1 套
15	剥线钳(16～26)	3 把	32	6 mm 内六角	6 个
16	紧急按钮专用压线钳	1 套	33	8 mm 内六角	6 个
17	9 针插头专用压线钳	3 把			

2. 美国 CUBIC 自动收费集团：AFC 系统设备调试程序。

3. 广州地铁建设监理总部：AFC 系统设备安装、调试验收手册。

4. 铁道部第二勘测设计院：广州地铁 1 号线 AFC 系统安装工程施工图设计。

5. 计算机系统安装的有关规范及要求。

(二)质量控制

1. 进行技术培训，确保所有人员熟悉系统设备的结构、功能、安装工艺、调试方法以及各作业流程的技术要求、注意事项。

2. 配备熟悉计算机、通信设备安装和调试的工程技术人员。

3. 进行系统调试时，要全面、彻底，对出现的故障要进行分类整理、统计分析，区分故障发生的原因，分别进行处理。

4. 严格控制各作业流程的质量活动，将 9 针通信电缆插头的制作作为质量控制点，严格把关，质量不合格不能进入下一流程。定期分析各种质量记录，及时消除影响工程质量的潜在不良因素。

九、安全措施

本工法遵守《铁路通信施工技术安全规则》(TBJ 405—87)和《铁路信号施工技术安全规则》(TBJ 406—87)，并采取以下措施：

1. 施工前要到车控室登记，施工现场设置防护标志，设专人防护。

2.在车站进行电焊作业时，应向地铁公安分局申请作业许可令，才能作业。

3.进行钻孔作业时，电钻外壳必须接地良好，操作人员戴绝缘手套防护。

4.搬运设备时，设专人指挥，集中精力，统一步调，以保证人身、设备的安全。

5.与其他系统进行接口作业时，需有相关系统专业人员的配合才能进行。

6.做好设备的防潮、防磁、防振、防尘、防锈、防火、防盗。

十、技术经济分析

地铁自动售检票系统的施工大致可以采取3种方案：一是逐站施工法，一个组完成一个车站的工作量（全线联调除外），转入下一站施工，直至完成全线任务，此方案工期过长，人员安排较困难，工作效率较低；二是并行施工法，各站同时安排人员进行施工，可大大缩短工期，但工作面大，人员和施工机具设备需求大；三是采用流水作业法，根据工序划分成若干个施工小组，在若干个站同时进行不同工序的施工，人员和机具设备可根据工期要求进行调整，可以最佳发挥人员和机具设备的效能，综合效果最好。

本工法采用流水作业法，我们通过比较分析，划分了4个施工小组。在广州地铁1号线应用本工法，仅用约240天左右的时间，就完成了16个车站、1个控制中心的设备安装和系统功能调试。若采用逐站施工法，平均每个车站约需26天（敷设线缆约4天，设备安装约4天，配线连接约4天，系统功能调试约14天），全线约需要442天，工期大幅拉长。若采用并行施工法，除需大量增加人员和机具设备外，也很难适应地铁车站分批竣工交付和系统设备分批到货的特点，操作有难度，也不经济。

应用本工法，还能够有效地控制各流程的质量活动，使设备的安装符合设计要求及人性化的特点，真正做到“看起来美观，用起来方便”，为乘客提供一个良好的售、检票环境。

十一、工程实例

本工法在广州地铁1号线应用，完成了16个车站、1个控制中心共455台（套）设备的安装、调试、开通，工程评语为优良。在上海地铁1号线南段自动售检票系统安装中，在不影响地铁正常运营的情况下，应用本工法，在约140天的时间内，完成了8个车站站厅层的改造（围栏和预埋管线）和237台（套）设备的安装、调试、开通任务，圆满完成了预定的开通目标，工程质量优良。

执笔：于　明

14. 应用微机进行通信电缆施工配盘工法

SJGF 05—91

天津工程公司

本工法是应用微机进行光电缆辅助配盘的施工方法，适用于低频电缆、小同轴大综合电缆和铁路综合光缆的配盘作业。它由输入数据、配盘、计算及打印配盘台账、打印交叉方式几个步骤来完成，操作方法简单，易于掌握。通过在郑州—武昌通信工程，柳园—哈密通信工程和兰州—西宁电缆通信工程中应用，效果较好。

一、特　　点

1. 本配盘方法根据传输要求按照各种技术参数的优先顺序对电缆的配置与链接顺序进行选择，同时，在配盘过程中进行最佳交叉和剩余 K、e 值的计算，并不断更换链接方案，以达到最佳选择。从而在宏观上兼顾了低频特性，为今后施工中低频平衡工作打下了良好的基础。此特点是本工法的技术关键。

2. 计算交叉程序使用了汇编语言，大大提高了运算速度。配盘过程中每选择一种节距配盘方案，即刻显示出最佳交叉的剩余 K、e 值和平均值。根据操作人员的控制选择，可连续选择多个方案，并把做好的方案存储起来，一旦操作员键入命令，则将其中最佳方案选中。

3. 应用微机配盘，能充分使用计划到货电缆，程序处理过程中选择电缆的顺序是由低指标电缆到高指标电缆。在满足技术指标的前提下，充分使用指标较低的电缆，不会造成开始时将高指标电缆用的较多，剩下的大部分是低指标电缆的情况，从而提高了电缆的利用率。

4. 具有较好的人机界面，使用简单，操作方便。

二、适用范围

低频电缆、小同轴综合电缆、铁路综合光电缆施工配盘。

三、运行环境

1. 硬件环境：APPLE-Ⅱ微机。

2. 软件支持环境：DOS3.3 系统。

四、配盘原理

根据电缆传输要求和线路情况，建立数学模型，然后编制程序，操作人员将各种数据和控制参数输入计算机，运行配盘程序，经计算机处理后，将提供电缆链接方案及有关各种参数的参考信息，供操作人员决策和选择。从而达到了应用计算机辅助配盘的目的。

五、工艺流程(以光电综合缆为例)

工作人员首先将径路上各路数据、光电控制参数以及单盘电缆的各项参数输入计算机，然后运行配盘程序。程序的运行是在人工参与下进行的，可根据径路情况，电缆测试数据的情况，随时修改控制参数，直到选出较好的方案为止。配盘后，打印出施工配盘台账，加感节距最佳交叉方式和剩余 K、e 值以及车站间非加感回线的最佳交叉方式。

工艺流程框图如图1所示。

六、操作要点

将带有操作系统及本应用软盘置于软盘驱动器D1中，将数据盘插入软盘驱动器D2中，加电，引导DOS3.3操作系统，在系统的支持下运行本应用程序，根据菜单提示，进行选择操作。

1. 输入数据

根据电缆规格及芯线运用的不同，要求输入的数据有所不同，下面以铁路综合光电缆且开通铜线PCM的情况下为例说明之。

(1)综合数据输入

包括标准节距长度、障碍区位置、低频组数、低频加感组数、车站位置、高频组数、PCM中继站位置及允许偏差等，根据菜单提示对这些数据进行输入、修改、删除、打印。

(2)单盘数据输入

根据菜单提示可以对单盘数据的盘号、盘卡、端别、近端串音、电容耦合系数、光纤模场直径等数据，进行输入、修改、删除及打印。

2. 加感节距计算(适用于低频电缆)

当选择了加感节距计算时，程序根据音频中继段长度、障碍区位置，标准节距及节距最大允许偏差，合理地排列出该音频中继段的加感节距分布方案。

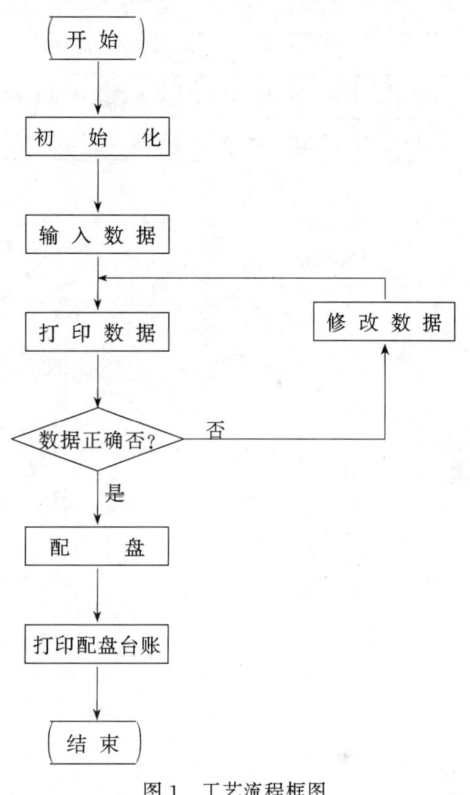

图1 工艺流程框图

3. 配盘

配盘工作是在人工参与下进行的，可根据屏幕提示进行操作，并可在程序运行过程中修改控制指标。所提供的电缆链接方案，是根据通信线路传输要求和特性指标而作的宏观选择，所以，具体控制指标应根据各工程要求和有关施工技术规范来决定，为此，配盘操作必须由线路施工主管技术人员进行。

4. 打印配盘台账

根据菜单提示，选择打印输出时，即可将配盘结果打印出来。

七、效果分析

1. 以综合光缆为例，在满足光路指标和铜线PCM中继段指标的前提下，兼顾了低频特性，为提高整个线路指标打下了基础，而且加快了施工测试工作的速度。

2. 提高了工作效率

配盘工作根据单盘电缆指标情况，统筹选择电缆的链接方案，同时，还要计算节距内低频特性，经反复选择和计算后，方能得到较好的方案，所以计算工作量极大，如果用人工来做这项工作几乎是不可能的。以兰青线66.5 km线路为例，配盘工作仅用了3天时间(一人进行操作)，比人工配盘提高工效十倍以上。

3. 充分使用了计划到货电缆，降低了工程造价。

以郑武工程为例，全段176.5 km，使用郑州电缆厂提供的电缆，在电缆质量比较差的情况下，到货电缆全部得到使用，而且，工程竣工指标优良。

八、工程实例如表1所示

表1

序　号	工　　程　　名　　称	施工时间	工　程　量
1	京广线郑州—武汉电化通信光电缆工程(许昌—驻马店)	1989.4～1991.11	176.5 km
2	兰新线哈密—柳园长途通信电缆工程(柳园—尾亚)	1989.4～1991.10	135 km
3	兰青线兰州—西宁光缆通信工程(河口—西宁)	1990.8～1994.12	66.5 km

执笔：刘家琛　桑秋成

15. 光电综合缆粘接式接续工法

SJGF 05—93

天津工程公司

在铁路通信线路施工中，光电综合缆接续，要达到特定的技术条件和电气指标，还要保证接续后的线路具有良好的密封性能(做到接头不漏气)，实践证明，接头的密封效果是影响线路电气性能的重要因素，因此接头的密封保气是接续作业的关键。

粘接式接头采用铝合金材料制成，各结构件之间使用粘接剂粘接。这种结构能够满足光电综合缆的接续要求，突出特点是密封可靠，克服了因接续漏气造成的往返施工。

本工法采用“铝护套粘接式电缆连接装置”，该成果于 1993 年 1 月通过铁道部科技司、建设司、电务局组织的鉴定，铁道部技鉴字(1991)016 号文公布。

一、工法特点

1. 采用本工法进行线路接续能够达到密封成功率 100%；

2. 粘接式接头选用铝合金材料经机械加工成型，通过施工粘接，使电缆护套、主套管和各结构件成为一体。

二、适用范围

本工法特别适用于在沼泽及寒冷地区进行光电综合缆接续。

三、工艺原理

粘接式接头是将铝合金主套管、副套管、导电环、导电片、结构环、结构片及电缆护套经过洁净去污、打毛粗化后，用双组份经过充分混合的粘接剂粘接成型。接头的不同特性采用不同性能的粘接剂，HTL-1 导电胶，具有较高的导电性能，同时又具有密封和防腐性能，粘接强度高，且具有适应温差变化的性能。HTL-2 结构胶，具有良好的绝缘性能，同时又具有密封和防腐性能，粘接强度高。

四、施工工艺

(一)工艺流程(见图 1)

(二)工艺操作

1. 接续准备

(1)开剥光电综合缆 A、B 两端端头 150 mm，确认端别，并检查缆内是否有气；

(2)对芯线进行电气性能复测；

(3)光电综合缆接头后余留长度为 0.8～1.5 m，其允许弯曲半径为该缆外径的 15 倍以上。

2. 开剥护套

(1)开剥并除去外护套长度 2 m；

(2)保留钢带长 30 mm，其余部分切除；

(3)保留铝护套长 340 mm，其余部分切除；

(4)铝护套圆度整形(视铝护套具体情况)。

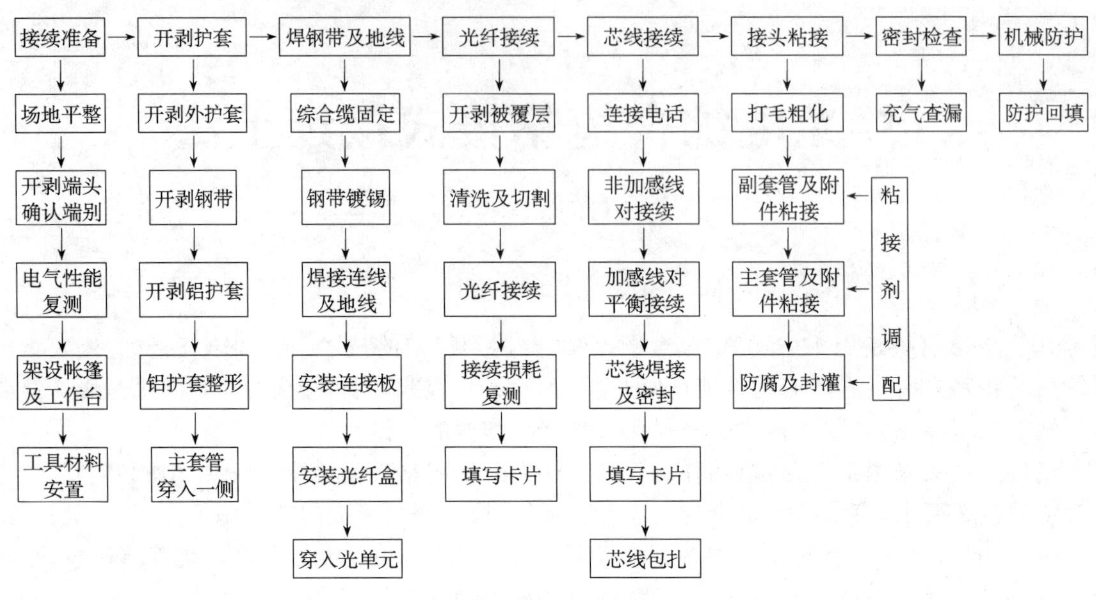

图 1　工艺流程图

3. 钢带连接及焊接地线

(1)钢带清除氧化层并镀锡,镀锡面积不小于 1 cm^2;

(2)焊接钢带连接线 8×0.9 mm×400 mm 多股铜线(见图 2);

(3)需引出地线时,焊接 16×0.9 mm×600 mm 多股铜线;

(4)安装连接板,使两端光电综合缆铝护套间距离为 420 mm(见图 3);

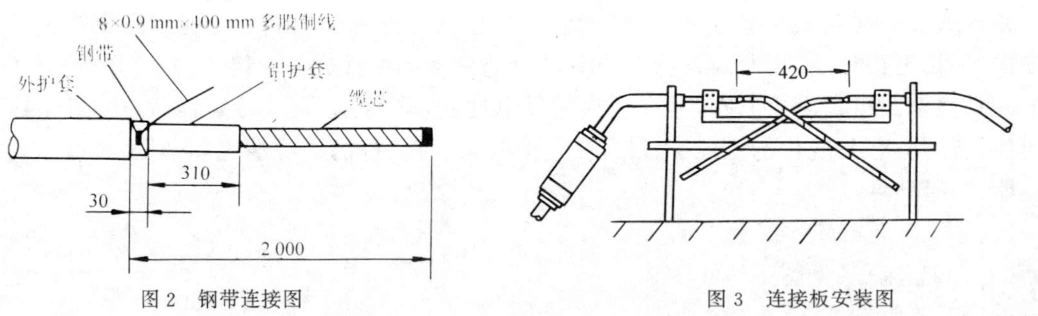

图 2　钢带连接图　　　　图 3　连接板安装图

(5)安装光纤盒,并将两端光单元穿入光纤盒。

4. 光纤接续

光纤接续、测试及收容,遵照国家一级工法"光缆施工接续工法"(YJGF67—92)执行。

5. 芯线接续

(1)保留芯线长度 600 mm,其余部分剪掉;

(2)根据接头卡片规定的交叉程式,进行非加感线对接续;

(3)进行加感线对平衡、接续;

(4)芯线接续排列位置见表 1。

表 1　芯线接续排列位置表

排列位置	四芯组	对绞组
第一排	1、3、5、7、9、11、13	1、3、5、7、9
第二排	2、4、6、8、10、12	2、4、6、8、10

6. 接头粘接

(1)粘接面去除油污,彻底清除氧化物,并打毛粗化;

(2)粘接剂分为导电胶、结构胶、防腐胶;根据需要选用不同的粘接剂,每种粘接剂均为双组分型,使用时需充分混合并搅拌均匀;

(3)粘接顺序为先粘接副套管及附件,再粘接主套管及附件;

(4)部件全部粘接完成后,所有粘接缝口及裸露金属部分再涂一层结构胶进行防腐;

(5)最后将膜片包在综合缆外护套 70 mm 至副套管脖口处,灌入调配后的防腐胶(见图 4)。

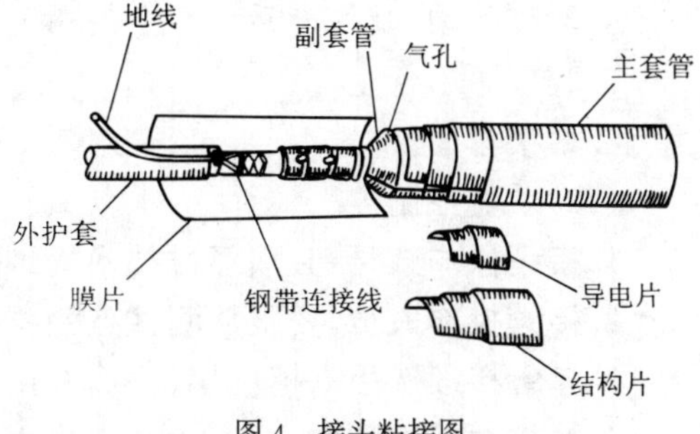

图 4 接头粘接图

7. 接头充气及机械防护。

五、机具设备(见表 2)

表 2 机具设备表

序号	名　　称	规　　格	单位	数量	备　注
1	发电机	0.8 kW	台	1	
2	光纤熔接机	单膜	台	1	
3	工作帐篷		顶	1	
4	工作台		个	1	
5	光纤专用工具		套	1	
6	电话机	磁石	台	1	
7	喷灯	0.5 kg	把	1	
8	接续工具		套	1	
9	接头盒		套	1	

六、劳动组织(见表 3)

表 3 劳动组织表

序号	分　工	主 要 任 务	人　数
1	接续组负责人	①负责本接续点综合光缆接续全过程; ②光纤接续; ③接头粘接	1 人
2	主要接续人员	①芯线接续、平衡; ②光纤收容; ③接头粘接	1 人
3	辅助人员	①接续准备,各结构件去污、打毛、粗化; ②调配各种粘接剂; ③通信联络、记录	1 人
	小　计		3 人

七、质量控制

(一)质量要求

1. 光纤接续后长度应不小于 1.2 m;

2. 光纤接续损耗应小于 0.12 dB(平均值)；

3. 光纤弯曲半径应大于 40 mm；

4. 芯线接续排列均匀、整齐，扭接美观、牢固、前松后紧，焊接部位光滑、无毛刺；

5. 粘接件要洁净；

6. 涂胶均匀，其厚度在 1～1.5 mm；

7. 胶层中不含空气；

8. 粘接牢固。

(二)质量控制

1. 接续操作人员，必须经过技术培训，考核合格后，持证上岗；

2. 接续操作人员，要服从测试点的指挥，做到统一行动；

3. 光纤接续选用高精度熔接机，并用 OTDR 监测；

4. 粘接面必须洁净，无油污并防止水分、灰尘污染；

5. 粘接剂要严格控制配合比例；

6. 粘接剂要经过充分混合，并及时进行粘接面的涂覆；

7. 涂胶均匀，沿一个方向进行，严禁只在一个部件上涂胶进行粘接；

8. 粘接时要对部件进行加压，左右错动，排净空气；

9. 粘接剂固化前，严禁碰撞、移动接头和两侧电缆。

(三)质量检查

1. 光纤、芯线接续必须经过复测合格后方可封头；

2. 待粘接剂固化后，在缆内充入气压为 0.07 MPa 并检查接头密封性能。

八、安全施工

线路施工接续应遵照铁道部《铁路通信施工技术安全规则》(TBJ 405—87)的有关规定执行。还应遵守以下注意事项：

1. 粘接工作使用的材料为易燃品，使用和保管要切实注意防火；

2. 操作人员作业时，要穿戴防护用品；

3. 作业场地，严禁吸烟和进食。

九、效　　益

1. 本工法提高了接头密封成功率，克服了因接头漏气造成的线路故障；

2. 减少了因往返施工造成的工时、材料、机具的浪费；

3. 采用本工法施工，提高了线路接续的施工速度和效率，为线路工程提前竣工创造了条件。

十、工程实例

粘接式接续工法，于 1993 年 5 月在哈尔滨—绥化长途通信光电缆线路工程中采用，共做了 160 个接续，未出现漏气现象，取得了满意的效果。

执笔：张新军　王德树

16. 区段通信系统逐站倒接开通工法

SJGF 06—93

天津工程公司

一、前　　言

本工法为指导长途通信电缆工程中区段通信系统的倒接开通工作而开发，适用于调度和专用通信系统及中间站行车指挥通信系统的倒接开通工作。

区段通信系统是铁路运输的指挥联络系统。倒接开通工作要求尽量缩小作业面，提高作业的准确性，减少或消除通信中断的时间，确保各调度和专用通信系统的畅通。在光电综合缆工程和明线改电缆工程中应用本工法，均能满足上述要求，取得较好的效果。

二、特　　点

1. 逐站开通节约人力，技术力量相对集中；

2. 不用或少用垫用设备；

3. 基本上不中断行车通信；

4. 便于维修单位的配合、接管和维护。

三、适用范围

本工法适用于长途通信大修和改造项目，明线改电缆及电缆更新工程。

四、工艺原理

在通信枢纽站将新设通信系统与原有通信系统经汇接设备并接在一起，在整个通信区段内，新、旧系统均可使用，只要组织少量人员，便可以逐站逐段进行倒接开通工作，使通信中断时间和人员使用量均降低到最少。

五、施工工艺

(一)工艺流程(见图 1)

(二)工艺操作

1. 新设区段通信系统验收测试。

2. 核对图纸和技术资料

此项工作应与现场调查相结合，区段网图、新设通信系统的竣工图、原有设备及配线的技术资料与设备现状相一致。

3. 中间站利旧地区电缆倒接入新设综合柜。

4. 通信站改线操作方法

按图 2 所示，将新、旧通信系统并接。

5. 中间站倒接开通操作方法

新设区段通信系统经电务段试验后投入使用。

利旧设备的倒接开通操作：

(1)原调度分机倒入新设集中电话机

①使用垫用分机作选叫、通话试验；
②本站无行车任务时倒换槽路盘；
③电务段作试验；
④拆旧分机作下站垫用分机。

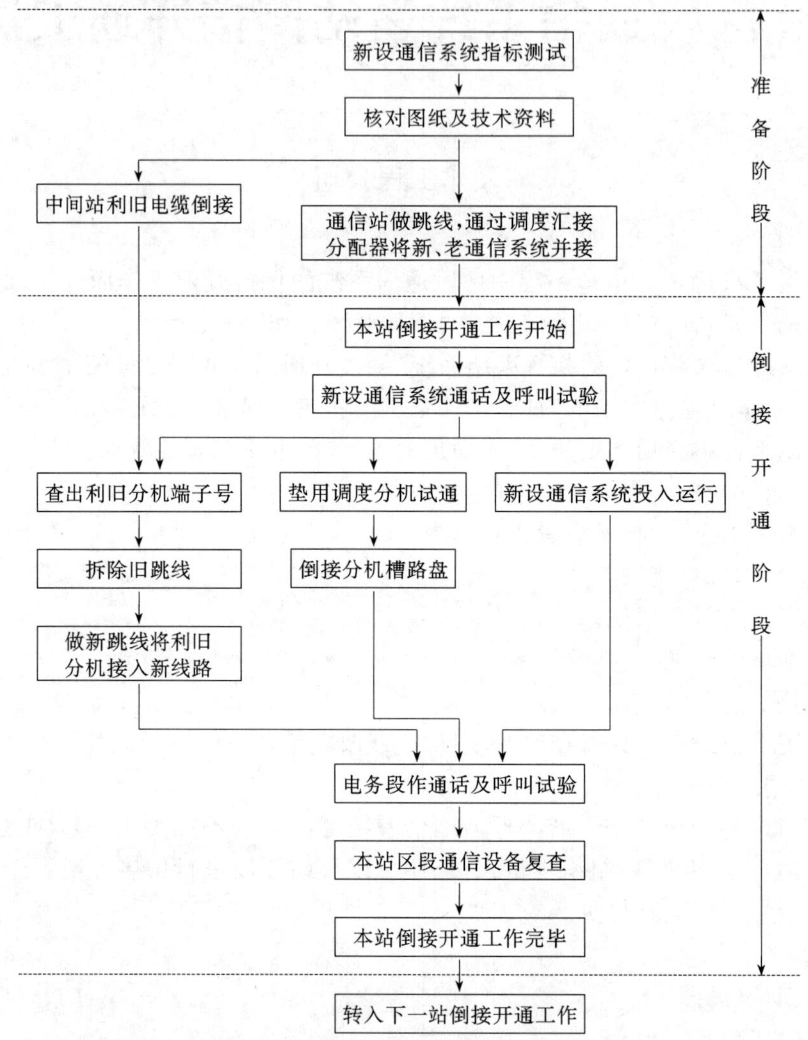

图1　区段通信系统逐站倒接开通工艺流程图

(2)原专用通信设备倒入新线路
①查出有关端子号；
②改跳线，将原设备接入新线路；
③电务段作试验。
(3)站间行车电话倒入新线路
①两站同时查出有关端子号；
②两站间无列车运行时，两站同时改跳线，将站间行车电话倒入新线路；
③电务段作试验。
(4)其他专用和公务电话的倒接，酌情选择以上方法进行。
(5)对运行设备及各通信系统进行复查，并且由电务段确认无误后，转入下一站倒接工作。

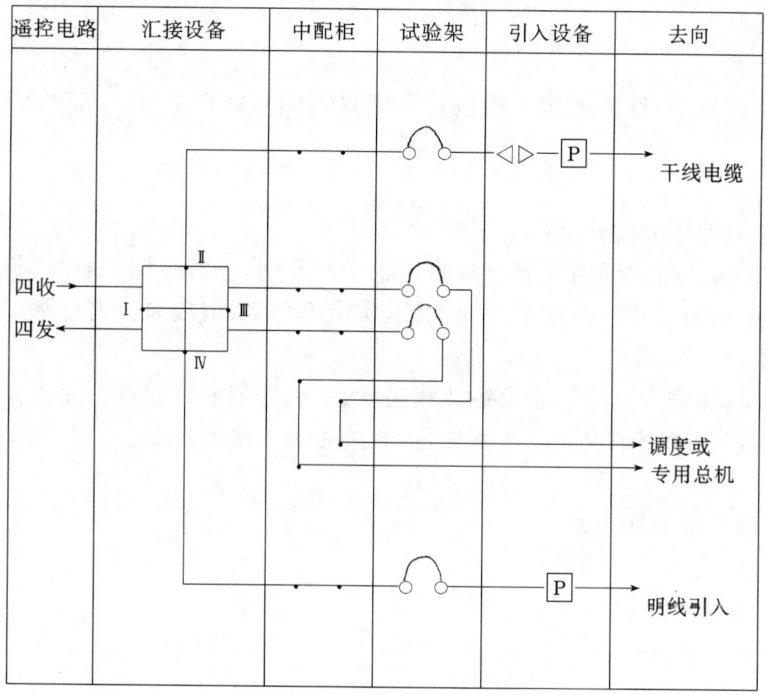

图 2　调度或专用回线并接径路图

六、机具设备

逐站倒接开通使用的主要机具设备见表 1。

表 1　逐站倒接开通用主要机具设备表

序号	名　　称	单位	数量	用　　途
1	汽车	台	2	运送中间站倒接开通人员
2	无线电台	部	4	中间站站场内各倒接点通信联络
3	专用测试仪表	套	2	线路及设备电特性测试
4	常用工具	套	2	倒接作业
5	调度分机	台	2	垫用设备

七、劳动组织

逐站倒接开通工作的劳动组织见表 2。

表 2　人员分工及主要任务

序号	分　工	主　要　任　务	人　数
1	总指挥	掌握倒接开通进度，协调有关部门关系	1
2	副指挥	指挥倒接作业，处理电路故障	2
3	通信站组	通信站内配线、跳线及试验	2/站
4	倒接开通组	中间站设备试验、改线倒接	4
5	邻站配合组	邻站倒线配合	2
6	区间倒接组	倒接专用通信系统区间分机	1～2
7	调度工区	配合行车调度电话的倒接试验	1

八、质量控制

(一)质量标准

按照铁道部颁发的《铁路通信工程质量评定验收标准》(TBJ 418—87)及工程设计文件执行。

(二)质量控制

1.影响质量的因素分析

(1)各通信系统和各中间站利旧设备的现状千差万别,应做好倒接前的调查和试验。

(2)各中间站利旧线路一般使用时间较长,质量不稳定,倒接前应进行测试,选择符合质量标准的回线使用。

(3)人的因素:操作人员应熟悉设备及线路状态,有处理各种故障的能力。

(4)仪表因素:各种测试仪表应状态良好,并按正确方法使用。

2.质量控制点

(1)新设通信系统指标测试。

(2)核对图纸、资料及现场调查。

(3)新、旧通信系统并接。

(4)中间站调度电话试通。

(5)跳线。

(6)本站区段通信设备复查。

(三)质量检查

1.新设通信系统质量,使用专用仪表测试交直流电特性。

2.利旧设备质量,使用专用仪表测试各种性能。

3.利旧回线质量,测试电阻及绝缘。

4.跳线质量,检查走向准确,焊接牢固美观。

5.复查各通信系统工作状态应正常。

九、安全注意事项

1.准备阶段需要动用使用中设备时,要有维修人员配合。查找线对、配线和端子号时应采用跨接法,不应中断使用中的通信线路。

2.倒接工作应选派对设备熟悉、有处理能力的人员操作,一旦发生故障马上处理,避免影响行车。

3.倒接行车电话时,应取得运转值班人员的同意,在无列车运行时快速倒接。

4.倒接专用电话时,应取得各段调度值班人员的配合。

5.新设跳线应焊接牢固,无用的旧线应拆除干净。

6.倒接开通完毕,应将所有设备检查清理,免留后患。

十、效益分析

以呼包光电综合缆工程为例,如果采取传统的大区段倒接方法,12 个中间站约需要 1 周时间,需集中 70 人,加垫用设备 1 套,基本费用约 3 万元。采取本工法施工,使用 1 周时间,集中了 15 人,用垫用分机 2 台,基本费用 6 千元,节约费用 80%,提高工效 4 倍。由于技术力量集中,倒接作业中未出现任何故障,各调度和专用通信系统保持畅通,保证了运输安全,收到了较好的经济效益和社会效益。

十一、工程实例

1993年12月首次在呼和浩特—包头光电综合缆工程中应用本工法，区段通信系统倒接开通顺利，受到用户好评。

执笔：归宝恒

17. 轻便型抢修电缆施工工法

SFGJ01—94

上海工程公司

本工法针对通信电缆线路因意外中断时的抢修需要，而研究开发。适用于小同轴综合电缆、长途对称电缆的抢修。

因意外中断的电缆线路，通过与轻便型抢修电缆的连接，从而使通信线路恢复畅通。中断的电缆与抢修电缆的连接，以及抢修电缆之间的连接，采用高性能的插接式连接器，并有锁定装置自我保护，以保证抢修电缆介入线路后的通信质量。整套抢修器材，结构合理、轻巧，连接方便、组合灵活。最大连接距离可达 1 000 m。

电缆的连接与防护，是本工法的关键。

1993 年 4 月，轻便型抢修电缆器材研制小组，被铁道部评为"优秀质量管理小组"。同年 5 月，QTSD-1 型轻便型抢修电缆，经通号总公司组织鉴定，鉴定证书号：(1993)铁通产鉴字第 07 号。1994 年 11 月，获铁道部战备办公室颁发的科技进步二等奖。

1992 年 4 月，在通号总公司的战备会议上，进行了抢修电缆的演练，得到了与会专家的好评。

一、特　点

1. 平战结合的抢修器材。

2. 操作简便、性能稳定可靠，能在短时间内，快速抢通中断的线路。

3. 全面质量管理体现在工法中。

二、适用范围

本工法适用于 1.2/4.4 mm 小同轴综合电缆和 0.9 mm 长途对称电缆线路，因意外中断时的抢修需要。

三、工艺原理

中断的电缆线路，经与抢修终端电缆、抢修电缆连接后(参见图 4)，使线路连通，恢复通信。

中断电缆与抢修电缆的连接：连接器为铜质镀银，外套旋紧后夹紧断缆的同轴管内外导体或四芯组的芯线，达到可靠连接。

终端电缆与抢修电缆的连接，以及抢修电缆之间的连接，通过铜质镀银连接器，直接对插完成连接，旋进外套后，即可确保连接可靠。

四、操作工艺

(一)工艺流程(见图 1)

(二)工艺操作

1. 施工准备

中断的电缆，经开挖、整理、架设后，按图 2、图 3 要求进行开剥。

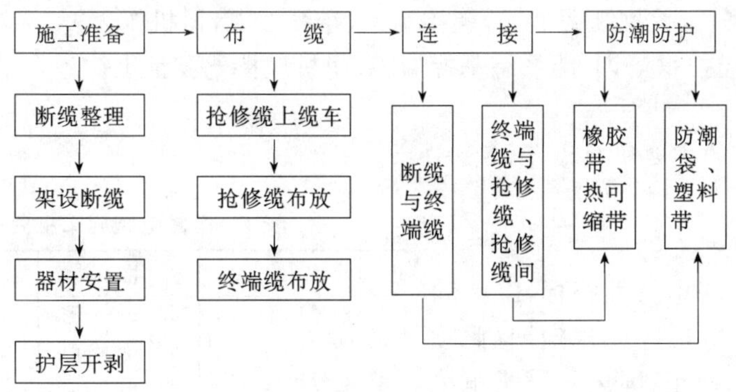

图1　工艺流程图

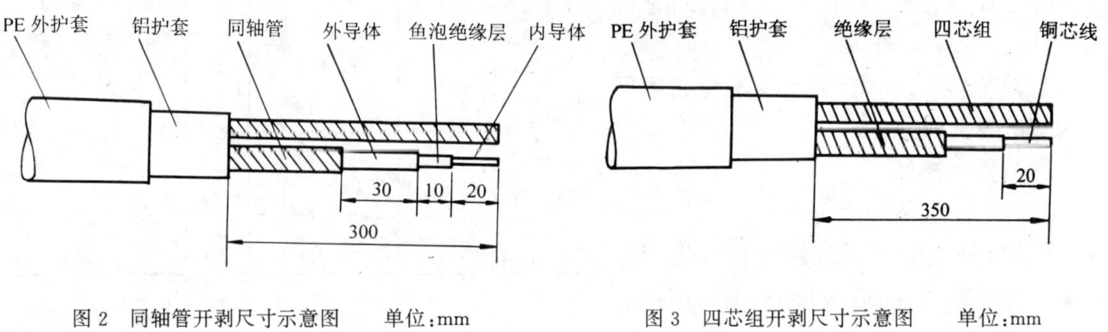

图2　同轴管开剥尺寸示意图　　单位:mm　　　　图3　四芯组开剥尺寸示意图　　单位:mm

2. 布缆

布缆时,注意确认中断电缆和抢修电缆(出厂时均为A外)的A、B端,以利正确连接,见图4。

3. 连接

(1)松开抢修终端电缆连接器的外套,将制备好的中断电缆的同轴管内外导体或四芯组芯线(按相应色谱),插入相应的连接器内,旋紧外套,完成连接。

(2)终端电缆与抢修电缆,以及抢修电缆之间的连接,则将红色标志的A端与白色标志的B端,直接对插,旋紧外套,完成连接。

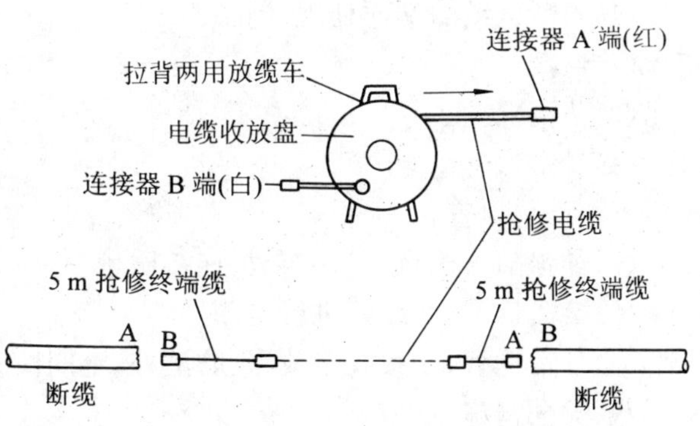

图4　布缆示意图

4. 防潮保护

(1)终端连接器:采用防潮塑料袋,将连接器及电缆的裸露部位一并盖住,两端用自粘带包扎。遇雨天,再加防雨布保护。

(2)其他连接器:采用橡胶自粘带包封防潮。遇雨天,再加两层热可缩带保护。

五、劳动组织

电缆线路中断时,根据抢修的时间要求、中断长度及相关地形、气候、电缆结构等,人员可作增减。

当抢修约160 m长的2管小同轴、1个四芯组的直埋电缆时,抢修小组为8人,其中:班长

1人,由连接人员兼任,挖掘断缆2人,连接2人,布缆3人,司机1人。

抢修人员,应经技术培训,能熟练掌握施工,司机应持驾驶证上岗。

六、机具设备

抢修电缆施工的主要机具设备,见表1。

表1 抢修电缆施工主要机具设备

序号	名　称	规　格	单位	数量	备　注
1	钢锯	300 mm	把	1	
2	喷灯	0.5 kg	把	1	
3	克丝钳	200 mm	把	2	
4	同轴管开剥钳		把	2	配备的专用工具
5	钢卷尺	2 m	把	1	
6	微型焊枪		把	2	配备的专用工具
7	工具包		只	2	配备的专用工具
8	美工刀		把	2	配备的专用工具
9	斜口钳		把	2	
10	应急灯		台	2	
11	大雨伞		把	2	
12	电工刀		把	2	
13	对讲机		套	2	
14	剪刀		把	2	
15	电话机		只	2	

七、质量控制

(一)质量标准

鉴于抢修电缆的电特性指标,ITU和我国GB、TB、TBJ标准均无规定,且此项电缆属于灾害抢修使用,国内外同类电缆对特性要求允许适当放宽。故其主要指标为:

特性阻抗:小同轴(75±3) Ω;对称四芯组(175±8.75) Ω。

衰减特性:不大于原干线电缆相应回线衰减常数的1倍。

(二)质量控制

1.影响质量的因素分析

(1)抢修电缆、连接器的质量,生产厂家应严把原料关、制造质量关,提高产品质量。

(2)人的因素,抢修人员应提高工作责任心,严格按操作要求执行。

(3)抢修电缆的保管方式和制度。

2.质量控制点

(1)中断电缆的端面处理、制备。

(2)连接。

(3)防潮保护。

(4)日常保管。

(三)质量检查

(1)加强随工检查,确保布放、连接质量。

(2)接通后,在两站间进行监测。

(3)日常保管,除按规定放置、防潮外,定期检查电特性。

八、安全措施

本工法遵守铁道部标准《铁路通信技术安全规则》(TBJ 405—87),并应注意以下事项:

1.抢修前,应掌握断缆处的地形、气象等资料。

2.终端连接器连接后,应架离地面,并略呈拱型。

3.布缆时,应避免缆身在地面上摩擦,连接器切忌与坚硬物件碰撞。

九、技术经济分析

轻便型抢修电缆的研制成功,填补了抢修器材的空白,是一种平、战结合的器材。因其结构轻巧、合理,操作方便,能在较短时间内,接通中断的电缆线路,且抢修电缆介入线路后,连接可靠稳定,能保证原有的通信质量,对确保运输指挥、行车安全,以及通信畅通,具有较为显著的社会效益。

十、工程实例

1992 年 4 月,通号总公司在桂林召开战备会议,轻便型抢修电缆在会上进行了实战演练,受到了与会的北京军区、北京市和铁道部有关专家的肯定和好评。

执笔:曹俊敏　沙福生

18. 地区电缆割接二次接续工法

SJGF03—94

天津工程公司

一、前　　言

本工法为指导地区通信电缆改造工程而开发，适用于铁路改建和扩建地区电话交换系统时地区电缆的割接工作。

地区电话交换系统改建和扩建工程开通阶段，要求地区电话用户一次倒接完成。在电缆割接工作中采用本工法，能够在不中断现有通信线路的情况下，使新设备顺利投入使用。

二、特　　点

1. 基本上不中断用户通信线路。

2. 接续时间可根据劳力情况灵活安排。

3. 劳力数量可根据割接场地灵活调度。

三、适用范围

本工法适用于地区电话交换机易地改建和扩建及地区通信电缆改造工程。

四、工艺原理

在地区电缆割接点，用 T 接方式将原用户线接入新设地区交换机的总配线架。在新设交换机开通时，只需将原交换机的总配线架机线隔离，新交换机总配线架机线连通，用户便接入新交换机。新交换机开通使用后，在地区电缆割接点做二次接续，拆除到原交换机去的电缆，将 T 接改为直通正式接续。

五、施工工艺

（一）工艺流程分为两个步骤，第一步电缆 T 接工艺流程见图 1，第二步二次接续工艺流程见图 2。

（二）工艺操作

1. 熟悉施工图纸，了解电缆割接方案和技术标准，备齐工、机具，将施工场地清整干净（割接场地应选择原电缆有预留和便于施工操作的地方）。

2. 一次接续（系统示意见图 3）

（1）用电缆支架将电缆支撑就位，各条电缆应按照去向做好标记，将铅套管纵剖预制后备用。

（2）将新设电缆按照接续尺寸开剥后分线测试。

（3）原电缆纵剖，开剥尺寸较接续规定尺寸长 150～200 mm，便于分线和接续。

（4）使用在线测试电话查找核对原电缆芯线线序，做好标记。

（5）按分好的线序，用扭接方式将新、旧电缆芯线 T 接。接续后的芯线应预留满足二次接续的长度。全部芯线接续测试无误后，整理缠绕整齐。

（6）用铅套管或热缩材料封闭接头，以保持电缆的气闭性。

(7)将用T接工艺接好的二分支电缆接头及电缆摆放整齐、稳固。

3.二次接续(系统示意见图4)

新设交换机开通后,应将连接原交换机的分支电缆甩掉。

(1)用电缆支架将一次接续的分支电缆头支撑好。

(2)退下接头套管或热缩材料,打开缠绕层。

(3)将原T接的电缆芯线接头改为直通接续。全塑电缆用卡接材料接续。全部芯线接头测试无误后整理缠绕整齐。

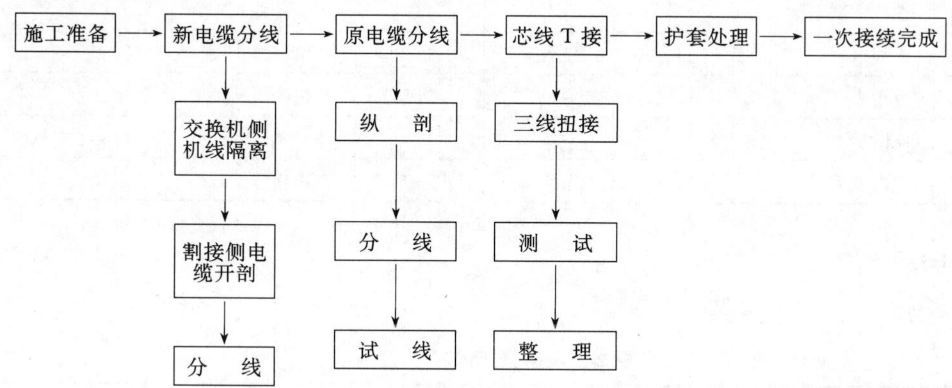

图1 地区电缆割接一次T接工艺流程图

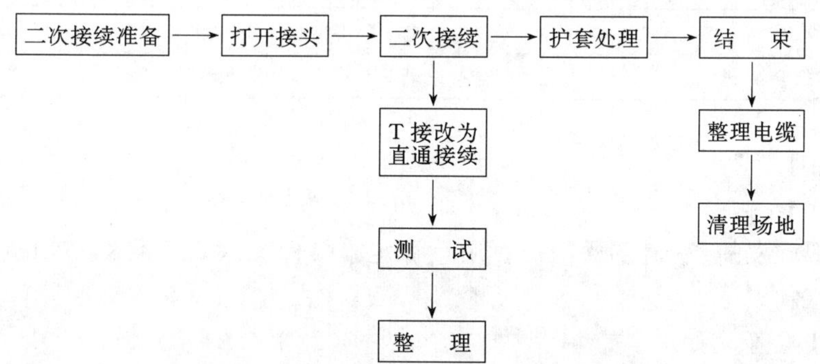

图2 地区电缆割接二次接续工艺流程图

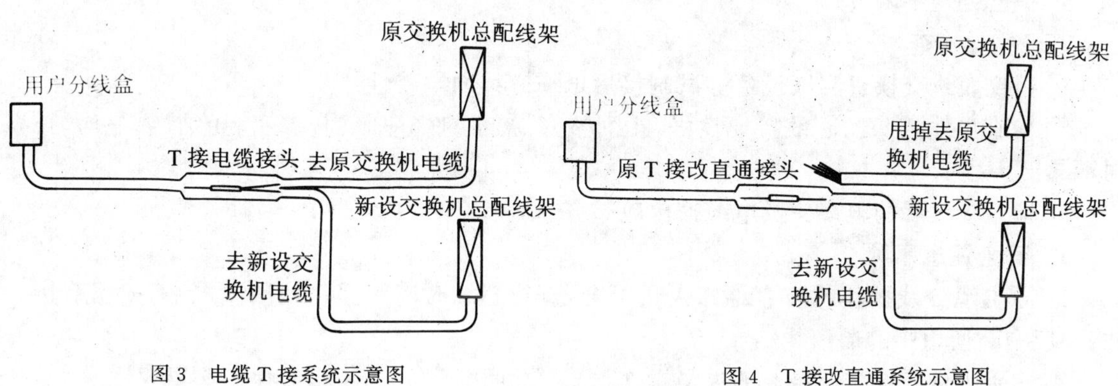

图3 电缆T接系统示意图

图4 T接改直通系统示意图

(4)用铅套管或热缩材料封闭接头。

(5)接续结束后将接头及电缆摆放整齐、稳固,施工场地清理干净。

六、机具设备

按作业小组配备的主要机具设备见表1。

表1 电缆割接作业组主要机具设备表

序号	名　　称	单位	数量	用　　途
1	汽　　车	台	1	运送人员及工具、材料
2	市话电缆接续工具	套	1	接续作业
3	在线测试电话	台	2	核对芯线
4	无线电台	台	2	通信联络
5	万用表	块	1	线路测试
6	兆欧表	块	1	线路测试
7	电缆支架	个	3～5	支撑电缆

七、劳动组织

电缆割接工作的劳动组织见表2。

表2 人员分工及主要任务表

序号	分工	主　要　任　务	人　数
1	指挥	指挥割接作业，掌握施工进度	1
2	接续组	电缆割接作业	3
3	测试组	配合接续组核对芯线及线路测试	2

八、质量控制

(一)质量标准

按照铁道部颁发的《铁道部通信工程质量评定验收标准》(TBJ 418—87)执行。

(二)质量控制点

1. 电缆分线准确。

2. 芯线接续良好。

3. 护套处理不漏气。

(三)质量检查

1. 用仪表或交换机测试设备测试割接后电缆芯线的电特性。

2. 检查电缆接头的芯线接通良好，排列整齐，接头封焊应牢固、严密、光结，热缩均匀、牢固不漏气。

3. 检查接续后的电缆头及电缆摆放应整齐、稳固。

九、安全注意事项

1. 原电缆分线操作时应有维修人员配合，查找芯线时应使用在线测试电话，采用跨接方法，不应中断使用中的通信线路。

2. 割接工作应选派有经验的人员操作，一旦发生故障马上处理，避免影响重要用户。

3. 在人孔施工时，应采取防护和通风措施。

4. 使用照明等电器设备应注意用电安全。

5. 使用喷灯等工具时，应按有关安全操作规程执行。

6. 割接作业完毕，应将作业现场清理整洁。

十、效益分析

在地区电话交换设备改、扩建工程中采用本工法，可以充分利用原有地区电缆，节省劳力，节约工程投资，具有良好的经济效益。

由于本工法能够在不中断现有通信状态的情况下，使新设备顺利投入使用，确保与铁路行车运输有关的通信联络及公务通信畅通无阻，具有良好的社会效益。

十一、工程实例

本工法在信阳地区交换机改造工程、郑武线漯河程控交换机工程中使用，使交换机开通工作得以顺利进行。地区用户通信不中断，行车通信不受影响，缩短了开通时间，节约了人力物力，受到建设单位和施工单位的好评。

执笔：归宝恒

19. PCM 通信系统调试工法

SJGF 01—97

上海工程公司

PCM(脉冲编码调制)通信系统,具有传输速率高、通路容量大、保密性强等特点,已越来越广泛地应用在铁路通信中。

在电缆 PCM 基群通信工程中,PCM 通信系统的调试是整个工程的关键,调试工作的好坏直接影响工程质量,调试时间的长短则影响工程能否早日投入运营。

本工法针对以往工程中,调试工作盲目性大、时间长等缺陷,利用设备的监控系统,了解工作状态,查找故障,克服了盲目性,加快了调试进程。

本工法应用于衡阳—冷水滩、平湖—南头、沈阳—大石桥、北京—邯郸等工程的 PCM 通信系统调试,不仅保证有关各项指标达到部颁验收标准的要求,调试进度也得到了保证。

一、特　　点

1. 利用设备本身的监控系统,对设备的工作状态和故障,进行了解、查找,减少了调试中的盲目性,缩短了调试时间。

2. 配置专用仪表,对 PCM 通信系统进行测试,确保指标合格。

3. 全面质量管理体现在本工法中。

二、适用范围

本工法适用于光电综合缆、对称电缆的数字四线组,传输 PCM 基群通信系统工程,可用于国产或进口的 PCM 通信系统的调试。

三、工艺原理

电缆 PCM 基群通信系统,由基群复用设备、数字传输分插设备(D/I 设备)、线路中继器、监控系统、业务联络电话等组成。

本工法利用设备本身的监控系统,对系统各单元及电源设备进行监测,收集并处理告警信息。通过监控系统,了解全系统的工作状态,确定故障性质和方位;同时利用专用的仪表,对全系统的各项技术指标进行测试,以保证指标符合部颁验收标准的要求。

本工法的关键技术是:

1. 运用监控系统进行监测;

2. 运用专用仪表进行测试;

3. 全程调试。

四、施工工艺

(一)工艺流程(见图 1)

(二)工艺操作

1. 端站调试

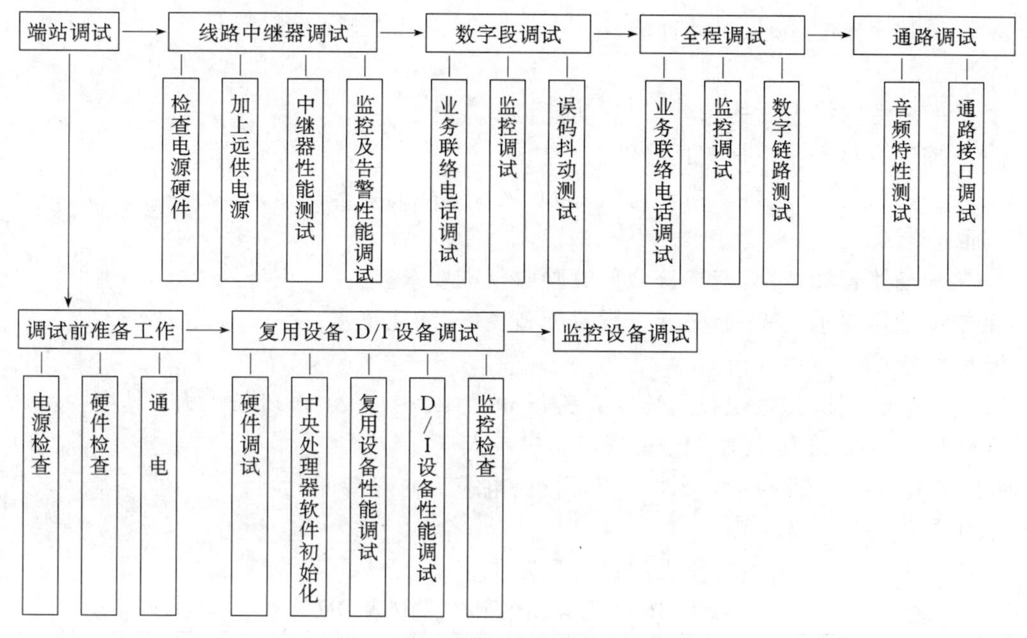

图1 PCM通信系统调试工艺流程图

(1)调试前准备工作

——检查电源:电源配线连接正确,无短路、接地现象;熔丝规格符合要求;直流电压符合要求。

——检查硬件:各电路插板的数量、规格、位置均正确;机架接地良好;配线正确无误。

——通电:无异常情况。

(2)复用设备、D/I设备调试

——按设备操作手册及实际使用情况,进行硬件调整。

——用中央处理器设置各复用单元的地址,使参数初始化。

——用中央处理器检查复用设备工作状态,调试告警功能。

——按实际使用情况,对D/I设备的通路时隙进行调整,使上、下话路时隙符合要求。用中央处理器检查复用设备工作状态,并调试告警功能。

——对监控功能进行调试。

(3)监控设备调试

将中央处理器与端站监测中心PC机相连,进行软件调试,使端站复用设备、D/I设备的告警能传送到监测中心,监控设备的各项功能正确、良好。

2.线路中继器调试

(1)对线路中继器硬件设备、配线、电源线进行检查,确认正确无误。

(2)确认供电端站远供电源电压正常,远供环路符合要求后,给线路中继器加上远供电源。

(3)进行环回测试,线路中继器的各项性能正确、良好。

(4)对线路中继器的监控及告警功能进行调试,使其良好。

3.数字段调试

(1)调试业务联络电话。

(2)监控中心的PC机对各复用设备、D/I设备进行监控调试。

(3)测试数字段的误码、抖动性能。

4.全程测试

(1)所有业务联络电话的选呼、组呼功能调试良好。

(2)监控中心对各端站具有良好的监控功能。

(3)数字链路的误码、抖动指标,符合部颁验收标准的要求。

5.通路测试

(1)调测通路音频特性,使其符合部颁验收标准要求。

(2)根据使用要求,各种通路接口设备配备良好,功能正常。

五、劳动组织

本工法所需人员,与电缆线路长度有关,一般为12～15人,设班长1人。其中:技术人员4～6人,电缆工4人,通信工3～4人,汽车司机1人。

所有人员均应经专业技术培训,汽车司机、电缆工均应持证上岗。

六、机具设备

PCM通信系统调试,主要仪表和机具见表1。

表1 PCM通信系统调试主要仪表和机具

序号	名　　称	单位	数量	参考型号	主　要　用　途
1	传输分析仪	套	1	ME520B	误码、抖动测试
2	抖动调制发生器	台	1	MS370A	调制抖动信号发生
3	PCM通路测试仪	台	2	MS371A	音频通路特性测试
4	数字万用表	只	2		电源电压测量
5	对号器	个	2		检查配线是否正确
6	音频测试线	根	4		测试音频口特性
7	高频测试线	根	4		仪表与DDF测试连接
8	高频环回线	根	24		环回测试用
9	常用工具	套	2		处理配线等硬件故障
10	中型仪表车	辆	1		运　输

七、质量控制

(一)质量标准

本工法执行下列标准:

铁道部标准《铁路通信施工规范》(TBJ 205—86);

铁道部标准《铁路通信工程质量评定验收标准》(TBJ 418—87);

铁道部标准《铁路光缆数字通信工程质量评定验收标准》(TB 10424—93);

国家标准《脉冲编码调制通信系统网络数字接口参数》(GB 7611—87);

国家标准《2 048 kbit/s　30路脉码调制复用设备测试方法》(GB 6880—86)。

(二)质量控制

1.影响质量的因素分析

(1)生产厂家,应对光纤、铜芯线及设备另部件的来源进行控制和筛选;对生产过程进行严格的质量控制。

(2)调试人员应增强责任心,遵守操作手册规定,熟练使用仪表,掌握PCM、计算机原理。

(3)仪表的因素:测试仪表的精度和测试方法。

2.质量控制点

(1)配线、电源线的检查确认。

(2)监控中心设备的调试。

(3)电缆和线路中继器的气压维护。

(三)质量检验

1.调试中发现的不合格或不正常的情况,均应分析原因,找出症结,并予克服。

2.用设备本身的监控系统,监视整个系统的工作状态。

3.仪表测试结果,必须满足部颁验收标准的规定。

八、安全措施

本工法遵守铁道部标准《铁路通信技术安全规则》(TBJ 405—87),并应注意以下安全事项:

1.设备加电前,确认电源配线正确,电压值符合设备要求。

2.使用仪表,应确认连接正确,电源电压符合仪表要求,才能接通电源。

3.线路中继器加远供前,应确认远供环路符合要求,才能送电。

九、技术经济分析

本工法规范了施工作业程序,且利用设备的监控系统来进行检测,从而大大减少了调试中的盲目性,节约了工时。

衡冷通信工程的 PCM 调试,应用本工法,仅用约 20 天时间,保质保量完成任务。广深线 PCM 调试的线路长度与其相近,但前后费时一年半,其原因除设备本身的质量问题外,未能发挥监控系统的作用,调试的盲目性大,徒劳往复多,则是施工费时的主要原因。

因此按本工法施工,可以减少往复调测,避免盲目操作,从而提高工效,以较快速度完成调试任务,使通信设备早日投入运行,加强铁路通信网的通信能力,更好地为铁路运输服务,具有较好的经济和社会效益。

十、工程实例

1994 年 11 月,衡阳—冷水滩光电综合缆通信工程的 PCM 基群通信系统调试,应用了本工法。

衡冷段长 150 km,引进芬兰 NOKIA 公司设备。从 11 月初开始调试,到 11 月 20 日,即全线调试完毕,系统所有指标均符合部颁验收标准的要求,确保了工程质量和工期,得到了建设单位好评。

此外,平湖—南头(约 40 km)、沈阳—大石桥(约 160 km)、北京—邯郸(约 450 km)等工程的 PCM 调试,应用本工法,均取得了工期短、质量高的效果。

执笔:陈红卿

20. 地下铁道漏泄同轴电缆架设工法

SJGF 08—93

济南工程公司

本工法针对北京地下铁道 1 线通信信号技术改造无线列调工程，漏泄同轴电缆的架设进行研究开发。适用于地下铁道(隧道)中，漏泄同轴电缆的架设。

在地铁(隧道)中，漏泄同轴电缆的架设位置，一般在洞顶的一侧或侧壁上部。施工中，高空作业工作量大，工人劳动强度大；且因作业时间限制，漏缆的架设工期，对整个工程工期有较大的影响。本工法研制了半机械化的群钻组和作业平台。群钻组，可同时打 12 个孔；作业平台使高空作业变为类似地面作业；利用轨道车敷缆，在作业平台上随敷随架。

1992 年，在北京地铁 1 线无线列调工程中，应用本工法敷设 42 km 漏泄同轴电缆，获得了成功。

一、特　　点

1. 工效高、施工工期短。

2. 群钻组、作业平台，转移灵活方便，孔眼、支架位置和漏缆敷设，达到位置正确、间隔标准、纵向平直。

3. 变高空作业为类似地面作业，减轻劳动强度。

二、适用范围

本工法适用于新建或技术改造工程中，地下铁道(隧道)无线列调漏泄同轴电缆的架设。

三、工艺原理

在平板车上自行制作的作业平台上(见图 1)，按规定的支架设置位置和间距，安装 12 台冲击钻，由 12 人同时操纵打孔，避免了人扛肩抬的繁重劳动；作业平台和轨道车敷缆，使支架安装、漏缆的敷设和固定，变得易于进行。从而在较大程度上保证施工质量、减轻劳动强度、提高工效。

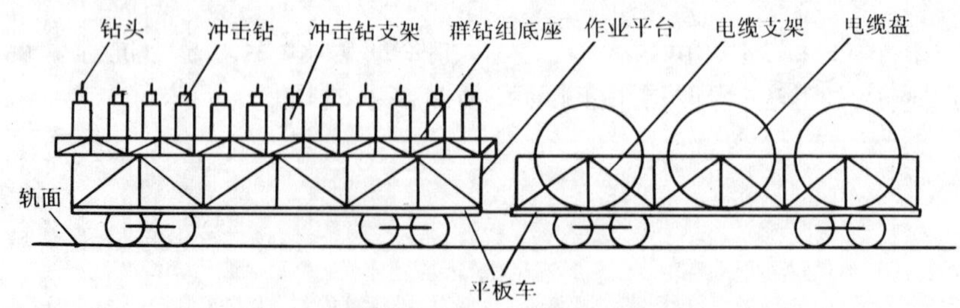

图 1　群钻组、作业平台和作业车组

四、施工工艺

(一)工艺流程(见图 2)

(二)工艺操作

1. 施工准备

线路复测:确定隧道长度、漏缆吊挂位置、支架及终端负载的安装位置等。

单盘测试:使用电桥、击穿装置、绝缘表等,测试环线电阻、内外导体间耐压、绝缘电阻等。

配盘:根据漏泄同轴电缆的耦合损耗、长度等要求,以及生产工厂提供的耦合损耗、单盘长度进行配盘。

申报洞下作业计划,则根据工期及行车情况,提前向有关部门提出作业计划,待批准后方可施工。

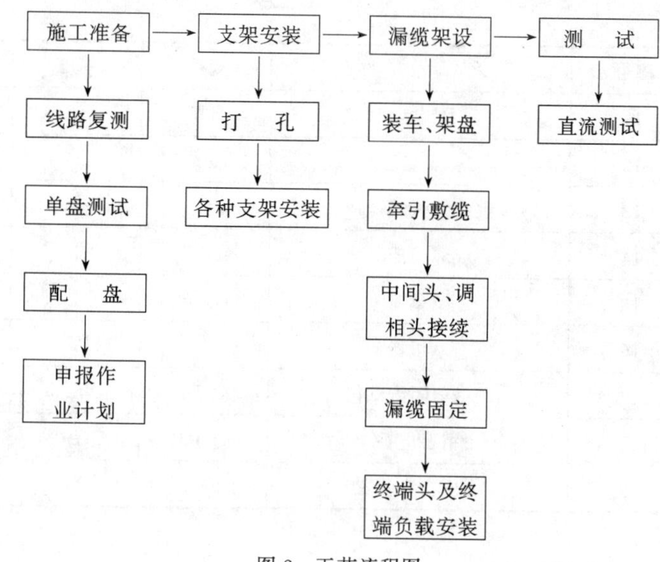

图 2　工艺流程图

2. 支架安装

群钻组由 12 人同时操作打孔,打孔后,安装紧固螺栓和各类支架。

3. 漏缆架设

漏缆在平板车上用放缆架架起后,用轨道车敷缆,随即固定在终端和中间支架上,并及时完成中间接头和调相头。牵引速度和漏缆允许弯曲半径,见“质量控制”。

漏缆在终端,经专用连接器与软性同轴电缆连接,引入电台、天线或中继器。

4. 测试

用电桥、绝缘表等对已接续的漏缆进行直流测试。测试不合格,对接头进行检查或更换。

五、机具设备

主要机具设备见表 1。

表 1　主要机具设备

序号	名　　称	规格	单位	数量	备　　注
1	轨道车	P-160	台	1	带发电机
2	平板车	N60T	辆	2	
3	冲击电钻	ϕ19 mm	台	15	
4	群钻架、作业平台	自制	套	1	
5	电缆接头作业梯子	自制	套	1	
6	电缆支架	自制	副	4	
7	电缆接头工具		套	2	原电子部 23 所生产
8	竹　梯	5 m	架	10	特殊地段用
9	无线对讲机		台	6	
10	作业灯	200 W	只	5	

续上表

序号	名　　称	规格	单位	数量	备　　注
11	配电盘	自制	套	1	
12	橡套电缆	2×6 mm^2	m	100～200	
13	敷缆架(含钢轴)		套	2	钢轴 ϕ50 mm
14	标　杆		根	5	
15	测量绳	100 m	根	2	
16	万用表		只	1	
17	绝缘电阻测试仪	RCJ-3	台	1	
18	精密电桥	CCJ-1	台	1	
19	介质击穿装置	JC-4	台	1	

六、质量控制

(一)质量标准

漏泄同轴电缆的径路、支架安装、接续、引入，应符合铁道部标准 TBJ 418—87 的有关规定及设计文件要求。

测试，应符合设备技术条件或设计文件要求。

漏泄同轴电缆的弯曲半径不小于 2.0 m，软性同轴电缆的弯曲半径不小于 105 mm。

(二)质量控制

1. 各种支架的安装，位置应正确，符合设计文件要求。

2. 敷缆时，轨道车的运行速度宜控制在 5 km/h 以下。

3. 各种接头，终端负载的固定，符合设计文件要求。

4. 质量控制点

(1)各种支架安装后，应做到：不摇动、不脱落、不侵入限界(见图 3)。

(2)漏缆的架设，除符合设计文件要求外，还应做到：固定牢固、不侵入限界。

(3)各种连接器，应严格注意保持清洁，不得接触水、灰尘等。

(三)质量检查

1. 加强随工检查。

2. 严把单盘测试关，确保漏缆质量。

3. 加强对工人的技术教育，提高责任心和技术水平。

七、劳动组织

1. 线路复测 4～5 人，其中指挥 1 人，测量工 3～4 人。

2. 单盘测试 7 人，其中指挥 1 人，测试 3 人，电缆工 1 人，辅助工 2 人。

3. 支架安装 20 人，其中指挥 1 人，轨道车司机 2 人(含发电机维护)，打孔、安装支架 12 人，防护 2 人，搬运 2 人，联络 1 人。

4. 漏缆架设 20 人，其中指挥 1 人，轨道车司机 2 人，吊挂漏缆 12 人，电缆盘制动 3 人，防护 2 人。

5. 接头 4 人，其中指挥 1 人，电缆工 3 人。

6. 测试 5 人，其中指挥 1 人，测试工 4 人。

由于以上工序并非同时开展，实际施工队伍，包括部分管理人员，总数为 25～30 人。

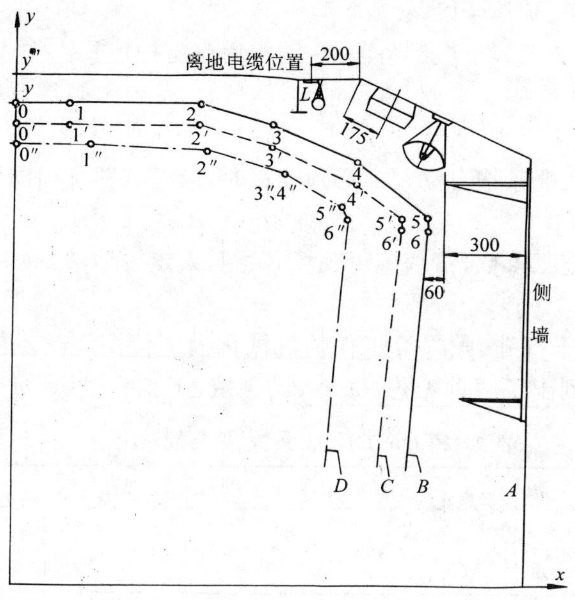

接触轨限界坐标表

坐标	1‴	2‴	3‴	4‴	5‴	6‴	7‴	8‴	9‴	10‴	11‴	12‴	13‴	14‴
x	1624.5	1624.5	1326	1326	1487.5	1549.5	1549.5	1470.5	1470.5	1364.5	1312.5	1312.5	1257.5	1257.5
y	−179	370	370	300	300	270	125	125	146	146	111	80	−32	−100

D 车辆轮廓线坐标表(最大宽度 2 700 mm)

坐标	0″	1″	2″	3″	4″	5″	6″	7″	8″	9″	10″	11″
x	0	278	820	1125	1125	1340	1350	1350	1345	1280	1277	1250
y	3515	3515	3480	3400	3400	3240	3200	880	610	536	365	160

C 车辆接近限界坐标表(最大宽度 3 188 mm)三轨为上部接触方式

坐标	0′	1′	2′	3′	4′	5′	6′	7′	8′	9′	10′	11′	12′	13′	14′
x	0	201	745	1055	1381	1587	1594	1460	1438	1311	1311	1290.5	1348	1450.5	1473.5
y	3573	3573	3670	3500	3576	3204	3163	636	445	411	324	185	194	265	265

B 设备接近限界坐标表

坐标	0	1	2	3	4	5	6	7	8	a	b	c	a′	b′	c′
x	0	202	746	1057	1384	1693	1699	1545	1522	1545	1660	1660	1522	1568.5	1568.5
y	3646	3646	3646	3586	3451	3211	3110	644	408	405	405	0	315	315	0

图 3　限界图

八、安全注意事项

应遵守铁道部标准《铁路通信施工技术安全规则》(TBJ 405—87)有关规定。鉴于地铁(隧道)施工的特点，还应遵守以下事项：

1.洞内施工,应严格按照经申报批准的工作时间、区段进行,并安排工作段二端的防护人员。防护人员应配备光、声、旗信号以及对讲机。

2.打孔时,粉尘极大,施工人员应配备面罩、防护帽等防护用具。作业平台每天清扫。

3.各类支架和漏缆,均应固定牢固,不得松动、脱落,以免侵入限界,危及行车安全。

4.所有施工人员应服从指挥、听从调度,不得擅自行动。

5.洞内原有各种设备,严禁擅自动用。必须动用时,应经有关部门同意、登记后方可动用,事毕应经有关部门认可。

6.施工结束,应清点施工人数,清理施工现场,做到:人走场地清,确保行车安全。

九、效益分析

运用本工法施工,由于打孔、敷缆等工作的机械化程度较高,与传统工艺相比,具有工效高、工期短的优点。表 2 列出了两种工艺,每 km 的工费、工具费、机具费等的对比。

表 2　每 km 工费、工具费、机具费对比

	工　　费	工具费	机具费	合计	备　　注
传统架缆	550 工日×9.61 元/工日 =5 285.50 元	57.10 元	2 857.10 元	8 199.70 元	工具:竹梯、麻绳; 机具:冲击钻
本工法施工	213 工日×9.61 元/工日 =2 046.93 元	270.60 元	4 068.57 元	6 386.10 元	工具:竹梯、平台、钻架; 机具:轨道车、平板车、冲击钻
对　　比	−337 工日 合:3 238.57 元	+213.50 元	+1 211.47 元	−1 813.60 元	

北京地铁 1 线,敷设 42 km 漏泄同轴电缆,两种工艺相比,应用本工法节约 7.6 万元,经济效益提高 22.1%。

由于工效提高,使施工工期得以缩短,有利于尽快发挥投资效益,提高行车指挥能力,其社会效益是显著的。

十、工程实例

1992 年 2 月,在北京地铁 1 线通信信号技术改造无线列调工程中,应用本工法,不仅节约 7.6 万元投资,而且施工工期仅用 5 个月时间,于同年 7 月完成,比预定工期缩短了 5 个月。单项工程优良率达到 95%以上。投入使用后,效果良好,得到了北京地铁总公司的好评。

执笔:孙英辉

21. 气压监测系统安装调试工法

SJGF 07－97

济南工程公司

一、前　　言

近年来，通信电缆施工中广泛使用了气压监测系统。气压监测系统采用先进的可编程选址传感器与微机监测技术，对电缆线路气压状态进行集中管理。气压监测系统的安装与调试是保证电缆气压维护系统正常运行，保证通信电缆线路安全运行及迅速、准确查找线路故障的重要环节。这就要求在安装、调试过程中，充分、合理地利用设备各种功能，从而保证线路的整体质量。

天津工程公司承担了兰－青、呼－包光电综合缆长途通信工程，于1992年10月组织有关技术人员安装、调试了这两项工程的气压监测系统，在总结经验的基础上研究、开发了本工法。

二、工法特点

1. 按本工法进行压力传感器的预配，可以有效地减小传感器的测试误差。

2. 按本工法进行气压监测系统的安装和调试，调试完即可投入使用。

3. 本工法具备简明、快捷、调试工期短等优点，早投入使用对电缆线路施工阶段的气压维护帮助极大，可节省大量人力，并提高线路气压维护质量。

三、适用范围

本工法适用于铁路长途通信光、电缆，地区通信电缆的气压维护用气压监测系统的安装与调试工程的施工。

四、工艺原理

将压力传感器按气压值进行预配，按一定规律安装在电缆线路的设置地点，根据系统的设计要求安装数据采集器与中央监测设备，设置相关的数据，进行全网系统调试。

五、施工工艺及流程

(一)工艺流程图(见图1)

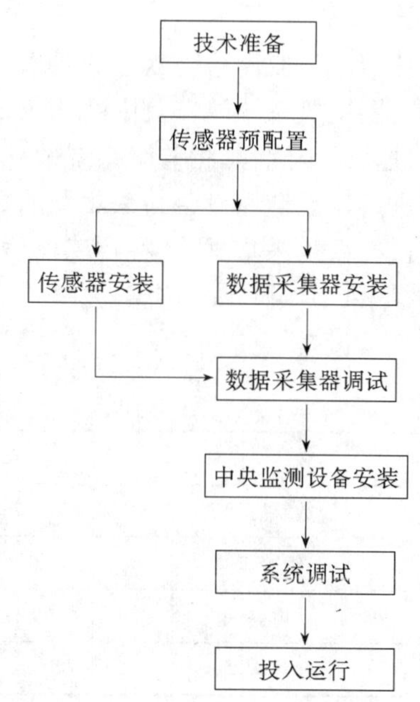

图1　工艺流程图

(二)工艺方法

1. 技术准备

(1)了解系统构成情况，对有遥控话路的要确认为二线音频话路。

(2)核对设备数量是否与设计图一致。

(3)确认压力传感器的准确安装位置。

2. 压力传感器预配置

(1)对压力传感器进行通电、气压试验，根据测试结果做好传感器的分组。

(2)根据充气段数目，做好传感器的地址分配及编号。

3.压力传感器的安装

在干线电缆气闭段接续工作完成后，进行气压监测线对直流特性测试，指标合格后，由接续人员按压力传感器编号配置位置安装，安装时参照相应的接续工艺要求。

4.数据采集器的安装、调试

(1)将数据采集器安装在设计指定地点合适的位置。

(2)在机箱指定的插槽内插入各功能单元盘，确定它们被可靠地安装在母板连接器内。

(3)检查电源电压符合数据采集器的电压要求。

(4)正确连接外部电源线与传感器线路线对。

(5)对采集器各种软功能键进行检查。

(6)设置接口参数，按规定设定传输协议、线路方式、拨号方式及载波判别时间。

(7)按设计要求与工程实际需要设定传感器参数：传感器线路号、传感器数量、传感器类型、告警门限值。

5.气压监测设备的安装

(1)将计算机与打印机设置在指定位置。

(2)检查软、硬件及外设的配置，确保计算机的操作系统、内存、硬盘容量、软盘驱动器及打印机类型符合要求。

(3)安装数据采集器的通讯卡，将通讯卡插入主机的任一扩展槽内，选择一个主机未使用的串行口及中断请求地址，中断请求地址不能与鼠标相冲突。

(4)将气压监测设备与复接器、数据采集器按照设计图连接好。

(5)安装气压监测系统软件。

6.系统调试

(1)按照气压监测系统软件的要求，修改批处理及系统配置文件。

(2)设置主机系统端口及中断请求地址，使其与通讯卡一致。

(3)进行系统编程，将监测系统软件初始化，并正确设置参数。

(4)进行气压监测设备与采集器的数据传输试验，使其通讯正常。

(5)进行系统采集试验。在传感器线对及干缆上制造告警，核实监测系统功能，确认能监测到每个数据采集器及每个传感器。

六、机具设备(见表1)

表1　机具配置表

序号	名　　称	单　　位	数　　量	备　　注
1	数字万用表	只	1	测量电压
2	组合工具	套	1	安装设备
3	电烙铁	只	1	焊接连接线
4	焊锡丝	mm	500	

由于气压传感器的安装与所采用的接续工艺有关，因此传感器的安装机具参照相应接续工艺的安装机具。

七、劳动组织(见表2)

表2　劳动组织表

序号	分　工	人数	主 要 任 务	备　　注
1	传感器预配置	2	将传感器通电试验,并分配地址及编号	由项目工程师与技工担任
2	安装传感器	2～3	将传感器装入干线电缆上	由具有接续证的接续人员担任
3	设备安装调试	2	安装及调试数据采集器、中央监测设备	由项目工程师与技工担任

八、质量控制

1.严把传感器预配置关,做到传感器分组合理,地址、距离准确无误。

2.在压力传感器的安装过程中,严格执行《铁路通信长途电缆接续工艺》。

3.采集器及气压监测设备的安装调试,由经过培训的项目工程师完成。

九、安全注意事项

1.施工过程中应遵照铁道部《铁路通信施工技术安全规则》(TBJ 405－87)的有关规定。

2.设备加电前必须检查电源极性、电压值,防止电源极性接反或电源电压不正常造成设备损坏。

3.气压监测设备要专机专用,不得作其他用途,防止计算机感染病毒。

4.机房内严禁吸烟。

十、技术经济分析

按本工法安装调试气压监测系统,把整个系统安装、测试分步骤完成,使具备条件的线路区段尽快采用采集器,为施工过程中的线路维护节省了大量的人力物力。使过去气压维护段的日常气压监测工作由每天6～7人下降为1人即可完成。

十一、工程实例

1.1994年6月在哈绥光电综合缆长途通信工程中采用了此工法,在具有条件的区段首先安装传感器与数据采集器。仅用2人即承担了100 km以上线路的气压维护工作,使整个工程进展顺利,待全线具备条件时,气压监测系统随即投入使用。在验收气压时采用此监测系统,全线气压验收合格率100%,受到建设单位的好评。

2.1995年5月,在哈牡长途通信工程中采用此工法,使全程360 km以上线路的气压维护工作节省了大量人力、财力。

执笔:戴　涛

22. 全塑市话电缆气闭堵塞制作工法

SJGF 08－97

天津工程公司

一、前　　言

为指导全塑市话电缆充气段气闭堵塞制作而编制了本工法，适用于充气全塑实心塑料绝缘芯线的市话电缆的气闭堵塞制作。

全塑市话电缆的气闭堵塞使用网状衬套、气压模袋，灌入树酯气塞剂，最后用热可缩套管封合，气闭堵塞制作简便，成功率高且性能良好。

二、特　　点

1. 全塑市话电缆制作气闭堵塞不用剥除芯线塑料绝缘层，保证了其电气绝缘性能。

2. 气闭堵塞剂无需加热去潮，配制容易，操作简便且堵气性能良好。

3. 气闭堵塞处采用热可缩套管封合，保证了电缆气闭密封性能。

三、适用范围

本工法适用于全塑市话电缆气闭堵塞制作。亦可用于紧套绝缘芯线通信电缆的气闭堵塞制作。

四、工艺原理

1. 利用气闭堵塞剂与塑料绝缘紧密粘接的原理，使气闭堵塞剂充分渗入松散芯线间，和网状衬套、塑料护套凝固粘接，达到气闭堵塞目的。

2. 利用热可缩套管封合气闭头，提高气闭头强度和气闭密封性。

五、施工工艺

（一）工艺流程（见图 1）

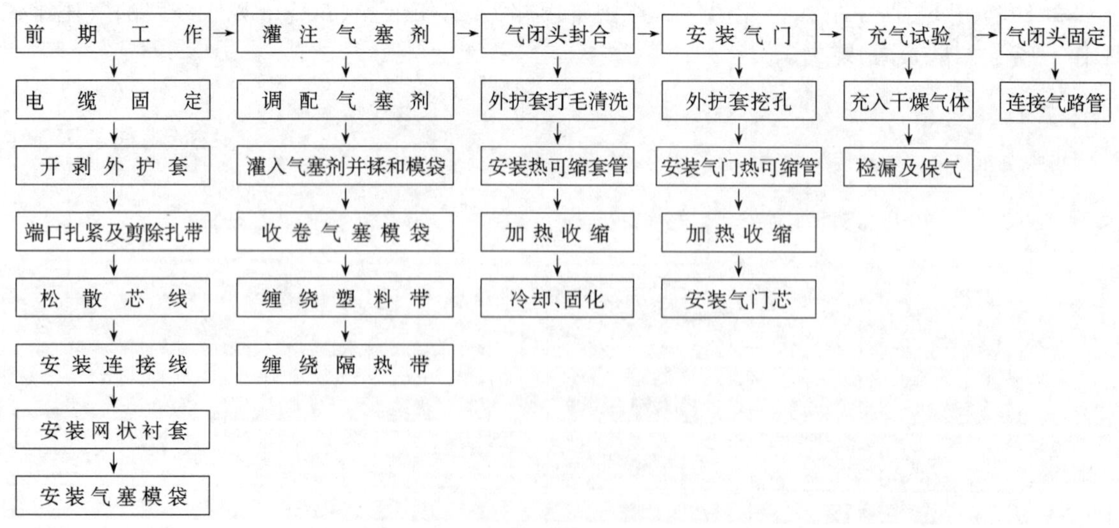

图 1　气闭堵塞制作工艺流程图

(二)工艺操作

1.准备工作

(1)确定电缆气闭位置后,固定电缆,开剥外护套并剪除芯线扎带。在电缆开口两端处扎紧芯线,松散中间芯线,电缆开剥长度视其容量及热可缩套管尺寸,一般为 100～300 mm。

(2)安装电缆外护套屏蔽层连通。

(3)安装塑料网状衬套,其两端搭接在电缆外护套上,并用塑料自粘带扎紧成圆筒状(见图 2)。

(4)在网状衬套外包缠气塞模袋,两端径外多缠出 15 mm 左右,上口收卷并用自粘带缠扎(见图 3)。

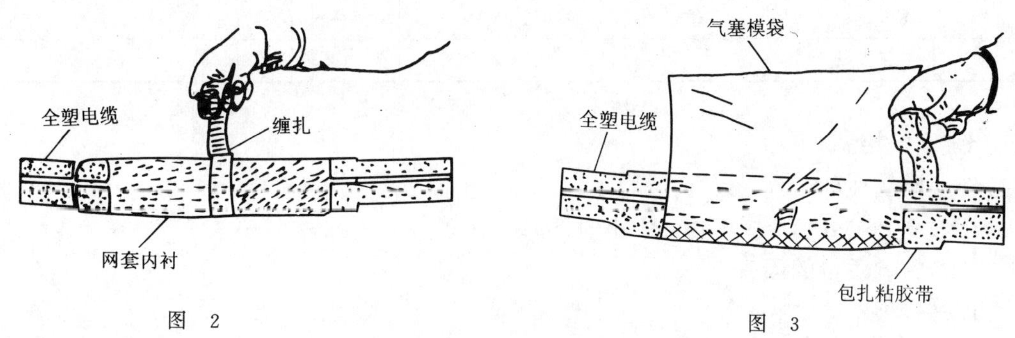

图 2　　图 3

2.灌注气塞剂

(1)将配好的两种气塞剂充分混合搅拌约 30 分钟,待温度降低后,将调好的气塞剂从气塞模袋顶部灌入电缆芯线间(见图 4)。

(2)用双手轻轻揉压气塞模袋,挤出内部空气,使气塞剂充分渗入芯线内填满其空隙。

(3)将气塞模袋上口卷紧后用聚氯乙烯带缠 2～3 层,保证不让气塞剂渗出,再在其外紧包 2～3 层,最后从中间向两侧缠扎隔热胶带 2～3 层(见图 5)。

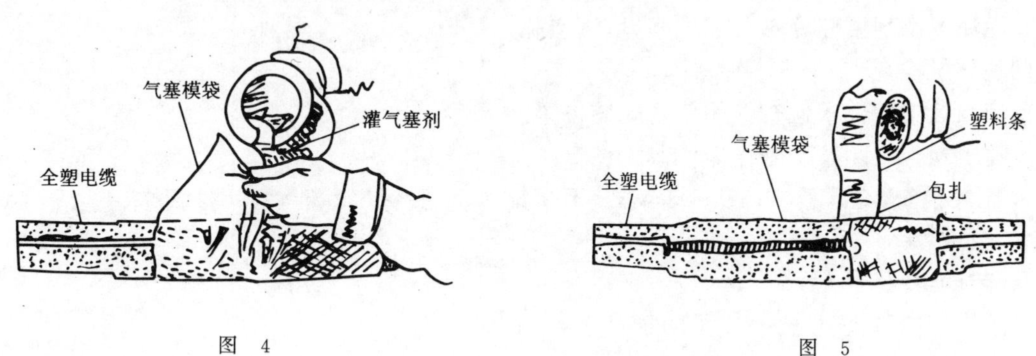

图 4　　图 5

3.气闭头封合

(1)安装热可缩套管,按热可缩套管操作工艺加热收缩成型。

(2)安装气闭热可缩套管。

4.经过 24 小时后,充分试验其气闭性能,充入 0.06 MPa 干燥气体,24 小时下降不大于 0.005 MPa。

5.气闭头固定在指定地点处。

六、全塑市话电缆气闭堵塞制作使用机具(见表1)

表1　气闭堵塞制作用机具表

序　号	名　　称	规　格	单　位	数　量	用　　途
1	常用电工工具		套	1	
2	剪　刀		把	1	
3	压接钳		把	1	卡接连接线
4	搅拌棒		副	1	
5	喷　灯	1 kg	把	1	
6	钢卷尺	2 m	盒	1	
7	气压表	0.16 MPa	块	1	
8	工具袋		个	1	

七、质量控制

(一)质量标准

充入0.06 MPa干燥气体,24小时下降不大于0.005 MPa。

(二)影响质量的因素

1.材料因素

气闭堵塞性能的好坏主要取决于气塞剂的质量和热可缩套管的质量。

2.人的因素

操作人员应有较强的工作能力,责任心强,熟悉制作气闭堵塞的操作技术。

(三)质量控制点

1.制作前,应确认该条电缆充气维护段保气良好。

2.严格按操作规程施工,气闭头位置应符合设计要求。

3.确认气闭堵塞剂的有效期限,掌握气塞剂调配时的温度,要充分搅拌均匀。

4.灌注气塞剂要充分渗入芯线间,填满空隙。

(四)质量检查

1.依设计文件要求检查气闭堵塞安装位置。

2.随工检查气闭堵塞制作操作。

3.充气检查,充入0.05～0.08 MPa干燥气体,检验保气性能,24小时下降不大于0.005 MPa。

八、劳动组织

气闭堵塞制作人员2人,安全防护员1人。

九、安全注意事项

全塑市话电缆气闭堵塞制作除了应遵守《铁路通信施工技术安全规则》(TBJ 405—87)外,在其施工中还应注意以下几点:

1.在城镇街道旁出土杆制作气闭堵塞时,应设专用防护标志,并有专人防护,注意施工安全。

2.使用喷灯加热热缩套管时,应遵守喷灯使用安全事项,注意周围环境,避免发生火灾,使用完毕及时熄灭。

3.气闭堵塞制作完毕应及时固定，不得任意移动及弯曲，待气塞剂固化后（一般为24小时）方可移动固定。

十、技术经济分析

按传统制作法制作市话电缆气闭堵塞时，需开剥一段绝缘使芯线裸露，还应对环氧树酯及其他气闭材料加热排潮，按比例配制后灌注。操作繁琐，稍一疏忽便会产生混线、绝缘不良、堵塞固化不良、保气性能差；不易掌握，成功率较难保证。极易发生需截除后返工重新制作的现象，费工费料。

运用本工法使用气闭堵塞剂制作时，不需开剥芯线绝缘，不作加热排潮及配制，只需将两种液剂混合，充分调和后，直接灌注，操作简单易掌握，劳动强度较传统低，省时省工，只要按技术操作规程制作，100%合格，避免返工而节省费用。本工法具有一定的社会效益和经济效益。

十一、工程实例

本工法于1993年在天津市东丽区市话局市话地下电缆线路施工中，对1 200对全塑电缆首次使用，1995年天津市六区局市话电缆线路施工400对全塑市话电缆推广使用，都一次制作成功，保质保量完成任务。受到建设单位的好评，取得良好的效果和社会效益。

执笔：李振声

23. C4、C5级数字程控交换机安装及组网开通工法

SJGF 09—97

天津工程公司

一、前　　言

在铁路通信基建、大修和更新改造工程中，一般由一个端站(C4级)数字程控交换机和若干分话所(C5级)数字程控交换机组成地区交换网，统一编号，集中处理本地区发生的长途话务。本工法为指导铁路通信网中的C4级和C5级程控交换机安装工程而开发。

本工法首次应用于牡丹江铁路分局横道河子地区交换网的安装开通，取得成功。继而在哈尔滨铁路局阿城地区交换网安装等工程中应用，取得良好效果，受到工程建设单位的好评。

二、工法特点

与传统的单局开通方法相比较，本工法有以下特点：

1. 地区交换网各局的数字程控交换机安装及相关工作可以同时开展，也可以分步进行。便于施工技术力量的合理调配。

2. 地区交换网内各局统一割接、同时开通，避免或减少采用过渡措施，缩短施工周期，降低工程成本。

3. 由于开通前各交换机已加电调试完毕，为全面测试地区交换网的各项技术指标提供了方便条件。

4. 实现对地区交换网内各局的集中维护管理和统一计费，同时开放各种新业务。

三、适应范围

本工法适应于铁路沿线由若干个C4、C5级数字程控交换机组成的地区交换网新建或改造工程。

四、工艺原理

地区交换网内各C4、C5级交换设备根据施工力量的配备情况同时或分步安装，在各交换机硬件测试和软件测试合格的基础上进行局间信令试验。在上述试验全部完成，移交测试达到质量标准后，按照组网开通计划将地区交换网的各交换机同时割接，开通投入运营。

本工法的关键技术是：

1. 各交换机软件调试，确保设备正常运行。

2. 局间信号试验，确保各局间中继电路畅通。

3. 制定组网开通计划，确保割接一次成功。

五、施工工艺

(一)工艺流程(见图1)

(二)操作要点

1. 施工准备

开工前应认真复核施工设计文件，编制施工组织计划和质量管理计划。检查机房环境条件应符合有关规定，清点和检验设备器材应符合要求。

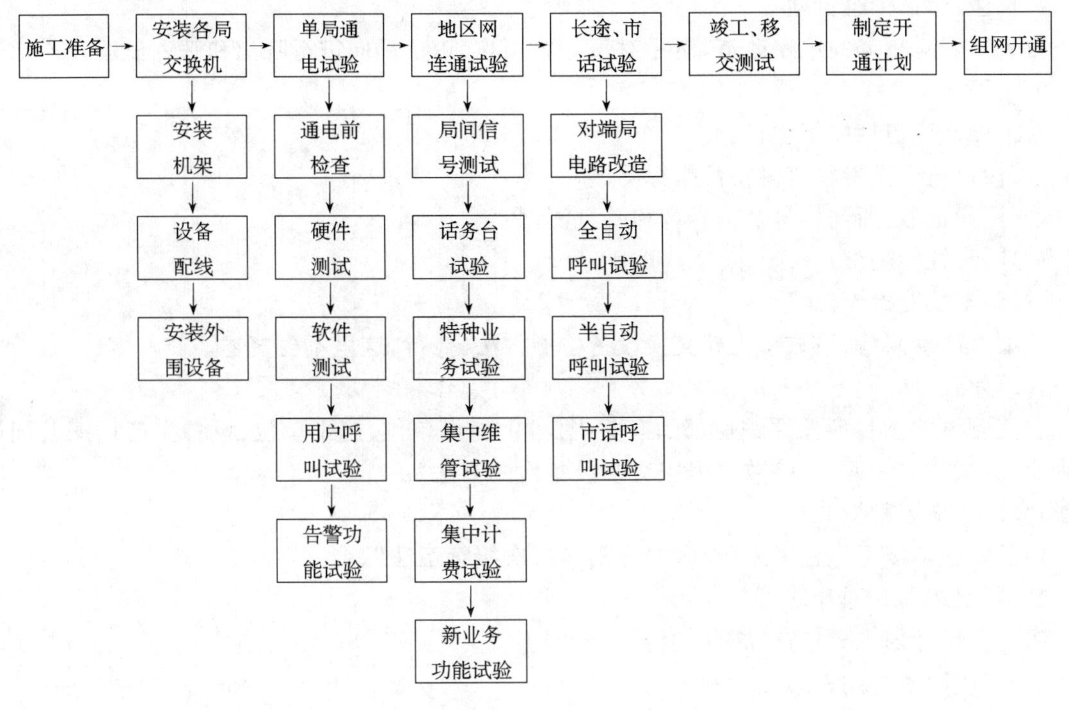

图1 工艺流程图

2.设备安装

地区交换网各交换机的安装工作根据施工组织计划同期或分步进行。安装工作应符合相关的施工规范。

3.通电前检查

(1)交换机机房温度、湿度和电源条件应符合技术要求；

(2)电路插板准确无误，选择开关正确；

(3)机内配线准确牢固，机内无杂物；

(4)电源布线无接地，电源熔丝规格正确。

4.硬件测试

(1)按照操作手册的规定顺序给设备加上电源；

(2)检查各电源盘工作电压符合设备技术要求；

(3)各模块及外围设备工作正常，连接关系正确。

5.软件测试

(1)检查软件版本无误后装入设备，初始化后交换机各模块应进入正常工作状态；

(2)局数据和用户数据符合工程技术要求；

(3)系统再装入和再启动功能符合设备技术要求；

(4)交换机例行测试无故障。

6.用户呼叫试验

用电话机在总配线架依次连通每一个用户，进行主叫、被叫，听拨号音、回铃音、忙音等的各种呼叫试验。

7. 地区交换网连通试验

按设计规定的信号方式，试通地区交换网内各局间的中继电路，进行各局间的呼叫试验。

8. 长途、市话中继试验

首先做好对端局的电路改造，然后对每一个长途、市话局向进行呼出和呼入试验。

9. 竣工测试

竣工测试应包括以下项目：

(1)接口电气性能和传输特性指标测试；

(2)用户信号、所间信号及信号音和铃流测试；

(3)同步性能测试；

(4)基本功能检测。

测试方法参照《铁路数字程控交换设备检测方法》执行，这里不再赘述。

10. 移交测试

移交测试的项目应按照铁道部的有关规定，由建设单位、施工单位、设备生产厂家共同协商确定，测试方法参照《铁路数字程控交换设备检测方法》。

11. 地区电缆割接

地区电缆割接工作宜采用"地区电缆割接二次接续工法"。

12. 制定组网开通计划

组网开通计划主要包括以下内容：

(1)割接开通时间；

(2)与行车运输相关及特殊话路的连通方案；

(3)组网开通指挥系统和各局(站)人员安排；

(4)割接开通作业程序；

(5)机具设备配置；

(6)通信联络方案；

(7)安全注意事项和应急处理措施等。

必要时附移交测试结果。

13. 组网开通

开通计划确定后，各交换局均应做好充分准备，确保组网开通一次成功。开通作业中各局应同时割接，分别进行局内用户呼叫试验和局间呼叫试验。

组网开通后，工程施工人员应协助使用维护人员进行必要的功能试验和数据修改工作。

六、劳动组织

安装和组网开通工作的人员分工及主要任务见表1。

表1　人员分工及主要任务

序号	分　　工	主　要　任　务	人　数
1	主管工程师	组织施工，协调工程进度，制定开通方案，指挥组网开通	1
2	工程师	负责汇接局和重要分支所的通电、调试、开通	1～2
3	通信工	负责各局交换机及配套设备的安装调试和开通	3～4
4	电缆工	地区电缆割接	2～4
5	司　机	运　输	1

七、机具设备

交换机安装及组网开通使用的主要机具仪表见表2。

表2　主要机具仪表配置表

序号	名　　称	单位	数量	用　　途
1	汽　车	台	1	运送设备仪表
2	电　锤	台	2	安装设备
3	电　钻	台	2	安装设备
4	小型发电机	台	2	施工备用电源
5	各种扳手	套	6	安装设备
6	组合工具	套	6	安装设备
7	电烙铁	把	6	配　线
8	绕线枪或卡线钳	把	6	配　线
9	电缆接续工具	套	2	地区电缆割接
10	自动电话机	台	若干	试验、联络
11	万用表	块	6	配线、试验
12	兆欧表	块	6	配线测试
13	接地电阻测试仪	台	1	地线测试
14	模拟呼叫器	台	1	测　试
15	信令分析仪	台	2	测　试

八、质量控制

(一)质量标准

1.《铁路数字程控交换通信工程施工规范》(TB 10216－94)；

2.《铁路数字程控交换通信工程质量评定验收标准》(TB 10426－94)；

3.《铁路数字程控交换设备检测方法》；

4.工程设计文件；

5.交换设备出厂技术指标。

(二)质量控制点

1.设备安装；

2.硬件测试；

3.软件测试；

4.用户信号测试；

5.所间信号测试；

6.地区电缆割接。

(三)质量检验

1.对照工程设计文件检查各种设备安装应符合要求，使用仪表测试各种配线电特性、地线接地电阻应符合标准。

2.使用仪表、管理维护终端、电话机检查试验交换机的各种性能，进行用户信号、所间信号的测试，以及局内、局间的各种呼叫试验，发现问题及时处理。

3. 使用仪表、维护终端、测量台测试地区电缆的电特性，对电缆接头进行外观和保气检查。

九、安全措施

本工法严格遵守《铁路通信施工技术安全规则》(TBJ 405—87)，并采取以下安全措施：

1. 交换设备通电前应确认电源电压符合技术条件要求。

2. 拔插机盘应按要求先切断电源。

3. 需要动用使用中的设备和线路时，应有维修人员配合，避免中断运营中的电路。

4. 组网开通时，各局站应配备熟悉设备情况、有处理故障能力的人员，服从统一指挥，严格按照开通计划进行操作，确保割接开通的顺利进行。

5. 设备运行稳定后，应将无用的跳线，连线撤掉，并将无用的器材清理干净。

十、技术经济分析

横道河子地区交换网共有 6 个局，安装工作量为 11 个机架，按《铁路工程预算定额》统计工作量如表 3。

表 3　安装工作量统计

定额编号	工　作　项　目	单位	数量	工日/台(架)	总工日
TY—2547	安装与调测国产程控电话交换机	架	11	52	572
TY—2550	安装打印显示话务台、告警设备	台	4	2	8
合　　计					580

应用本工法施工，日平均安排劳力 5 人，有效工期 70 天，实际使用 350 工日，与工程预算相比节约工日 40%。

采用本工法与单局分步开通相比，将大量减少《铁路工程预算定额》中 TY—2553“修改局数据”和 TY—2555“增减模拟局间中继线安装与调测”及其他相关项目的工作量，避免或减少采用过渡措施，经济效益显著。

采用本工法还极大地方便了工程单位的施工组织和工程技术人员的调配，有利于维修使用单位全面了解交换网的各种技术性能，用户较快地体会到先进设备的优越性。施工、维修、用户三方受益。

十一、工程实例

牡丹江铁路分局横道河子地区管内近 200 km 铁路沿线设有 C4 级交换机 1 处，C5 级交换机 5 处，使用国产 CNC08 型数字程控交换设备，总计容量用户线 3 600 线，中继线 1 200 线。中继方式复杂，局间信令多种多样。应用本工法施工，节约了劳力，压缩了施工周期，仅用两个多月的时间顺利完成了地区交换网的安装调试。经移交测试，各项指标均满足有关标准的要求，受到了建设单位的好评，并于 1996 年 5 月 10 日同时割接开通投入运营。

本工法还于 1996 年 5 月应用在哈尔滨铁路分局阿城地区交换网安装工程。同样取得了很好效果。

执笔：归宝恒

24. 铁路光接入网安装调试工法

SJGF 09—99

天津工程公司

铁路通信网具有丰富的信息资源和网络资源，尤其近几年，随着通信技术的发展，铁路核心网建设飞速发展，业务种类越来越多，交互性越来越强，但传统的接入部分仍以双绞线为主，这不仅大大地限制用户数量和业务种类，也影响了通信质量，越来越成为铁路通信发展的瓶颈。接入网的建设，是促进铁路运输走向市场和铁路现代化建设的重要举措。

接入网是指业务节点接口到用户端设备之间的实施系统，可含复用、交叉连接和传输功能。它需要各种系统技术支持，主要涉及光纤传输技术、无线传输技术、铜线传输新技术以及数字复用体系。

采用光纤传输技术支持的接入网称为光接入网。天津工程公司承担了(四)平—齐(齐哈尔)线、山(海关)—锦(州)线光纤接入网通信工程的安装、调试任务，在总结工程经验的基础上，研究开发了本工法。在绥(化)—北(安)、集(宁)—二(连)通信工程中采用本工法对光接入网设备进行了安装调试，提高了工作效率，确保了工程质量。

一、工法特点

1. 工序详实，任务明确，可根据工期要求，合理安排施工力量，有利于工程的成本控制。

2. 利用中心测试点，统一指挥，随时掌握工程进度，有利于测试过程中故障的查找与排除。

3. 本工法从单机、系统、网管 3 个方面详细介绍了调试项目，对施工过程有很大的指导和规范作用。

二、适用范围

本工法适用于由光传输技术支持的接入网工程的安装与调试的施工。

三、工艺原理

铁路光接入网是以光纤传输技术支持的网络，接入设备(AN)与内置 SDH 系统单元(LTM、ADM)组成接入网元(OLT、ONU)，为不同的业务终端提供支持。本工法针对这种组网方式和传输技术给出安装调试方法，安装部分严格执行部颁通信施工规范，并满足不同厂家安装方面的特殊要求。调试分单机测试、系统测试及网管测试，单机测试分物理指标测试和功能指标验证；系统测试分互联性能及告警测试和系统性能测试。内置 SDH 指标测试验证和 V5.2 信令接口的测试是接入网调测中的重要环节。合理地选择测试地点和调测顺序，是本工法的关键技术。

四、施工工艺

(一)工艺流程(见图 1)

(二)工艺操作

1. 安装准备

准备工作主要包括机房环境条件检查、原系统设备调查、人员培训和技术交底。

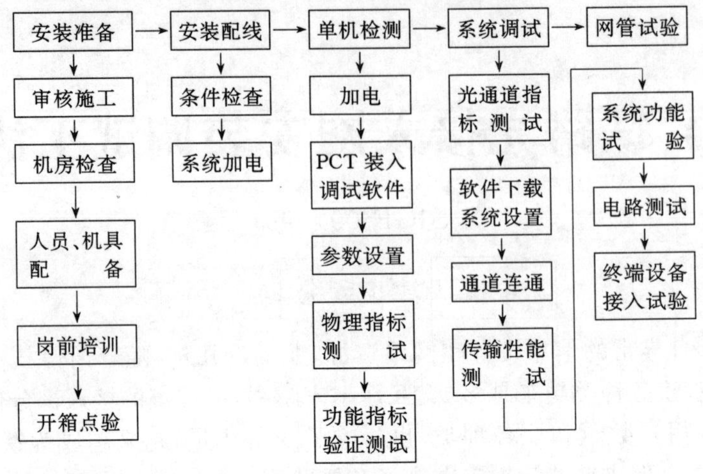

图1　接入网安装调试工艺流程图

2. 安装配线

具备安装条件后，视交通情况，可采用流水作业安装，也可以采用干一站、清一站的方法安装。

——根据设备走线方式和设计文件要求，预埋管线、支持件，预留孔洞、沟槽；

——按照设计平面图安装（组装）机架，注意侧开门机架（架内侧面为配线架）预留空间；

——配线电缆布放前，应进行对号和绝缘电阻测试，对于随机带的配线缆，应从机器侧开始布放，配线电缆在槽内应顺直，不宜扭绞和交叉，配线电缆不得有中间接头；

——配线需要卡接时（多数为卡接方式），必须使用卡接钳，不得以其他工具代替，芯线线径应符合卡接端子的要求；

——地线（工作地、保护地或联合地线）阻值必须满足设计要求，并提前接好；

——机器加电前，机器内侧配线端子用隔离片隔开，外线端子插好保安单元。

3. 设备加电及软件安装

设备加电前，需对下述条件进行检查：

——子架和电路板安装位置准确、无松动；

——设备配线完成，无虚接、无混线；

——电源设备调试合格，满足设备对电源指标的要求；

——地线符合要求；

——线路性能符合要求；

——站间通信联络畅通；

——测试用电源稳定可靠。

上述条件满足后，设备加电，30分钟后，用手持终端（PCT）装入相应调试软件，进行单机测试。

4. 单机测试

单机调测可与设备安装配线流水进行，对于传输设备，主要含ADM和LTM两类网元，测试项目和方法参照SDH测试。

对于接入单元，单机调测主要是连通性试验，包括：

——音频接口连通测试；

——64 K 数据接口连通测试；

——低速数据接口连通测试。

测试方法如下：

(1)音频接口连通测试

在 2 M 电路板将 2 M 接口环回，在音频接口送 1 020 Hz、－10 dBm 信号，接收应是－10 dBm，配置见图 2。

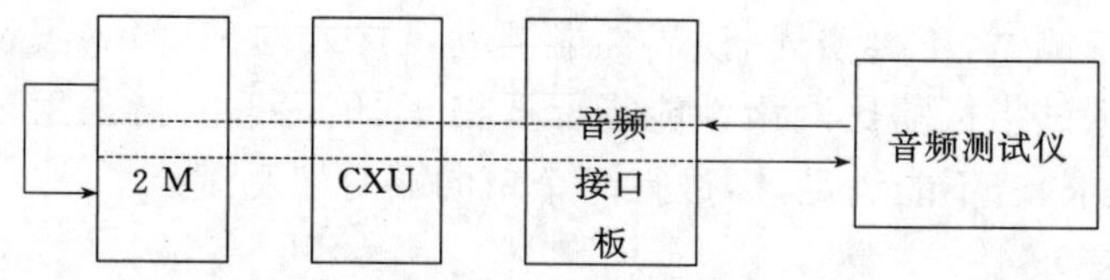

图 2　音频接口连通测试

(2)64 K 数据接口连通测试

在 2 M 电路板将 2 M 接口环回，在 64 K 接口用跳线环回，接入数据分析仪，发送 $2^{11}-1$ PRBS 信号，观察 10 秒，接收应无误码。测试配置如图 3。

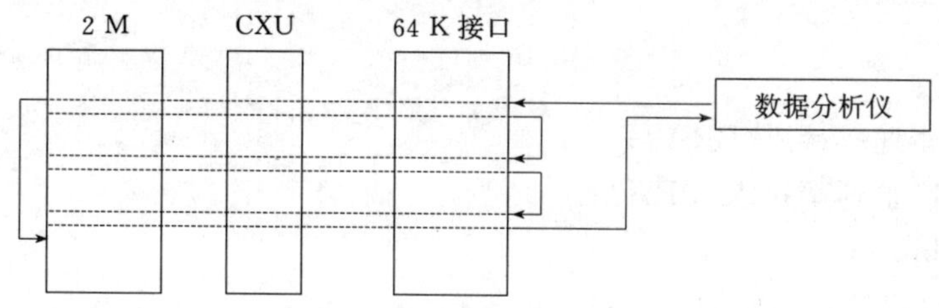

图 3　64 K 数据接口连通测试

(3)低速数据接口连通测试

在 2 M 电路板将 2 M 接口环回，低速接口接入数据分析仪，发送 $2^{9}-1$ PRBS 信号，观察 10 秒，接收应无误码。测试配置如图 4。

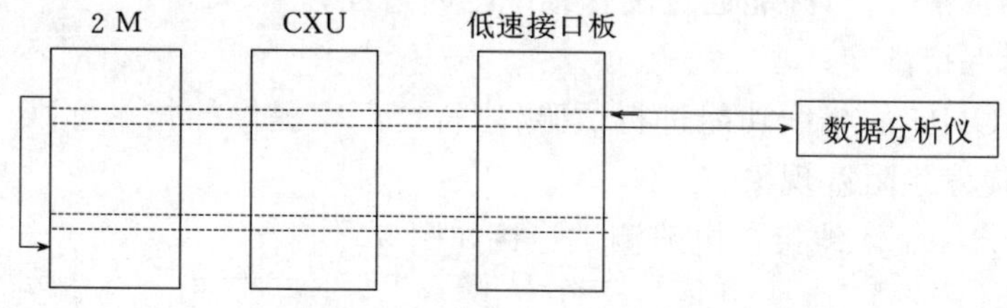

图 4　低速数据接口连通测试

5. 系统测试

系统测试选择含有网管中心的端站作为中心测试点（如绥北线北安通信站），各小站配合调测，具体过程如下：

(1)单机测试合格后，进行设备连通，首先对内置 SDH 系统的光通道指标进行测试，方法及项目同 SDH 测试方法。

(2)进行系统设置

通过网管进行软件下载，并检查：

——网元的实际配置；

——高阶通道和低阶通道的设置；
——各种业务电路设置；
——保护方式；
——接口方式和接口电平设置；
——各网元定时方式和优先级设置；
——高、低阶通道的端到端连通检查。

(3)传输性能测试

方法同 SDH 系统测试，不再赘述，误码性能需满足接入网 HRDS(假设参考数字段)误码性能指标，并且施工测试指标需比网络性能指标严格 10 倍，另外，当采用环回测试时，指标仍按端对端单向指标要求，若不能满足，需进行两个单向端对端测试。

(4)系统功能试验

按照 SDH 系统功能试验要求进行试验。

(5)接入设备测试

铁路接入网的初期建设主要支持 2 M 以下速率的业务，包括：
——普通电话业务(POTS)；
——租用线；
——分组数据；
——ISDN 基本速率接入(BRA)；
——ISDN 一次群速率接入(PRA)；
——N×64 kbit/s；
——2 Mbit/s(成帧和不成帧)。

接入网为这些业务提供透明传输数据和定时信息的通道，为满足这些业务的接入，需要不同的业务接口和通道或电路，测试主要包括：

①自动电话连通测试

——各 ONU 设备的用户之间、ONU 设备用户与接入网的接入点地区用户之间进行任意呼叫、通话，均应能正常工作，并能通过网管跟踪呼叫过程；

——进行通话保持试验；

——对 OLT、ONU 的集线功能进行试验，应符合厂家提供的技术标准，在用户标准话务量负荷情况下，不应发生阻塞现象。

②音频(64 kbit/s)2/4 线接口电路测试连接如图 5。

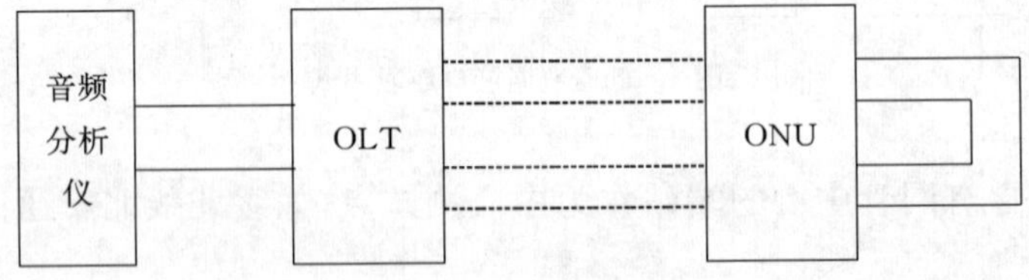

图 5　音频 2/4 线接口测试

测试方法：

在 OLT 设备的音频 2/4 线接口上任选一个 2/4 线接口，发送音频信号，通过 OLT 设备的网管设置，在任意一个 ONU 设备处任一个 2/4 线接口作四线环回，在 OLT 的对应 4 线接收测量信号电平，应符合标准。

③音频(64 kbit/s)通道共线连接测试如图 6。

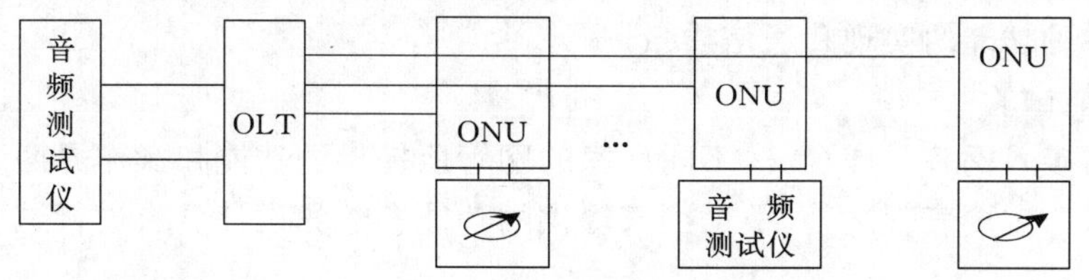

图 6　音频通道共线连接测试

测试方法：

在 OLT 设备上通过网管设置，将各 ONU 设备中一个或若干个 2/4 线接口与 OLT 中任意一个音频 2/4 线接口做共线连接，在 OLT 设备的 2/4 线接口处送音频信号，在各 ONU 设备的相关 2/4 线处接收测量信号电平；在任意一个 ONU 设备上音频 2/4 线接口发送音频信号，在 OLT 和其他各 ONU 设备的相关 2/4 线处接收测量信号电平，应符合标准。

④ISDN 基本速率接入(BRA)

ISDN-BRA 接口(2B+D)的指标应满足 1.430 或 G.961 建议中的指标要求，测试项目包括：

——速率及容差；

——发送总功率；

——纵向输出电压；

——输出抖动；

——抖动容限；

——对地不平衡；

——系统试验。

在施工测试中，主要是对接口进行系统试验，试验配置如图 7。

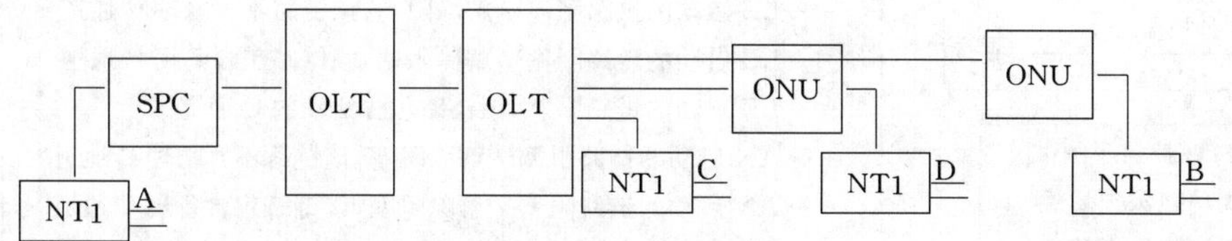

图 7　BRA 接入试验

试验方法：NT1(A)、NT1(B)、NT1(C)、NT1(D)之间的数字电话、图象传真等业务。

⑤ISDN 一次群速率接入(PRA)

2 048 kbit/s 的 G.703 口：比特率容差、输入口最大允许频偏、输出口的反射衰减、抖动、抖动转移特性、误码等测试内容和方法与 SDH 传输系统的 2 048 kbit/s 口的测试内容和方法相同。

⑥E1(2 Mbit/s)接口测试

接入网设备的 E1 接口指标应符合 G.703 建议要求，其测试方法参照 SDH 传输系统要求。

⑦V5.2 接口测试

根据业务接口种类，进行抽测，V5.2 协议接口测试流程及主要测试项目见图 8。

(6)终端设备接入试验

利用模拟终端或备用设备进行接入试验，应确保数据和定时信息在接入网中透明传输，保证终端设备的各种功能的实现和通信质量。

(7)网管功能试验

传输网管与接入网管一般合一，不同厂家的网管所提供的功能和操作界面不尽相同，这也是不同设备优劣的主要表现之处，根据厂家提供的功能参数和设计要求进行试验，主要从以下几个方面进行：

——故障管理功能；

——性能管理功能；

——配置管理功能；

——安全管理功能；

——保护功能。

6. 系统调试完毕，把终端设备部分或全部导入系统，进入试运行阶段，试运行期满，正式割接开通。

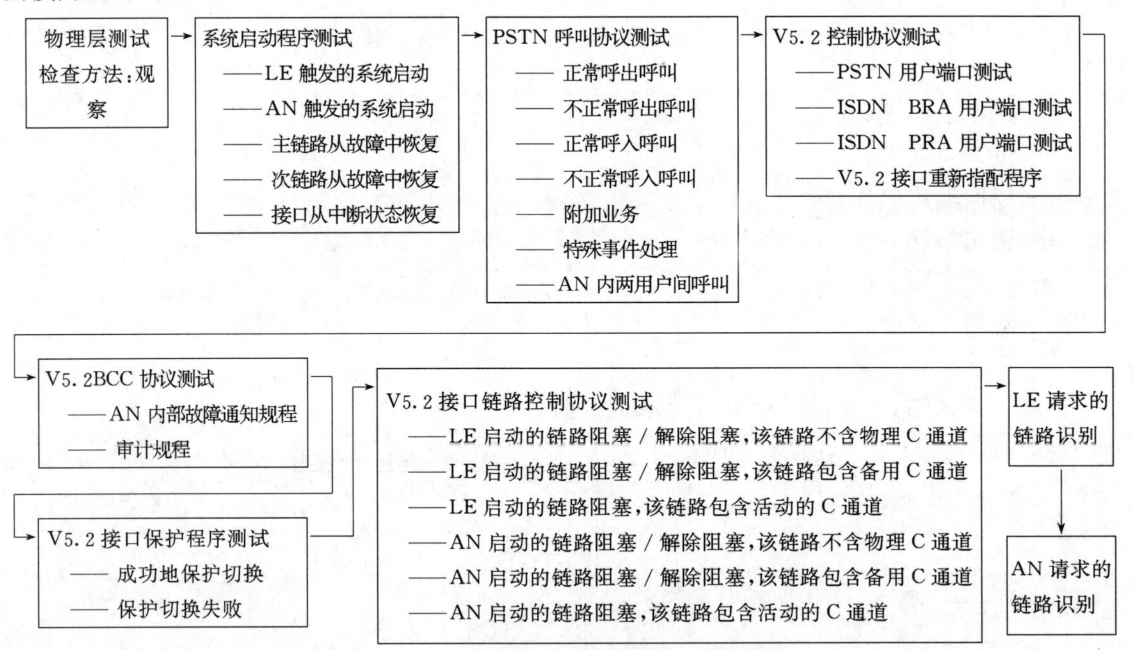

图 8　V5.2 协议接口测试流程及主要测试项目

五、劳动组织

合理组织和安排人力、物力资源，既要考虑各工序的衔接性，又要认真分析工作的重叠性，抓住关键工序，进行分组、分段施工。一般情况下安装组 8 人，其中工艺工程师 1 名，通信工 6 名，司机 1 名，进行安装配线。调试分为两组，每组工程师 1 名，通信工 1～2 人，单机调测时，两组分别在各站同时测试；系统调试时，以一组为主，主要工作在有网管中心的通信站，另一组则在各接入小站配合进行端到端调试，利用系统勤务电话进行联络。工艺工程师必须掌握安装工艺标准，接受厂家安装专业培训，并负责首站定标和技术交底以及质量监督。调测人员应充分掌握设备原理和调试技术。司机需持证上岗，安装完成后，为小站调测组服务。

六、机具设备

安装调试接入网设备所需主要机具仪表见表 1。

表 1　安装调试接入网设备所需主要机具仪表

序号	名　　称	单位	数量	用　　途
1	冲击钻	台	2	机架固定
2	常用电工工具	套	4	机架安装
3	厂家提供专用安装工具	套	2	机架组装
4	SDH 测试仪	台	2	SDH 测试
5	光可变衰减器	台	2	增加衰减
6	光万用表	台	2	测光通道指标
7	数字示波器	台	1	测数字波形
8	频率计	台	1	测数字频率
9	音频测试仪	台	2	音频口测试
10	数据分析仪	台	1	数据口测试
11	V5 接口测试仪	台	1	V5 接口测试
12	中型仪表车	台	1	运输

七、质量控制

(一)质量标准

本工法执行下列标准：

《铁路通信施工规范》(TB 10205—99)；

《铁路光缆通信同步数字系列(SDH)工程施工规范》(TB 10219—99)；

《铁路光缆数字工程质量评定验收标准》(TB 10424—99)；

ISO 9002 质量体系要求。

(二)质量控制点

1.安装配线工艺，进行首站定标；

2.调测人员岗前培训，掌握设备原理，熟悉仪表使用方法。

八、安全措施

严格遵守铁道部标准《铁路通信技术安全规则》(TBJ 405—87)，针对接入网安装调试特点，强调以下安全措施：

1.禁止带电拔插机盘；

2.对设备进行操作，必须采取防静电措施；

3.光口不得直接环回，不得直视光源；

4.对长期测试的仪表，确保测试电源稳定安全，并进行盘面键盘锁定；

5.对设备进行等级管理，不得越权操作和修改；

6.离开施工现场，仔细检查，不得留任何安全隐患，尤其对无人值守接入站。

九、技术经济分析

执行本工法，合理编制安装调试计划，不仅可以对设备进行全面测试，保证工程质量，也可以缩短工期。在绥北工程中利用本工法比以前工程工期缩短了 25%左右，净工费节约了3 000多元，更主要的是设备早投入运营给建设单位带来了巨大的经济效益。

十、工程实例

1998 年，我公司承担的齐绥工程绥(化)—北(安)段接入网设备安装调试工作，设备为深圳华为公司产品，采用内置SDH传输方式，在较大车站利用备用光纤，构成光路保护环，沿途18个小站，利用ADM的2 M通道和接入设备，对小站自动电话、调度专用系统、数据通信等业务提供接入支持。由于上两层网尚未开通，干局线业务也暂时由本网支持，增加了调试难度。由于工期紧，我们采用本工法，精心编写了网络推进计划，选择北安站作为中心调测点，仅用2个月就完成了安装调试工作，年底就开通了干局线业务和地区交换接入业务。随后又开通了调度专用系统，大大缩短了工期，带来了很大的经济效益，工程质量得到了建设单位的好评。本工法还在集(宁)—二(连浩特)线工程中应用，不仅缩短了工期，而且保证了工程质量，得到建设单位的一致好评。

执笔:许树升

25. 超长隧道光缆敷设工法

SJGF 04—99

上海工程公司

一、前　　言

在既有线超长隧道内敷设光缆，具有环境局限性大，安全要求高，施工组织难度大及不得中断铁路运输的特点。本工法是针对长达 14.295 km 的京广铁路大瑶山隧道光缆敷设而研究开发，在该隧道中应用取得良好效果。

本工法采用轨道车运缆、人力集中敷设，但特别注重施工安全，在工程施工的全过程中，始终贯彻以安全责任制为基础，流水作业法为手段，逐级质检制作保证的施工方针，以达到优质高效完成施工任务的目的。

二、工法特点

1. 施工简便易行，作业程序紧凑；

2. 技术安全措施针对性强，无需中断铁路正常运输，确保行车和人、物安全；

3. 全面质量管理体现在本工法中。

三、适用范围

本工法可用于铁路超长隧道的光缆敷设，地铁隧道中敷设光缆也可参照。

四、工艺原理

本工法针对超长隧道的施工空间小、工作条件差、封锁要点困难等特点，利用行车间隙，进行轨道车运缆(屯放于避车洞内)和人力集中敷设。这样就可在不中断行车的前提下，完成超长隧道的敷缆任务。由于施工时不再封锁要点，因此安全措施是十分重要的。本工法采取编制安全责任制、施工演练、设多个安全员传递信息等措施，以确保行车、人身和光缆的安全。

五、施工工艺

(一)工艺流程(见图 1)

(二)工艺操作

1. 施工准备

施工前，应进行施工摸底调查，掌握隧道内各种设施、设备，包括电缆槽道、避车洞、信号设施的详细情况，向行车运输部门了解行车间隙情况和要点办理手续。

根据调查情况，有针对性地备妥各种机具、通信联络和照明设施(包括应急照明)。并向有关部门办理进隧道的手续。

安全责任制的编制，应将安全责任落实到每个岗位、每一个人，并明确其职责。参加施工的人员必须精干，服从指挥，还必须对参战人员进行安全教育，强化安全意识。

正式施工前，组织一次施工演练，对施工组织、联络信号、通信联络、避让来车等各个方面进行模拟操作，预先发现问题，以使施工人员掌握作业要领。

2. 光缆大运

根据光缆的配盘与长度以及隧道情况妥善安排光缆存放点。向有关部门要点，经批准后在指定时间用轨道车将光缆运至隧道内，暂放于预定的大避车洞内，光缆盘应作醒目标志，并采取有效措施防止光缆盘滚动或倾倒，危及行车安全。

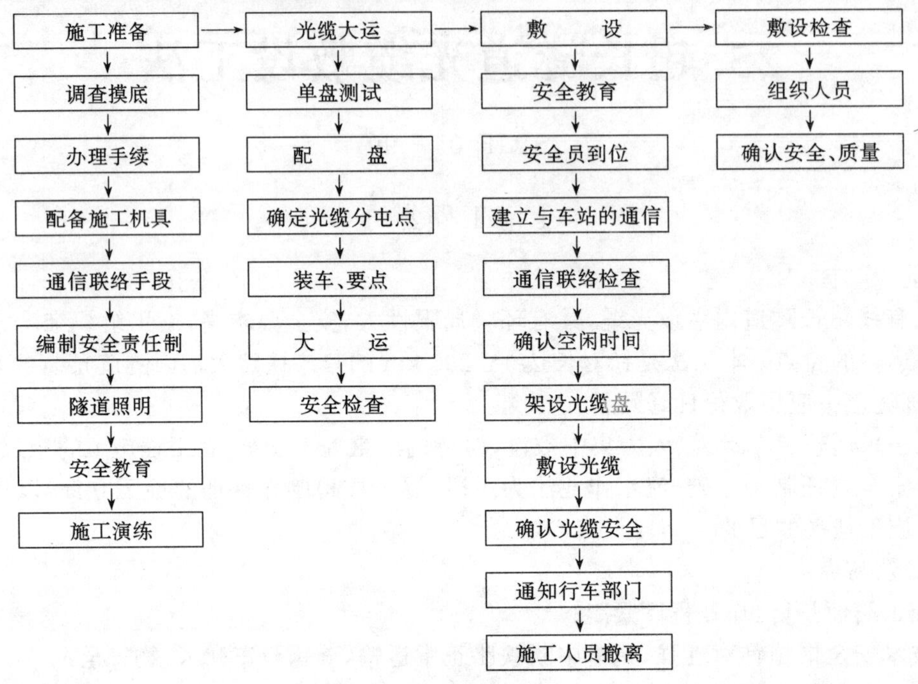

图 1　工艺流程图

3. 敷　设

进入隧道前应宣讲安全注意事项、联络信号，在确认与车站的联络畅通，各安全员到位(见图 2)，各项安全措施和照明设施良好、有效后，施工人员进入指定岗位。与车站联系确认无列车通过，将光缆从光缆盘拉出，15 m 左右一人，抬放至指定位置，光缆放入槽内沙中，恢复光缆槽盖。一旦有列车接近，驻车站安全联络员用对讲机向洞口安全员告警，洞口安全员迅即发出信号，经过传递将信号传至洞中作业点，施工人员根据指挥长的命令将光缆暂放在槽内，迅速进入附近避车洞内，掌盘人员停止光缆从光缆盘拉出并保证光缆盘的安全。列车通过后，由指挥长发出恢复施工的命令。进出隧道时要特别注意人身安全，尤其是每盘光缆敷设后人员的调动要听从指挥长统一指挥，不得松懈以防意外。隧道内各作业点配备应急照明灯，防止停电发生意外。

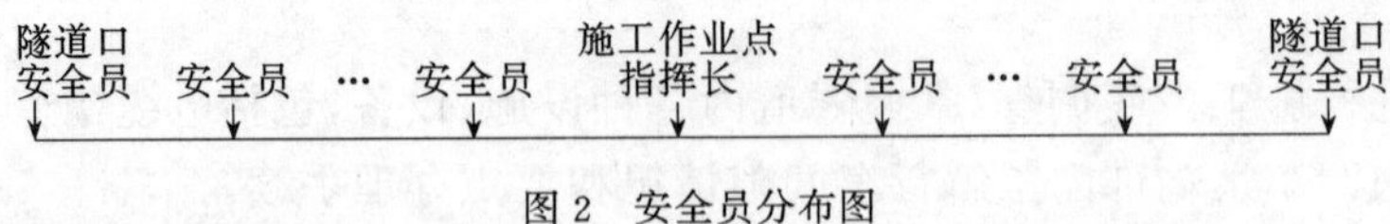

图 2　安全员分布图

施工人员撤离前，指挥长应指定数人分段检查光缆敷设质量，接续点的预留光缆应予适当绑扎、妥善放置，不得侵入行车限界。所有使用的工具、机具、多余材料等，均应进行清理，切实做到“人走场地清”，方可撤离。

4. 敷设检查

光缆敷设后，经敷设班长、质检员、监理工程师共同检查确认，质量、安全符合要求后，按规定做好记录，由相关人员签字。

六、劳动组织

整个施工过程设指挥长1人，技术主管1人，安全员20人(通信工)，掌光缆盘4人(通信工)，敷设150人(辅助工)，另设机具设备、外联后勤、安全救护等若干辅助人员。

七、机具设备(见表1)

表1　主要施工机具

名　称	数　量	名　称	数　量
汽车	3辆	手锤	1把
轨道车	1列	钢钎	10根
千斤顶	2副	大锤	2把
手电筒(或应急灯)	6支	安全防护旗	10面
铁锹	10把	安全帽	200顶
铁镐	10把	防护服(黄色)	200件
对讲机	21台	喇叭	20个

八、质量控制

(一)执行标准

1.《铁路通信施工规范》(TB 10205—99)；

2.《铁路光缆数字通信工程施工规定》(TB 215—92)；

3.《铁路光缆数字通信工程质量评定验收标准》(TB 1 0424—93)。

(二)控制点

1. 强化人员培训，提高安全质量意识；

2. 保持施工机具、安全防护用品始终处于完好状态；

3. 光缆到货后，进行严格的光缆单盘测试，严把进货关；

4. 光缆大运应严格执行铁道部《铁路光缆数字通信工程施工规定》，保证光缆完好无损；

5. 敷设过程中严格执行铁道部《铁路通信施工规范》，确保施工质量。

九、安全措施

本工法执行《铁路通信施工技术安全规则》(TBJ 405—87)，并采取以下措施：

1. 施工人员应进行岗位安全培训，经考试合格后方准上岗。

2. 在隧道中施工，必须向铁路分局或车站申报要点计划，经批准并办理要点手续后方可作业。

3. 安全防护员必须思想集中，严守岗位，及时传递防护信号，严禁擅离职守。

4. 全体施工人员服从指挥长统一指挥，团结协作、集中思想、谨慎操作，禁止在工作场所打闹嘻笑。

5. 出工前，要认真检查、试验所使用的机具，包括安全帽、手锤、对讲机、喇叭、安全防护旗等，确认良好后方可作业。

6. 进入作业区要戴好安全帽、穿好黄色防护服，禁止穿拖鞋、高跟鞋、硬底鞋作业。

7. 施工用机具、材料应堆码整齐牢固，不得堆放在铁道和轨枕上，每天施工后，工长必须检查作业现场，做到工完料清，防止危及行车安全。

8. 施工人员要严密注意防护员信号，及时按指挥员分配的避车洞，有序地避让列车。严禁争先恐后，防止造成人身伤害。

十、技术经济分析

由于在施工前期做了充分的准备，施工中采用流水作业法施工，因而在武广通信光缆工程大瑶山隧道光缆敷设施工中，采用本工法施工后工期大大缩短。根据广州铁路集团公司武广工程指挥部的要求，用 20 天的时间完成大瑶山隧道的光缆敷设任务，现仅用 12 天就完成了，且无任何安全质量事故，经济效益好，社会效益明显。

十一、工程实例

大瑶山隧道位于罗家渡—张滩区间，全长 14.295 km，是武广通信光缆工程光缆敷设的安全工作重点控制地段，施工难度极大。我们采用本工法施工，于 1998 年 9 月 5 日至 16 日，仅用 12 天的时间完成了该隧道光缆的敷设，保证了施工工期和工程质量，并确保了施工人员和国家财产的安全，确保了京广铁路运输的安全畅通，取得了良好的社会效益。

执笔：刘伟中

26. 铁路通信电源网管系统安装及调试工法

SJGF 10—99

天津工程公司

一、前　　言

电源监控系统是电源系统的控制、管理核心,它使人们对通信电源系统的管理由繁琐、枯燥,变得简单、有效,它能全面地管理电源系统的运行,方便地更改运行参数,对电池的充放电实施全自动管理。它可以及时准确地给出故障发生原因、发生部位,指导维护人员及时采取相应措施,缩短维护时间,从而保证电源系统安全、长期、稳定、可靠地运行,还可以通过遥测、遥信、遥控实现电源系统的无人值守。该系统是在计算机通信技术及开关电源技术,工艺日益成熟的基础上,发展起来的一种电源维护新技术。

天津工程公司承担了绥(化)—北(安)、山(海关)—锦(州)接入网通信工程,工程中组织有关技术人员安装、调试了电源网管系统,在总结经验的基础上研究、开发了本工法。在西(安)—宝(鸡)、郑(州)—西(安)通信工程中采用本工法进行了电源网管系统的安装与调试,其性能稳定,监测可靠,实时性强。

二、工法特点

1. 分站进行系统的安装与调试工作,逐站纳入网管,可方便地实现各个通信站的电源监控。

2. 在调测过程中,利用监测功能对各个点电源进行维护与故障点的查找。

3. 本工法简明、快捷,尽快投入使用可以提高工作效率,保证电源系统稳定、可靠地运行,从而确保通信畅通。

三、适用范围

本工法适用于具有监控模块的开关电源监控系统的安装与调试的施工。

四、工艺原理

在工程实施过程中,逐站进行电源网管的安装与调试,使各站电源系统从开始运行就由网管统一管理,便于故障查找与维护,从而提高工作效率,保证工程质量。

五、施工工艺

(一)工艺流程(见图 1)

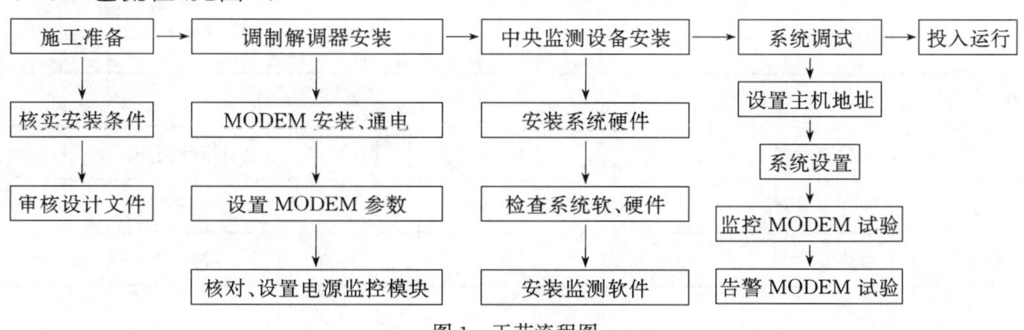

图 1　工艺流程图

(二)工艺方法

1．施工准备

(1)审核设计图纸。了解系统构成情况，确认所用自动电话号码呼叫权限，线路是否畅通。

(2)核实安装条件。检查机房条件，确认设备数量及安装位置，准备通用安装工具。

2．调制解调器安装

(1)安装调制解调器，接通电话线，进行通电试验。

(2)设置调制解调器的通信方式，连接与电源监控模块的电缆。

(3)核对电源监控模块的参数，告警采集应正确。设置监控模块地址，使其与设计地址一致。设定传输速率为 9 600 bit/s 及告警(回叫)MODEM 的电话号码。

3．中央监测设备安装

(1)安装系统硬件

将计算机、打印机和两台 MODEM 设置在指定位置；在计算机串行口较少的情况下，加装多串行口卡，插入计算机的任一扩展槽内，选择一个主机未使用的串行口及中断请求地址；连接计算机与 MODEM 及相关的电话线。

(2)检查软、硬件及外设的配置，确保计算机的操作系统、内存、硬盘容量、软盘驱动器及打印机类型符合要求。

(3)安装监测系统软件。

4．系统调试

(1)设置主机系统端口及中断请求地址，使其与多串行口卡一致。

(2)系统设置

将系统软件初始化，进行系统设置，正确设定各个电源系统所在站的名称及开关电源的型号、MODEM 所占用的电话号码及其地址；将设定好的主机串行口与巡检、告警 MODEM 相连，设置各 MODEM 的传输速率为 9 600 bit/s。

(3)进行电源监测系统数据传输试验，使其通信正常。

(4)进行监控系统试验

在中央监控系统对各个开关电源进行参数控制及告警采集，设置巡检 MODEM 的巡检周期，使其能够依次访问各个监控电源。

(5)进行告警 MODEM 试验

在各个开关电源上制造告警，核实监测系统功能，确认能够监测到的告警与实际相符。

六、机具设备(见表 1)

表 1　机具配置表

序　号	名　　称	单　位	数　量	备　　注
1	数字万用表	只	1	测量电压
2	组合工具	套	1	设备安装
3	电烙铁	只	1	焊接连接线

七、劳动组织(见表 2)

表 2　劳动组织表

序号	分　工	人数	主 要 任 务	备　注
1	各站 MODEM 安装	2～3	安装、通电试验、设置地址、回叫号码	由技工担任
2	中央监测系统安装	2	软、硬件安装,检查	由技工担任
3	系统调试	2～3	系统设置、监测试验	由技工和项目工程师担任

八、质量控制

1.在整个系统安装过程中,严格执行《铁路通信施工规范》(TB 10205—99)。

2.进行技术培训,确保调试人员熟悉系统构成、功能、安装工艺、调试方法。严格 MODEM 配置,确保各个电源系统的地址正确。

3.配备熟悉计算机和通信设备安装、调试的技术人员。

4.进行系统调试时,要全面、彻底。中央监测设备和 MODEM 的安装调试,由经过培训的项目工程师完成。

九、安全措施

1.施工过程中应遵照铁道部《铁路通信施工技术安全规则》(TBJ 405—87)的有关规定。

2.设备加电必须检查电源极性、电压值,防止电源极性接反或电压不符造成设备损坏。

3.电源监测系统计算机要专机专用,不得作其他用途,防止计算机感染病毒。

十、技术经济分析

按照本工法安装、调试电源监测系统,把整个系统安装分步完成,使通信站或中间站开关电源具备条件时逐站纳入网管。从维护角度看,避免了以往每个站电源调试运行后,就需要专人进行巡查管理,节约了从单个站开始运行到整个监测系统调试完毕期间的人力;从故障处理角度看,一旦出现故障就可以及时、准确地判断出故障原因,合理安排人员,缩短处理时间,保证工程顺利进行;从安装角度看,逐站纳入网管,仅用 2～3 人就可完成全部调试工作,避免全系统同时调试时各站均需配合的弊病。运用本工法安装调试电源监测系统,工程中开关电源越多,效益越明显,整个系统只需 2～3 人即可轻松、准确、及时地完成。

十一、工程实例

1.1998 年,在西(安)—宝(鸡)长途通信工程中采用了本工法,宝鸡电务段、西安电务段各设一个中央电源监测系统,负责管理各自管内的通信站、中间站的电源系统。仅宝鸡电务段管内就有茂陵、兴平、马嵬坡、武功、杨陵、绛帐、常兴等 12 个站,由于采用了本工法,电源维护问题变得容易,整个工程进展顺利,既节省了人力,又提高了工作效率,受到了用户好评。

2.1998 年,在郑州—西安长途通信光缆工程中,全程 15 个中间站的电源系统维护、管理,按以前方法需要 8 人,由于采用本工法,仅用 3 人就完成了全部工作。

执笔:刘守芳

27. 大站电气集中开通换装工法

TLEJGF92—32

天津工程公司

大站电气集中设备开通换装，要停用原有联锁设备，使车站处于无联锁状态，打乱了运输秩序，危及行车安全。

因此要求开通换装尽量缩短时间，把对运输的影响减少到最低程度。传统的做法是增加施工换装道岔的小组数量，以达到缩短时间的目的。但由于大站运输和各种作业的需要，开通要点期间仍然要办理进路，由于车站处于无联锁状态，办理进路全靠人为保证，手续极为繁杂（值班员布置进路→扳道员按照值班员命令通知配合开通的工务人员拨动道岔并钉固→扳道员确认加锁→扳道员汇报进路准备妥当→值班员通知有关人员打手信号接（发）车），接发一次列车需要很长时间，又对开通换装带来很大的影响。虽然投入了大批施工及配合的车务、工务人员，往往效果不明显。

天津工程公司1983年结合衡阳站电气集中开通的具体情况，用统筹法对该站的开通进行分析，认为道岔安装装置及电动转辙机的换装工作是关键工作，它牵涉车务、工务、电务等部门的配合，又影响着后序工作——电气集中的联锁试验。我们采用"分散换装一次倒替"的方法，解决施工与运输的矛盾。多年来在运用实践中逐步成熟，很好地解决了道岔换装对运输的影响，因此形成本工法。

本工法先后在衡阳站、南京尧化门Ⅱ场、古冶站、城陵矶站、三门峡西站、株洲站、林场站等大站电气集中开通中运用，收到很好的效果。古冶站、城陵矶站因质量优良，开通顺利，节省时间，获1984年度铁道部青年优质工程奖。

一、工法的特点及适用范围

1. 打破传统的一次开通换装的做法，使开通工作分两步走。

第一步：根据工程的性质，采用不同的办法，使开通工作量化整为零。

(1)对于大修工程而且道岔部分全部更新的车站，可利用运输的间隔，每天局部开1小时左右的"小天窗"2次，倒替电动转辙机的安装装置10～20台，仍由老信号楼操作，直到倒替完毕为止。

(2)对于设备技术改造和其他大站电气集中工程，可采用"先扫边，后集中"的办法，既提前一天要点，停用部分线路设备及道岔，先进行部分信号设备换装。

第二步：停用全站联锁设备进行全站设备倒装，这样可以大大缩短全站联锁停用时间。

2. 全站停用换装时，提前倒替的道岔可以手摇办理进路，同时施工时仅需1分钟左右核对电气操纵的联锁关系，简化了手续，车务人员可以一心一意组织行车，大大提高了施工期间的安全系数。

3. 由于道岔部分或全部提前换装，使开通的工作重心发生了转移，施工队伍可集中精力解决其他技术难题，加快开通的进程。

4. 车站的每个结合口有专人负责技术，底数清楚，可以卡点施工，提前恢复车站与相邻站、场的联系功能。

5. 全站停用换装时，道岔最先换装完毕，轨道电路调整好后，即可实现单独操纵道岔，保证了施工期间的行车安全，便利了统一指挥，使施工要点和联锁试验更加方便。

铁路的编组站、区段站和40组以上的电气集中工程开通换装均可采用此工法。

二、工艺流程及技术要点

(一)准备工作：施工单位与电务段要对室内外联锁进行全面的试验、验收。

1. 室内模拟试验；

2. 室外信号机点灯电路及调灯压；

3. 电动转辙机动作状态与表示的试验；

4. 各种结合电路的试验及结合部位的摸底；

5. 施工单位要进行轨道电路的导通试验。

(二)大修工程"开小天窗"施工程序

1. 按照要点计划，各施工小组做好施工工具及材料的准备工作；

2. 把安装装置提前运到现场，进行必要的组装；

3. 按照"三线改四线"的施工工艺进行施工；

4. 施工完毕做好下一次要点的准备工作。

(三)"先扫边，后集中"开通方案的施工程序

1. 按照批准的施工方案进行分工，准备各施工小组的工具、材料；

2. 提前一天进行设备移设工作的挖基础及电缆备用量；

3. 各施工小组将主要用料运到现场，作好准备；

4. 按照施工方案做第一天"扫边"的施工；

5. 做好第二天集中倒替的准备工作。

(四)开通换装主要工作的技术要点

1. 道岔控制电路"三线改四线"的电路处理与施工

"三线改四线"是为了保证"开小天窗"零散换装所采取的技术措施，1983年衡阳站开通时开发。进行电路处理后，可用三线制控制电路，控制四线制电动转辙机。

(1)电路的处理(见图1)

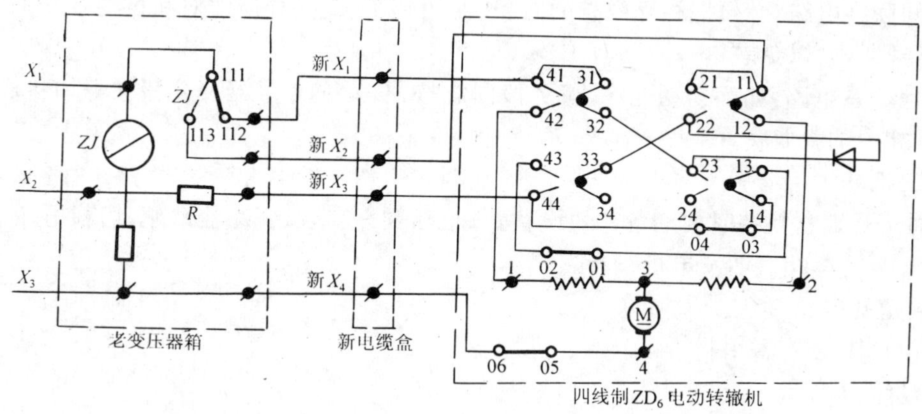

图 1

(2)施工工艺

a. 准备一根四芯电缆做为新老箱盒间的过渡电缆；

b. 老箱中拆除所有去电动转辙机的软线，新盒中拆除由新楼至本道岔的控制电缆线，若遇双动或多动道岔应保留一动至二动间的电缆配线；

c. 按照结线图所对应的新老设备的端子进行配线（图 1 中 R 为 3 kΩ、25 W 调整电阻）；

d. 双动或多动只改一动，其他各动均由新条件控制不再改线；

e. 施工中遇到双动道岔新老状态不一致时（即新一动是老二动，新二动是老一动），在老一动处改线，然后用老双动间的四条控制电缆把改后的条件引到新一动来；

f. 遇到干线供电可按图 2 改线施工；

g. 若老电气集中是四线制道岔可直接过渡。

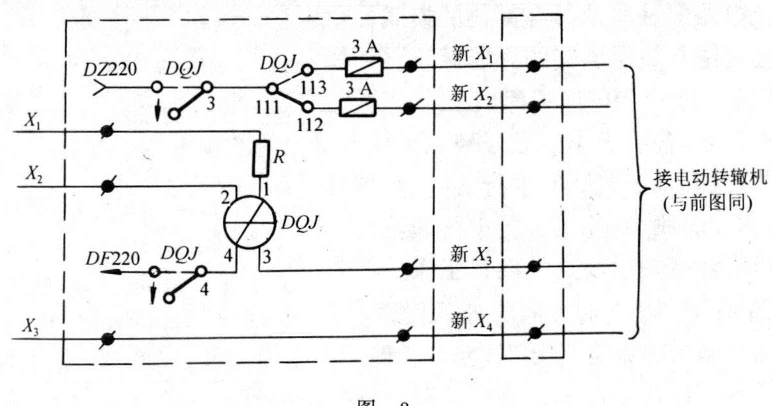

图 2

2. 开通倒替工作技术要点

(1)轨道电路：了解原有轨道电路送电端变压器使用端子（移频区段是防雷单元变比），做到新旧设备一致，这样可以使轨道电路电气参数基本不变。

(2)接近通知、道口通知、区间报警及电话线要做到新老设备极性、线对相对一致，使用端子底数清楚，若设计图纸与实际不符合，应请设计修改图纸。

(3)继电半自动闭塞：主要是复线半自动闭塞，四条联络线不好确认，应采用电阻测量法确认出对方站的发送和接收线对，然后双方确认极性后联接线路。

(4)场间联络电路：必须把相互照查的对象、使用端子、交接处所线对和极性在开通前在电务段配合下导通好，以免差错。

(5)其他联系电路，如简易型驼峰、机务段同意按钮、发车表示器及按钮柱等均自成体系，要在模拟试验中试验彻底。

三、施工机具

1. 开通进行道岔换装时要准备乙炔设备，每个咽喉一套，以备螺栓锈死，切割用。

2. 1.5 kW 的单相汽油发电机一台。

3. 打轨道孔电钻 2 台。

4. 汽车一部，装有备用料。

四、劳动组织

(一)技术工人的培训工作

要充分利用工程竣工后，开通方案实施以前这段工程间隙，结合开通的施工组织，使开通的各专业小组接受一次技术培训。达到每个技术工人熟知本小组的工作标准，掌握最佳操作方法。结合岗位练兵，使每名技术人员在开通时达到最佳技术状态，达标上岗，准确无误地完成换装工作。

（二）各施工小组的分工与主要任务

1．室内开通施工小组（分工见表1）

表1

序号	分　工	主　要　任　务	人　数
1	总指挥	掌握施工进度，调度施工人员、机械，指挥处理电路故障，协调各配合部门关系	1人　必要时每咽喉设分指挥人员
2	道岔配合	配合室外试验、道岔调整、摩擦电流、核对开通方向及表示	坐台1人 继电器室2人
3	轨道测试	配合轨道电路组调整状态、轨道电路测试及分路状态复核	2人
4	结合口配合	配合自闭（或半自动闭塞）结合道口、场间联系等	1～2人
5	机动人员	受总指挥派遣随时处理室内外电路故障	2人
6	送备用料	一台汽车载各种备用器材，现场发现器材损坏及时送到	司机等2人

2．轨道电路施工小组（分工见表2）

表2

序号	分　工	主　要　任　务	人　数
1	调整小组	在移设小组配合下，装钉箱盒连接线，调整轨道电路，每组一般负责5～8个区段，小组数根据站场情况定	2人/组
2	移设小组	移设轨道箱和道岔电缆盒等，配合调整小组工作	2人/组
3	换绝缘小组	解决因轨道和站场变动而需补设的绝缘，并随时更换不良绝缘	2
4	补眼小组	携带发电机和电钻随时补因工务换轨而弄断的接续线，并更换不良接续线	4

3．道岔换装小组（分工见表3）

道岔换装工作按照两种开通方案分述。

（1）“开小天窗”换装方案：“开小天窗”换装的时间和道岔组数取决于运输部门。施工时间每组道岔需35～40分钟。

表3

序号	分　工	主　要　任　务	人　数
1	室内小组	负责施工登记要点及室外试验的配合	坐台2人室内1人
2	换装小组	负责在要点时间内道岔的换装工作及联锁试验	4人/组
3	现场指挥	负责开天窗点内的施工调度和临时事宜的处理	1人
4	安全防护	负责监视列车，对工作人员安全进行防护	1人

（2）“先扫边，后集中”换装方案：按照要点计划组成若干小组，每组4人，根据要点时间长短，每组可倒4～8组道岔，小组数可根据开通的具体安排而定。

4．撤旧及拆除后信号设备运输组（分工见表4）

表 4

序号	分　工	主　要　任　务	人　数
1	信号设备撤旧组	负责站场内旧有信号机、继电器箱等拆除工作，拆旧的原则是影响使用优先撤，不影响的后拆，每咽喉一组	6 人/组
2	拆除设备运输组	负责将拆除的道岔安装装置、箱盒、机构器材等，按照规定运到站场较开阔的指定地点，每咽喉一组	10 人/组

5.结合口开通小组(分工见表 5)

大站电气集中的结合口根据车站的差异而有不同。各种结合口的技术要点也不同，而且大量的调查核对工作都须在开通以前应根据前边所说的技术要点进行准备工作。

表 5

序号	分　工	主　要　任　务	人　数
1	自闭结合组	负责自闭区段轨道电路、预告信号机点灯、接近条件、报警条件、电话线以及道口通知等与区间的结合口的处理	2 人/组
2	场间联系组	负责场间照查条件的核对、结合的联锁试验	2 人/组

6.其他小组

根据站场的情况以及前期工程的影响，不同车站有不同的特殊情况，如工务更换道岔、站场改造等需在开通点内进行，个别信号设备由于障碍不能就位等均需进行特殊的劳动组织。

另外，大站电气集中开通是不间断地工作，所以参加开通人员的生活也需认真组织。

(三)通讯手段

大站电气集中工程开通换装属多工种大兵团作战，在换装过程中，车务部门要组织运输和开通的要点配合；施工部门要组织施工换装，电务部门要组织施工配合，检查和验收工程质量，进行电气特性的测量调试，进行验收联锁关系试验。各部门间的通讯不允许发生干扰，否则就会出现指挥失灵，局面混乱。施工部门为了排除不同工作间的干扰，亦应采用多种通讯联络方式。

1. 车务部门仍使用原来的行车电话，必要时拉临时电话(如引导电话、扳道电话等)。

2. 施工部门采用两种通讯方式：

(1)道岔系统用新设的维修电话线，采用皮壳携带电话。

(2)轨道电路系统用无线电台。信号机组也采用无线电台。

3. 电务段测试人员亦采用两种通讯方式：

(1)道岔系统的验收人员采用老信号设备的维修电话。

(2)其他人员用另一频率的无线电台。

另外，在发布换装给点开始工作命令与宣布开通使用命令时，可利用车站的广播系统进行统一部署。

四、质量要求

电气集中的开通换装是整个工程的组成部分和最后一道工序。

结合换装工作的特点，提出以下几项质量控制措施：

1. 三线改四线及道岔换装时要严格核对，做到开通位置、继电器位置和控制台表示一致。

2. 轨道电路开通时要认真核对轨道区段的调整状态和分路状态与室内继电器位置及控

制台表示一致。

3. 轨道电路移设箱盒时，为抢时间，可先接通，后就位，但就位时必须严格按质量标准施工，不可马虎敷衍。

五、安全措施

严格执行部颁标准《铁路信号施工安全技术规则》(TBJ 406—87)和《铁路行车线上施工技术安全规则》(TBJ 412—87)的有关规定，结合开通换装工作的特点补充以下几点措施：

1. 三线改四线或道岔临时过渡时，一定要在电缆盒内将新楼控制本道岔的条件电缆线甩干净，切不可造成新老楼双重控制。

2. 移设箱盒提前挖基础或电缆备用量，不得造成箱盒倾倒，挖出的电缆备用量要加盖防护，以免调车机废碴散落烧坏电缆。

3. 拆除的旧设备不得损坏，不得侵限堆码。

4. 室内开通试验的各种临时线，开通时必须撤除，必须增加时需经设计和使用单位确认，要焊接牢固并在图纸上做出标记和说明。

5. 开通倒装的设备在交付前必须经电务段验收试验，并经车务确认，办理签认手续后方可交付使用。

6. 动用使用中设备必须登记要点，给点后进行工作，工作完毕及时办理消点手续。如果要点时间内没有完成，应及时续点，切不可蛮干危及行车安全。

六、工程实例和效益分析

大站电气集中工程开通换装工法能够压缩开通换装时间，其正点交付或提前交付带来的是运输畅通的社会效益。

以我工程公司施工的衡阳和古冶站为例进行分析：

1983 年我工程公司开通衡阳站，该站辖 3 个场，是衡广、湘桂的交汇点，共有 147 组联锁道岔，集中到一个信号楼控制。按传统的倒替方案需停用 10 天的信号设备。

采用本工法后第一步用了 7 天时间，每天开小天窗 2 次，换装 20 组左右的道岔，采用三线改四线方案。第二步要点 72 小时，由于各方努力仅用了 3 个白天，累计 29 小时，换装完毕，交付使用。前 2 天夜间新楼单操道岔，老楼值班员指挥采用接通光带核对进路的办法，节省大批人力，减轻了车务人员的劳动强度，为运输带来了安全和效益。

1985 年我工程公司开通古冶车站，该站辖 4 场、146 组道岔，分两楼控制。用传统的方法需要点 72 小时，停用联锁设备。

采用本工法后，第一步用了 6 天时间，每天开小天窗 2 次，换装 15 组左右道岔，采用三线改四线方案。第二步要点 30 小时，经有关部门密切配合，仅用 10 小时 30 分钟(工程部门 5 小时 10 分钟，电务段试验 5 小时 20 分钟)开通，提前 19 小时 30 分钟，恢复了电气集中的功能。

另外，信号设备开通属高技术性工作，采用分步换装，可以使主要技术人员精力集中，重复工作，节省工程部门和接管部门，尤其是运输部门的技术力量，这方面的效益是无法用金钱计算的。

执笔：边旭东

28. 既有电气集中局部技术改造开通工法

TLEJGF93—30

天津工程公司

对既有电气集中车站进行技术改造工程量不大，一般是在不影响电气集中正常使用的情况下施工。一次要点停用电气集中联锁设备，拆线、改线、插入增加设备，调整联锁关系，并进行全站联锁试验后开通使用。全靠停用、开通换装时进行电路的联锁试验，技术复杂，开通难度很大，占用时间较长。

由于新增加的设备是局部电路，电源无法沟通，不能提前试验。增加设备后打乱了原有的联锁关系，组成新的联锁关系。因而提高施工的准确性，减少室内改线工作占用的时间，保证联锁试验的顺利进行是缩短开通时间的关键。本工法在 1986 年京秦线义卜 寨站股道延长工程中开发，后经过多年反复修订形成。

一、工法的特点及适用范围

1. 采用较先进的施工工艺，开通时改线的施工人员每焊 1 个头至少可节约 1 分钟时间，大大缩短改线时间，提高准确性。

2. 根据技术改造工程的特点，采取相应联锁试验办法，使室内试验和现场运输两不误，排除干扰，平行作业，减少联锁试验时间。

本工法适用于既有电气集中车站的股道延长，自动闭塞结合、站内电码化、增加股道及道岔，增加道岔及专用线等技术改造工程。

二、施工工艺

(一)工艺流程(见图 1 和图 2)

(二)工艺方法

1. 技术人员核对图纸

图纸是施工和联锁试验的依据，对于技术改造工程尤其重要，正确的施工图纸是顺利施工的保证。要求核对图纸工作一定要在现场进行，做到工区现场图纸、设计图、标准图、使用中设备四者相一致。

(1)核对接线图的拆改线电路与使用中设备接线一致，结合端子正确。

(2)核对接线图另散电路中使用的继电器接点与标准图一致，使用中设备不占用。

(3)核对配线图拆、改配线与接线图及使用中设备配线图一致。

(4)核对应拆除的配线两头均拆净。

核对电路中发现问题应及时与设计联系，使施工图纸准确无误。

2. 室内改线人员操作方法

(1)准备工作。此项工作在开通要点前进行。

①核对本人所负责的范围，新增加的配线与图纸相符。

②核对原有设备应拆除的配线端子的线条根数与图纸相符。

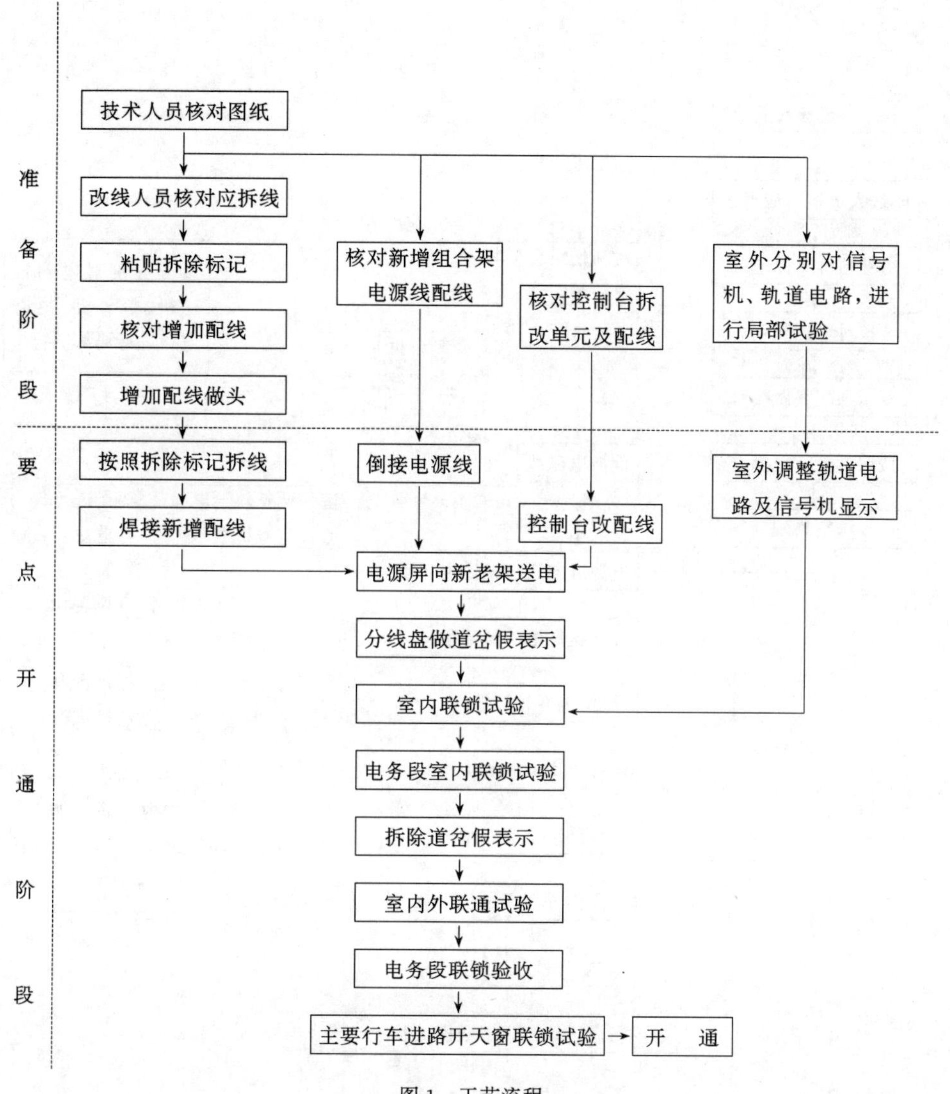

图1　工艺流程

（无电动转辙机工作的技术改造工程）

③将应拆除的配线根据不同要求做出不同的标记：绿色标签为不需再核对即可拆除；红色标签为需经核对后方可拆除。

a. 应拆除的端子上是一根线：粘贴绿色不干胶标签，写上该端子号（如203—8）和此线去向（如12—103—8）。

b. 若拆除端子上是两根线则分三种情况：

第一种：两线均拆除则分别粘贴绿色标签，标明端子号和去向；

第二种：两线拆除一根保留一根，两线颜色不一样，如一条红线一条蓝线，则看去向的另一端的颜色是否能区分，若能区分是蓝线则在此线上粘贴绿色标签，标明端子号和去向；

第三种：若颜色上不能区分两条线的去向，则粘贴红色标签，写明端子号和拆线的去向，此线需开通时经核对确认后再拆除。

不拆除的线不贴标签，开通时应保留。

④将已核对无误的增加配线做好头。

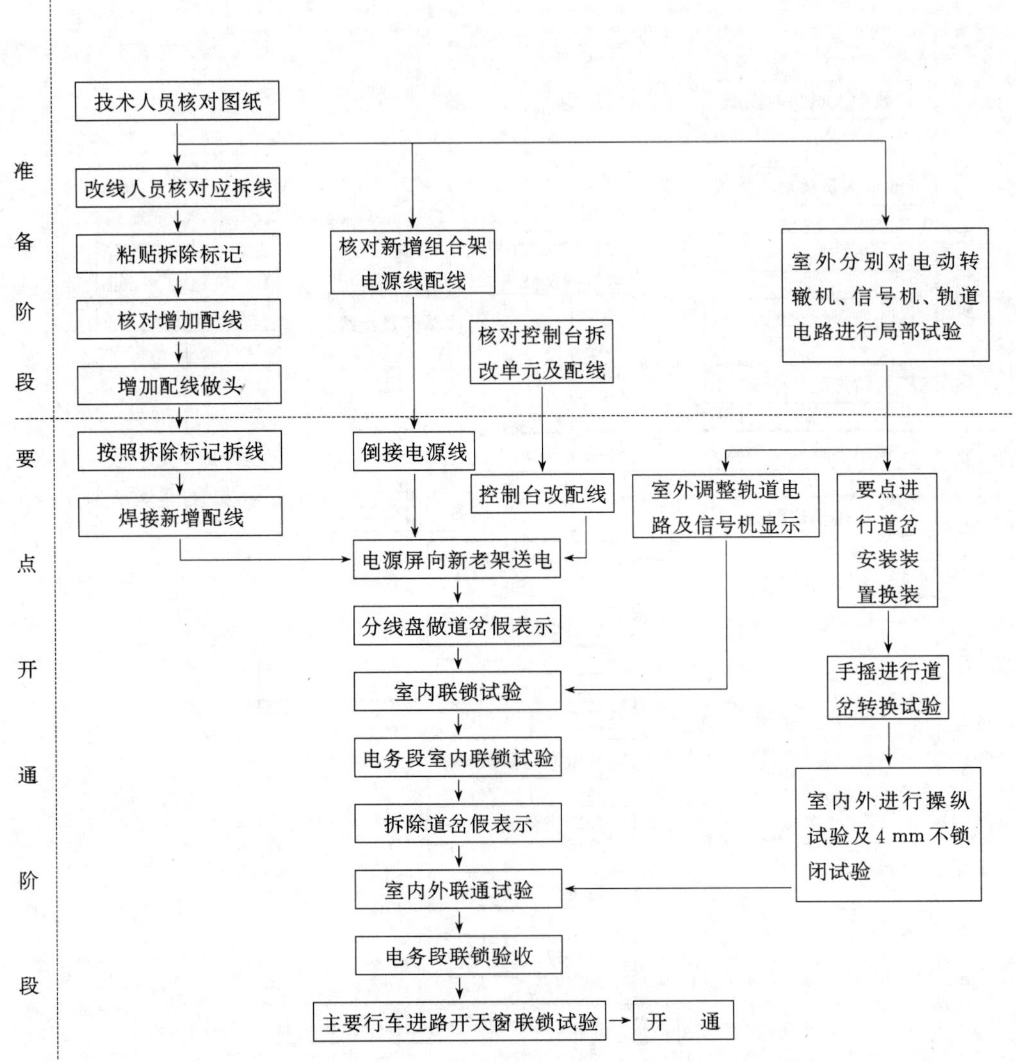

图2 工艺流程

（有电动转辙机工作的技术改造工程）

a．按施工标准将线长留够，其余部分剪掉，配线标牌退到线根部。

b．若端子上有线则应将原线套管退下，将新线穿入；若端子上无线则在新线上套好新套管。

c．将剪好的线剥头，用电烙铁在线头上镀上焊锡，待焊锡冷却后将线头弯入套管内。

⑤需增加配线的端子若是空端子，则在列车运行空隙时间在端子上镀上焊锡。

经过准备以后，操作人员对自己所负责的工作底数清楚，标记明显，按标记施工简便易行。新增配线当时即可焊线，由于已经镀焊锡不会出现假焊。准备工作做好后，经实测，每根线头比不作准备开通焊线至少节约1分钟，而且准确率达100％。

(2)开通拆改线方法。这项工作在接到开通停点命令，电源屏停电后进行。

①拆除贴有绿色标签的线；

②将贴有红色标签的线焊下，两线头分开，经导通确认后拆除应拆线，将不拆线焊好；

③按照配线标牌焊接新增配线；

④本人所负责工作完成复核无误后，报告开通指挥人员。

3. 倒接新架电源线

此项工作与开通拆改线同时进行，按设计图纸将新增继电器架的各种电源线接入老设备中。

4. 修改控制台单元块、配线

这项工作的准备阶段和开通阶段的工作方法，与组合架拆改线的方法相同，所应注意的是单元块的电源回线，不同单元回线不同，不可弄错造成电源混线，操作方法是不同回线采用不同颜色加以区别。

5. 电源屏向新、老设备送电

(1)在电源屏处按各种电源类别依次送电，并观察表头动作是否正常，如有异状立即停电。

(2)测量组合架各种电源正常，不混电、不接地。

(3)检查各种组合架及控制台各种保险完好。

(4)将 *DZ* 220 V、*DF* 220 V 电源的闸刀拉开并将其保险拿掉，在室内进行模拟试验时，此电源不准送电，以免造成室外道岔误动。

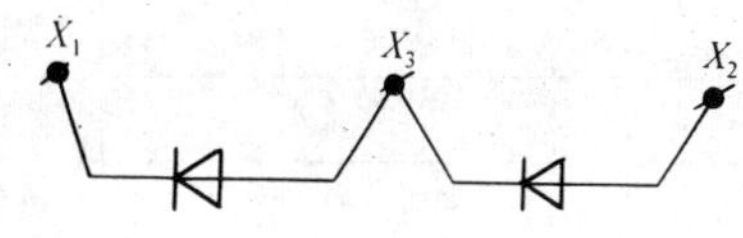

图 3

6. 分线盘做道岔假表示

(1)用 IN4007 二极管，每组道岔两个，按图 3 接在分线盘道岔控制端子上。

这样道岔表示电路经过二极管沟通，通过 *2DQJ* 的接点控制道岔表示继电器的动作。

(2)在控制台板动道岔操纵按钮及总定(反)位按钮，道岔可按照操作命令出现相应的道岔表示(此时室外道岔手摇转换)。

7. 室外人员在室内进行改线作业的同时，进行移设和安装工作。在电源屏送电后进行下述工作：

(1)轨道电路组调整各负责区段的轨道电路。

(2)信号机组调整各信号机的灯光显示。

(3)道岔组可进行安装工作，用道岔试验器进行电气特性试验。

8. 室内联锁试验

由于室内采用了模拟措施，所以排除了行车干扰，利用假道岔表示进行室内联锁试验。

(1)进行正常的排列进路、取消进路试验。

(2)进行人工解锁试验。

(3)在分线盘用短路线封轨道受端端子，进行主要进路的正常解锁试验。

(4)室外信号机(主要是新设的信号机和改变联锁条件的信号机)进行显示确认。施工单位认为联锁试验完毕，马上转交电务段。

9. 电务段进行室内联锁试验

电务段按照电气集中联锁试验技术条件的有关规定和技术改造的特定条件，进行室内模拟试验验收。验收应着重改变联锁关系部分和新增加部分。

10. 拆除道岔假表示进行室内外连通试验

在室内模拟试验完成后，工程单位和电务段共同进行此项试验，以电务段为主。

(1)拆除分线盘道岔表示二极管。此时车务人员布置道岔开锁，信号人员合开闭器。

(2)电源屏 *DZ* 220 V *DF* 220 V 加保险，合闸刀。

(3)检查各架 *DZ*220 保险。

(4)重点对新设电动转辙机和配线改动的电动转辙机有关道岔进行试验，做到室外道岔开通方向、室内继电器状态和控制台表示三者一致。

(5)对其他道岔确认开通方向和控制台表示一致，此时道岔实行集中操纵。

(6)进行新设轨道电路调整状态和分路状态试验。

(7)确认新设信号机和联锁关系变化信号机的信号显示。

(8)进行室外短路轨道电路为手段的主要进路解锁试验。

11. 如果站场较大，联锁关系较复杂，需要天窗点进行主要列车进路的联锁试验，联锁试验后立即开通。

三、劳动组织

(一)各施工小组的分工与主要任务(见表1)

表1

序号	分　工	主　要　任　务	人　数
1	总指挥	掌握施工进度，协调有关部门关系，指挥处理电路故障	1
2	室内改线组	核对改线图与实际设备相符，按施工工艺做好改线工作	4人以上
3	控制台修改组	负责控制台盘面及配线，配合室外试验	2
4	室内试验组	做分线盘断条件，倒接电源线，电源屏送电，室内联锁试验	4
5	室外信号机组	负责新设和改变联锁条件信号机的试验工作	4
6	室外轨道电路组	负责新设或改设轨道电路的调整工作	2人/组
7	箱盒移设组	配合轨道电路进行箱盒移设	2人/组
8	室外道岔换装组	负责新设电动转辙机的安装调试	4人/组
9	道岔试验组	负责全站道岔联锁关系的核对工作	2×2

1. 室内改线组的人员设置原则上每人在3～4小时左右焊200个线头。改线多的1架设1人，改线少的3～4架设1人，人数视工作量而定。

2. 室外各施工小组的划分，根据不同性质的技改工程应有所侧重。如站内电码化和自闭结合基本不动道岔，所以不设道岔换装组，侧重轨道电路工作。

(二)通讯手段

1. 车务人员仍以原清扫电话作为下达布置进路命令及复令的主要通道，必要时拉引导电话；在股道延长技改工程中应考虑增加新增道岔的行车电话。

2. 施工部门的通讯手段

(1)道岔工作使用新设备的电话线；

(2)轨道电路和信号机用无线电台。

3. 维修接管部门

(1)道岔工作使用新设备电话线和老维修电话；

(2)其他工作用另一频率无线电话。

四、质量要求

技术改造工程是在边施工边进行联锁试验的情况下进行的，因此施工质量，保证联锁关系正确十分重要。除严格执行《铁路信号工程质量评定标准》(TBJ 419—87)的有关规定外，提出如下质量控制措施：

1. 室内增加列、调车按钮时，要核对按钮按下后方向电源正确；

2. 改变联锁关系的进路一定要试验彻底，做到其信号显示、进路锁闭、解锁、特殊解锁进路，正常取消均正确无误。

3. 室内外联锁试验要认真核对

(1)道岔的开通方向与继电器动作状态及控制台表示三者一致。

(2)轨道电路的调整状态和分路状态与继电器动作及控制台表示三者一致。

(3)信号机显示与继电器动作及其进路的含义一致。

4. 室内改线必须符合施工标准，不得出现假焊。

5. 室外移设箱盒必须符合施工标准。

五、安全措施

严格执行部颁标准《铁路信号施工技术安全规则》(TBJ406—87)和《铁路行车线上施工技术安全规则》(TBJ412—87)两项技术安全规则的有关规定，结合技术改造在电气集中正常运行中施工特点，补充以下安全措施：

1. 室内外进行开通准备时，如要动用使用中设备，一定要办理登记手续，在不影响行车的前提下取得车站值班员签认后方可施工。

2. 在动用使用中设备时，必须派对设备熟悉、有处理能力的人员监视操纵台，一旦发现故障马上排除，不得影响行车。

3. 移设箱盒提前挖基础和电缆备用量，不得造成箱盒倾倒，挖出的电缆备用量要遮盖防护，以防机车煤碴散落烧坏电缆。

4. 室内为联锁试验而加的各种临时设施，开通时必须拆除干净，需保留时必需经设计和使用单位确认，并焊接牢固，在图纸上做出标记和说明。

六、工程实例和效益分析

电气集中技术改造工程的开通难度，远远大于新建电气集中工程，因此开通的时间比较长。此时车务人员全靠人为办理进路，发信号，劳动强度大，效率低。因此能够正点或提前完成换装工程开通使用就是为运输创造了效益。

我公司自1986年以来，先后在京秦义卜寨、螺山两站股道延长工程，京山线张贵庄站增加专用线工程，京包线呼和浩特西站复线自闭结合及站内电码化工程等，运用本工法均按照要求提前开通，减少了对运输的干扰，创造了较好的经济效益。

例如：京包呼和浩特西站复线自动闭塞结合及站内电码化工程。该站是一个编组场，由于自动闭塞的需要站内增加5架进路信号机，上下行正线的轨道电路及股道轨道电路实现电码化。正线上的联锁关系变化较大，具体工作量是室内新设组合架和综合架9架，需修改配线23架；室外需移设轨道箱62个，箱盒改电缆配线20多个，新增信号机5架，轨道区段4个，道岔部分不做改动。工作量较大，室内外修改较多，施工难度大。

9月15日各施工小组按照工法要求进入准备阶段，9月17日达到预期要求。9月18日要点60小时换装开通。由于准备充分，方法适宜，联锁试验与运输平行作业，全部工作用44小时20分钟，提前15小时40分钟交付使用，为运输创造了较好的经济效益。

执笔：边旭东

29. 驼峰自动化改造工程开通工法

TLEJGF99.00—51

济南工程公司

一、前　　言

当前，许多驼峰场正逐步更换为自动化控制。由于大型驼峰场在开通倒接时，牵涉单位多，技术条件复杂，运输编组任务繁忙，按照传统的开通倒接方式采用全场停用的施工方法，其封锁时间长，劳动强度大，对铁路运输影响极大。

1997年在鹰潭驼峰自动化工程开通中，成立了技术攻关小组，经过反复研究，开发了半场封锁施工、试验开通的工法。并在该工程的开通中应用，取得了良好效果。

二、特　　点

1. 本工法利用驼峰自动化的功能，将全场分成两个半场，使调车作业和开通封锁平行进行。

2. 半场倒接完毕后，即可组织车流对该半场进行溜车试验，开通启用后转入另一半场的倒接封锁，实现驼峰场不停轮作业。

3. 减少开通人员的投入。

三、适用范围

本工法适用于铁路调车场驼峰自动化改造工程的开通。

四、工艺原理

本工法运用自动化驼峰具有的双推双溜、双推单溜、单推单溜功能，通过电路处理将全场分隔为两个电路上独立的半场，达到在半场封锁施工时，另半场可以不停轮进行正常编组作业。

本工法的关键技术：

1. 对道岔控制、信号控制、命令传递进行电路处理。

2. 对室外关键道岔由工务、电务、车站共同确认，分别采取安全措施，确保行车安全。

五、施工工艺

（一）工艺流程（见图1）

（二）工艺操作

1. 准备工作

（1）提报开通计划

在开通前1个月向路局提报开通计划，制定开通网络图，做好机、车、工、电各部门的工序衔接。然后根据批准的开通计划，编制详细的开通组织方案，任务落实到人。

（2）单项送电试验

模拟试验完成后，对室外设备（包括信号机、转辙机、测速、测重、踏板）进行单项送电和设备挂连调试。

（3）配合验收

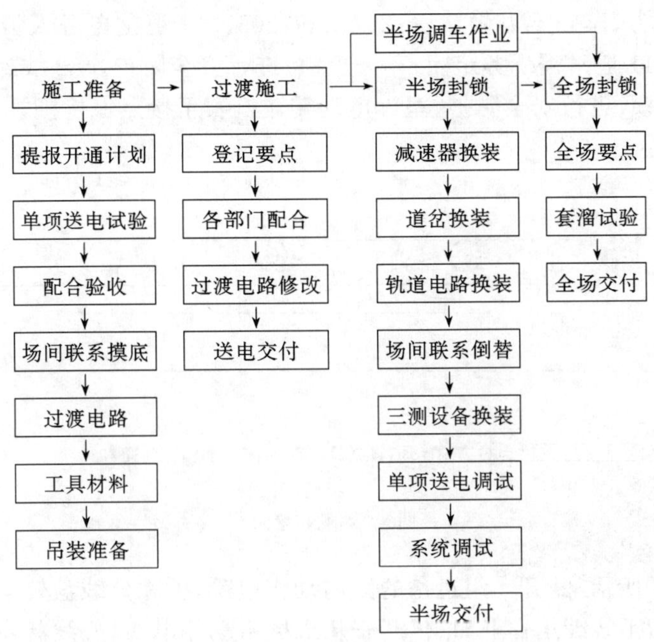

图1　工艺流程图

配合电务段对自动化系统室内、外联锁进行全面的试验、验收。

(4)场间联系摸底

对所有新、旧设备的场间联系电路进行细致摸底，有条件时可提前要点进行新、旧设备的对接试验。

(5)过渡电路

技术人员会同设计和电务部门，根据电路图列出拆、配线表，施工人员核对拆、配线，并做好标识。

(6)工具、材料准备

施工人员根据每步工作量做好工具、材料的准备。

(7)吊装准备

按开通计划确定的内容，做好机车、吊车、平板车及走行路线和停车位置的检查。

2. 过渡施工

(1)登记要点

按批准的封锁计划办理登记手续，取得同意后封锁开始，原机械室电源屏停电。

(2)各部门配合

室外由工务钉闭道岔，车站加钩锁器，将头部道岔全部锁在规定位置。室内在电务人员的配合下，施工人员对原信号楼前、后半场过渡条件，进行拆、配线，导通。

(3)电路处理

电路处理是本工法的关键，根据设计提供的拆、配线表，并配备专门的工程技术人员进行核对后，从道岔控制电路、信号机控制电路、命令传递电路等3个部分将全场分割为两个半场。以图2站场为例。

——峰下头部道岔电路的处理(以先封锁 $T1$ 线为例)

原机械室室内操纵205、207、209、211均开通直股。

室外经工务、电务、车站三方确认后：207、209、205、211 道岔电务人员断开转辙机安全接点、关闭风源；205、211 道岔需工务定闭；车务加锁；进行安全防护。$T2$ 线封锁时 207、209 道岔需工务定闭；车务加锁；进行安全防护。室外电动转辙机表示接点保持接触良好，使以上 4 组道岔具有正确的表示。

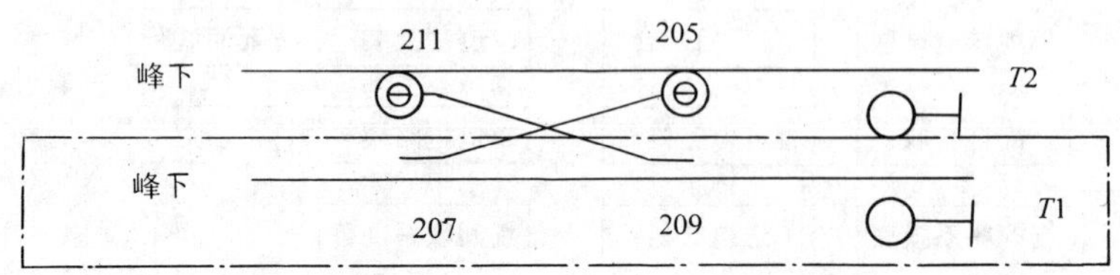

图中：[虚线框] 为封锁的半场；◎ 为定闭、加锁，开通直股。

图 2　站场布置图

原机械室按图 3 所示，断开 4 组道岔的室内动作电源，拆除分线盘处 4 组道岔的动作电缆芯线。($T2$ 线封锁、$T1$ 线编组作业时，仅断开新机械室动作电源，分线盘处道岔动作电缆芯线不再拆除)，室外电动转辙机表示接点保持在规定位置。

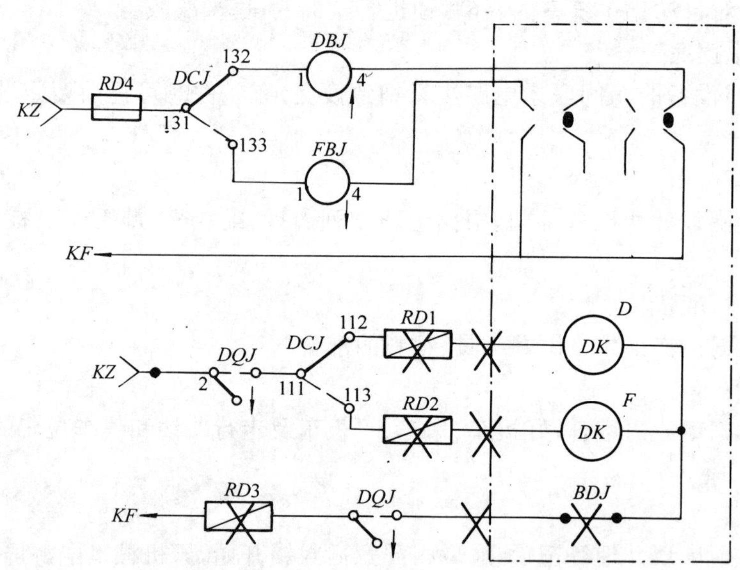

图 3　道岔电路中熔断器、电缆、安全接点处理示意图

图中：× 为断开

——驼峰信号机控制电路的处理

为保证驼峰信号显示正确，防止道岔误动引起驼峰信号显示错误，驼峰信号控制电路中两峰反位交叉的电路断掉，以确保驼峰信号显示正确和运输安全。

具体电路如图 4 所示。

——命令传递电路的处理

切断头岔 $5FLJ$ 线圈 1 和 3，使其处于常落状态，如图 5 所示。

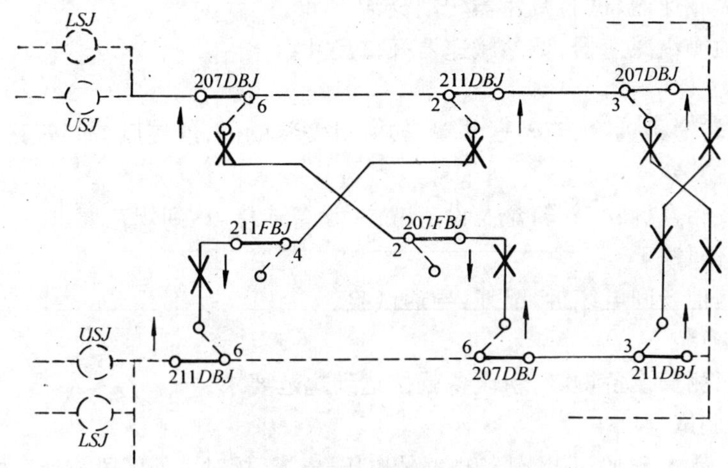

图4　驼峰信号机控制电路及处理

图中：×为断开配线

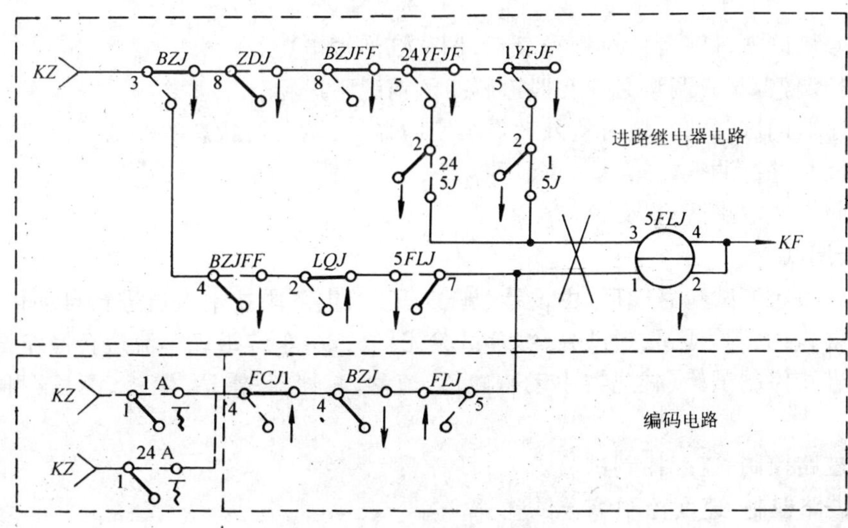

图5　进路继电器及编码电路

图中：×为断开配线

(4)送电交付

配线完毕后，原电源屏送电。施工单位、电务段对修改后未封锁的半场进行试验，确认联锁关系正确后，交付车站使用。

3．半场封锁

半场施工封锁包括以下内容：

(1)减速器换装

——由运输部门负责，按运输方案指挥机车、吊车到达指定位置。

——拆除旧减速器、控制装置及基础，吊装后运出施工现场。

——下部基础整平，吊装新基础就位。

——安装新减速器,连接新管路及电缆配线。

——现场操纵减速器,试验减速器转动灵活。

——室内单独操纵减速器,调整减速器开口尺寸。

(2)道岔换装

旧转辙装置、转辙机拆除,新转辙装置、转辙机安装就位,连接风(油)管路,机械调整试验。

(3)轨道电路换装

旧轨道设备及箱盒拆除,新箱盒及设备就位,设备连接,达到规范要求。

(4)场间联系倒替

新信号楼与其他场间电缆拆、配线,导通试验。

(5)三测设备换装

原测速、测重、测长设备拆除,新设备就位达到规范要求。

(6)单项送电调试

——轨道电路调整、试验:调整轨道电路的电压、电流,核对室外区段与计算机显示、继电器状态的一致性。

——道岔调整、试验:开口尺寸的调整,核对室外道岔位置与室内显示、继电器状态的一致性。

——信号机调整、试验:核对灯光显示,调整灯泡端电压。

——测长调整:测长调整必须在股道腾空的情况下进行。

——减速器调试、试验:核对室外动作与室内显示、继电器状态的一致性。机车压道后,对减速器开口尺寸进行调整。

——场间接口电路试验、交付。

(7)系统调试

在室外单项送电试验完成后,由设计、施工、车站、电务段技术人员进行自动化综合调试及各种信息采集、峰上调车区联锁试验;综合试验完毕后,由车站组织车流进行溜车试验。

a.正常进路控制试验(减速器手动),轨道、道岔、减速器、雷达、踏板、测长、测重等设备性能试验。

b.正常进路控制、速度控制试验。

c.正常进路控制、速度控制综合试验。

d.难、易行线试验。

e.“钓鱼”、错摘钩、道岔恢复、道岔四开、堵门试验。

f.放头拦尾控制试验。

g.减速器保底速度试验。

h.减速器双表示时系统对勾车的控制试验,末级道岔前追勾试验,主备机切换,自动、半自动、手动操作转换试验。

(8)半场交付

经电务段和车站试验,确认联锁关系正确后,交付车站使用。

后半场封锁施工的内容及试验程序,与前半场相同。

4.全场封锁

(1)全场要点

在后半场试验完毕后,请求车站给点30分钟进行全场功能试验。

(2)套溜试验

为检查两个半场间交叉溜放功能，进行全场自动化套溜试验。

试验方法：以 3 km/h 速度推峰，两半场交替连续溜放。

六、劳动组织

开通人员的分工、人员配备、主要任务见表 1。

表 1 开通劳力组织及人员配备

序号	分　工	主 要 任 务	人 数	对人员要求
1	总指挥	掌握施工进度，协调各有关部门关系	1	项目经理
2	室内拆配线组	根据拆配线图进行拆配线	5	信号工
3	室内试验组	室内试验条件的制作及拆除，电源倒接，电源屏送电并负责室内外试验及调试	6	信号工 3 名 技术人员 3 名
4	信号机组	负责信号机灯光调整及试验	2	信号工
5	轨道电路组	负责轨道电路的施工、调整及试验	10	信号工 5 名 辅助工 5 名
6	道岔组	负责道岔的安装、调试	40	信号工 10 名 辅助工 30 名
7	测长组	负责测长区段施工及调试	4	信号工 2 名 辅助工 2 名
8	雷达组	雷达调试及配合试验	2	信号工
9	减速器组	减速器安装，各种开口尺寸的调整	20	信号工 2 名 电焊工 2 名 辅助工 16 名
10	测重组	配合室内调试	2	信号工
11	场间联系组	负责场联配线、试验	3	信号工
12	撤旧组	全场旧设备撤除	10	信号工 1 名 辅助工 9 名
	合　计		105	

七、机具设备

主要机具设备配备见表 2。

表 2 主要机具设备配备表

序　号	机 具 名 称	规格型号	单　位	数　量	备　注
1	电焊机	380 V	台	1	
2	电焊机	220 V	台	1	
3	发电机	2.8 kW	台	2	
4	电动扳手		把	4	
5	救援吊车	100 t	台	1	减速器基础吊装租用
6	电烙铁	75 W	把	6	

续上表

序号	机具名称	规格型号	单位	数量	备注
7	电烙铁	100 W	把	2	
8	电烙铁	35 W	把	2	
9	扳手	375	把	20	
10	扳手	450	把	20	
11	信号专用小工具		套	15	
12	万用表		块	12	
13	无线报话机		台	15	
14	电话小总机		台	1	
15	电话小分机		台	15	
16	汽车	3 t 货车	辆	1	

八、质量控制

(一)质量标准

施工中严格执行铁道部有关标准：

1.《铁路信号施工规范》(TB 10206—99)；

2.《铁路信号工程质量评定验收标准》(TBJ 419—87)；

3.《自动化驼峰技术条件》(TB/T 2306—92)。

(二)质量控制

1.各种设备的技术条件应符合设计要求。

2.质量控制点

(1)指挥人员掌握总体进度，并协调好机务、车务、工务、电务等部门的工作程序。

(2)减速器吊装设专人负责指挥，口令、手势要明确，指挥判断要准确、果断。

(3)技术人员作好电路处理的拆、配线表，施工人员熟悉拆、配线的工作内容，并做好标识。施工后，应予确认无误。

(4)质量检查人员做好质量检验的把关工作。

(5)参加溜车试验的各专业人员要严格把关，对自动化系统功能进行全面测试，做到试验项目齐全、无遗漏。

(6)分步开通的临时过渡条件，正式开通时要全部拆除，并派专人进行核对、确认。

九、安全措施

本工法执行《铁路信号施工技术安全规则》(TBJ 406—87)规定，并采取以下安全措施：

1.峰下头部4组道岔在封锁施工时，需工务钉闭道岔，车站加锁，确保行车安全。

2.做好技术交底，明确分工，统一指挥。

3.各种机械设备应处于完好可靠状态。

4.半场施工时，作业区域应扯起安全绳进行隔离、警示，确保施工中人身及行车安全。

5.现场施工要设专职防护人员，并配备防护旗、防护笛。

6.电焊工须持操作证上岗，操作时带好防护用品。

7.搬动笨重设备，如转辙机、减速器配件等，要有专人指挥，统一行动。

8.吊装减速器基础时，吊臂下严禁站人，做好吊车的支护工作。

9.调试过程中不得误动设备及违反有关操作规程,服从调试人员的命令。

10.修改配线后要有专门技术人员严格进行复查、确认。

11.室内、外使用的临时电源,要使用带漏电保护装置的设备。

十、技术经济分析

1.封锁时间分析

按鹰潭驼峰自动化改造工程开通工作量计算,仅考虑正常换装,全场封锁需要72小时(含一、二部位16台减速器换装时间);半场封锁需48小时,两次半场封锁时间总计共96小时。

2.运输能力分析(鹰潭驼峰日编解7 000辆为例)

采用传统方法开通,需全场封锁,3天共停编:7 000×3=21 000辆。

采用本工法开通,两个半场分别封锁2天,半场停编3 500×2=7 000辆,两次共减少编解:3 500×4=14 000辆。

传统施工方法比本工法减少编解量=21 000-14 000=7 000辆,即采用传统施工方法比采用本工法开通减少编解7 000辆。

3.人员分析

全场开通包括拆配线、试验,信号机、轨道电路、转辙机、测长、雷达、测重、各场间联系、减速器等各种设备撤旧、更换,需配备各种施工人员200人。而分两个半场开通,需配备各种施工人员仅105人,可比全场一次开通减少接近一半。

由此可见,采用本工法进行驼峰自动化改造,可以保证在开通施工中半场不停轮作业,在运输上可多编解7 000辆,相当于全场仅停用2天,比传统施工方法减少1天。从而缓解了施工封锁和运输的矛盾,最大限度地减少了对运输的影响,尤其减少了施工封锁期间对铁道部路网运输计划的影响,经济效益和社会效益十分显著。

十一、工程实例

1998年1月在鹰潭编组站自动化驼峰改造工程开通中,使用本工法,全场停用时间大大缩短。工程质量被评为优良,受到铁道部和南昌局的通电表彰。

2000的2月南京东驼峰自动化工程开通中,按本工法进行了开通,受到南京铁路分局的通电表彰,取得了良好的社会效益。

执笔:李长征　许守玉

30. 驼峰信号工程减速器安装调试工法

TLEJGF99.00—52

济南工程公司

一、前　　言

本工法是为运营中的驼峰调车站(场)信号工程减速器(以下简称减速器)的安装调试而研究开发。适用于运营中的驼峰技改、大修工程施工。

运营中的驼峰技改、大修工程的主要矛盾是减速器安装上道施工与过多占用运营时间的冲突,提出解决这一矛盾的措施,制定可行的系统施工方法是解决运营中驼峰改造施工的关键,本工法因此形成。采取将减速器异地集中安(组)装、调试,然后整体转移、吊装、就位连接方式施工,实现较少的占用线路时间、提高安装精度、缩短工期的综合效益。

二、适用范围

本工法适用于运营中的驼峰技改(大修)信号工程的减速器安装调试。

三、特　　点

1. 减速器异地安(组)装、调试,不受占用线路时间的限制,并有充分的作业空间,不影响驼峰的正常作业。

2. 减速器的整体吊装,可在一个部位的几条线束连续作业,安装快速。

3. 减速器整体吊装,可集中统一对接线路及主、支风管路,形成系统程序,保证联动试车的准确和精度,缩短了占用线路的封锁时间,及时交付运营。

四、工艺原理

根据分流降压的原理,将减速器全部安装调试工作量进行分解,化减速器全部正位施工为异地安装调试和本位安装两部分。实现占道施工时间最短,对运营的影响最小。

本工法的关键技术:

1. 易地安装、调试;

2. 整体吊装、转移;

3. 控制吊装对接精度;

4. 系统调试技术保障条件。

五、施工工艺

(一)技术要求

减速器上道安装时间不论长短,都直接影响正常运营的运行,在安装施工过程中采用线下异地集中安(组)装、调试,然后线上整体吊装就位,对接线路及主、支风管路,即可联动试车,使减速器施工对运营的影响降至最低,从而缩短线上施工时间,减少了驼峰场的封锁时间和施工影响范围。

(二)工艺流程(见图 1)

(三)工艺操作

1. 施工准备

(1)选择异地安装场地

要求异地安装场地既不影响驼峰溜放作业的进行，又要容易地实现减速器转移和吊装。其前提是选择施工安装与待换装线路互不干扰，既有充裕的时间又能确保安全。

(2)制定吊装方案

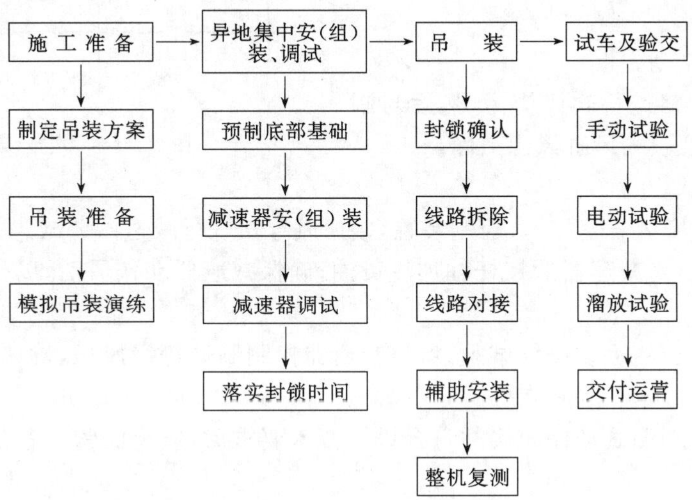

图1 工艺流程图

制定减速器的吊装方案，需落实机车吊和机车、车辆(大修时应考虑拆旧车辆)。要与有关人员共同勘察吊装作业地点，选择转移径路，确定作业顺序，计算转移和吊装的时间，制定作业措施，向有关部门申报，确定线路封锁日期、时间。

(3)吊装准备

核对减速器，送风管路，控制装置的坐标、位置和电气部分配线质量。

在原有线路(减速器坐标位置范围)建立多个方位观测点，仔细观测、确认和记录线路中心线坐标、坡度高程。精确计算减速器入口、中部落位、出口线路的中心线坐标、坡度高程，应绘制出观测线路中心线坐标、坡度高程图，并在现场建立观测桩，为减速器吊装建立精度控制点。

(4)模拟吊装演练

根据减速器整体吊装作业方案，组织参与作业人员进行模拟吊装演练。协调人、机动作，统一指挥口令、手式，演练吊车支护顺序和支护动作要领，以保证实际吊装作业时的有序、安全、快速。

2. 异地集中安(组)装、调试

减速器异地安装，包括其基础整体的预制，应选择靠近空闲线路并有汽车通道的平坦场地进行。

(1)分段预制减速器底部基础，在每一块基础上预埋 4 个吊钩，吊钩必须与基础的主体钢架结构焊接在一起。

(2)减速器安(组)装

a. 平整场地后，对称垫平摆放两根 25 m 旧钢轨(可摆装两组减速器)，以保持减速器组在水平方向上安装。

b. 利用汽车吊将减速器制动钳整齐排列在旧钢轨上，如图 2 所示：制动钳中心线与减速器中心线相互垂直，相邻两组制动钳的节距为(1 800±2) mm，减速器中心与其制动钳的中心一致，偏差不得大于1 mm，以便于走行轨的安装。

c. 利用汽车吊自左向右或反向顺序组装制动梁，应吊放一块后即装两端下卡铁，注意下卡铁仅保持落槽，不可过于紧固螺栓，以便安装制动夹板时拨动、校孔。

d. 校孔，安装制动夹板。

e. 对内部风管路进行吹风排污，然后与制动风缸相连，以保证引入风缸风源洁净。

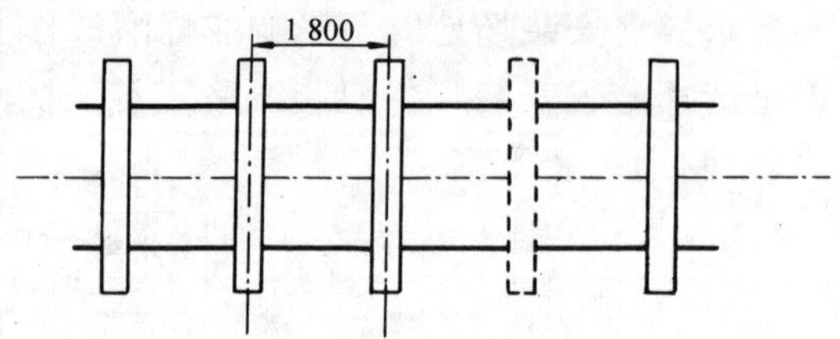

图 2　制动钳组排列示意图

(3)减速器调试

在组装地临时安装一套打风、控制装置，接通风管路进行减速器调试。

用自制黄油枪，对减速器的杠杆轴加注黄油，确保减速器动作灵活，以便于进行减速器的联动调试。

逐级进行减速器的手动操纵试验，调整减速器控制制动等级风压，确认制动、缓解的开口尺寸。

确定减速器联动调试动作无误并符合设计技术要求后，应全面紧固各部位螺栓并安装辅助设备。

(4)落实封锁时间

确认减速器组装调试良好，技改、大修工程负责人应进一步向有关部门落实施工封锁的起止时间。

3. 吊　装

计算、选择起吊最佳吊挂点，是保证整体吊装成功的关键。根据计算结果，(以7组为例)选择在减速器组第一、二组间为一个点，第六、七组间为另一个点，从两侧将钢轨兜起进行试吊，并在内、外制动梁间放卡具，两内制动梁间放胎具，以加强兜起时的横向支撑力，防止制动梁受兜力压迫产生变化。当机车吊起吊后，应在减速器侧面进行观察，即吊挂点受力，减速器快要离开地面时，保持纵向形态不产生挠度。有，则表示所选吊挂点不宜，应降下调整吊挂点后再起吊。无，则表示所选吊挂点适宜，可继续起吊。

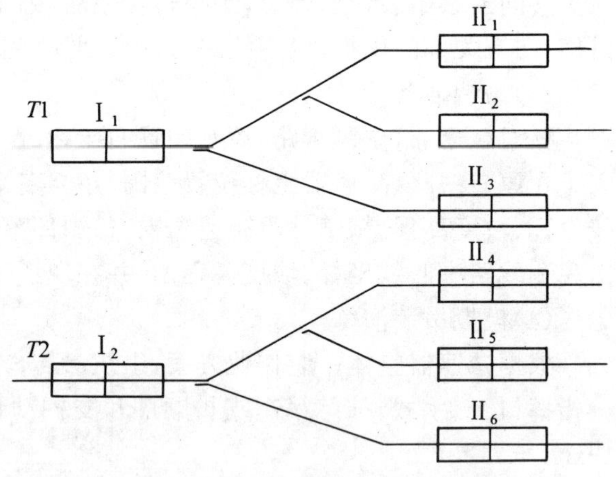

图 3　减速器整体吊装作业顺序示意

依照吊装方案进行减速器的整体吊装，实现减速器区段线路与原有线路的对接。作业顺序如图3所示。

进行$T1$线的减速器换装，机车吊首先应在$T2$线的$Ⅰ_2$位置吊装$Ⅰ_1$部位的减速器组，吊装完成后机车吊转到$Ⅱ_2$位置，吊装$Ⅱ_1$、$Ⅱ_3$两个部位的减速器组，最后机车吊转到$Ⅱ_1$或$Ⅱ_3$位置吊装$Ⅱ_2$部位的减速器组。$T1$线减速器换装完成后再进行$T2$线的减速器组换装。

采用半场运营、半场施工方案时，机车吊进入$T2$线$Ⅰ_2$位前，应要临时施工点90分钟，经车站批准后才能进入，反之也应要点。对于每一部位的减速器吊装应按下列工序进行：

(1)封锁确认

根据批准的驼峰施工封锁计划，确认施工区段确已封锁，有关部门人员均已到位。

(2)线路拆除及基础吊装

按减速器的设计坐标位置，拆除原有线路，进行减速器底部整体基础吊装施工。应预先测量减速器整体高度及沉降层厚度，确定底部基础深度、坡度，以保持整体基础吊装后的高度差及坡度在吊装减速器后与其所在线路的高度、坡度相吻合，基础正位后填充沉降层石屑，并抄平、夯实。

(3)吊装减速器，对接线路

水平起吊一组减速器，机车吊旋转至减速器位置上空对准位置后缓慢下降，直至其中心线与线路中心一致，并在同一水平位置，保持减速器空中悬停状态。将原线路峰头端轨与减速器走行轨一端对接后(注意夹板螺栓需全部穿入并带帽)，测量组负责用经纬仪(水准仪)和测量延长线为基准，观测、调整原线路与减速器中心线的对接精度，安装组负责在减速器两侧用大撬棍进行人工保持精度，在保证符合安装精度后，再将减速器完全放下。同样的方法与另一组减速器对接，先实现两组减速器的对接，再调整两组减速器的坡度与方向，使其中心一致，走行轨坡度一致，再将减速器走行轨一端与峰尾端原线路轨相接，并紧固所有的夹板螺栓。

(4)辅助安装

机车吊转移后，进行减速器控制装置正位，连接控制装置进气口主送风管路，并送风进行排污，引接风压进入控制装置。连接控制装置出气口主出风管，送风排污后，引接风压进入支送风管及动作风缸。

(5)整机复测

核对减速器整机的水平位置、整机纵向方向、开口尺寸，紧固各部位螺栓，确认无误后方可进行下一道工序。

4. 试车验交

动力站验收完毕、工作正常，风管路的压力满足减速器工作风压的要求；驼峰电气集中部分换装、验收完毕，联锁关系正确，即可进行系统试车。

(1)电动试验

进行减速器的电动操纵试验，逐级确认减速器控制制动等级风压。进行开口尺寸试验，确认减速器制动、缓解开口尺寸符合技术指标要求。

(2)溜放试验

按减速器制动等级风压从Ⅰ至Ⅳ级，逐级进行溜放试验。溜放一列车后，应检查、紧固减速器各部位螺栓。

(3)交付运营

减速器试车工作以接管单位为主，在完成检查、实验项目后，应及时对存在问题进行处理。确认试车良好后，应尽快撤销封锁，交付运营。

六、劳动组织

减速器异地安(组)装、调试的劳动组织和劳力配备划分如下：

1. 安(组)装指挥　　1人(由班组工长担任)；

2. 运输组(司机)　　2人(吊车1人，汽车1人)；

3. 司索组　　4人(信号工2人，辅助工2人)；

4. 测量组　　4人(技术人员2人，信号工2人)；

5. 安装组　　　　8人(信号工4人,辅助工4人);

6. 调试组　　　　8人(信号工4人,辅助工4人);

7. 打风动力组　　2人(电工1人,打风司机1人)。

以上作业人员需29人。在完成异地安装后,及时调配人力,为减速器整体吊装重新确定劳动组织和劳力配备,划分如下:

1. 吊装总指挥　　1人(项目施工负责人);

2. 摇摆控制组　　4个(每组3人,其中信号工1人,辅助工2人);

3. 定位组　　　　2个(每组4人,其中信号工2人,辅助工2人);

4. 连接组　　　　2个(每组3人,其中信号工1人,辅助工2人);

5. 司索组　　　　4人(信号工2人,辅助工2人);

6. 支护组　　　　4个(每组3人,其中信号工1人,辅助工2人);

7. 测量组　　　　2人(技术人员1人,信号工1人);

8. 安装组　　　　8人(信号工4人,辅助工4人);

9. 测试组　　　　7人(信号工1人,辅助工6人)。

以上作业人员需60人。

其他型号减速器可采用分段吊装安装方式,其劳动组织和劳力配备仅增加搬运组19人,其中信号工1人,辅助工18人。

七、机具设备

运用本工法施工,使用的主要机具设备见表1、表2、表3和表4。

表1　减速器安(组)装主要机具设备

序号	名称及规格	单位	数量	备注
1	汽车吊　8 t	辆	1	
2	汽车　4 t	辆	1	
3	呆扳手(10~24) mm	套	8	
4	电扳手	套	2	
5	大撬棍	根	10	工务型
6	管钳(300、450、600) mm	把	6	各2把
7	钢卷尺　3.5 m	只	2	
8	尼龙线	m	50	
9	压力钳工作台	个	1	
10	信号工组合工具	套	1	
11	卡簧钳	把	2	
12	木锤	把	2	

表2　减速器底部基础预制主要机具设备

序号	名称及规格	单位	数量	备注
1	汽车吊　8 t	辆	1	
2	汽车　5 t	辆	1	
3	经纬仪	台	1	
4	水准仪	台	1	
5	起道机	台	4	
6	大撬棍	根	8	工务型
7	搅拌机	台	1	
8	台秤	台	1	
9	拐尺	把	1	
10	方头铁锹	把	10	
11	手推斗车	辆	6	
12	抹灰板	把	2	
13	振动棒	根	2	
14	千斤顶　(3 t)	台	4	

八、质量控制

(一)质量标准

本工法遵守以下部颁标准:

1.《驼峰专用气动系统技术文件》(TB 1555—87);

2.《铁路信号设备维修技术标准驼峰专用设备》(TB 1576.7—85);

3.《铁路信号施工规范》(TB 10206—99);

4.《铁路信号工程质量评定验收标准》(TBJ 419—87)。

(二)质量控制

1. 减速器的技术条件和机械性能应符合设计文件的要求和技术条件。

2. 减速器的所有地面设备,应外观完整、布置合理,其技术指标应符合设计文件的要求和技术条件。

3. 质量控制点

(1)合理选择减速器的吊挂部位。预防因选位不当产生吊件扭曲、挠度现象,损伤减速器内部管路的气密性。

(2)计算各块底部基础体积时,应考虑留拼装间隔,并严格控制各块底部基础的方正度。

表 3 减速器调试主要机具设备

序号	名称及规格	单位	数量	备注
1	打风机	台	1	备电源线
2	控制装置	组	1	备输水胶管
3	钢板尺(180 mm)	只	6	
4	开口样板(缓解、制动)	套	1	(T.JK 型)
5	小撬棍	根	6	
6	对尺	对	2	自制
7	内六方扳手(M10)	把	2	
8	手锤	把	2	

表 4 减速器整体吊装主要机具设备

序号	名 称 及 规 格	单位	数量	备 注
1	内燃自行液压轨道吊车 100 t	台	1	
2	平板车 60 t	辆		视工期定辆
3	牵引机车	台		视工期定台
4	吊装胎具(T.JK 型)	个	3	
5	吊装卡具(T.JK 型)	个	8	
6	大绳($\phi25\sim\phi32$) mm	根	4	每根 50 m
7	链钳	把	1	
8	管钳(450、600) mm	把	4	各 2 把
9	铁锹	把	6	
10	十字镐	把	3	
11	支护垫木	块		视地形定块
12	撬棍	根	8	工务型
13	钢卷尺 3.5 m	只	2	
14	尼龙线绳	m	50	
15	轨距尺	把	1	
16	轨距尺(高角)	把	1	
17	经纬仪	台	1	
18	水准仪	台	1	
19	线坠	个	2	
20	活口扳手(375、450) mm	把	4	各 2 把
21	信号工组合工具	套	1	
22	电扳手	套	2	

(3)控制吊装摇摆。采取人工拽绳控制的方法,排除吊件摇摆和自然风的影响,提高对接精度,节省吊装作业时间。

(4)严格统一吊装指挥。设专人负责指挥工作,明确指挥口令和手势用意,指挥判断准确、果断。令行禁止,杜绝多元指挥。

(5)线路对接偏差处置

原线路拆除以后,因坡度、昼夜温差变化的原因,有可能出现原有线路的长度偏差,影响减速器区段线路与原有线路的对接;工务进行线路的符标整治作业,也会引出长度偏差问题。

解决长度偏差问题措施:以减速器区段线路坐标为基准,完成两组减速器的对接。计算实际长度偏差值,在原有线路上作调轨处理,使之与减速器区段线路相吻合。

以上措施应在施工协调会上与工务达成共识,并请工务部门做相关准备工作。

(6)把好器材进货检验关

减速器器材到货后,应测量器材制造几何尺寸、孔距尺寸,观察器材几何造型是否有异位现象。

九、安全措施

本工法遵守《铁路信号施工技术安全规则》(TBJ 406—87),并应注意下列事项:

1. 减速器吊装上平板车后,应在两侧各点对称捆绑,防止在转场运输中,因晃动产生移位,造成减速器侵入铁路建筑接近限界。

2. 吊装作业前,应观察各吊车停放作业点上空有无架空电线路和其他障碍物,以保证吊装作业的空间安全,有架空电线路时,应采取停电和保护措施。

3. 半场施工、半场运行时的吊装作业区域,应扯起安全绳进行隔离、警示,确保施工和行车安全。

4. 吊车支护平衡是保证吊装作业安全的关键。吊车定位后,支护工作要迅速,展开定位销孔要彻底,销孔要插接到位并拴好防滑销。应先做空钩转动起降作业试验,禁止直接进行吊装作业。

5. 起吊前,吊装总指挥必须亲自检查吊装用具,确定无误时方可下令起吊作业。

6. 吊装对接作业人员,应站在原有线路的第一根枕木后,防止对接游动错位时伤人、挤脚。

十、技术经济分析

本工法与传统施工工艺相比,具有工期短、对运营影响小的优点。

应用本工法施工,吊装一个部位的减速器仅需用 90～120 分钟即可完成,仅为传统方法所需时间的 1/12,最大限度地减少了减速器施工对运输效率、效益的影响。

应用本工法进行驼峰信号工程减速器施工,能减少施工对运营的影响,尽快恢复编解能力;提高安装精度,减少误差,有条件作到精心施工,精确调试。有较好的经济效益和社会效益。

将减速器大部分工作量转到线下异地进行,是驼峰信号工程减速器施工的独特、创新方式。现行施工定额的机械台班费仅能满足减速器本位施工的需要,未函盖采用整体吊装租用机车吊、平板车的费用。当工程费用一次包干使用时,施工企业在创造良好社会效益时,将加大工程成本,使施工企业经济利益受损。本工法为完善施工定额提供了修改实践依据。

十一、工程实例

1986 年,石家庄上行驼峰场技改工程,12 组 T.JK 型减速器的安装,计划电务施工封锁线路时间 5 天,应用本工法施工,仅用 2 天时间就质量良好地完成任务。缩短工期 3 天,增加运营收入 300 万元(注:按当时价格计算,石家庄上行驼峰停用一天,北京局减少运营收入 100 万元)。

1998 年 1 月,鹰潭驼峰自动化换型工程,一、二部位 14 组,二、三部位 14 组减速器的换型、调试,计划电务施工封锁线路时间 10 天,应用本工法施工,实际封锁线路时间比铁道部批准方案时间提前 1 天开通。

1999 年 2 月,南京东驼峰自动化改造工程,12 台 T.JK3A 型换装,计划 6 天,实际提前 1 天交付使用。

执笔:梁善俊

31. T. JK1 型车辆减速器安装工法

SJGF 03—92

济南工程公司

一、前　　言

T. JK1 型车辆减速器是驼峰调车场三、四部位的主要调速设备。T. JK1 型车辆减速器安装工法是针对既有驼峰调车场在进行技改中，如何减少对运输的干扰这一主要课题，并结合石家庄上行调车场三、四部位车辆减速器的具体施工情况，进行研究开发。安装位置见图 1。

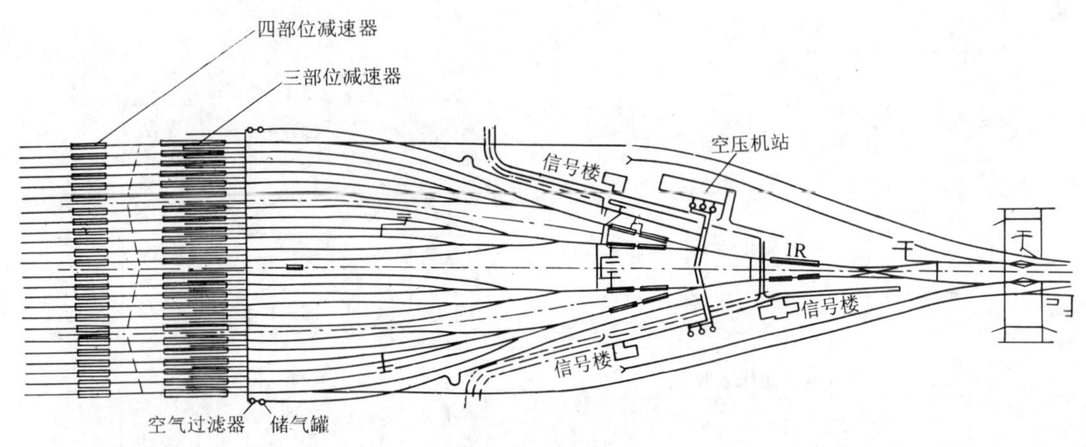

图 1　三、四部位车辆减速器安装位置示意图

施工三、四部位减速器可以每次封锁一股道，也可以封锁两股道或更多股道。如果采取每次封锁一股道施工，看起来对运输干扰较小，但在吊铺轨枕板时，需增加邻线要点，而且总工期也较长，增多了对运输的干扰。经过对比选择，采取每次封锁两股道施工，不影响邻线的正常作业。运用统筹方法，开展股道和工序之间的穿插施工，节约劳力，效率倍增，减少对运输的干扰。同时加强检控手段，一次到位，一次达标，实现高质量、高速度，体现施工为运输服务的宗旨。本工法在石家庄和德州工程中，取得了较好的使用价值和经济效益。

二、工法特点

1. 能充分利用线路的封锁时间，统筹安排，减少对运输的干扰；

2. 提高混凝土标号或采取蒸养，可缩短对线路的封锁时间；

3. 工序全方位连续或穿插进行，确保工期；

4. 施工人员集中，便于施工现场的管理和指挥。

三、适用范围

本工法仅适用于运营驼峰调车场三、四部位 T. JK1 型车辆减速器的施工。

四、工艺原理和关键技术

本工法运用统筹原理开展施工。整体道床的浇制和养护，是影响线路封锁时间的主要矛盾。因此，必须充分利用封锁股道的时间，精心组织施工，合理调配劳力，开展股道和工序之间的穿插作业。两股道同时施工，一开始首先形成时间差，以便安排机具的运用，对混凝土采取相应的养护措施，保证在封锁时间内完成任务。

其关键技术是：轨枕板的调整和混凝土的养护。

五、工艺流程

工艺流程见图 2，其工艺要求：

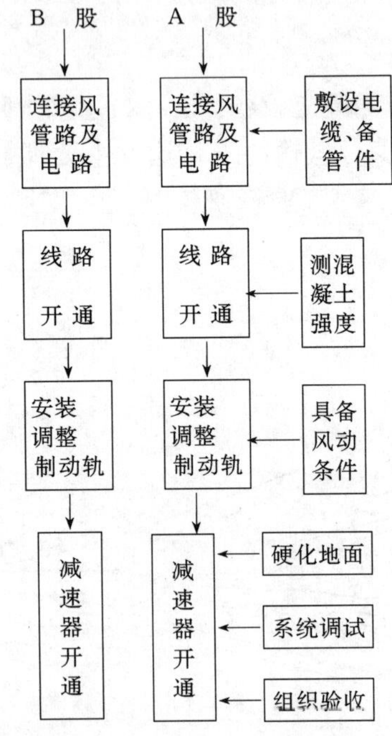

注：1. 必须提前修通运输便道、创造施工条件；

2. 开始施工时，首先将 B 股劳力抽调 1/2 支援 A 股，形成两股道时间差，以便安排机具的运用；

3. 当 A 股具备浇制条件时，从 B 股调部分劳力去 A 股；

4. 当 B 股具备浇制条件时，A 股抽调 1/2 劳力去 B 股，以实现整体道床同步完成。

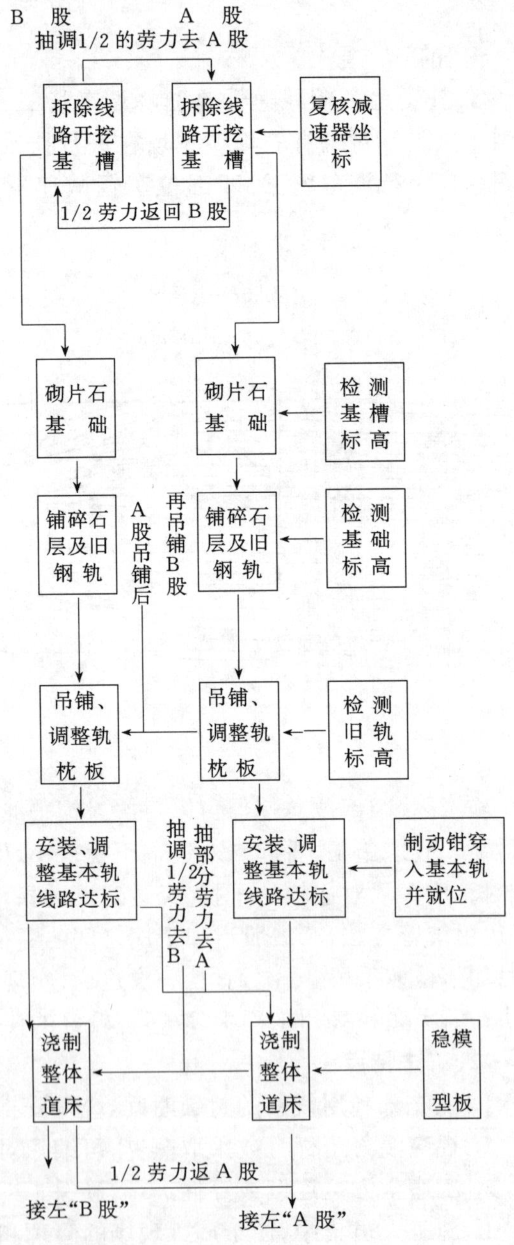

图 2　减速器安装工艺流程

1. 拆除设计规定的减速器坐标内的线路，开挖基槽，用片石、水泥、砂浆砌筑基础，用水平仪检测其标高。

2. 按设计要求铺设碎石垫层及旧钢轨。旧钢轨摆放四根，跟踪检测旧钢轨标高。

3. 轨枕板吊铺在旧钢轨上以后，用自制模具按规定位置调整轨枕板的间距和中心线。

4. 安装制动钳，调整轨距，控制线路方向、标高及坡度。

轨枕板调整完毕，将基本轨放在线路中间，基本轨一端用三角架、手葫芦吊起，制动钳逐个穿入。各钳组在轨枕板就位后，固定基本轨，调整轨距，调整线路中心与轨枕板中心线重合。

取减速器两基本轨的进口、中间和出口 3 个位置、6 个控制点，用水平仪复测该点的标高，对轨枕板进行最后的微调，这是控制线路达标的关键一环。

5. 浇制整体道床

浇制前确认线路符合标准后，取塑料布或其他代用品，将制动钳组进行包扎(以防浇制时污染)，同时稳固模型板，开始进行混凝土浇制。浇制时注意：(1)严格按设计提供的混凝土等级和配比，并需经质检站测试合格；(2)连续浇制、加强捣固；(3)精心养护。

6. 连接风管路及电路

进行风管路连接时，应首先安装高压胶管，再固定控制箱，连接支管路，最后接通电路。

本工序不影响线路的开通，线路开通前如果做不完，待线路开通后继续完成。

7. 线路开通使用

当混凝土用回弹仪测试达到一定等级时，可以开通线路，但减速器不能使用。

8. 安装制动机，调整制动及缓解开口

当线路开通以后，风管路及电路连接完毕，减速器可以通风动作时，进行制动轨的安装调整。钳口应符合：在制动位时，两制动轨内侧距离为(1 351±3) mm，第一入口钳中心距离为(129+5) mm，其他各钳中心距离为(126+3) mm，缓解位时应≥170 mm。

9. 减速器开通启用

当全站场减速器及配套设备全部安装调试完毕后，经组织验收合格，方能开通启用减速器。

六、机具设备

T. JK1 型车辆减速器安装主要机具设备见表 1。

表 1

序号	名　称	规　格	单位	数量	备　注	序号	名　称	规　格	单位	数量	备　注
1	轨道车	秦岭-160	台	1		12	手动葫芦	2 t	台	2	穿制动钳用
2	平板车	20 t	台	2		13	三角支架	3～3.5 m	个	2	
3	汽车吊车	8 t 以上	台	2	吊臂 10 m 以上	14	回弹仪		台	1	测混凝土强度
4	微型装载车	野牛-75	台	1		15	经纬仪		台	1	
5	机动翻斗车	1 t	台	5		16	水平仪		台	1	
6	搅拌机	0.5 m^3	台	2		17	高脚道尺		把	1	
7	磅秤	500 kg	台	1	计量混凝土配比	18	电焊机	BX1-300	台	1	附工具
8	双轮翻斗车	人力	辆	25		19	气焊机		套	1	
9	振捣器	插入式	台	6		20	切割机	J30-400	台	1	
10	起道机	液压 5 t	架	4	调整轨枕板用	21	套丝器		套	1	
11	撬棍		根	10							

七、劳动组织

在运营调车场施工减速器，每次封锁两股道，所用材料提前运到距施工现场最近地点。基础和整体道床控制在3天内完成，工作量集中，劳动强度高，必须集中更多的劳力，开展劳动竞赛，适当延长劳动时间，根据流程图安排股道和工序之间的穿插作业，确保混凝土的养护时间。混凝土的养护在气温20℃以上时，自然养护7天，即可达到开通线路的强度，如果利用蒸汽养护，封锁线路的时间可缩短。劳动组织，见表2。

表2

组　　别	人　数	分　　　　工
指挥组	3	指挥协调工序的衔接、工程进度、劳力调配及物资保证
安全组	2	负责施工人员及行车安全事宜
技术组	6	负责施工的技术标准及质量检控
1.线路技术人员	2	负责线路部分的有关技术工作
2.混凝土技术人员	2	负责混凝土施工的有关技术工作
3.信号技术人员	2	负责机械和电气的安装标准、性能调试等
机械安装组	若干	轨枕板调整、制动钳就位、制动轨开口调整、风管路、电路的连接(单台按10人/组计)
基础施工组	若干	按工序开展施工(单台按30人/组计)
辅助生产组	27	组长1人、司机12人、吊车指挥2人、司索4人、机修2人、木工4人、电气焊2人。除本职工作外，服从统一调配

安装单台(5节)减速器，需用直接生产工人40名，劳力安排见表3。

表3

日期(天)	工　作　内　容	劳力	备　　注
1	拆除线路、开挖基槽	40	前3天辅助组或其他能抽调的劳力全力支援，确保整体道床按时完成
2	砌片石基础、铺碎石及旧钢轨，铺、调轨枕板	40	
3	制动钳就位，调轨距、标高，稳模板，浇制混凝土	40	
4～6	机械安装组备料，混凝土开始养护	12	第4天开始，除机械安装组10人、养护2人外，其他人员另行安排
7～10	连接风管路及电路，准备线路开通	10	风管路连接不影响线路的开通
11	开通线路		准备减速器开通的条件

其工作程序是：第1天完成基槽开挖；第2天完成砌筑基础，铺碎石及旧钢轨，铺设并调整轨枕板；第3天完成制动钳就位，调整轨距、线路标高及坡度，稳模型板，浇制整体道床；第4天开始对混凝土进行养护，直至开通；第7天开始连接风管路及电路；线路开通后，具备风动条件时，安装并调整制动轨，准备减速器开通。

八、质量控制

本工法执行《铁路信号施工规范》(TBJ 206—86)、《铁路信号工程质量评定验收标准》(TBJ 419—87)、《铁路混凝土及砌石工程施工规范》(TBJ 210—86)、《钢筋混凝土工程施工及验收规范》(GBJ 204—83)、《普通混凝土配合比设计技术规定》(JGJ 55—81)等有关规定。同时应遵守下列事项：

1. 从基槽开挖到线路恢复，必须加强仪器跟踪检测，保证各工序一次达标。

2. 浇制混凝土，必须严格检查用料质量，实行配比计量控制。

3. 各工序应严格按技术标准施工，工程技术人员或质量检查人员，应按技术标准加强随工检控，本工序不合格绝不转入下道工序，确保工程质量。

4. 提倡文明施工，及时清理站场，做到人走料清场地净。

九、安全生产

本工法严格遵守《铁路信号施工技术安全规划》(TBJ 406—87)、《铁路行车线上施工技术安全规则》(TBJ 412—87)、《铁路轨道施工技术安全规则》(TBJ 401—87)及《铁路路基施工技术安全规划》(TBJ 402—87)；并应遵守下列事项：

1. 加强对施工人员的思想教育，提高"安全第一"意识；

2. 安全防护人员应思想集中，加强瞭望，配带警笛，及时通知施工人员注意或撤离；

3. 堆放材料、工机具或其他物品，严禁侵入限界；

4. 横越线路时，严格执行"一停、二看、三通过"制度；

5. 施工中服从指挥，相互照应，切实注意人身及设备的安全。

十、效益分析

运用本工法施工，每次封锁两股道，不影响邻线正常作业，开通线路的工期与封锁一股道相同，不增加管理人员和辅助生产人员，施工效率提高一倍，大大减少了对运输的干扰。每次封锁可节约劳力 380 工日，按 7.96 元/工日计，可节约工费 3 024.80 元，体现了本工法的优越性。

十一、工程实例

由于每项工程的具体条件不同，施工工期和难度也不尽相同，需根据具体站场做具体部署。在石家庄工程中，安装三、四部位减速器，每次封锁 2 股道，23 股道封锁 11 次，工期为 120 天(最后 3 股道一次封锁 20 天)，线路全部开通。

在施工中，我们深深体会到，能否与车、工、电(务)、电(力)等单位密切配合，是影响施工工期的重要因素之一。我公司运用本工法在石家庄、德州两个运营站场进行施工，由于加强了与各个兄弟单位的密切合作，工程进展比较顺利，按时或提前完成了任务，得到了建设、接管和运营单位的一致好评。

执笔：韩洪祥

32. 信号设备石墨地线安装工法

SJGF 03—93

天津工程公司

一、前　　言

我公司承担的大同—包头自动闭塞工程地处内蒙，气候干燥，大部分为砂、土夹石或风化石、坚石，是高电阻率地区。采用一般角钢或钢管为接地极的地线，不仅施工困难，而且达不到《铁路信号施工规范》(TBJ 206—87)中规定接地电阻的要求。因此采用石墨地线作为接地极加装注水管定期注水以达到降低接地电阻的目的。

常规石墨地线的施工须开挖 2 m×2 m×2 m 见方的深坑，将木炭等活性物质放入坑内，摆在石墨地线周围。这种施工方法取土太多，在铁路路基旁危及行车安全。我们采用了打洞法施工，灌注化学降阻剂，既有利行车安全，又节省了工时，并且减少了因原土的松动而降低电阻率。

经过两年多的开发研制，按本工法施工的地线经测试，一次达到《规范》规定标准接地电阻的达 92%以上。

二、工法的特点及适用范围

1. 石墨地线和化学降阻剂有低电阻率、高渗透性及耐腐蚀的性能，因此能有效地降低接地电阻。

2. 采用打洞法避免大面积开挖土方，节省工时，保障线路安全。

3. 石墨地线定期注水，可保证干旱地区接地极的渗透性，使接地极接地电阻符合标准。

本工法适用于一切信号设备的接地装置。因抗腐蚀更适用于电化区段。

三、工艺原理

石墨地线有很好的耐腐蚀性，化学降阻剂具有低电阻率和高渗透性。填加化学降阻剂后将会在土壤和岩石缝中形成树枝状导电渗透体。因而改善了接地体周围土壤的导电性能，使接地体与土壤紧密结合，同时增大接地面积，使地线的接地电阻大大降低。

降阻剂中含有大量金属、非金属的导电离子，如锌、铝、锰、镁、石墨及稀土钒钛等，这些金属不仅导电性好而且电负性强，可以对电势更低的金属起阴极保护作用。

降阻剂本身紧密包住接地体，起覆盖保护作用。更不会对石墨地线起腐蚀作用。

降阻剂凝固后在水中几乎不再溶解，它对环境无污染，无毒性，无腐蚀。降阻性能稳定，不受外界气温变化的影响。

因降阻剂中还含有凝固剂，不要受潮、遇水。降阻剂都有规定的有效期，不要长期存储。

在气候干燥地区，根据各地具体情况定期注水，或由于天旱地线电阻升高，达不到标准时，对地线从注水管注水。边注水边用接地电阻测试仪测试，当地线电阻合格后再注水也不下降时，可以停止注水。记下这次的注水量，就是该地线的注水量，以后就按此量注水。

四、施工工艺及流程

(一)工艺流程图(见图1)

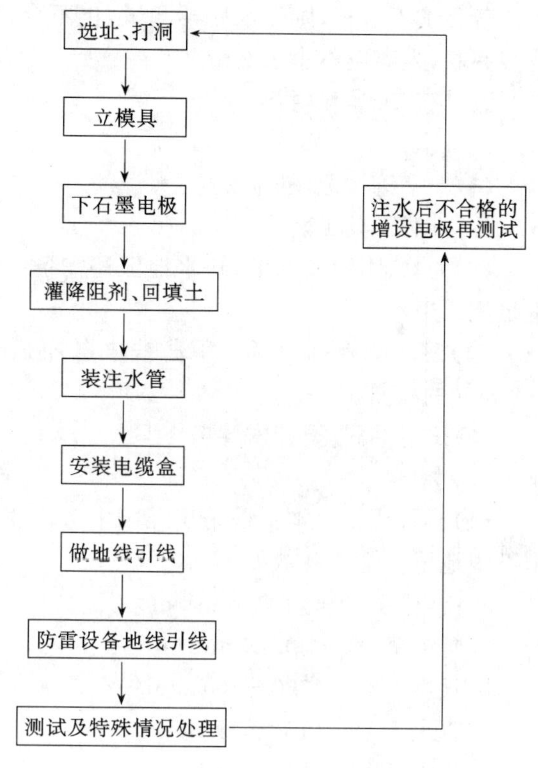

图1 石墨地线工艺流程图

(二)施工工艺

1. 打洞或挖坑

在信号设备附近尽量选择线路坡脚下或低洼潮湿的地方。用打洞工具打出直径300 mm深2 m的垂直圆洞,上口挖成方型,便于安装电缆盒(安装尺寸见图2),在岩石地带可用爆破法打洞。

2. 立模具

在洞底撒少量水,使土壤潮湿,模具垂直立于洞中心底部。

3. 下石墨电极

将石墨地线垂直立于模具中心。

4. 灌降阻剂回填土

(1)将A组降阻剂12.5 kg(半袋)倒入大盆中,加等量水搅拌均匀。再加入B组降阻剂12.5 kg(半袋)加等量水调成糊状。(单组分降阻剂不分AB组,直接使用25 kg降阻剂加等量水搅拌)

(2)用水勺将糊状降阻剂灌入模具与石墨地线中间,用降阻剂将石墨电极及引线电缆头包住。

(3)20分钟后糊状降阻剂呈半凝固状态,此时边向上提拉模具边回填土,边浇水,直到全部脱模。回填土至石墨地线顶部。

注意:回填土时切忌捣固,以防将降阻剂或石墨地线打碎。

(4)工具、模具及时用水和长把毛刷清洗干净,冲洗用水倒入坑内,以充分利用降阻剂。

5. 装注水管

在石墨地线顶部垂直放置塑料注水管,在注水管周围分层填土、加水至距地面600 mm左右。

6. 安装电缆盒

(1)将石墨地线引线电缆按标准引到HZ-6电缆盒内。此时应把接地装置的引线(一根4 mm^2的电源线)同时穿入石墨地线引线电缆的同一保护管中。

(2)再将另一根保护管插入注水管中,固定在电缆盒上。

(3)回填土至与地面平。

(4)从注水管进行第一次注水直至饱合(即注水渗透很慢)。

7. 做接地装置引线

将石墨地线电缆和接地装置引线按标准配线,联接在HZ-6端子上。

8. 测试

由于降阻剂的渗透作用,石墨地线接地电阻安装后呈下降趋势,到40天降阻剂完全固化后,接地电阻不再下降,此时进行接地电阻的测试。

9. 特殊情况的处理

若测试不合格，则注水后再测试，仍不合格需做加极处理，仍按操作工艺再设一处地线、两地线并联，距离应不小于 2 m。

五、施工工具和材料

1. 工具

(1)十字镐 1 把，铁锹 2 把。

(2)打洞工具 1 套。

(3)大盆、水勺和水桶。缺水地区还需备储水设备，以备足施工用水。

(4)灌注降阻剂模具。用薄铁皮自加工 800 mm×250 mm 的模具。

(5)长把毛刷、搅拌木棒各 1 只。

2. 材料

(1)石墨地线。本工程采用辽阳电务段生产的 SMD 型石墨地线。主要参数如下：

a. 比电阻 $\leqslant 9\ \Omega.mm^2/m$

腐蚀率 ≤0.13 mm/年

b. 长度 L (750±50) mm

直径 D (150±2) mm

c. 抗压强度 $\geqslant 200\ kg/cm^2$

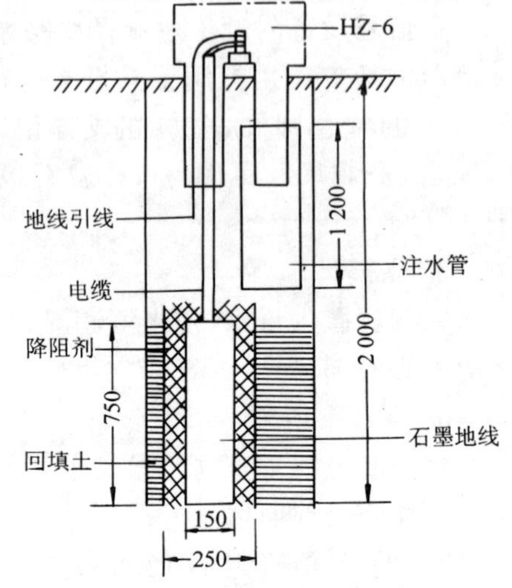

图 2 石墨地线安装示意图(单位：mm)

(2)化学降阻剂

本工程采用富兰克林—民生降阻剂(分 A、B 组)，后来采用单组份的复合磁屏降阻剂，效果相同，单组份使用比较方便。

(3)HZ-6 型电缆盒 1 个，附 2 根电缆保护管及 1 个水泥基础，内径 75 mm；长 1.2 m 硬塑料管一根。

六、质量控制

按本工法施工的石墨地线，质量标准应符合《铁路信号工程质量评定验收》(TBJ 419—87)标准中，第 13.1.1 条至第 13.1.6 条规定。亦应符合铁电务(1987)577 号《铁路信号设备雷电防护办法》第 2.2.1 条至 2.2.4 条规定。

因为降阻剂和石墨地线都比较容易打碎，所以回填土时不能捣固，只能边回填土边浇水，靠土壤自然下沉。复测地线接地电阻时应对电缆盒再次培土。

表 1

项　　目	本工法石墨地线	普通石墨地线
挖土方量	$3\ m^3$	$10\ m^3$
使用劳力	5 工日	10 工日
料费	500 元	500 元
狭窄路肩施工	能	困难
高电阻率地区效果	较好	不好

七、施工的安全保证

按本工法施工的信号石墨地线等安全措施应按《铁路信号施工技术安全规则》(TBJ 406—87)及《铁路行车线上施工技术安全规则》(TBJ 412—87)实施。

八、经济效益比较(见表 1)

在大包线信号工程中使用本工法，石墨地线 458 组，每组比普通石墨地线节约直接费

49.3 元,计节约 22 579 元。

在路肩上不大开挖,不需要点施工,不影响正常行车,可以保证运输安全,保障线路质量,有着一定的社会效益。

九、工程实例

1990 年 3 季度开始施工呼和浩特铁路局大包复线自动闭塞工程,从大包线 K350+500 km 至呼和西站 34 站及区间 280 个信号点。共设地线 400 余处,今将坝王河站至十八站及区间信号点地线 51 处,施工后的实测记录摘抄如表 2 所示。

表 2

地线位置	接地电阻(Ω)	地线位置	接地电阻(Ω)
坝王河站中心	27	葫芦站中心	4.3
XL	3.9	XL	11.5
5001	2.1	5071	10
5006	6.5	5074	23
5013	12	5083	7.8
5020	13.5	5092	7.5
5023	6.1	5095	13.7
5035	12	5017	3.6
5034	12	5018	3.6
三岔口站中心	8.7	八苏木站中心	6
XL	7.8	XL	4.9
5145	12.5	5263	6
5148	11	5268	3
5157	16	5273	6.1
5162	9	5280	4.6
5167	13	5283	6.7
5176	7.7	5292	18
5179	19	5293	27
5188	11	5305	13
5191	6.5	5306	9.5
5200	22.5	5315	7.2
5203	8.5	5322	5
5214	2.1	5325	3.5
5215	2.5	5336	5.5
5225	8	十八台站中心	6.7
5228	8		

共计 51 处,其中最大接地电阻为 27 Ω,最小接地电阻为 2.1 Ω。

10 Ω 以下 32 处,占总数的 63%;10~20 Ω15 处,占总数的 29%;20 Ω 以上不合格 4 处,占总数的 8%。

根据《铁路信号工程质量评定验收标准》(TBJ419—87)中信号防雷装置的接地电阻标准规定:砂土、土夹石地区,地线接地电阻 20 Ω 以下为合格,本段实测 92%达到合格。合格中有 63%都在 10 Ω 以下,远远高于标准,只有 4 处不合格,但经处理后都达到合格。

执笔:刘其盛

33. 信号电缆开启式地下接头盒安装工法

SJGF 04—93

天津工程公司

一、前　　言

信号电缆的接续，现在普遍采用地面方向盒。不仅增大了信号维修的工作量，还存在诸多弊端：在大站电气集中，干线电缆接头盒多达几十个，与方向电缆盒混在一起，增大了紧急处理故障的难度；区间干线电缆接头盒，多在大地或路肩上安装，易受自然灾害和人为破坏，造成信号设备停用，影响铁路运输，危及行车安全。

把地面接续的方向盒改到地下去，是铁路信号工作者多年的愿望。

天津工程公司自 1982 年以来进行开启式地下接头盒的研制和工法的开发，随着材质和工艺的不断改进获得成功。

1992 年经兰州局审查后，在陇海线天水至兰州间部分区段自动闭塞工程中正式使用。该工程 104 正线公里，采用集中移频，使用地下电缆接头盒近 400 个，于 1992 年 11 月至 1993 年 3 月施工，经过近 1 年运用和多次测试，能达到电缆测试的要求，减少了维修工作量和外界影响，保证设备正常使用，受到兰州局的肯定。

1993 年在冷水滩至桂林计轴自动闭塞工程中又通过柳州局的审查，作为计轴电缆接续使用，工程中使用 500 多个，现在该工程正在施工中。

兰州局、柳州局有关电务段对开启式地下电缆接头盒很欢迎，纷纷向我单位订货并索取接续工艺，准备替代使用中的地面电缆接续方向盒。

二、特点及适用范围

1. 盒体采用 ABS 工程塑料，耐腐蚀，机械强度高，适应地下埋设；体积小，重量轻，易操作，便于施工。

2. 芯线接续采用通信施工规范规定的接续工艺，热熔热缩加硅橡胶填充密封，工艺和材质都符合部有关规定。

3. 本工法工艺严谨，可操作性强，成功率高。

4. 盒体可开启，一但出现电缆故障，可作为测试点，便于查找和处理；芯线接续采用绕接方式，便于施工和查找故障，易操作和恢复。

本工法应使用天津工程公司研制开发的地下接头盒，适用于各种既有信号电缆的直通接续工作。

三、关键技术及技术措施

保证良好的密封和电缆绝缘指标，是地下电缆接头盒的关键技术。

根据《电线、电缆手册》绝缘性能试验要求，我们对接头盒和芯线接头进行了浸水绝缘性能试验。

1. 信号电缆芯线接头、密封及绝缘性能试验。

2. 接头盒绝缘性能试验。

3. 为了确认接头盒的密封，进行了接头盒充气密闭试验。

4. 在安装操作中本工法严格两项环节

(1)芯线接续：严格按热封顺序和温度操作，以保证芯线接头的密封和绝缘性能。

(2)密封接头盒：严格掌握密封胶带的缠绕尺寸，以保证接头盒的密封。

四、施工工艺

(一)工艺流程图(见图1)

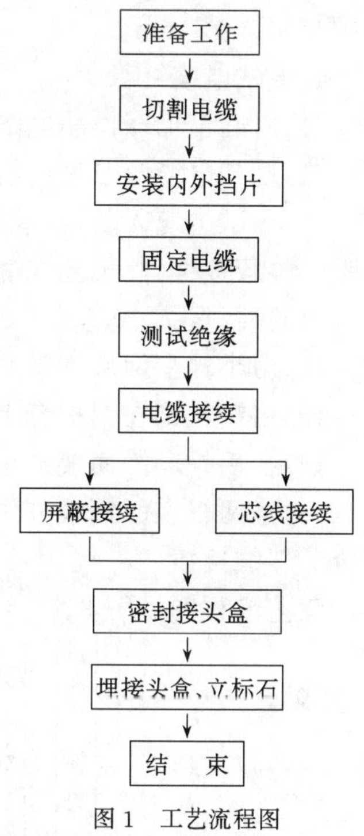

图1　工艺流程图

(二)工艺方法

1. 准备工作

(1)根据接续电缆的外径，提前加工好内外挡片的孔。外档片孔径比电缆外径大0.5 mm，内档片孔径比电缆内护套外径大0.5 mm。

(2)检查所有接续的工具和材料，清洁、干燥、无漏气，接头盒无损伤、无裂纹。

(3)检查接头坑应符合质量要求。

(4)整理操作场地：在接头坑口整理出长1 m、宽0.5 m的操作平地，并把塑料布铺在地面，使用的工具材料均放在塑料布上，不得污染。

2. 切割电缆(见图2)

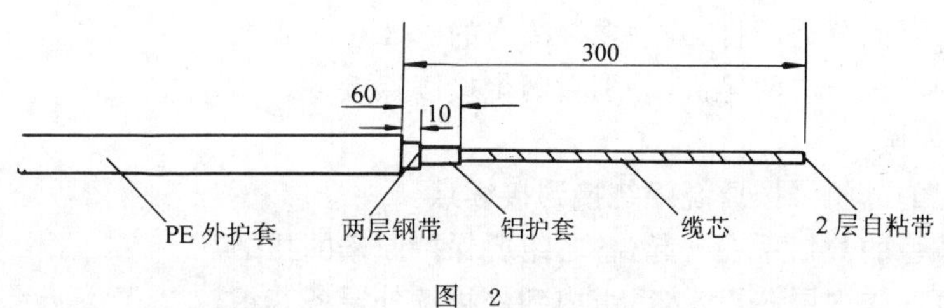

图　2

(1)确认电缆A、B端，A端指向规定方向。

(2)距电缆端头300 mm处，环切电缆外皮，将其剥去，露出钢带。

(3)距外护套切口10 mm处，用钢锯环锯钢带，锯深不可超过钢带厚度的2/3，然后撕开钢带，将钢带撤除。

(4)距外护套切口70 mm内，清洗铝护套的沥青涂层。

(5)用塑料自粘带自外护套切口至钢带切口缠绕2～3层，防止沥青外溢。

(6)距外护套切口60 mm处，用钢锯环锯铝护套，锯深近2/3时停锯，轻轻折断铝护套，并将其抽除，使芯线外露，并在缆芯端头缠包两层自粘带，防止缆芯松散。

注：非铝护套电缆略去(4)(5)工序，(6)工序则距外护套切口60 mm处环切内护套，并将其剥除使芯线外露。

3. 固定电缆

(1)将A、B两端电缆固定在电缆支架上，两端铝护套切口间距180 mm。

(2)安装内外档片，外档片安装在电缆外护套上，内档片安装在电缆内护套上，两档片各距外护套切口 15 mm。

4. 测试电缆绝缘

(1)用酒精棉球擦净电缆头。

(2)打开电缆缆芯最后绕包层，把芯组拢好。

(3)测试电缆无断线、混线及接地故障，并将绝缘测试记录填入接头卡片。

5. 屏蔽接续(此工艺在非铝护套电缆时可以略去)

(1)将两根 7×0.52×380 mm 多股铜芯塑料线两头各剥去外皮 10 mm，镀锡待用。

(2)用小锉在两层钢带交口处打净 10 mm×10 mm 平面并涂上助焊剂，镀上一层焊锡。

(3)用铜丝刷在铝护套上清理出 10 mm×20 mm 平面，打磨干净、光亮。

(4)在铝护套平面镀一层铝焊底料，时间不宜过长，镀好后马上用石蜡降温以免烫坏芯线。

(5)把两根多股铜线分别焊接在 A、B 两端的钢带和铝护套上，并把它们并联在一起。

6. 芯线接续

工艺流程图见图 3。

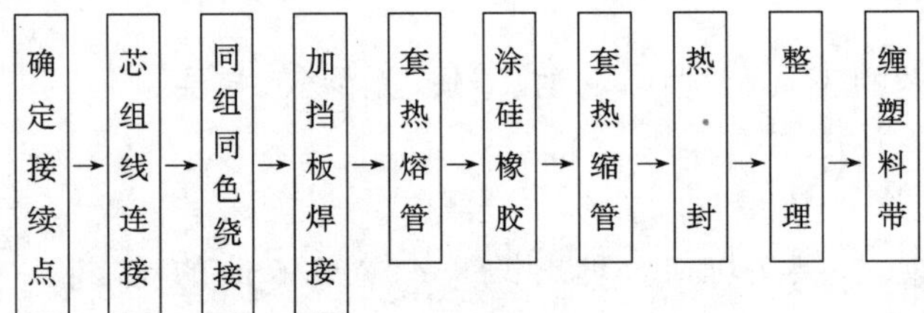

图 3 工艺流程图

(1)确定接续点(见图 4)

①芯线接续可以分为两排，分别在接头室的 1/4 和 3/4 处。

②把接续的芯线分成两等份，分别在两个接续点接续。

(2)芯组线连接

①把各芯组的分组线按原绕距绕接到接续点。

②把各同颜色的分组系在一起，各芯组要保持原来的扭距。

③接续的顺序先内层芯组，然后由内到外接续外层各芯组。

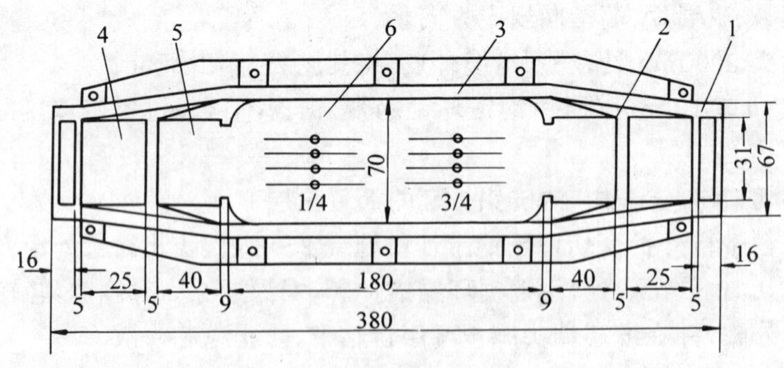

图 4

(3)同组同色芯线绕接(见图 5A)

①把各同组同色的芯线在接续点交叉在一起，自交叉点保留 15 mm 绝缘层，其他剥去使芯线外露。

②每对接续芯线扭绞绕接，聚乙烯绝缘层绕接 15 mm，裸铜线绕接 20 mm，多余部分剪去，要做到绕接紧密，接头长短一致。

(4)加挡板焊接

①挡板的孔洞穿入绕接好的芯线，将挡板推到芯线交叉点，用以遮挡电缆线。

②裸铜线从顶端焊接 5 mm，焊接时不可时间过长，不可使用有腐蚀的焊剂。

(5)把 3×35 mm 热熔管套在裸铜线上(见图 5B)。

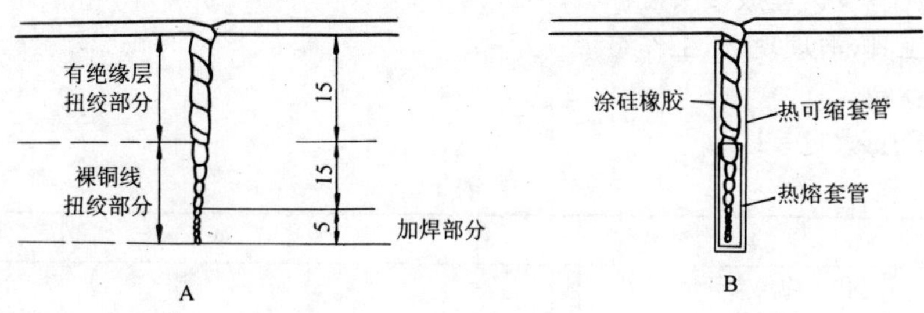

图 5

(6)自芯线剥头处向绝缘层均匀涂抹一层硅橡胶，长度 5 mm。

(7)套上 6×40 mm 热缩管，热缩管套入后，比硅胶层长 2～3 mm。

(8)热封

①把焊笔放在微火位置；

②喷头距热缩管约 30 mm，从根部向顶端均匀加热，这样可把潮气从顶端赶出；

③当热熔管熔接热缩管缩紧后关闭焊笔；

④待接头冷却后取下挡片，把接头倒向一侧，并开始下组芯线热封工作。

(9)全部芯线封闭完，将接头均匀地排成四排。

(10)用塑料带将接头缠绕固定。

7. 密封接头盒(见图 6)

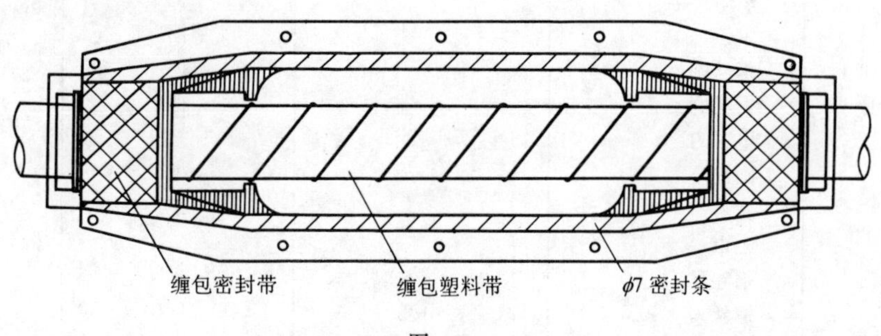

图 6

工艺流程见图 7。

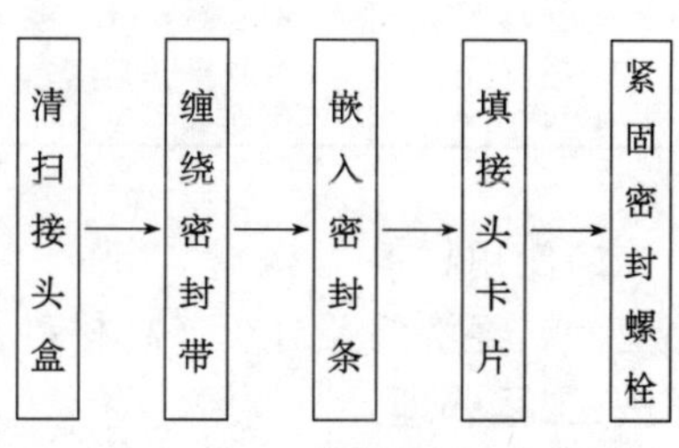

图 7 工艺流程图

(1)清扫接头盒，清洁手和工具，复核内外档片安装尺寸。

(2)打开 30×2 mm 密封胶带包装，将其缠绕在两挡片之间，缠绕紧密均匀，高度应符合规定尺寸，严格操作。

(3)将电缆放入接头盒，把挡片嵌入预留槽中。

(4)打开 $\phi 7 \times 350$ 密封胶条包装，使其整齐嵌入盒体凹槽中，并与密封胶带结合好。

(5)填写接头盒卡片，一式两份，一份放入盒中，一份存档备查。

(6)扣严盒盖，用不锈钢螺丝紧固，紧固时要对角交叉，均匀紧固，使盒体受力均匀，密封良好。

8. 将接头盒落入接头坑底，电缆储备量盘成 Ω 弯，有电缆防护地段应加盖同级防护，电缆弯曲半径符合规范要求。

9. 回填接头盒坑，埋放接头盒标石。

10. 整理工具，清理现场，工作结束。

四、工具材料

(一)使用工具(见表 1)

表 1

序　号	名　称	规　格	单　位	数　量
1	电缆支架		副	1
2	工具袋		个	1
3	打火机		个	1
4	喷灯		只	1
5	钢锯弓子		把	1
6	手锤		把	1
7	克丝钳		把	1
8	扁口钳		把	1
9	尖嘴钳		把	1
10	镊子		把	1
11	壁纸刀		把	1
12	剥线钳		把	1
13	什锦锉		套	1
14	呆扳手	12—14	把	1
15	活口扳手	150 mm	把	1
16	热熔焊笔		把	1
17	木锉		把	1
18	钢丝刷		把	1
19	铜丝刷		把	1
20	电工刀		把	1
21	圆锉		把	1
22	剪刀		把	1
23	毛巾		条	1
24	钢卷尺		只	1
25	螺丝刀	中型	把	1
26	接头挡板		个	1
27	铝针盒		个	1
28	密码箱		个	1
29	钢锯条		根	10

(二)使用材料

见“八、经济效益分析　1. 材料价格比较”。

五、工程管理

地下接头盒的使用，变分向电缆盒的安装工程为隐蔽工程，由于工程性质的改变，必须随之加强工程管理，才能提高工程质量和经济效益，因此需狠抓如下管理环节。

1. 把好进料关，做到各项用料均完好，质优，保证隐蔽工程质量。

2. 做好接续人员培训工作，每一个接续人员必须经过 48 小时的培训和实际操作演练，取得合格证后持证上岗。

3. 敷设电缆时，一定按接头盒的标准留好电缆备用，而不能按地面方向盒留备用量，避免造成浪费。

4. 严把 A、B 端接续、绝缘测试、接头卡片等施工管理环节。做到每个接头盒都有资料可查。

5. 接头盒的安装位置必须如实地记录在工程日志中，填写在电缆径路图上，做到准确无误。

六、质量要求

信号电缆接续由地上改为地下是较大的技术变革。由于接头盒设于地下，无法日常维修，因此严格按工艺施工，确保质量尤为重要。要求操作者必须按标准施工，一丝不苟，做到百年大计，质量第一。现按施工工艺流程提出如下质量要求：

(一)准备工作

1. 雨天和大风天不得进行接续工作。

2. 接头坑应挖在电缆沟较开阔一侧，深度与电缆同深，0.8 m×1 m 的方坑。

(二)切剥电缆

1. 确定电缆 A、B 端，必须 A、B 端接续，A 端指向规定方向。

2. 切剥电缆时严禁伤及芯线绝缘层和芯线。

3. 电缆做头切剥每端长度 300 mm，电缆接续后余留储备量每端不得小于 1 m。

(三)安装内外挡片的尺寸应符合接头盒密封的要求。

(四)固定电缆

1. 核实 A、B 端，做好记录。

2. 电缆的固定尺寸必须和接头盒相应尺寸相符，电缆弯曲半径不得小于外径的 15 倍。

(五)测试绝缘

电缆的线间、对地绝缘必须符合规定要求，否则不得接续。

(六)屏蔽接续

1. 钢带及铝护套焊点应光滑无毛刺，无假焊，焊接面积不小于 1 cm^2。

2. 铝护套焊接时，连续焊接时间不得超过 4 分钟，并及时用石蜡降温，以免烫伤芯线。

3. 钢带与铝护套应并联焊在一起。

(七)芯线接续

1. 芯线及芯组接续应保持原扭距，同组、同颜色相接。

2. 芯线扭接应美观、牢固。

3. 焊接部位光滑无毛刺，不得使用腐蚀性焊剂。

4. 硅橡胶涂布均匀、完整。

5. 热封温度掌握在 130 ℃左右，加热均匀，确保密封良好。

6. 接续位置分布整齐，接头长短一致。

(八)密封接头盒

1. 接头盒密封槽内壁清洁无杂物。

2. 绕包密封胶带时，必须严格按尺寸操作。

3.认真填写接头卡片。

4.拧紧各部位螺栓时要交叉进行,均匀用力,不得偏重。

5.紧固件必须用不锈钢螺栓,不得用其他材料代替。

(九)埋接头盒之标石

1.电缆备用量的弯曲半径必须满足规范要求。

2.要用软土防护,电缆和接头盒不得接触石头等硬物。

3.应及时埋设接头盒标石,标石埋设应准确。

(十)做到工作完毕,场地清洁。

七、安全措施

安装电缆接头盒是铁路旁的工作,应严格执行部颁标准《铁路信号施工技术安全规则》(TBJ 406—87)和《铁路行车线上施工技术安全规则》(TBJ 412—87),结合接头盒的具体工作,补充如下安全措施:

1.使用工具材料不得超限放置。

2.使用焊笔焊接热封时,注意火苗方向,焊笔关闭后应放在规定位置,防止烫伤。

3.切剥电缆使用刀具应防止刺伤,刀具用毕及时回鞘。

八、经济效益分析

用地下电缆接头盒替代HF-7型分向电缆盒,即省料又省工,而且减少日常维修工作,保障行车安全,可以说经济效益、社会效益双受益。

1.材料价格比较(见表2)

表2

分类	材料名称	规格	单位	数量	单价(元)	合价(元)
地下接头盒	ABS工程塑料接头盒		盘	1	124.60	124.60
	硅橡胶		袋	0.2	5.50	1.10
	热熔、热缩管	配套	套	50	0.4	20.00
	铜芯聚氯乙烯绝缘线	7×0.52	米	0.8	0.6	0.48
	塑料带	20×20 m	盘	0.3	4.00	1.20
	塑料带、自粘带		盘	0.1	2.00	0.20
	丁烷气		筒	0.02	12.00	2.40
	焊锡丝		kg	0.05	39.40	2.00
	其他材料费		元		1.00	1.00
	合计					152.98
分向电缆盒	HF-7型分向盒		个		394.00	394.00
	调合漆		kg	0.3	10.40	3.12
	绝缘胶		kg	2.5	2.30	5.75
	基础		对	1.00	5.68	5.68
	其他材料费		元		1.00	1.00
	合计		元			409.55

材料费节约256.57元。

2.用工情况分析

(1)HF-7 分向电缆盒定额用工情况

①安装工时　　3 工日；

②基础预制埋设　　1.08 工日；

③培土用工　　0.3 工日；　　　合计:4.38 工日。

(2)地下电缆接头盒实际用工

①挖接头盒坑及回填　　0.5 工日；

②接续及做盒　　1 工日；

③准备及测试　　0.5 工日；　　　合计:2 工日。

节约 2.38 工日。按 448 号文计算工费管理费 67.62 元

3.电缆做头使用量及备用量

(1)分向电缆盒每端出土做头 2 m,储备 2 m,每盒 8 m。

(2)地下接头盒做头 0.3 m,储备 1 m,每盒 2.6 m。

节约 5.4 m 电缆,以 PZy22 型 30 芯电缆为例:27.70×5.4=147.96 元。

每个地下电缆接头盒比地面方向盒总计节省 472.15 元。

关于改为地下接头盒后减少地面维修量,降低因自然灾害和人为破坏而影响信号显示,中断铁路运输的故障率和提高站内紧急处理故障的效率,保证行车安全等社会效益是无法用价值计算的。

九、工程实例

1.1992 年我单位施工陇海线天水至兰州段自动闭塞工程部分区段使用地下接头盒近 400 个。

2.1993 年我单位与北京工程部、柳州电务工程段共同施工湘桂线冷水滩至桂林计轴自动闭塞工程,此盒做为计轴电缆接头盒使用 500 多个。

执笔:边旭东

34. 集中移频自动闭塞开通试验工法

SJGF10—93

济南工程公司

一、前　　言

本工法为指导广深线通信信号工程中，新塘至仙村间移频自动闭塞工程的试验进行研究开发。适用于新建、技术改造工程集中移频自动闭塞区段的试验。

集中移频自动闭塞的试验，涉及到电子设备、电缆线路等，配线调试工作量大。因此，调试工作的好与坏，关系到自动闭塞功能能否得以正确实现。本工法采取集中预配、模拟联试，到现场直接安装，减少现场调试工作量，节约试验封锁时间。

1992 年在广深线新塘至仙村间移频自动闭塞区段的开通试验中应用，获得成功。

二、特　　点

1. 现场试验工作简便，减少对行车的影响。

2. 集中预配、模拟联试，使各相关动作正确，从而实现自动闭塞功能。

三、适用范围

本工法适用于新建或技术改造工程中，电化和非电化区段的集中移频自动闭塞试验。

四、工艺原理

各种地面设备，通过集中预配、模拟联试，逐个确认动作正确后，到现场安装、联调，确保移频自动闭塞的各项功能，得以正确实现，并减少现场调试时间。

五、施工工艺

（一）工艺流程（见图 1）

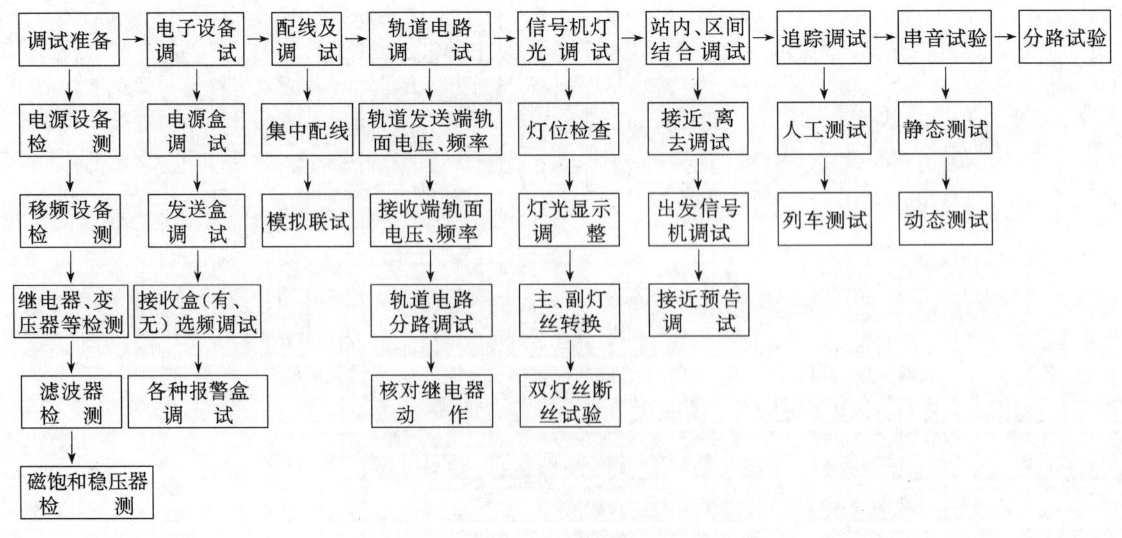

图 1　工艺流程图

(二)工艺操作

1. 调试准备

核对站内和区间的移频架、组合架、综合架、变压器箱、扼流变压器、稳压器、电缆盒、信号机等设备的安装位置、型号、频率配置及配线。

检查防雷单元的放电元件,不应有短路现象,并区分接收与发送防雷单元。

检查电源线、信号条件线、保险丝容量等符合产品技术条件或设计文件规定。

2. 电子设备测试

发送设备检查:调制频率、有关继电器动作、轨面电压、功放输出电压等;

接收设备检查:各种频率时的工作是否稳定、受电端轨面电压等;

电源设备检查:输入输出电压是否符合要求。

3. 配线及调试

配线采用两端作标志和样板配线,并进行导通和核对,检查无误后,进行:

(1)局部试验,逐架确认动作正确;

(2)模拟联试,室外设备用模拟电路替代,确认所有功能正确。

4. 轨道电路调试

对轨道电路送、受电端的轨面电压,轨道电路分路灵敏度以及邻线干扰等进行测试并调整。对钢轨绝缘进行破损试验。

5. 信号机灯光调试

检查信号机透镜玻璃的安装位置,要认真确认低频信息、信号继电器、信号机灯光显示三者一致;对主、副灯丝进行断丝和双断试验,以免出现信号错误显示。

6. 站内、区间结合调试

进行接近、离去区段的占用和未占用试验,控制台的显示应正确;并进行出发信号机灯光试验。

除进行列车运行试验外,可用人工分路进行试验。

7. 追踪调试

新建工程,可利用轨道车作追踪试验,技改工程区间可用人工分路轨道电路的模拟方式进行追踪试验。

8. 串音试验

集中移频自动闭塞区段,应进行串音试验。

9. 分路试验

电气化区段在站内轨道电路的一送多受区段,应逐个对受电端进行分路试验;区间接收设备,用 0.06 Ω 电阻线进行分路试验。以上试验,均应符合设计文件要求或设备技术条件。

六、机具设备

区间内 5 个信号点施工的主要机具设备见表 1。

表 1　主要机具设备

序　号	名　　称	单　位	数　量	备　注
1	轨道车　黄河 160 马力	台	1	
2	平板车　30～60 t	辆	1	
3	手锤	把	5	

续上表

序　号	名　　称	单　位	数　量	备　注
4	扳手　300 mm	把	5	
5	电工工具	套	6	
6	数字万用表	块	6	
7	高内阻耳机	副	6	
8	移频测试仪	块	2	
9	对讲机	台	6	
10	电铬铁　75 W	把	1	
11	电铬铁　50 W	把	5	
12	电铬铁　25 W	把	1	
13	鳄鱼夹短路线	条	12	
14	汽车　双排座位 1.5 t	辆	1	

七、质量控制

(一)质量标准

本工法遵守以下各项部颁标准：

《铁路信号施工规范》(TBJ 206—86)；

《铁路信号工程质量评定验收标准》(TBJ 419—87)；

《铁路灯光信号颜色》(TB 2081—89)；

《铁路直丝信号灯泡》(TB 1917—87)；

《轨道电路用绝缘板》(TB 1949—87)。

(二)质量控制

1. 各种电子设备的电气技术指标和机械性能，应符合设计文件要求和设备技术条件。

2. 所有地面设备，外观应完整，其技术指标符合设计文件要求和设备技术条件。

3. 质量控制点

(1)交流供电电压：198～242 V。

(2)在各种显示状态下，灯泡电压：10.5～11.4 V。

(3)发送盒的轨面电压

a. 轨面电压一般不小于 3.3 V。

b. 经两级匹配变压器，功放输出电压不小于 5.9 V。

(4)接收盒继电器电压和轨面电压

a. 继电器电压，不小于 17.5 V。

b. 一般在晴天时，受电端轨面电压为 0.3～1.5 V，但最低电压不小于 0.1V。

八、劳动组织

1. 集中配线、联试，为 4～5 人，其中：班长 1 人，技术员 1 人，信号工 2～3 人。

2. 区间试验，视信号点的多少确定，一般为 12～17 人，其中：班长 1 人，技术员 1 人，轨道车(或汽车)司机 2 人，信号工 8～13 人。

每个信号点：2 人。

站内：5 人。

九、安全注意事项

应遵守铁道部颁《铁路信号施工技术安全规则》(TBJ 405—87)，在调试过程中，还应注意下列事项：

1. 调试前，应注意检查电源电压、各种熔丝规格，确认符合技术条件后，方可接入电源。

2. 在运营线路上施工时，工作段两端应设专人防护，并携带防护旗、喇叭、口笛等用品。

3. 严禁擅自动用线路上原有设备，必须动用时，应事先与有关部门联系，登记、要点，事毕应请有关部门确认。

十、效益分析

本工法对配线和联试工作改为集中进行，有利于及时发现和纠正错误动作，减少现场调试时间，更重要的是减少了试验封锁时间，使调试工作对行车的影响，降低到最低限度；并确保自动闭塞的各项功能正确实现。对尽快发挥投资效益，提高运输能力，促进现代化建设，发挥了较好的社会效益。

十一、工程实例

1992 年，在广深线通信信号工程，新塘站至仙村站间，全长 12 km 的复线移频自动闭塞(集中)工程，应用本工法。联锁导通试验用 30 分钟，验收开通用 6 小时，比原定开通时间提前 2 小时。安装和设备配线质量，以及各项测试数据，均达到验标的规定，得到了建设单位的好评。

执笔：刁明远

35. 分散式自动闭塞模拟试验工法

SJGF 04—94

天津工程公司

一、前　言

自动闭塞是提高铁路区间通过能力，保证行车安全的有效途径。分散式自动闭塞又以其投资少，施工工期短，见效快受到平原地区铁路运输部门的普遍欢迎。

分散式自动闭塞的设备安装在区间，控制距离较远，交通和通信联系都不便，区间信号点又是露天作业，受气候、列车运行等环境影响较大，出现电路问题不易验证，联锁试验较困难。

分散式自动闭塞大修工程或缩短追踪时间的技术改造工程（如 10 改 8，8 改 6 工程）是在原有设备运行中施工，要求施工单位在施工中既不影响原有信号设备，又要保证开通时压缩新旧设备倒换时间，减少对运输的影响。

一方面环境不利，另一方面运输要求高，为适应这种不利的条件，我公司于 1979 年天津—北京交流计数自动闭塞大修工程中进行了分散式自动闭塞模拟试验方法的开发研制，经过多年多项工程的实践，修订形成本工法。

二、工法的特点及适用范围

1. 组成继电器箱（或移频箱）四箱闭合回路，进行模拟联锁试验，使每个信号点的各种工作状态都能得到试验，模拟试验彻底准确，有利于标准化，规范化。

2. 克服区间分散，交通、通信联系不便及易受气候和运输的干扰等不利因素，可节约大量的间接工时，改善劳动强度，提高工作效率。

3. 在施工单位模拟试验的基础上，电务段可进行箱内配线验收和模拟试验，使接管单位对设备质量及联锁关系心中有底，既有利于提高工程质量又有利于开通工作。

4. 减少开通试验工作量，缩小了故障发生范围，可以压缩开通换装时间，提高运输效益。

本工法适用于复线单方向的交流计数或移频分散式自动闭塞等工程的模拟试验工作。

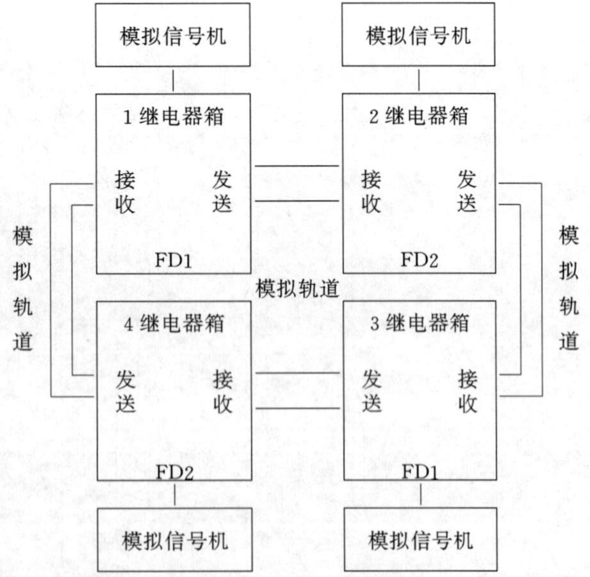

图 1　模拟试验方框图

三、工艺原理

本工法的工艺原理，是根据分散式自动闭塞联锁试验的技术要求，采用模拟手段，解决传递信息的通道，用四个继电器箱（或移频箱）组成环形闭合回路，实现联锁试验的各种逻辑电路的要求，其原理方框图见图 1。

图中是按交流计数自动闭塞设备布置，若移频自动闭塞改为移频箱，设备类型则为550(650)—750(850)—550(650)—750(850)闭合回路。

在四箱环形闭合回路进行各种试验正确无误的基础上，以三箱为“母机”固定不动，以一箱为“子机”根据现场设备类型进行替换(FD1或FD2)，这样既可减少设备倒替时间，提高工作效率，又有利于设备稳定，提高试验准确性。

四、试验工艺

(一)工艺流程图(见图2)

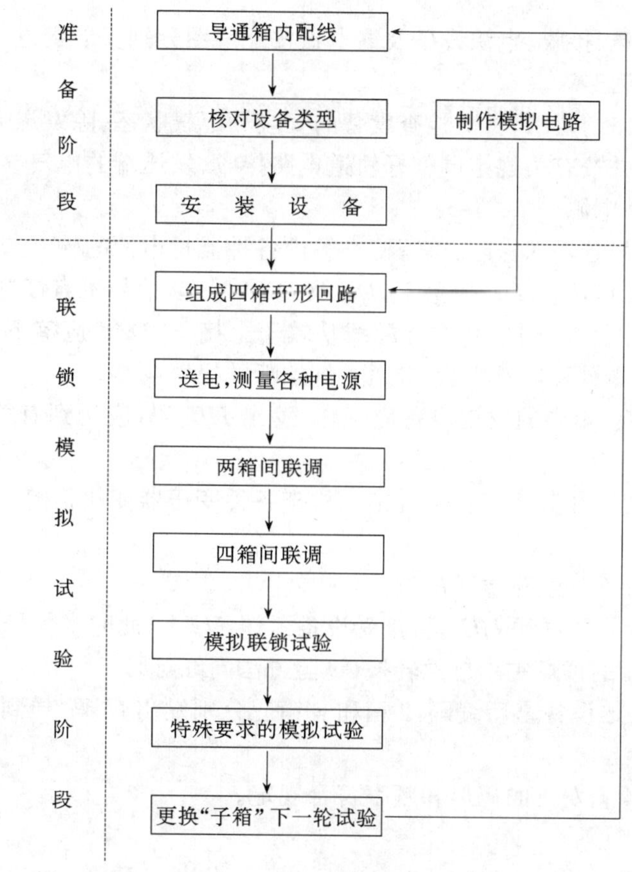

图2 工艺流程图

(二)工艺方法

分散式自动闭塞的技术制式主要有交流计数和移频，各种技术制式的电气指标各不相同，但其联锁试验条件均是一致的。本工法以交流计数制式为例，就试验程序和方法予以说明。其他技术制式可比照进行。

1.导通箱内配线

用万用表或电铃核对继电器箱内配线与图纸相符，正确无误。

2.核对设备类型

按照区间设备布置图规定的类型，核对各箱应采用的设备类型正确，各种电阻、电容规格和额定值正确无误，继电器鉴别销正确无误，无遗漏。

3.制作模拟电路

(1)制作模拟信号机

①用 12 V、25 V 双丝灯泡,分别从主、副丝及回线焊接 3 条线,并用颜色加以区别;

②按照通过信号机的灯光配置,制成模拟信号机;

③把模拟信号机的点灯线按用途引到箱内配线端子上。

(2)制作轨道模拟电路

用两根 7×0.52 铜芯塑料线,按照环形闭合回路的连接方式,分别连接每箱的接收端,并根据不同的技术制式增加线路衰耗。发送端的连接按照试验程序要求分别进行。

4.安装设备

将箱内的各种发送、接收、电源设备及继电器按配线图分别安装到位。

5.组成四箱环形回路

按照四箱环形回路的要求,再次检查设备的安装和配线状态,除发送端模拟线不连接外其他配线均应连接好。并按有关规定调整好轨道电路接收、发送端的电气参数。

6.送电、测量各种电源

(1)将电源接通,只挂输入保险,单箱检查箱内各种器材电源的输入与输出符合技术指标。

(2)接收设备不工作,*UJ*、*LJ*、应落下,*DJ* 及 *DZJ* 吸起,信号机点红灯。

(3)试验红灯主副灯丝转换:将主丝配线从端子上摘下,*DZJ* 应落下点亮副丝,此时在箱内报警配线端子上能测量到报警状态,接通主灯丝断丝报警电路。

(4)接通输出保险,箱内的发送设备应工作,发出 *HU* 码,应送到有关设备上并经过该设备接到发送端子上。

(5)测量发送的码形和频率应符合规定。检查各种变压器变比正确。

7.两箱间联调

(1)连接 1 箱和 3 箱的发送端子配线。

(2)2 箱和 4 箱应分别收到 *HU* 码,接受设备工作,*UJ*↑,此时本信号点应当点黄灯。

(3)分别试验各箱的黄灯主副灯丝转换(试验方法同红灯)。

(4)由于 *UJ*↑发送设备重新编码,2 箱和 4 箱应分别发出 *U* 码,送到有关设备上,并经过该设备接到发送端子上。

(5)测量 2 箱和 4 箱发送的码形和频率符合规定。

8.四箱间联调

(1)连接 2 箱发送。此时 2 箱在接收 *HU* 码状态,发出 *U* 码。

(2)3 箱接受到 *U* 码,接收设备应工作,使该箱 *LJ*↑信号机点绿灯。编码电路由 *U* 码转为 *L* 码。

(3)试验该箱绿灯状态的主副灯丝转换。

(4)测量 3 箱发送的码形和频率符合规定。

(5)4 箱接受到 *L* 码,接收设备工作状态变化,使该箱 *LJ*↑*UJ*↓信号机点绿灯。编码电路由 *U* 码转为 *L* 码。

(6)试验 4 箱绿灯状态的主副灯丝转换。

(7)测量 4 箱发送的码形和频率符合规定。

(8)连接 4 箱发送,此时 1 箱接受到 *L* 码,该箱接收设备工作,*LJ*↑信号机亮绿灯。编码电路由 *HU* 码转为 *L* 码。

(9)试验 1 箱绿灯主副灯丝转换。

(10)测量1箱发送的码形和频率符合规定。

(11)2箱接受到L码,接受设备工作状态变化,使该箱$LJ\uparrow UJ\downarrow$信号机点绿灯。编码电路由U码转为L码,测量2箱L码的码形和频率符合规定。

至此四箱信号机均点绿灯而且都发送L码,各箱工作状态应正常,若有故障应查找克服。

9.模拟联锁试验

(1)摘掉或短路1箱接收端子线,使1箱处于无接收状态,1箱信号机点红灯,2箱信号机点黄灯,3箱信号机点绿灯,4箱信号机点绿灯。

检查各箱工作状态正确,发送码形和频率符合规定。

(2)1箱信号机红灯断丝,本箱信号机灭灯,发送端子无码形,2箱信号机应点红灯,实现灯光转移。相应3箱信号机应点黄灯,4箱信号机应点绿灯。

(3)2箱在点黄灯状态下,信号机黄灯断丝,本箱信号机灭灯,发送HU码,3箱信号机应点黄灯,4箱信号机应点绿灯。

(4)恢复2箱信号机黄灯灯丝,本信号机应点黄灯,3箱信号机应点绿灯。3箱信号机绿灯断丝,本箱信号机应灭灯,发送HU码,4箱信号机应点黄灯。

(5)恢复3箱信号机绿灯灯丝,本信号机应点绿灯,4箱信号机应点绿灯。

(6)恢复1箱接收和红灯断丝,各箱信号机均应点绿灯。

再以2箱为始点,重复(1)～(6)试验内容;再以3箱,再以4箱为始点分别重复(1)～(6)试验内容,各箱工作状态应正确无误。

10.特殊要求的模拟试验

(1)一接近有关信号点接近电源的试验

先测量输入端子直流电源极性正确。

测量输出端子,在该信号机防护区段无车占用$UJ\uparrow$(或$LJ\uparrow$)输出正极性电源;有车占用$UJ\downarrow$输出负极性电源。

(2)二接近有关信号机接近通知的试验

在接近通知输入端子接通直流电源。测量输出端子,在该信号机防护区段无车占用$UJ\uparrow$(或$LJ\uparrow$)有输出电源并且极性与输入端相同,有车占用时$UJ\downarrow$输出端无电源输出。

(3)允许信号的试验

本试验只对装有允许信号的信号点试验。

①制作模拟信号:取12 V、25 V灯泡焊接主灯丝及回线并引至相应端子上。

②当本信号机点红灯时,允许信号亮灯,主体信号机灭时允许信号亮灯。

③当本信号机点允许灯光时,允许信号灭灯。

注意由于允许信号和红灯同时亮灯,该信号点的信号机点灯输出保险应换成5 A。

(4)带有主副机互倒设备的试验

①在主机的电源、发送、接收任何一种状态发生故障时都应自动转到副机,并同时接通主机故障报警电路。

②副机和主机在各种联锁关系上都起相同作用,因此,主副机的各种状态均应分别进行模拟联锁试验,试验方法与单机相同。

③当主机故障克服后,设备应能手动恢复到主机工作状态,同时切断主机故障报警电路。

(5)对于各种电气参数,在不违背有关技术规定的原则下,应按照电务段提供的数据一次调整到位(如灯压、可调电阻等)。

11. 更换“子箱”进入下一轮试验

(1)试验完毕验收合格后，按照设备布置图标明各箱使用处所，准备把“子箱”联入闭合回路，撤换的继电器箱设备型号应一致。

(2)“子箱”入网后，按照试验步骤重点对“子箱”的输出、输入及设备动作状态进行试验和验收。循环往复，直至全部设备试验工作完成。

五、工具设备

1. 每一闭合回路需用设备 4 套，设备类型符合图纸要求。

2. 万用表 2 块。

3. 专用测试仪表 1 套(与设备类型配套)。

4. 电烙铁 2 把。

5. 专用运输小车 1 辆。

6. 电工小工具 2 套。

六、施工组织

1. 在组成闭合回路和四箱间的模拟试验阶段，需 4 人一起配合，每箱 1 人。

2. 进入“子箱”试验阶段，只需 2 人即可完成试验工作。

3. 因此在设备数量允许的情况下应组成 2 个闭合回路，分别进行联调；进入更换“子箱”阶段，可分成 2 组，加快试验进度。

七、质量要求

信号工程的模拟试验是工程的后期工序，也是最重要的工序。模拟试验工作的好坏对于保证联锁关系和设备投产后的行车安全，有着重要的影响，也直接体现了施工队伍的技术素质和技术水平。因此从参加试验人员的选派，试验方案的制定都须慎重稳妥。为此提出如下质量保证措施：

1. 按照自动闭塞联锁试验技术条件，认真进行模拟联锁试验，不得漏项。

2. 模拟试验后，要认真核对箱内配线的实际结果与图相符，不得多线或少线。

3. 本工法所述仅是箱内联锁条件模拟试验，在开通时必须进行下列各种联锁试验：轨道电路调整状态、分路状态、断路状态、机车信号入口电流的各种试验；信号灯光确认及主副灯丝转换的试验；报警条件、接近条件的架空线及电缆的核对和试验；设备运转正常后核对列车运行状态下各信号点的联锁关系。

4. 本工法只提供试验工艺，由于各类设备及各个工程选用设备类型不同，因此有关电气参数请按工程设计要求调试。

八、安全措施

认真执行《铁路信号施工技术安全规则》(TBJ 406—87)第十一章安全用电部分，现根据联锁试验的具体工作制定如下措施：

1. 注意各种设备的 220 V 输入端子，以防试验中电击伤。

2. 在试验中需要改线时应切断引入电源，以防电烙铁或焊锡丝造成混电烧坏设备。

3. 电烙铁一定要设支架，以免烫人或烧坏设备。

4. 各种输入输出临时保险不得高于额定值，以免烧损设备。

九、经济效益分析

采用本工法进行分散式自动闭塞模拟试验，变现场试验为驻地试验，降低劳动强度，提高工作效率，节省运输台班。经考核，4 人试验每天能完成 8 箱，联锁试验彻底，缩小故障发生范围，有利开通工作，有较大的经济效益和社会效益(见表 1)。

表 1　效益比较表

内　　容	现　场　试　验	集中试验	效　　果
每站间区间投入技术人员(以 8 个信号点为例)	18 人	4 人	节省劳力
每站间区间投入车辆	1 台班	0 台班	节省台班
作业环境及劳动强度	受行车及气候干扰较强	不受干扰	改　　善
设备开通换装要点时间	较长	较短	有利运输

在自动闭塞大修工程中，由于老设备在运行中无法联通轨道信息，因此试验工作必须在开通时进行，这样就加大了开通工作量和开通时间。采用本工法后缩短了试验范围和处理故障时间，为运输创造了较好的社会效益。

十、工程实例

1979～1980 年　北京至天津交流计数自动闭塞大修工程；

1983～1988 年　南仓至秦皇岛交流计数自动闭塞大修工程；

1985～1987 年　洛阳至孟塬电化区段自动闭塞工程；

1991～1993 年　大同至包头移频自动闭塞工程。

以上工程均是分散式自动闭塞工程，采用集中试验取得良好的经济效益和社会效益。

执笔：边旭东

36. 可动心轨电液转辙设备安装工法

SJGF 04—97

济南工程公司

一、前　　言

本工法是针对广深准高速铁路技改工程可动心轨电液转辙设备安装而研究开发。适用于新建或既有线可动心轨电液转辙设备安装。

可动心轨电液转辙设备，在我国第一条准高速铁路线上首次应用。施工难度大、安全技术条件高，是本工程的专项攻关项目。

电液转辙设备，集机械、电气、液压技术为一体，是一项综合性施工工艺。电液转辙设备采用了内外双重锁闭，燕尾式外锁闭装置安装是本工法的关键。

本工法采用“道下预装、上道总装联锁调试”工艺，减少了占用运营线路的时间。1993 年 10 月在广深准高速铁路技改工程——下元车站试点成功之后，已在该线 8 个站 94 组可动心轨电液转辙设备安装中推行应用。

二、特　　点

1. 在线路外预铺道岔上安装电液转辙设备，减少了占用运营线路时间。

2. 减少了电液转辙设备上道联锁调试工作量，确保了施工质量和安全生产。

三、适用范围

本工法适用于新建或既有线技术改造工程中可动心轨电液转辙设备安装。

四、工艺原理

可动心轨电液转辙设备采用“道下预装、上道总装联锁调试”工艺。在工务线外预铺道岔的同时，电务人员在道下进行 ZYJ4 型电液转辙机、SH5 型转换锁闭器、燕尾式外锁闭装置预装预调。道岔上道就位后，安装液压站、油管路、电缆终端盒连线，联锁调试。从而减少了占用运营线路时间，缩短了工期，保证了施工质量和安全生产。

五、施工工艺

（一）工艺流程（见图 1）

（二）工艺操作

可动心轨电液转辙设备安装示意图见图 2。

1. 施工准备

(1)核对设计图纸：核实器材规格、型号、数量。

(2)现场调查：熟悉设备安装位置。

(3)技术培训：对施工人员进行技术培训，掌握工艺程序、工艺标准、安装要领。

2. 道下预装外锁闭装置

(1)安装接头铁拉板、心轨连接铁

安装心轨第一牵引点接头铁拉板与心轨、接头铁用螺栓及销轴连接;心轨第二牵引点心轨连接铁与心轨、燕尾锁块用螺栓及销轴连接。

安装接头铁拉板和心轨连接铁的偏心滑块,其窄面应置于托架短轨侧,滑块、销轴结合部位应滑动、转动自如。

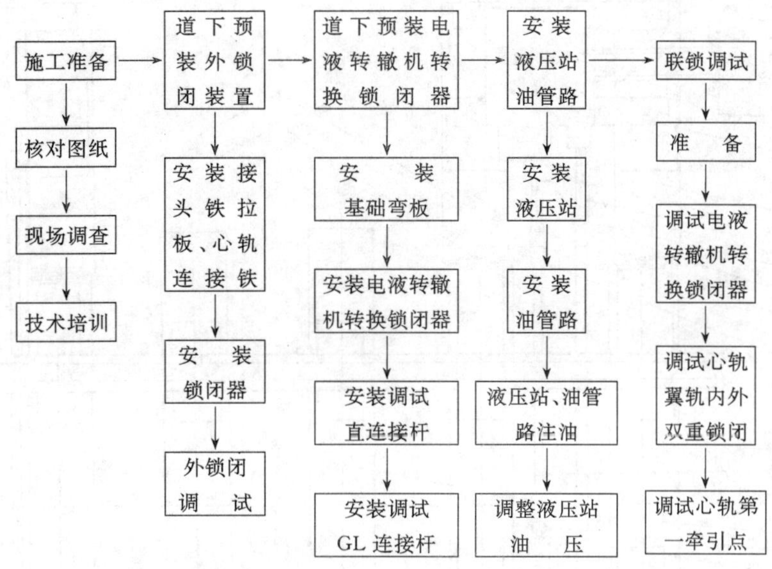

图1 工艺流程图

(2)安装锁闭铁

心轨密贴翼轨一侧后,将外锁闭杆放入待装位置,用销轴把接头铁与燕尾锁块置入衬套,用销轴连接。用燕尾锁块钩,钩住锁闭杆,把斥离心轨一侧锁块的燕尾装入锁闭杆的燕尾槽,套入锁闭铁内,用螺栓将锁闭铁与短轨连接。然后以相同的程序安装另一侧锁闭铁。

(3)外锁闭调试

外锁闭安装后,调整偏心滑块、心轨连接铁与心轨轨腰间的调整片及托架短轨扣件,用撬棍拨动心轨与翼轨在定、反位密贴。外锁闭锁铁处燕尾块准确到位锁闭。

3.道下预装电液转辙机、转换锁闭器

(1)安装基础弯板

基础弯板应与道岔直股、转辙机固定板垂直,基础弯板与钢轨垫板加绝缘件用螺栓连接紧固。

基础弯板与枕木的固定,电液转辙机和转换锁闭器与外锁闭连接,心轨与翼轨定、反位密贴,外锁闭准确到位锁闭后,方可在枕木上打孔并用长螺栓由下向上插入紧固。

(2)安装电液转辙机、转换锁闭器

将电液转辙机和转换锁闭器,用螺栓分别与心轨一、二牵引点基础弯板和转辙机固定板固定。转辙机在直股侧安装,应与道岔直股基本轨平行;在弯股侧安装,为保证转辙机与基本轨平行,基础弯板与钢轨垫板之间用调整片调整平齐。

(3)安装调试直连接杆

用螺栓销将电液转辙机转换锁闭器的动作杆与直连接杆、外锁闭杆连接,调整基础弯板位置,使“三杆”在同一中心线上。

调整直连接杆。手动操作电液转辙机或转换锁闭器，使心轨在定、反位时，外锁闭动程两侧相差不超过 2 mm，心轨与翼轨密贴，燕尾锁块准确到位锁闭。

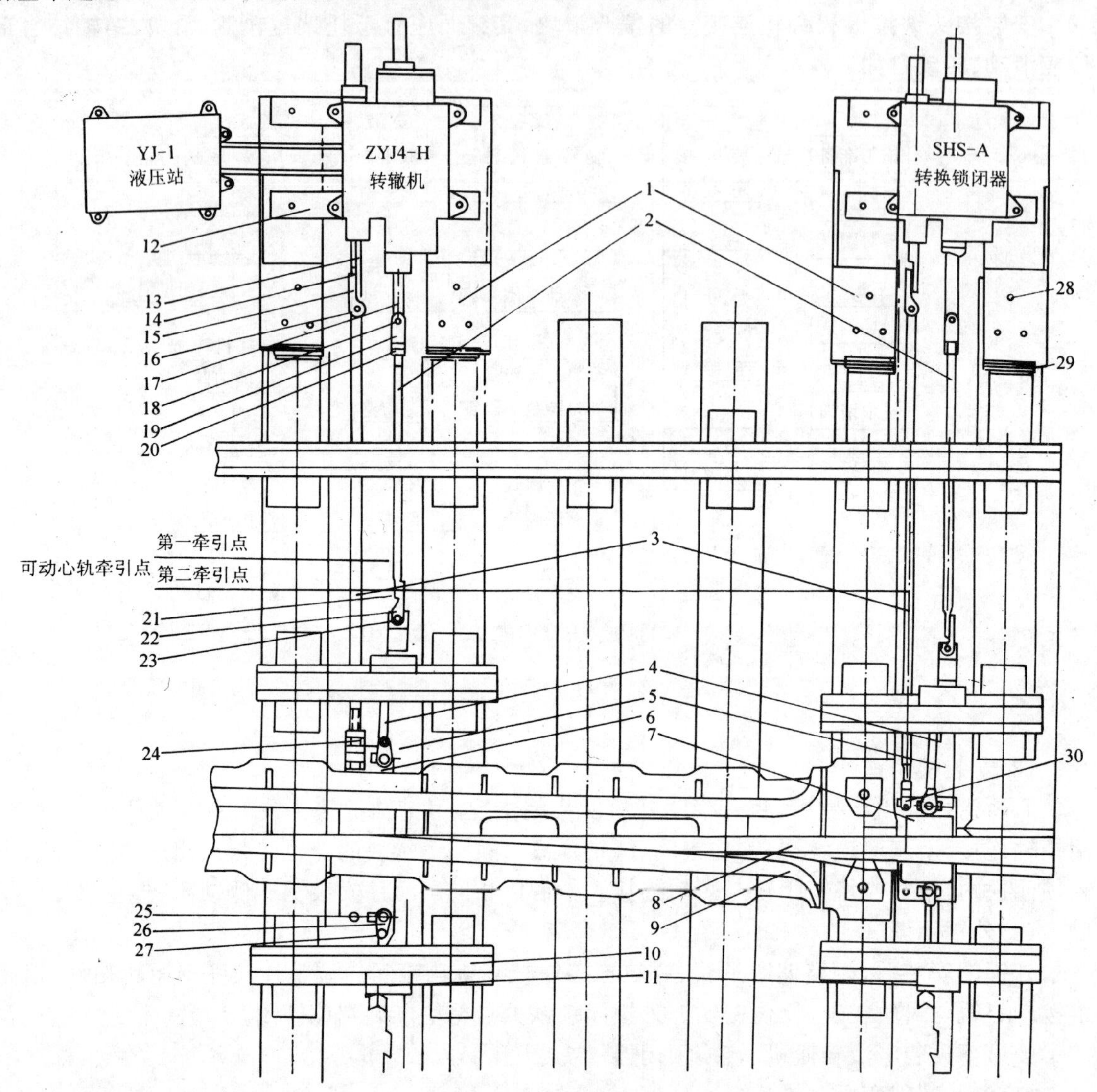

图 2　可动心轨电液转辙机设备安装示意图

1—基础弯板；2—直连接杆；3—GL 连接杆；4—燕尾锁块；5—锁闭杆；6—接头铁拉板；7—心轨连接铁；8—可动心轨；9—翼轨；10—短轨；11—锁闭铁；12—钢板；13—转辙机表示杆；14—螺栓带母；15—GL 连接杆接头铁；16—螺栓销带母；17—转辙机动作杆；18—螺栓销带母；19—直连接杆接头铁；20—螺母；21—螺栓带母；22—螺栓接头；23—螺栓销带母；24—活接螺栓带母；25—销轴、偏心滑块；26—燕尾销块接头；27—销轴、衬套、钩；28—螺栓带母；29—螺栓带母、调整片、绝缘件；30—GL 连接杆连接铁、连接销。

(4)安装调试 GL 连接杆

用螺栓销活接螺栓将转辙机、转换锁闭器的表示杆与 GL 连接杆、接头铁拉板、心轨连接铁连接。

调整 GL 连接杆，手动操作电液转辙机、转换锁闭器表示杆的主副杆缺口，使心轨在定、反位应与翼轨密贴，表示杆与锁闭柱应准确到位锁闭，预装预调工作结束。此时将直连接杆、动作杆、GL 连接杆、表示杆的销轴活接螺栓拆下，待道岔就位后，再安装销轴活接螺栓，准备联锁调试。

4. 安装液压站、油管路

(1)安装液压站

液压站安装在四方向盒基础上，液压站距电液转辙机的距离为 500 mm；液压站、电液转辙机、转换锁闭器应在一直线上。

(2)安装油管路

液压站 、电液转辙机、转换锁闭器之间的油管路，采用高压胶管连接。地下油管路采用槽钢防护。油管入地处用胶管防护，油管曲率半径不得小于 100 mm。

(3)液压站、油管路注油

用注油器向油箱、油管路内注入液压油，并用手动或电操，反复向油管路内充油，直至空气全部排出。此时油箱内油面距箱底不少于 50 mm。

(4)调整液压站油压

在心轨第一牵引点，心轨与翼轨间设置 4 mm 厚钢板，手动或电操道岔，调整溢流阀。使心轨往复转换，溢流阀溢流。运转平稳后，将溢流压力调至工作压力(2.7 MPa)的 1.2～1.5 倍。

5. 联锁调试

(1)准备

确认液压站、电液转辙机、转换锁闭器内外电线路配线正确，插接件插入到位，各部绝缘符合标准，方可联网送电。

确认心轨在转换过程中，定、反位应与道岔的定、反位及室内控制台表示一致。

油路系统，应无渗漏现象，油压符合标准。

各联结部位，应转动灵活，无卡、碰现象。

(2)调试电液转辙机、转换锁闭器

电液转辙机、转换锁闭器，在转换中应动作协调一致，否则调整流量调节阀。

(3)调试心轨与翼轨密贴、内外双重锁闭

心轨在转换中定、反位应与翼轨密贴。外锁闭装置锁铁处的燕尾锁块应准确到位锁闭，转辙机或转换锁闭器的锁闭柱应准确落入表示杆缺口内。如三者不能协调一致，应按锁闭程序分别调整有关部件。

(4)调试心轨第一牵引点

在心轨第一牵引点处，心轨与翼轨间放置 20 mm 宽、4 mm 厚的钢板，手动或电操调试心轨，不得锁闭或接通表示。如达不到要求，按相应锁闭程序再进行调试。

六、机具设备

安装可动心轨转换设备的主要施工机具设备见表 1。

表 1　主要施工机具设备表

序号	名　　称	规　　格	单位	数量	备　注
1	发电机	汽油单相 1.5 kW	台	1	供电
2	手电钻	单相 13 mm	台	1	打眼
3	撬棍	ϕ32×1500 mm	根	2	拨道岔
4	撬棍	ϕ25×500 mm	根	4	调设备

续上表

序号	名　　称	规　　格	单位	数量	备　注
5	管钳	长 300 mm	把	1	安装表示杆
6	兆欧表	100 MΩ/500 V	只	1	测绝缘
7	万用表		只	1	查线
8	销式力传感器	CLX 型	只	1	测转换阻力
9	注油器		个	1	注油
10	木工工具		套	1	
11	信号工工具		套	4	

七、质量控制

(一)质量标准

本工法执行下列标准：

《铁路信号施工规范》(TBJ 206—86)；

《铁路信号工程质量评定验收标准》(TBJ 419—87)；

《铁路信号维护规则　技术标准》(86 铁电务字 16 号)；

《广深线用 60 kg/m 钢轨 12 号可动心轨辙叉单开道岔铺设安装维护试行技术条件及验收标准》(1993 年 10 月部专业设计院、通号公司设计院、准高速铁路建设指挥部)；

《广深线 60 kg/m 钢轨 12 号可动心轨单开道岔铺设安装维护试行技术条件》(1992 年 7 月广州铁路局广深准高速铁路建设指挥部)；

《ZY4 型电液转辙机安装图册》(1993 年通号公司设计院图号 S9301)。

(二)质量控制

1.影响质量的因素分析

(1)生产厂家因素

产品质量对安全行车极为重要,把住设备质量关是保证工程质量的关键。

(2)操作人员因素

心轨转换设备,涉及到高速行车,施工人员必须有强烈的事业心和责任感,能熟练地掌握施工工艺和技术标准。

(3)机具、仪表因素

机具、仪表要认真检查和校核,使用方法要正确。

2.质量控制点

(1)外锁闭安装调整。

(2)大弯板安装调整。

(3)转换设备连锁调试。

(三)质量检查

1.检查可动心轨在转换过程中定、反位应与道岔一致。

2.检查可动心轨辙叉第一牵引点处有 4 mm 以上间隙,道岔不能锁闭。

3.检查心轨与翼轨的密贴程度、转换动程、解锁与锁闭动程、锁闭深度(见表 2)。

表 2　可动心轨与外锁闭杆主要技术数据

安装位置		外锁闭杆转换动程	心轨辙叉		
			转换动程	解锁和锁闭动程	锁闭深度
心轨	第一牵引点	210 mm	111 mm	50 mm	≥30 mm
	第二牵引点	140 mm	70 mm	35 mm	≥20 mm

4.检查锁闭柱在锁闭杆缺口内两侧间隙值。

5.检查油缸和油管路空气排除情况。

6.检查各部绝缘电阻值;各联结点不缺件,紧固到位;各转动部位,活动自如,无卡、碰现象。

八、劳动组织

安装一组可动心轨转换设备班组人数、分工,见表 3。

表 3　班组人数及分工

工　种	人数	分　　工	备　注
信号工	1	任班长:负责组织、调查,联系工务、车务配合,联锁调试等	中、高级工
信号工	2	独立完成各分项的安装调试工作,协同班长联锁调试	中级工
普通工	2	协同信号工完成安装调试	

九、安全注意事项

本工法执行《铁路信号施工技术安全规则》(TBJ 406—87)、《铁路行车线上施工技术安全规则》(TBJ 412—87)。同时还应遵守以下安全注意事项:

1.使用木锛铲削枕木时,注意人身安全,切勿刨伤腿脚。

2.需拆卸运营中的设备或上道安装、调试,应事先经有关部门同意,并办理有关手续后方可进行工作。

3.使用发电机、电钻时,应设漏电保护器,用毕切断电源。

十、效益分析

本工法利用工务在线外预铺道岔的同时进行预装预调,上道后进行总装联锁调试,减少占用运营线路时间,缩短了工期,提高了工效,保证了安装质量,从而提高运输能力,具有显著的经济效益和社会效益。

十一、工程实例

1993 年 10 月～1994 年 11 月运用本工法,在广深准高速铁路技改工程 8 个站共 94 组可动心轨电液转换设备的安装中,均获得成功。投入运营后,效果良好,得到建设单位好评。

执笔:李天钦　刁明远

37. UM71 无绝缘轨道电路室外设备安装工法

SJGF 05—97

济南工程公司

一、前　　言

本工法针对广深线准高速铁路 UM71 无绝缘轨道电路(以下简称 UM71)室外设备安装进行研究开发。

为适应我国各等级列车运行而采用的 UM71 无绝缘轨道电路,是由法国引进的设备。其设备与国内设备相比较具有信息多、适用范围广、设备性能稳定的特点。

我们首先从学习和了解设备入手,先后制定了施工技术标准、施工工序,并经过现场实践,使本工法逐渐成熟。

二、工法特点

1. 工序间采用分项流水作业;

2. 各种连接线集中预制;

3. 现场安装简便、安全可靠;

4. 施工工期短、对行车无干扰;

5. 工作效率高,投资见效快。

三、适用范围

本工法适用于铁路新建或既有线技术改造工程中的电化和非电化区段的 UM71 室外设备的安装施工。

四、施工工艺

(一)工艺原理

在 UM71 室外设备安装中,根据工程进度安排,可采用定员、定人,工序间分项流水作业,各种连接线集中预制的组织形式。

(二)工艺流程(见图 1)

(三)工艺操作

1. 施工准备

审核设计文件,核对 UM71 设备的安装位置、型号、频率配置,测量、施工机具及各种材料。

2. 设备位置测量

(1)信号机位置的测量

根据设计给定的理论里程,复核线路实际里程;按《铁路信号施工规范》的有关规定,会同建设、设计部门及有关单位确定信号机的实际位置,并在钢轨或枕木上同时做好标记。

(2)调谐区轨道设备位置的确定

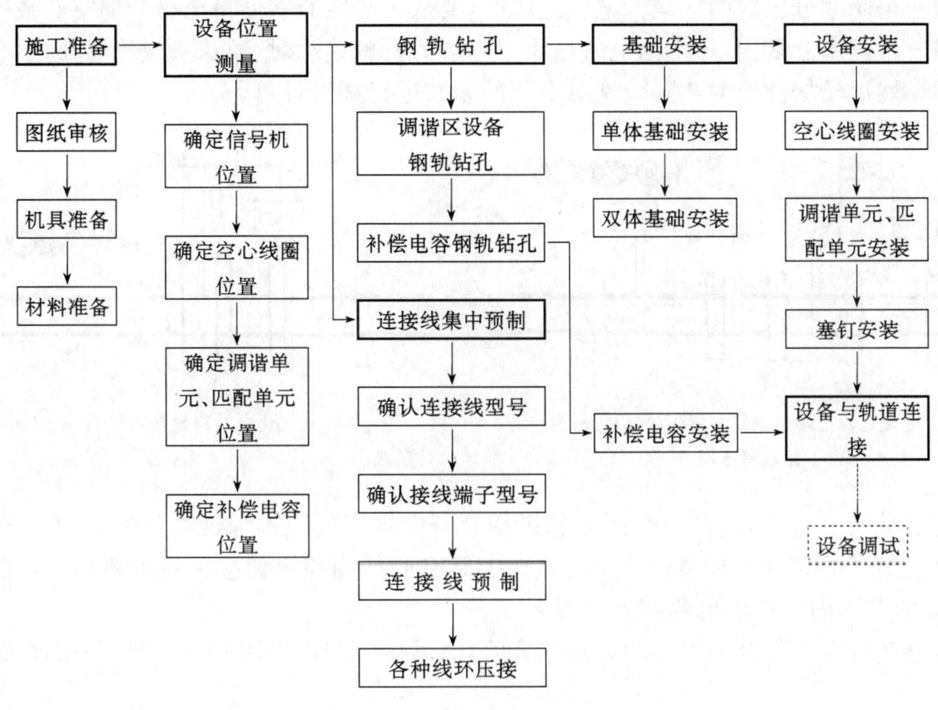

图1 工艺流程图

a.区间信号点设备

根据已确定的信号机实际位置,按正向列车运行方向向前量 14 m,确定空心线圈的位置,再从空心线圈向前、后各量 13 m,确定两端调谐单元位置,并分别作好标记。区间信号点设备布置见图 2。

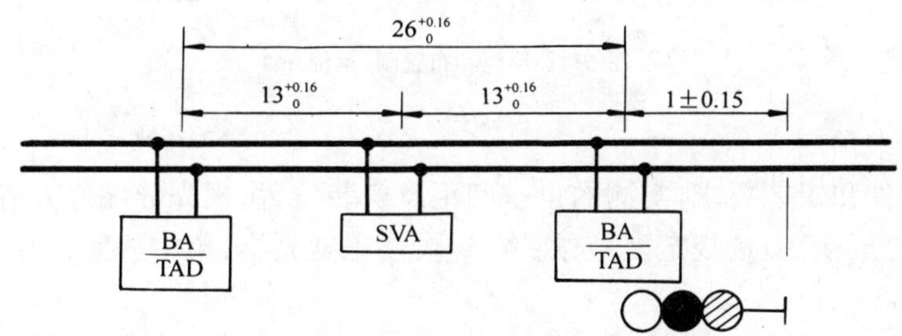

图2 区间信号点设备布置图(单位:m)

BA—调谐单元;SVA—空心线圈;TAD—匹配单元(以下均同)。

b.进站口设备

电气化区段进站口装设扼流变压器时,设备布置见图 3。扼流变压器设置在第一、二枕木孔间,SVA 位置设在第二、三枕木孔间,作好标记。

无扼流变压器时,与非电气化区段进站口设备布置相同。

非电气化区段进站口设备布置见图 4。SVA 位置应从机械绝缘接缝处向站外方向量 610 mm,作好标记。

(3)补偿电容位置的测量

当同一个闭塞分区内两端均为电气绝缘时，要从一端空心线圈量至另一端空心线圈。

当同一个闭塞分区内，一端为电气绝缘另一端为机械绝缘时，要从机械绝缘处量至另一端空心线圈。然后根据测量的实际长度对电容的分布进行细致计算。

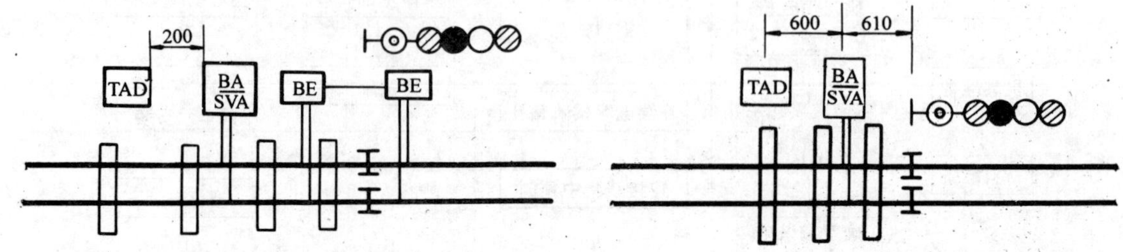

图 3　电化区段进站口设备布置图(单位:mm)

BE—扼流变压器。

图 4　非电气化进站口设备布置图(单位:mm)

电容的分布计算规定:同一个闭塞分区相邻补偿电容间距离保证在(100±4) m 范围内;每一个闭塞分区的第一个和最后一个补偿电容距空心线圈和机械接头的距离相等,并保持在48～98 m 的范围内。补偿电容布置见图 5。

根据分布规定确定补偿电容的设置位置后,然后由一端逐个测向另一端,并在设置位置作好标记。

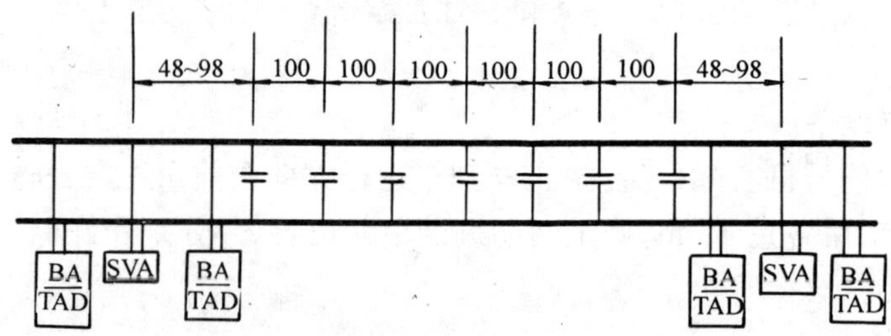

图 5　补偿电容布置图(单位:m)

3.连接线集中预制

根据设计文件和工艺要求,实测的设备间距及安装位置,预先分配专人将各种连接线进行集中配制,并将冷压端头,按规定型号、规格,一次性压制完毕,集中放置。本项工作,应在设备安装前完成。

UM71 室外的各种连接线,均采用多股铜芯电缆。各种连接线的用途、型号及长度见表 1。

表 1　连接线的用途、型号及长度预配表

名　　称	用　　途	型号 (mm²)	长度 (mm)	数 量	备 注
区间轨道引接线	区间 SVA、BA 至钢轨	70	3 000	3 根/点	
区间轨道引接线	区间 SVA、BA 至钢轨	70	1 250	3 根/点	
区间设备连接线	区间 TAD 至 BA	7.4	480	2 根/点	
区间设备连接线	区间 TAD 至 BA	7.4	300	2 根/点	

续上表

名　　称	用　　途	型号 (mm²)	长度 (mm)	数　量	备　注
设备防雷连接线	SVA 至防雷单元	10	实测	1 根/处	现场预制
继电器箱防雷连接线	继电器箱内防雷至接地端子	7.4	523	1 根/点	
变压器箱防雷连接线	变压器箱内防雷至接地端子	7.4	518	1 根/点	
防雷地线	防雷单元至接地装置	10	实测	1 根/处	现场预制
站口设备连接线	进站口 TAD 至 BA	7.4	2 500	2 根/处	
站口设备连接线	进站口 BA 至 SVA	35	180	2 根/处	
站口轨道引接线	进站口 SVA 至钢轨	70	3 350	1 根/处	无扼流变压器时，可按区间点预制
站口轨道引接线	进站口 SVA 至钢轨	70	1 600	1 根/处	

4. 钢轨钻孔

(1)仔细阅读专用电钻使用说明书。

(2)在钻孔前，应先复核进站口、调谐区各点测定数据，并进行设备核定。

(3)按核定后的位置，用细笔作好标记。

(4)调整电钻架头部螺丝，将专用电钻的钻头对准钢轨腰部的标记位置，把电钻固定牢固。

(5)开启电源，调整调速旋钮，使钻头缓缓钻入钢轨。待钻头将要钻透钢轨时，将电钻调整到慢速，直至钻透。

(6)退出钻头，关闭电源，松开钻架，将电钻擦干。

5. 基础安装

(1)熟悉技术标准及设备安装限界。

(2)测定基础距所属线路中心，基础距轨面的高度后，逐点进行单体、双体设备基础的埋设、稳固和安装。

6. 补偿电容的安装

补偿电容在钢轨钻孔完毕后即可安装。电容设于轨道中心，其引接线引向钢轨两侧，在钢轨底部紧贴枕木处，用卡具将引接线卡紧，并用特制水泥槽对电容进行防护。

7. 设备安装

(1)塞钉安装前，用专用锥头钻，在钢轨外侧扩孔 1～2 mm，用专用压力钳将塞钉螺栓拉紧；

(2)将预先压制好的连接线铜线环，套入塞钉螺栓，再将螺母旋入塞钉，最后用专用液压扭力扳手，将螺母旋至 50 N·m，确保螺母紧固。

(3)根据调谐区、进站口设备布置图，核对各点设备型号、频率。将空心线圈、调谐单元、匹配单元紧固在基础上，然后盖上防护罩并加锁。

(4)设备安装完毕后，将各种单元之间的连线、单元至钢轨的连线，全部按标准上齐、紧固。

五、机具设备

主要机具设备见表 2。

表2　主要机具设备

序号	名　　称	规　　格	单位	数量	备　注
1	手推轮式测量车		辆	1	
2	电钻	6.5 A/1 200 W	台	1	附专用钻架
3	发电机	2 200 W	台	1	
4	引接拉力钳		套	1	专用
5	螺栓引接器		个	1	专用
6	液压扭力扳手		把	1	专用
7	液压钳		把	2	专用
8	钢卷尺	30～50 m	个	2	
9	钢卷尺	3～5 m	个	2	
10	活口扳手	300 mm	把	4	
11	手锤		把	2	
12	无线对讲机		台	4	
13	小面包车	20座	辆	1	
14	双排座客货两用车	1.25 t	辆	1	

六、质量控制

1.本工法遵守《铁路信号施工规范》(TBJ 206—86)和《铁路信号工程质量评定验收标准》(TBJ 419—87)的规定。

2.生产厂家应对设备的原材料的来源进行控制，确保技术指标和机械性能，符合法国提供的技术文件及设计文件的要求。

3.质量控制点

(1)信号机位置测量时，信号机位置设置的实际里程与设计里程不得超过±25 m。

(2)调谐区轨道设备测量时，在调谐区($26^{+0.16}_{0}$) m范围内反复测量，保证空心线圈至两端调谐单元的距离均不得小于13 m。

(3)补偿电容位置测量时，当补偿电容的设置位置与道口重叠时，可在满足相邻两电容间距的前提下适当调整一个或多个电容位置，确保电容间距符合电容分布规定。

(4)钢轨钻孔必须使用专用电钻，并要求钻头与钢轨垂直，电钻不晃动。

(5)在进行塞钉安装时，使用专用液压扭力扳手，旋至50 N·m的刻度即止，并注意拧紧的螺母不得反转。

七、劳动组织

UM71室外设备的安装应根据信号点的多少来确定施工人数，现以10个信号点为例：

1.施工准备　　4人(技术人员1人)

2.设备位置测量　　5人

3.钢轨钻孔(设备位置测量完毕，可进行此项工作)

4.连接线预制、预配　　3人

5.补偿电容安装　　3人

6.基础安装、设备安装　　6人

7.司机　　1人

共计22人

以上人员(司机除外)应经过专门技术培训,严格按照操作规程、技术标准施工,发现问题及时解决。

八、安全注意事项

本工法执行部颁《铁路信号施工技术安全规则》(TBJ 405—87),并应遵守以下事项:

1. 在运营线路上施工时,工作段两侧应设专人防护。

2. 严禁擅自动用线路上原有使用中的设备,必须动用时应事先与有关部门联系登记要点,施工完毕请有关部门确认后销点。

3. UM71 设备多为精密设备,运输时确保包装完好;搬运时应轻搬轻放。

九、效益分析

本工法对 UM71 室外设备安装由于采用预制、预配,各工序采用定人员、分项流水作业的施工形式,减少了现场的安装时间,节约人力,提高了工效。

广深线准高速铁路下元—平湖 100 km 的 UM71 自闭工程无绝缘轨道电路设备安装计划工期 90 天,工时 1.3 万。由于采用本工法,提前 55 天完成 UM71 设备的安装工程,节约工时 0.47 万,单项工程质量优良率 100%。

同时由于工期缩短,使工程提前投入运营,提高了运输能力,具有较好的社会效益和经济效益。

十、工程实例

1994 年 8 月～10 月在广深线准高速技改工程下元—常平段 65 km 的 UM71 四显示自动闭塞工程;1994 年 11 月在广深线准高速技改工程常平—平湖 35 km 的 UM71 四显示自动闭塞工程中,应用本工法均获得成功,投入使用后,效果良好,得到建设单位的好评。

执笔:杨建国　刘传华

38. 双方向集中移频自动闭塞室内模拟试验工法

SJGF 10—97

天津工程公司

一、前　　言

在单线区段增设双方向自动闭塞制式是提高单线区段运输能力的有效措施，如何在施工中解决设备安装、试验与运输的矛盾是施工的关键问题。由于集中移频自动闭塞制式的主要设备都集中安装在信号楼继电器室内，因此，采取适当的方法做好室内模拟试验，不仅能避免施工与运输的相互干扰，而且能缩短开通换装时间以及确保联锁关系的正确性。

下面介绍的室内模拟试验工法就是为达到上述目的而开发的。在几个双方向集中移频自动闭塞工程中，通过使用该工法，都取得了良好的效果。

二、特点及适用范围

(一)特点

1. 操作方便。由于该工法都集中在同一信号楼内进行操作，因而省去了两站间相互联系的手续。

2. 试验可连续进行，不受运输行车的干扰。由于该工法只在新增自动闭塞设备间进行模拟试验，因此可不受行车干扰，也不与车站原有电气集中设备发生联系，避免给正常行车造成影响。

3. 避免站与站之间相互影响。由于该工法只在本站内进行，避免了因一站设备不良而影响邻站的试验。

4. 试验项目完全彻底，可有效地压缩开通时间。该工法可根据设计要求，将各种联锁关系逐条试验，从而保证室内设备在开通中正确运行，以减少开通停点时间。

(二)适用范围

本工法适用于单线、复线双方向集中制式的移频自动闭塞；单方向集中制式的移频自动闭塞的模拟试验也可根据该工法的原理进行。

三、工艺原理及流程

(一)原理

该工法是利用本站两端的各区间通过信号机的室内移频设备，在室内按可配置频率连接成一个完整的模拟区间(如图 1 所示)，本站的 $S(X)$行进站信号机模拟成邻站的 $S(X)$行进站信号机，再将本站两端的方向电路连接成一个完整的方向电路回路(如图 2 所示)，从而使需要两站同时进行的试验工作集中在一个站内完成。

(二)流程

模拟试验工艺流程如图 3 所示。

1. 导通室内配线

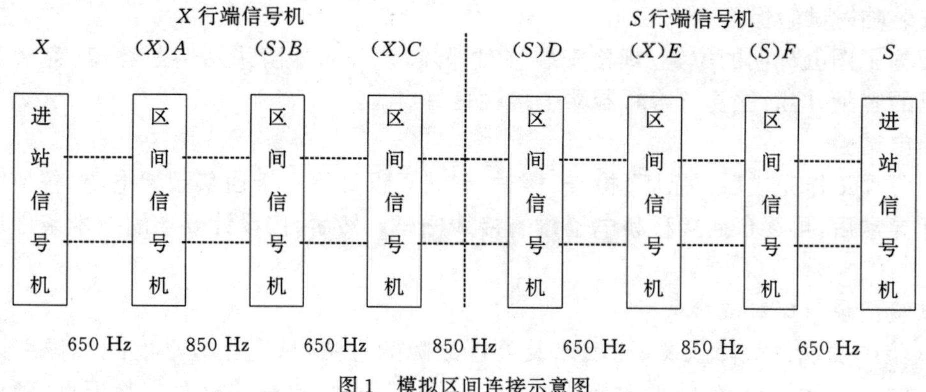

图1　模拟区间连接示意图

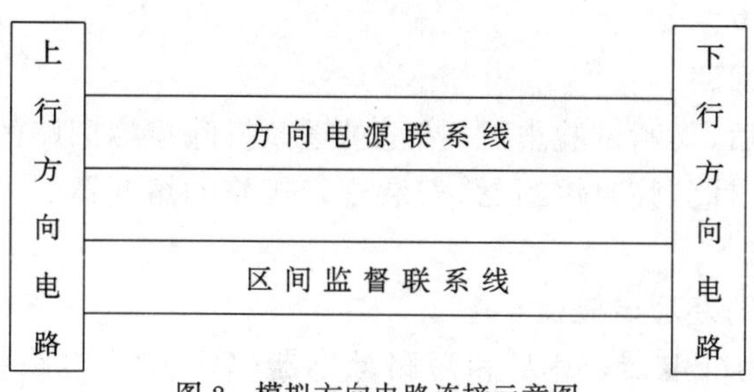

图2　模拟方向电路连接示意图

按照核对后的配线图导通各移频架配线，与电气集中有关的条件线应放线到位，并将写好的标签拴在线头上，以便给点换装时正确连接。

2.安装移频设备及继电器

按照移频架排列表安装移频设备及继电器，并认真核对以保证设备的类型与设计要求相符。各移频设备的接线插座暂不与设备的插头连接，待通电后再逐一连接。

3.试验回路的制作

根据本信号点的发送频率与下一信号点的接收频率相同的原则，用一对足够长的多股铜芯塑料软线(7×0.52 mm)，逐一将该站两端信号点的发送(接收)端与接收(发送)端在区间移频架零层端子处连接。同样，用两对线在站内移频架零层端子处将上、下行方向电路的方向电源端与区间监督端分别对应连接。

模拟信号机可用交流220 V白炽灯制作，即将白炽灯的两根引线连接到移频架零层信号机点灯的相应端子上，每架信号机按黄、绿、红接3盏白炽灯，并将每盏灯按其模拟的灯光颜色做好标记，以便试验时确认。

进行以上连接时，应将零层端了上的电缆线与端子分开，并做记录和标记。

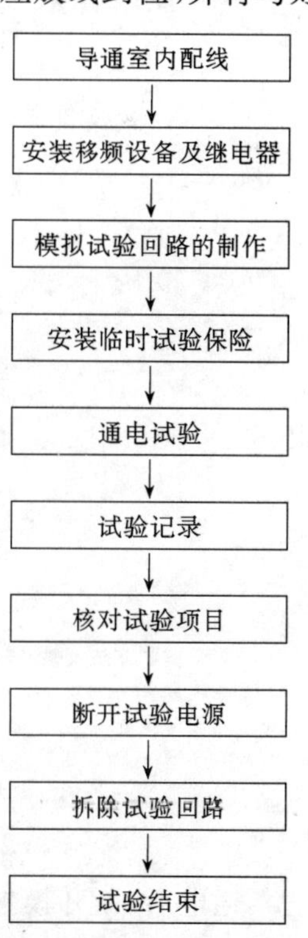

图3　模拟试验工艺流程图

用两端带鳄鱼夹的塑料线将试验电路中与电气集中有关的接点条件短接(或将所有条件引至模拟盘，在模拟盘上设钮子开关控制条件的通断)，并做详细记录。调整方向组合中ZG220/0.2、ZG100/0.1型硅整流器的输出电压，使改变方向和区间监督电压均能满足试验要求，该电压不宜过高。

4. 安装临时试验保险

按照施工图上标明的位置、规格安装临时保险，该临时保险采用熔断丝，其容量不得大于设计要求的容量，熔断丝要与熔断器端子接触良好。

5. 通电试验

以上各项工作完成后，需认真检查、核对，确认无误后逐一接通移频架电源。各架电源接通并确认无异常后，再逐台插接移频电子盒的接线插座。然后，按设计要求的技术条件逐项进行试验。

6. 试验记录与核对试验项目

将试验中发现的故障现象、原因以及处理故障的方法，特别是改动的配线详细记录并留存，做好试验中测量的各项技术数据的记录。试验完毕后，检查并核对试验项目，确保试验彻底、无遗漏。

7. 断电及拆除模拟回路

上述各项工作完成后，切断试验电源，按记录逐条拆除模拟回路的假条件线，不要有遗漏，同时，恢复好零层电缆。拆除临时熔断丝，安装规定规格的熔断器。

四、试验步骤及方法

(一)改变方向的辅助办理试验

通电前，将发车锁闭继电器(*FSJ*)和短路继电器(*DJ*)励磁电路中的电气集中条件短接，即使 *FSJ* 的 1、4 线圈分别接 *KZ*、*KF* 电源(如图 4 虚线所示)，*DJ* 的 4 线圈接 *KF* 电源(如图 5 虚线所示)。

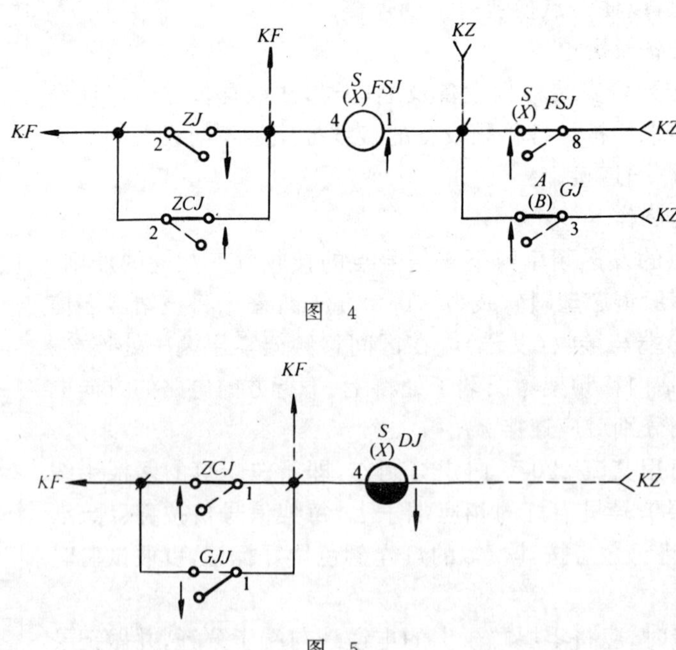

图 4

图 5

通电后，断开模拟区间中任一信号点的接收盒接线插座，使区间监督继电器(*JQJ*)失磁，控制台区间监督表示红灯点亮，在控制台上，按住接车端(即接车表示黄灯点亮的一端)的发车辅助按钮，再按压发车端(即发车表示绿灯点亮的一端)的接车辅助按钮，同时复原按压的两按钮后，原发车端改变为接车端(原发车端发车表示绿灯灭灯，接车表示黄灯点亮)，原接车端改变为发车端(原接车端接车表示黄灯灭灯,发车表示绿灯点亮)。此时,检查并核对机械室内各信号点及方向组合的方向继电器状态,应与控制台显示的方向一致。由于改变方向后的发车端 $DJ\uparrow$ 并自闭,控制台上辅助白灯点亮,而影响下次改变方向试验,应断开 DJ 的临时 KF 电源,使 $DJ\downarrow$。确认各继电器状态与电路要求一致后,重复上述试验过程,将方向电路改变为另一方向状态。若通电后方向电路处于双接状态(控制台上、下行两端的接车表示黄灯均点亮),可以以任一端作为发车端,另一端为接车端按上述辅助办理的方式改变方向。以上试验完成后,恢复好接收盒的接线插座,使 $JQJ\uparrow$。

(二)改变方向的正常办理试验

正常情况下改变方向是通过接车站办理发车进路使发车按钮继电器(FAJ)励磁而完成的。模拟试验中,需将接车端 FAJ 的 4 线圈人为接通瞬间 KF 电源(如图 6 虚线所示),使其在一定时间内励磁从而实现方向电路的一系列动作,并使方向得以改变。

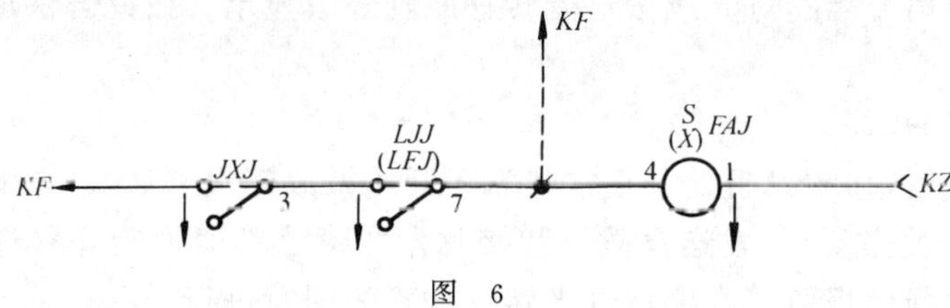

图 6

试验时,由一人用带鳄鱼夹的短路线(或通过模拟盘上的开关)给接车端 FAJ 的 4 线圈送 KF 电源,另一人在控制台观察表示灯的变化情况。接、发车表示灯的变化与辅助办理时的变化相同,区间监督表示灯在办理前灭灯,办理后由于 FSJ 仍在励磁状态,使 JQJ 不能失磁,区间监督表示红灯不能点亮,需断开发车端 FSJ 线圈上的 KZ(或 KF)电源线后,控制台上的区间监督表示红灯才能点亮。恢复 FSJ 的电源线后,重复上述试验过程,将方向电路改变为另一方向状态。

在改变方向试验中,注意观察各方向继电器的状态,应与电路要求的状态一致。

(三)模拟列车运行试验

按图 1 所示模拟区间接入六个信号点,假定方向为下行状态来说明试验过程,上行方向的试验步骤及方法与此相同,不再复述。

1. 信号机点灯试验

给移频架送电后,通过对信号点衰耗隔离盒 A 插座端子的连接而调整衰耗电阻,使接收端的 UJ(或 LJ)励磁,上行信号点均不亮灯,下行信号点 C 模拟黄灯点亮、E 绿灯点亮。由于下行进站信号机不能发送移频信号,而使下行信号点 A 点红灯。进站处的移频信号发送由电气集中条件控制,因而需用假条件使其发送移频信号,即直接给 $P26J$(或 $P20J$、$P15J$)的 1 线圈送 KZ 电源,使之励磁,从而控制下行进站的发送盒发送相应频率的移频信号,如图 7 所示。

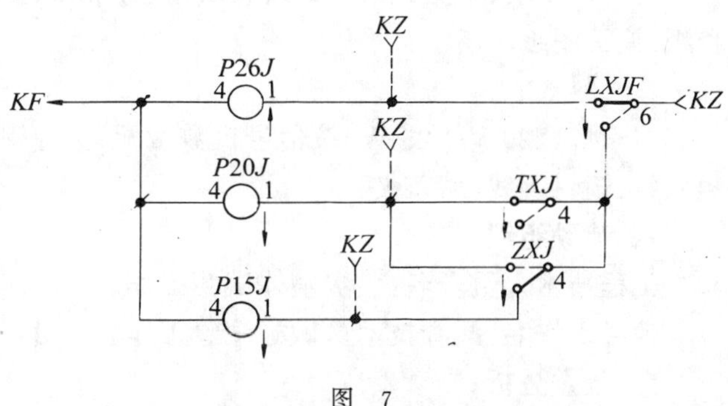

图 7

当 $P26J\uparrow$ 时,下行进站的发送盒发送 26 Hz 的低频调制移频信号,下行各信号点的模拟灯光为：A 黄灯点亮，C 和 E 绿灯点亮；当 $P20J$（或 $P15J$）↑时，下行进站的发送盒发送 20 Hz（或 15 Hz）的低频调制信号，下行各信号点的模拟灯光均点亮绿灯。此时，接车端的 $1JGJ$ 和 $2JGJ$ 以及发车端的 $1LQJ$ 和 $2LQJ$ 均励磁，控制台一、二接近表示灯和一、二离去表示灯均不点亮。

2. 模拟列车运行及接近（离去）电路的试验

通过顺序断开信号点间的模拟轨道连接线模拟列车占用该闭塞分区，观察各信号点的模拟灯光显示及继电器状态应符合设计要求。当试验到接近（离去）区段时，除观察 $1JGJ$ 和 $2JGJ$（$1LQJ$、$2LQJ$）的状态外，还要观察控制台上接近（离去）表示灯及接近电铃的显示情况，应与设计要求一致。

（四）模拟灯光转移试验

在某信号点亮灯时，从该点所在移频架零层端子上断开模拟灯连接线，使该点 DJ↓，其前边第一个同方向信号点的灯光应按灯光转移原则降级显示。按此方法逐一试验每一个信号点。

（五）报警电路的试验

以上试验完成后，移频设备处于正常状态下开始做故障报警试验。电源盒故障通过人为断开电源盒的电源开关来实现，发送盒故障和接收盒故障分别通过断开发送盒和接收盒的接线插座来实现。灯丝断丝报警可在模拟灯光转移试验的同时进行。

做以上各报警试验时，应观察控制台故障报警电铃和故障报警表示灯的显示情况。

五、安全措施

在试验过程中，要认真遵守部颁各项安全操作规程，安全用电，注意防火；正确使用各种工具及仪表，以免损坏仪表或移频设备；不动使用中的电气集中设备，以免影响行车安全；随时观察各种现象，如有异常及时处理；试验记录要详细、准确，妥善保存；拆除临时试验用连接线要干净、彻底，无遗漏。

六、质量要求

各项试验要完全、彻底，联锁关系正确，电路动作及有关显示符合设计要求。

七、工具和材料

1. 工具

万用表 1 块、电烙铁（75 W）、剥线钳、尖嘴钳、偏口钳、套筒扳手（5 mm）各一把；记录用笔和纸、施工图纸 1 套。

2. 材料

白炽灯（220 V　25 W）按信号机数量配置、焊锡丝、7×0.52 mm 和 23×0.15 mm 铜芯塑料软线、塑料绑线、鳄鱼夹。

八、劳动组织

工程技术人员一名：负责整体试验工作。

信号工一名：配合技术员做好试验工作。

九、效益分析

1. 合理利用工程技术人员

由于每站只需一名工程技术人员，因此在工程技术人员不足的情况下也可进行试验。

2. 缩短试验时间

由于每站独立进行试验，避免了因邻站设备不良而影响本站试验的等待时间，从而缩短整体试验时间。

3.缩短开通停点时间

由于该工法试验项目全，减少了开通期间工作量，从而缩短开通停点时间。

十、工程实例

1990 年在哈密—柳园间单线双方向移频自动闭塞工程中首次使用该工法；1993 年在天水—兰州间部分区段单线双方向移频自动闭塞工程中，1995 年在兰新复线哈密—柳园间双方向移频自动闭塞工程中，1995 年在天水—宝鸡间部分区段单线双方向移频自动闭塞工程中，均采用了本工法。

执笔：邰建民

39. 单线计轴自动闭塞开通工法

SJGF 12—97

北京工程部

我单位承担的宝成线广元—马角坝、绵阳—成都单线计轴自闭工程，经过试验开通，积累了许多施工经验，并在马角坝—绵阳段工程中，加强技术改进，运用科学管理，使单线计轴自闭工程试验开通形成工法。在马角坝—绵阳段试验开通中采用本工法，缩短了换装时间，及早恢复了行车运输秩序，受到了建设单位的好评和提前开通奖励，并在冷桂计轴工程中推广应用。

一、工法特点及适用范围

1. 根据电路原理，设计模拟实验电路，模拟列车运行，进行电路试验和联锁试验，工程开通前做到电路联锁关系正确。

2. 开通前，设备（站间信息传输、移频、计轴器）运行正常。缩短开通换装停电时间。

3. 结合条件线完整试验，降低在开通换装中的错配线率。

4. 减少专用仪表及工具。

本工法适用于计轴自动闭塞工程。

二、工艺原理

1. 模拟列车实际运行状态，采用逐点试验的方法，进行电路试验和联锁试验，确保电路联锁关系正确，设备状态良好。

2. 模拟盘

模拟列车运行占用区间及与电气集中相关的结合条件。上、下行咽喉两端视为区间的两端站。

试验时，一端站发车，另一端站接车。

模拟盘示意图如图 1（· 为钮子开关）所示。

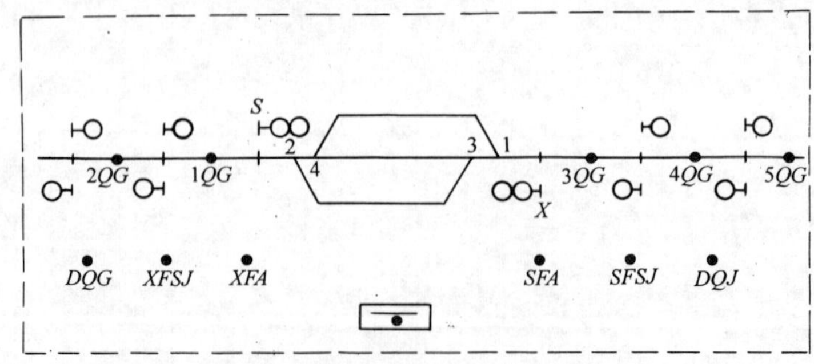

图 1 模拟盘示意图

三、工艺流程(如图 2)

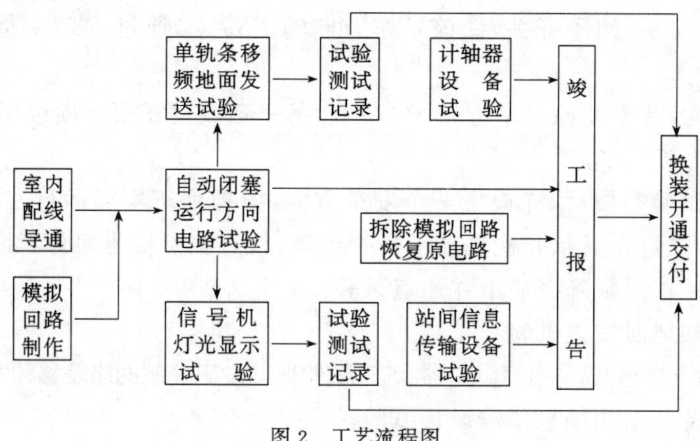

图 2　工艺流程图

(一)模拟回路制作

1. *FAJ* 电路如图 3(⊗为开关)。

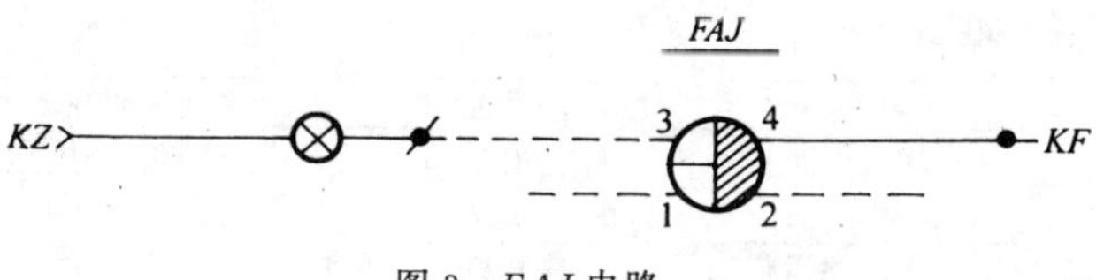

图 3　*FAJ* 电路

2. *FSJ* 电路如图 4。

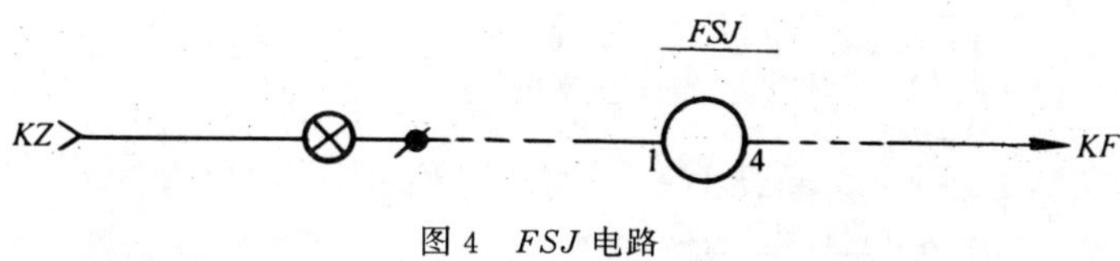

图 4　*FSJ* 电路

3. *QG*、*DQG* 电路

用钮子开关分别引 *KZ* 或 *KF* 至继电器，对主机站需拆除至计轴器主机的线把，即拔掉至主机的插头线，拆除 *QG*、*DQG* 的原电源，以防止串电烧坏主机，试验完后恢复。

4. 区间监督继电器网络(*JQJ*)

上、下行咽喉的两条网络对接(注意极性)。

5. 方向电路网络

上、下行咽喉的两条网络对接(注意极性)。

6. 信号继电器控制网络

上、下行咽喉网络对接(注意极性)，接时串入 510 Ω 电阻 1 个。防止因继电器参数不一致造成瞬间短路。

其中 4、5、6 项网络对接后，送电时电压调整不要太高，调至 30 V 左右。

(二)自动闭塞运行方向电路试验

首先使车站上、下咽喉两端的计轴自动闭塞继电器 *JZBJ*，站间计轴自动闭塞继电器 *ZJZBJ*，半自动闭塞继电器 *BZBJ* 状态一致，使两咽喉处在同一闭塞制式。

1. 利用模拟回路使发车锁闭继电器 *FSJ* ↑，区间轨道继电器 *QGJ* ↑，大区间轨道继电器 *DQGJ* ↑，发车按钮继电器 *FAJ* ↓。

2. 扳动某一咽喉 FA 钮子开关，使 $FAJ\uparrow$ 并自闭，通过 $FAJ\uparrow$ 接点，使闭塞方向电路转换，转换完成后扳动 FSJ 钮子开关，使该发车方向的 $FSJ\downarrow$，通过 $FSJ\downarrow$ 接点使发车方向的 $FAJ\downarrow$，恢复原来状态。

3. 如需转换方向，首先使原发车方向 $FSJ\uparrow$。另一咽喉重复第 2 项过程。

(三)信号机灯光显示试验

运行方向电路试验完成后，先设置一个发车方向，模拟列车实际运行占用区间，试验信号控制网络，试验信号机灯光显示并检查显示是否正确，检查该点信号机灯丝断丝后其后方的信号机显示应按灯光转移原则降级显示并逐点试验。

(四)单轨条移频地面发送试验

模拟列车实际运行状态，信号点灯继电器状态，试验区间发码控制网络及移频发送电路试验。

(五)计轴器设备及站间信息传输设备试验

1. 计轴器设备采用逐点调整试验，达到规定的技术指标，确保设备正常运行。

2. 站间信息传输设备利用模拟电路对每一轨道区段，每一架信号机灯光显示状态与控制台表示盘显示进行对照核实，并确认显示状态一致。

(六)详细试验步骤(如图 5)

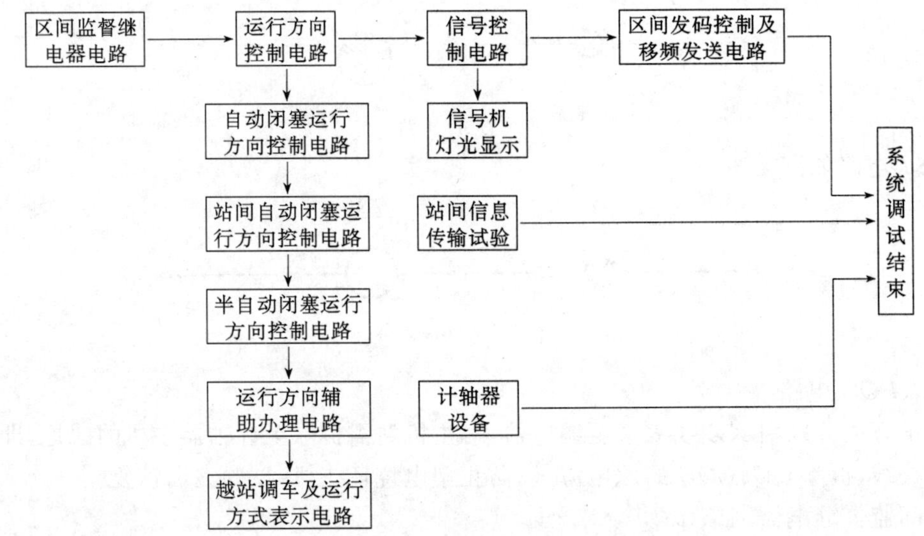

图 5　详细试验步骤

1. 首先，检查模拟回路制作是否正确，相关的继电器动作是否正常。(站间信息传输、计轴器设备单独通电试验)

2. 按步骤试验完后，再逐一核对新老结合条件线及与电气集中相结合有关电路条件，如下坡道等。

(七)试验记录与核对该验项目

将试验中所修改的配线详细记录并留存。认真做好模拟联锁试验中的记录，按附表 1、附表 2 填写，并检查核对试验项目，确保试验正确、彻底、无遗漏。

(八)拆除模拟回路，恢复原电路

拆除模拟回路要干净彻底，原电路恢复准确无误，并认真检查核实。

(九)开通换装

1. 自动闭塞区间一般要点换装为两区间。要配置合理的人力，准备工作充分，分工明确，责任到人。

2.联锁试验时应充分利用列车运行间隙,合理安排联锁试验步骤。试验项目为:

(1)自动闭塞制式;

(2)站间自动闭塞制式;

(3)半自动闭塞制式;

(4)越站调车及运行方式;

(5)辅助办理;

(6)信号机灯光显示在模拟联锁试验时已试验完全彻底,正式开通联锁试验时利用列车运行状态,可只核对信号机灯光显示。

其中(1)～(4)项联锁试验时,应检查敌对进路,观察表示盘显示是否正常。

3.施工开通换装注意事项

(1)了解室外防雷变压器的使用端子及变比。正确区分点式、区段防雷单元。

(2)电力牵引区段拆旧换装,要绝对保证钢轨条无断路,防止牵引电流串入设备,烧坏电缆及设备。

四、开通用机具

1.1.5 kW 汽油发电机 2 台。

2.13 mm 电钻 2 台。

3.计轴设备调试专用工具、仪表 1 套。

4.移频频率测试仪 1 台,电流表、频率表各 2 块。

5.汽车 2 辆。

五、劳动组织

(一)技术工人开通前的培训

利用工程竣工后,开通方案实施以前,结合开通施工组织方案,对施工人员进行一次技术培训。明确工作标准,并掌握最佳操作方法,开通换装时做到准确无误,确保顺利开通。

(二)分工与任务(见表 1)

表 1

序号	分 工	主 要 任 务	人 数	备 注
1	总指挥	掌握开通换装进度,调动施工人员、机具,指挥处理故障,协调各部门关系	1	
2	指挥	负责端站范围内的施工进度和处理相关问题	1	每站
3	技术总负责	负责室内外联锁试验步骤及项目,并处理现场疑难技术问题	1	每站
4	室内结合	负责登记要点,焊接结合条件线,并负责室内试验及配合室外试验	技术 1 人 配合 1 人 焊线 3 人	每站
5	机动	受指挥派遣,随时处理故障	2	
6	送备用料	现场缺料、损坏器材及时送达	2	每站
7	信号机组	负责换装、试验信号机,核对信号机显示	2	每信号点
8	道口组	换装,试验道口信号	2	每道口
9	单轨条移频发送调整	负责调整测试发送频率、电流	2	每区间
10	计轴组	负责室外磁头调整试验	2	每区间
11	后勤组	负责开通人员生活	3	每区间

（三）通信手段

区间自闭开通换装是长距离的施工作业，通讯联系在开通换装中是至关重要的。为确保集中指挥开通顺利，必须做到室内外联系方便，随叫随到，通讯联系采用 3 种办法：

1. 无线电对讲机；

2. 磁石电话；

3. 集中总机电话。

六、质量要求

区间自闭开通换装是整个工程的最后一道工序，必须认真负责，严格按标准施工。结合换装工作特点提出以下要求：

1. 室内焊接条件线，焊点要光滑、饱满、无假焊。拆旧条件线要干净彻底。

2. 室外设备状态、站间信息表示要认真核对，相互一致。

3. 电源线要严格认真核对。

4. 室内、外换装要严格按部颁标准施工。

七、安全措施

严格执行部颁标准《铁路信号施工技术安全规则》（TBJ 406—87）和《铁路行车线上施工技术安全规则》（TBJ 412—87）的有关规定，结合区间自闭开通换装提出以下要求：

1. 区间点上开通换装，要注意瞭望车辆，工具勿放在钢轨上，切实保障人身、设备、行车安全。

2. 动用使用中的设备必须登记要点，给点后方可工作，工作完毕及时办理消记手续。如果室内未完成，应及时续点，切不可蛮干危及行车安全。

3. 拆旧设备不得损坏，不得侵限堆放。

4. 利旧设备要认真核对有关条件线。

5. 设备开通交付前，要经电务人员联锁试验、验收，经车务确认，办理会签手续方可交付使用。

八、效益分析

区间自闭开通换装应用本工法，能够压缩开通时间，正点或提前交付运营单位使用，及早恢复运输秩序，增加车流密度，带来较大的运输和社会效益。

九、工程实例

1994 年我单位开通宝成线马角坝—绵阳段 4 个区间，按传统方法需 10 小时，采用本工法后每区间要点 9 小时，经各部门积极配合，区间均正点或提前开通交付（最短仅用 6 小时）运营单位，减轻了车务人员的劳动强度，及早恢复运输秩序，为运输带来了安全和效益。

执笔：兰庆锁

附表1　计轴自动闭塞联锁试验记录表

序号	试验内容		信号开放	敌对信号		轨道区段									备注
				运行方向	越站调车										
1	自动闭塞	S→X		X→S	XY										
		X→S		S→X	SY										
2	站间闭塞	S→X		X→S	XY										
		X→S		S→X	SY										
3	半自动闭塞	S→X		X→S	XY										
		X→S		S→X	SY										
4	辅助办理	S→X													
		X→S													
5	越站调车	S→X		X→S											
		X→S		S→X											
6	轨道区段	表　示													
		信息表示													

序号	信号机名称		信号显示	信号机名称	信号显示									
					上行					下行				
7	SY XY	表　示			U	L	H	A	B	U	L	H	A	B
		信息表示												
		表　示												
		信息表示												
		表　示												
		信息表示												

试验人＿＿＿＿＿＿　　　　年　月　日

附表2　计轴自动闭塞工程测试表

＿＿至＿＿区间

序号	项目名称	中间发送点(QG)					点式发送(DF)						信号机									
		低频频率(Hz)				环流	低频频率(Hz)				二次		主灯丝端(V)					副灯丝端(V)				
		11	15	20	26	交流(A)	20	26	33	44	电压(V)	电流(A)	U	L	H	A	B	U	L	H	A	B

测试人＿＿＿＿＿＿　　　　年　月　日

40. 电气化区段信号电缆屏蔽接地工法

SJGF 6—99

济南工程公司

一、前　　言

非电气化区段的信号干线电缆一般均不做屏蔽和接地预处理，造成电力牵引区段改造时，达不到《铁路信号施工规范》(TB10206—99)的规定。为解决这个问题，1998 年在广深线电气化工程中，把铁路信号电缆热缩接续工艺引进到信号电缆屏蔽接地施工中，开发了本工法。应用本工法对广深线 13 个高速车站和广州东机务折返段、石牌客技站信号电缆进行了屏蔽接地处理，经一年来运营考验，证明该施工工艺简单易行，效果较好。

二、工法特点

1. 可在信号设备不停用的情况下施工，避免对行车的影响和干扰。

2. 不更换电缆和移动干线电缆引入的箱盒。

3. 工艺简便，维修方便。

三、适用范围

本工法适用于运营线车站信号金属护套电缆(含铝护套电缆 PZYL22 型和铠装信号电缆 PZY22 型)的电气化改造工程。

四、工艺原理

运营中信号干线电缆的屏蔽接地，为不影响设备的正常使用，本工法采取在干线电缆方向盒保护管下部切割外护套，把钢带切断后，从方向盒的远侧用 7×0.52 mm 绝缘铜线引出，把钢带与接地体连在一起，即可实现屏蔽接地。并采用纵剖热缩套管，在电缆切割处进行处理，达到防腐、密封的效果，且能保证电缆钢带与箱盒体的绝缘。

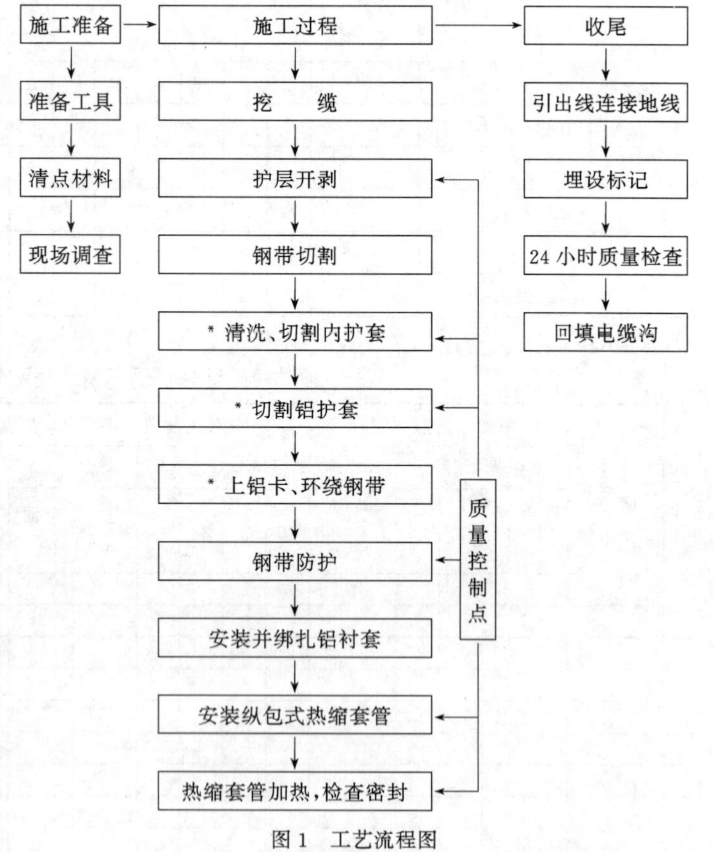

图 1　工艺流程图

五、施工工艺

(一)工艺流程

铝护套电缆屏蔽接地施工工艺流程见图 1(注：带“*”者非铝护套电缆屏蔽接地时，无此工序)。

(二)工艺操作

1.准备工作

(1)检查工具仪表,将电缆热缩接续工具和仪表整齐摆放在工作布上,保持清洁。

(2)清点材料,核对热缩套管的型号与屏蔽接地信号电缆型号及规格是否相符,检查热缩套管表面,应清洁光滑、无划痕、无砂眼,内涂热熔胶无脱落。清点无误后,应将热缩套管附件放回塑料包袋内,以防粘上泥沙或石粒,在热缩时造成砂眼或裂纹。

(3)现场调查,根据电缆径路图,认真核对每根电缆的始终端,确认电缆盒的实际位置。

2.施工过程

(1)挖缆

在距引入箱盒 5 m 以内的地方选出最佳施工位置,挖出并确认电缆,清洗电缆外护套。

(2)护层开剥

开剥电缆外护套:用电工刀把最外层的聚氯乙烯护套切割 120～160 mm(见图 2)。

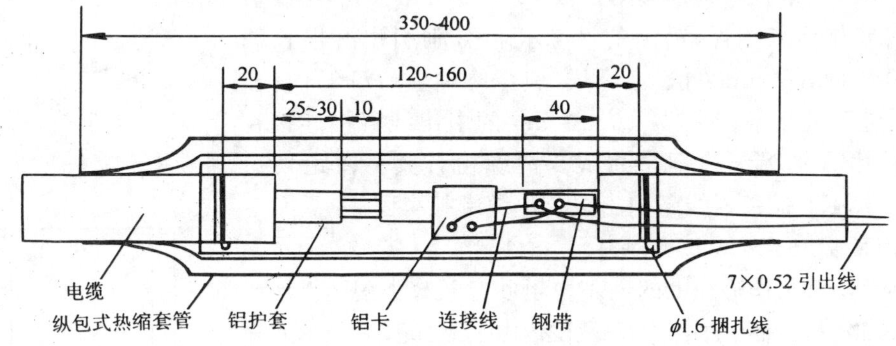

图 2a　铝护套信号电缆开剥尺寸及屏蔽连接图(单位:mm)

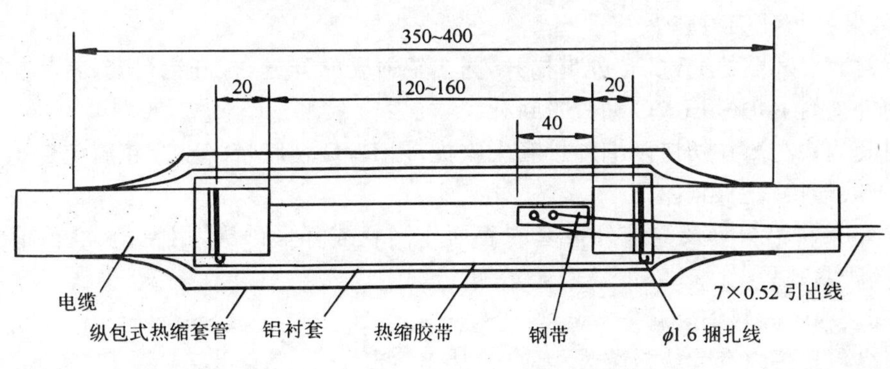

图 2b　非铝护套信号电缆开剥尺寸及屏蔽连接图(单位:mm)

(3)钢带切割

在靠近设备方向侧距外护套切口 20 mm 处用 $\phi1.6$ 铁线将外护套紧紧绑扎 2～3 圈,然后用钢锯在外护套切口处环锯钢带(切忌伤及内护套),将两根钢带整齐锯断,用螺丝刀从锯开处将钢带撬起并松开,在另一端将钢带预留 40 mm,调整平行,多余部分剪掉,用工业酒精或汽油清洗钢带。在两片钢带上各钻一个 $\phi6$ 的孔。对不带铝护套的铠装信号电缆,此环节须小心操作,切不可损伤缆芯的聚乙稀绝缘层。

(4)清洗、切割电缆的内衬层,用棉纱蘸汽油将铝护套上的沥青洗净,然后用干净棉纱擦至锃亮程度。

(5)切割铝护套

距靠近设备端电缆外护套 25～30 mm 处,用锯条将铝护套锯两圈,其深度为铝护套厚度的 2/3(约 1 mm 左右)。在操作最方便的位置,细心地把其中一圈锯穿一部分(切忌伤及缆芯),用电工刀轻轻地将两圈之间铝护套切通,用螺丝刀把要取掉的铝护套挑起一部分,用斜口钳夹住翘起部分取下铝护套,操作时要小心,以免铝护套下凹,影响质量。

(6)上铝卡,环绕钢带

在靠预留的钢带端选择合适的铝卡(见图 3),安装在铝护套上。铝卡的一个孔与钢带间用 1 根 7×0.52 mm 铜芯绝缘塑料线将钢带与铝卡相连,铝卡的 2 个孔再分别引出 2 根长约 4～5 m的 7×0.52 mm 铜芯绝缘线,引至终端盒($HZ0$)内(非铝护套电缆不装铝卡,2 根 7×0.52 mm 的引出线直接连接在钢带上),然后将铝卡和钢带用 M5 铜螺栓拧紧。在距切口 20 mm处用 $\phi1.6$ 镀锌铁线将引出线与电缆绑扎牢固。

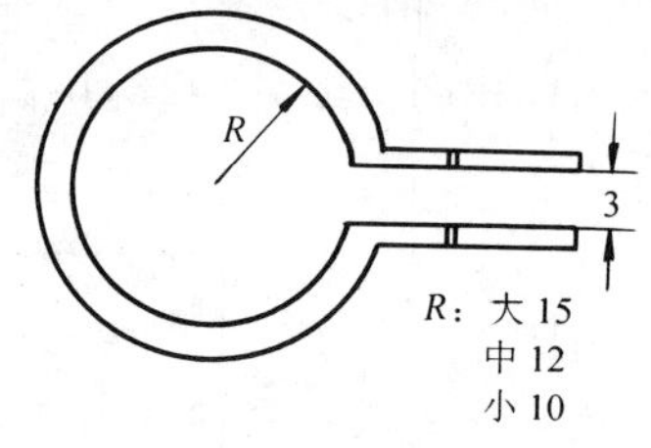

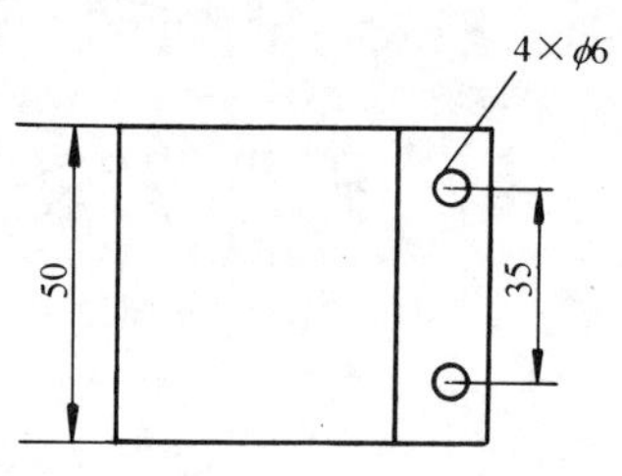

图 3 铝卡(单位:mm)

(7)钢带防护

将钢带切口及铁绑线上的毛刺用粗砂布条或小钢锉打磨光滑,用毛刷和酒精刷擦干净,在切割范围内由左至右包绕石棉带,尾部用 PVC 胶带粘牢,用热缩胶带缠裹切割范围 2 层,以两端缠上电缆外护套 25～30 mm 为宜。热缩带尾部用石棉带临时捆扎。利用电子喷枪对热缩带加热,使其收缩,冷却后解下石棉带。

(8)安装并绑扎铝衬套

将铝衬套上环贴的 PVC 粘胶带揭开,露出铝衬套的开缝,打开铝衬套,将其扣在电缆的切口两端的外护套上,并用 PVC 粘胶带封死。

铝衬套两头花瓣在切口两端外护套上收拢,用 PVC 粘胶带将整个花瓣与外护套牢牢扎在一起,把屏蔽连接线引出(如图 2)。

用砂布条将铝衬套及电缆外护套的表面作网状或环形砂磨,用毛刷、酒精棉清扫擦洗干净,以提高密封效果。

(9)安装纵包式热缩套管

a.将纵包式热缩套管从包装袋中取出,抽出钢卡条。

b.将热缩套管包于接头部位,推上钢卡条,将钢卡条调整到方便操作的位置上,用克丝钳沿着卡条一钳挨一钳地将卡条夹紧于套管导轨上,然后将套管调整到接头中部且左右对称。

(10)热缩套管加热,检查密封

a.先用喷灯对钢卡条两侧的热缩套管均匀加热,使导轨周围充分收缩变粗胀满钢卡条,钢卡条两边各宽 4 mm 的热缩表面由皱变平。

b.用拧干的湿毛巾(棉纱)给卡条和卡条两侧热缩套管适当降温,防止热缩套管整体受热不均，影响热缩质量。

c. 将喷灯火焰垂直于热缩套管中部，使其先行收缩一圈后，再沿圆周方向分别向两端逐步均匀加热。

d. 当加热到接头锥体部位时，用螺丝刀柄或克丝钳轻敲卡条。使其紧贴于锥体表面，然后将火力适当减小，用缓慢速度对锥体和管颈部位继续进行加热。

e. 当加热到端口部位时，如发现卡条上翘，则用螺丝刀对准卡条端部垂直电缆面稍施压力，同时继续加热，直至使之紧贴于电缆外护套上，并有热熔胶充分溢出。稍冷却后（或浇水强冷），卡条不再反弹，才能除去压力。

f. 两端均收缩成形后，用中火从头至尾通烧一遍，直至热缩套管表面黑亮。最后检查热缩套管与电缆、引接线之间是否密封。

g. 以上操作完成后，为保证接续质量，应对接续部分进行防护，使接续部分保持平直、稳固，不能因火车通过振动造成接续处弯曲或受其他外力影响而变形，影响接续质量。

3. 收尾

(1)引出线连接地线

把引出线和专用地线引线同时引入 *HZ*0 终端盒内，绕线环，用 M5 铜螺丝把引出线与地线固定在一起。

(2)经过检查后，做好标记。

(3)为保证接续质量，24 小时以后再进行检查，回填电缆沟。

六、劳动组织

根据工期要求，可组织若干个施工小组。每一个小组 2 人，其中 1 名为有信号电缆地下热缩接续工艺上岗证的操作人员，另 1 名为辅助工。

七、机具设备及材料（见表 1、表 2）

表 1　屏蔽接地机具设备表

序号	名称	规格	单位	数量	备注
1	汽油喷灯	1 kg	个	1	热缩用
2	电子喷枪	单枪	只	1	热缩用
3	螺丝刀	150 mm	把	1	
4	电工刀		把	1	保持锋利
5	克丝钳		把	1	
6	剥线钳		把	1	剥屏蔽线用
7	斜口钳		把	1	
8	尖嘴钳		把	1	
9	ϕ6 钢锥		把	1	
10	活口扳手	200 mm	把	1	
11	硬毛刷	25 mm	把	1	
12	手锤		把	1	
13	沙布		张	2	
14	平钢锉		把	1	
15	钢锯		把	1	带锯条 2 根
16	铁铲		把	2	
17	十字镐		把	1	
18	钢卷尺	2 m	只	1	
19	塑料桶		只	1	盛冷水用
20	毛巾		条	1	
21	作业布	0.5 m^2 雨布	块	1	摆放工具用

表 2　电气化区段信号电缆屏蔽接地主要材料表

序　号	名 称 及 规 格	单 位	数 量	备　　注
1	铝卡	个	1	
2	M5 铜螺栓	根	4	带双螺母、双垫片
3	7×0.52 mm 铜芯绝缘线	m	10	
4	ϕ1.6 镀锌铁线	m	1	
5	纵包式热缩接续材料	套	1	
6	汽油或工业酒精	ml	500	

八、质量控制

(一)质量标准

本工法遵守以下部颁标准：

1.《铁路信号施工规范》(TB 10206—99)；

2.《铁路信号工程质量评定验收标准》(TBJ 419—87)；

3.《铁路信号电缆》(TB/T 2476—93)；

4.《铁路信号电缆、地下热缩套管型接续技术规程》(TB/T 10307—94)。

(二)质量控制

1.纵包式热缩接续材料的技术条件和质量性能应符合设计文件的要求。

2.质量控制点

(1)切割铝护套(无铝护套的铠装电缆切割钢带)时，必须细心，严禁伤及电缆芯线的塑料外皮。

(2)铝护套电缆选用的铝卡要合适，安装后铝卡与铝护套必须密贴，确保接触良好，铝卡可用 1 mm 厚的铝板加工，尺寸如图 3。

(3)缠裹热缩胶带时必须把开剥范围包括绑扎的铁线全部缠上，以防止铁线、钢带接触铝衬套而失去屏蔽作用。

(4)安装铝衬套后，必须将铝衬套及电缆护套的表面砂磨后用毛刷、酒精棉纱清扫擦洗干净，以提高密封效果。

(5)热缩套管钢卡条推上后，必须用克丝钳将卡条夹紧于套管导轨上，且要将卡条调整到方便操作的位置上。

(6)对热缩套管加热时，必须先对钢卡条两侧均匀加热，然后由中间向两端加热，且要保证钢卡条紧贴于电缆外护套上。

九、安全措施

本工法执行《铁路信号施工技术安全规则》(TBJ 406—87)，由于是对使用中的信号电缆进行屏蔽连接，因此保证施工中的安全至关重要。

1.施工人员操作及工具材料的堆放应在线路安全距离内，以保证行车及施工人员安全。

2.寻找干线电缆时应细心，不能挖伤电缆最外保护层，绝对不能挖坏电缆造成信号停用，中断行车。

3.在对电缆进行屏蔽连接施工过程中，必须注意终端设备侧保护管的安全，不能用力拉靠近设备侧电缆，以免损坏保护管和电缆。

4. 在对热缩胶带加热时，不能过热，防止损伤电缆芯线。

5. 热缩接续材料的冷却期为 24 小时，因此施工现场必须加强防护，确保设备安全。

十、技术经济分析

(一)施工过程工效比较

采用本工法施工，每处屏蔽连接所需工时：

破围桩	0.6 工时/处
清理石碴	0.3 工时/处
屏蔽连接	1 工时/处
方向盒培土	0.5 工时/处
恢复设备围桩	1.5 工时/处
计	3.9 工时/处

若把电缆重新做头，所需工时：

破围桩	0.6 工时/处
清理石碴	0.3 工时/处
拆除原方向盒配线	3.2×40%=1.3 工时/处
方向盒内电缆配线	3.22 工时/处
联锁试验	4 工时/处
电务验收	4 工时/处
计	13.4 工时/处

从以上比较可看出，采用本工法进行施工，每处屏蔽连接可节约 9.5 个工时。

(二)影响行车工效比较

现以广深线茶山站电气化改造工程中，共有 45 处需屏蔽接地，采用本工法施工的经济效益：

1. 停用进站信号机要增设 3 名车务人员，其工费按每天 20 元计；

2. 引导车辆减速运行造成列车机械磨损费按 1200 元计；

3. 列车从引导进站时低速运行恢复到正常运行需约 5 分钟时间(因广深线准高速列车较多)，以此时间为影响行车时间，广深公司的每分钟运输收入为 2 638 元，一般情况下，我们按每分钟 2 000 元计；

4. 行车密度为 118 对/昼夜，如停用 2 小时作为施工时间，就要减少 9.8 对列车通过。

经此得出(1 200+5×2 000)×9.8+20×3=109 820 元，就是说，熟练工以 2 小时中断使用信号进行屏蔽接地施工，每施工一处就会造成 10.98 万元损失。如果两个咽喉分两次施工，一个中间站就会造成近 22 万元损失。可见在繁忙的车站采用本工法施工其经济效益是显著的。

十一、工程实例

1998 年在广深准高速电气化施工中，13 个高速车站和一个机务折返段、石牌客技站共 886 处用本工法施工，经过 1 年来的运营考验，证明采用本工法施工安全可靠，便于维修测试。

执笔：张树坤　刘俊国　朱有鹏

41. CLC 自动闭塞系统工程施工工法

SJGF 08—99

天津工程公司

一、前　　言

CLC(cable loop & wheel counter,即计轴加环线)自动闭塞是在移频自动闭塞设备的基础上,通过系统结合设计,采用计轴设备替代轨道电路检测闭塞分区的空闲与占用。采用沿钢轨敷设的轨道环线电缆替代轨道电路向机车传递连续式机车信号信息,并且将车站计轴设备及系统其他信息(包括车站信号设备信息)与 DMIS 基层广域网相连,实现站间行车和设备信息的实时透明显示和维修部门的设备远程诊断,从而形成一种新的自动闭塞制式。

铁道部运输局基础部对该系统极为重视,于 1998 年在京广线张滩至土岭间进行了该系统工程的试验,并取得了成功。我公司作为该试点工程的施工总承包单位,为确保试验成功,对工程技术特点进行了深入研究,开发了施工工法,经实际应用,取得了良好的效果,受到了各有关部门的高度评价。

二、特　　点

1. CLC 自动闭塞是一种技术先进的信号制式,本工法为该制式工程施工而开发,采用了较为先进的工艺和施工措施,具有较先进性。

2. 在吸收消化国外先进技术的基础上,结合我国铁路路况,研制了传感器支架钻孔机,钻空精度小于 0.2 mm,并且能适用于普通轨枕和隧道内宽轨枕两种不同轨道条件,填补了国内空白,性能优于国外同类产品。

3. 研制开发了环线固定卡具和防护工艺,使环线安装牢固、平直、美观。

4. 开发了隧道内电缆敷设和隧道间电缆架空工艺,解决了在复杂地段敷设计轴电缆的难题。

5. 应用电缆冷封新工艺,既解决了水和潮气进入电缆缆身造成电缆绝缘下降问题,又省去了室外或隧道内用火熬胶的麻烦,提高了系统工作的可靠性。

6. 室内计轴设备安装和 DMIS 基层广域网设备安装,工艺合理,整齐美观,可操作性强。

三、应用范围

该工法适用于计轴加环线新制式自动闭塞工程的施工。

四、工艺原理

该工法根据 CLC 自动闭塞系统的构成和技术特点,研制开发了配套工具、器材,提高了施工效率,保证了工程质量;通过合理组织施工,使计轴设备、轨道环线、DMIS 基层广域网 3 部分的施工安装与调试工作结合起来,为 CLC 新制式自动闭塞工程的施工提供了完整的施工工艺。

五、施工工艺

(一)工艺流程

根据工程特点和技术要求，该工法基本工艺流程如图1所示。

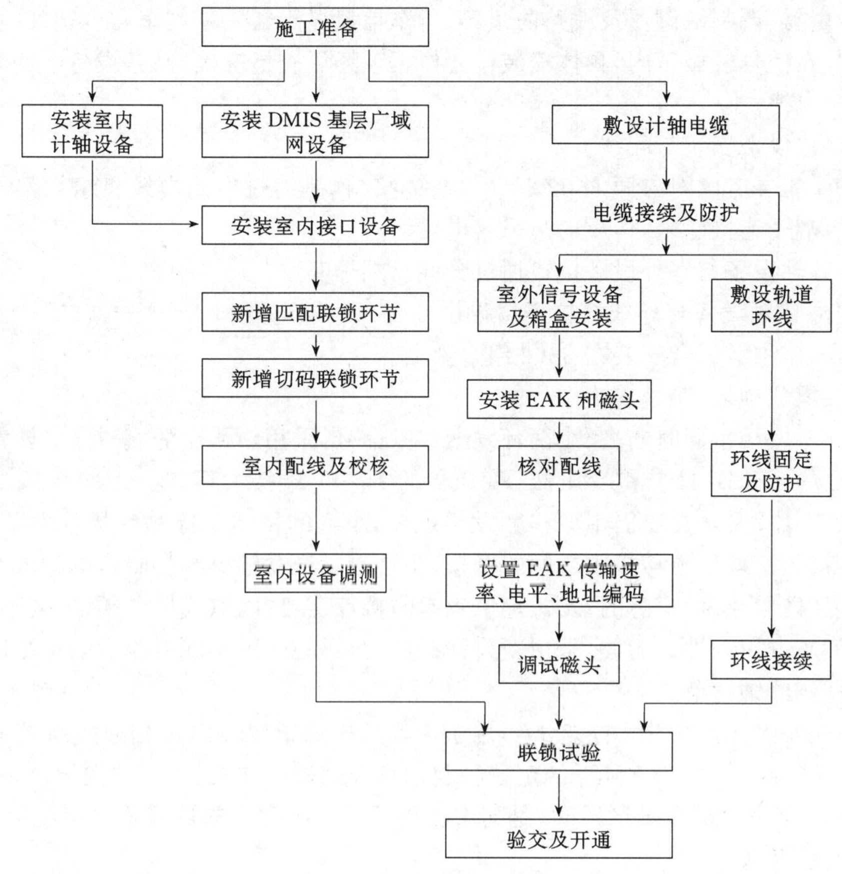

图1　工艺流程图

(二)施工工艺

1.施工准备

施工准备阶段的主要工作有：根据设计文件现场调查、审核设计图纸、提出设备材料申请计划并根据工期要求签定供货合同、制定施工技术方案和技术标准、办理有关施工手续。

2.安装室内计轴设备

(1)确定ACE主机柜安装位置，并对机柜外观进行检查后，将机柜固定在相应位置上，通过调整机柜底部的可调固定螺栓使机柜安装做到横平竖直、端正稳固；确认零、部件及配套器材(CPU子架、I/O子架、网状隔离板、带电缆的插头、600 Ω电阻、电源设备等)齐全配套。

(2)按照设备说明书将ACE主机所带适配器插接牢固。

(3)I/O子架上的插头按照设计要求插接牢固且安装鉴别销(黑色)，以防插头混淆；I/O子架上插头所带的软电缆在网状隔离板上排列整齐、美观，应用塑料绑扎带固定在网状隔离板上；I/O 1、2子架后部各有一个DC 60 V电源插头，其中棕色线接+60 V，蓝色线接0 V，极性不得接反，ACE 60 V电源范围54～72 V。

(4)MOD口上命令线对、状态线对上各加1个600 Ω电阻(随机配件)。

(5)ACE主机的发送电平(0 dB)和发送速率(1 200 bit/s)，在出厂时应已调好。I/O子架ZUO Egb数据编码板根据ACE主机两端区段数量进行编码。

3.安装DMIS基层广域网设备

站内 DMIS 基层广域网设备包括节点计算机、1 000 VA 的 UPS 电源、行车信息和电务维修显示器、路由器、调制解调器及线路防雷等。行车信息显示器安装在车站运转室内控制台旁，其他设备安装在信号机械室内，具体安装位置根据现场调查情况确定；各设备之间联系通道采用专用计算机电缆。

4. 室内接口设备安装与配线

(1)DMIS 基层广域网与原 6502 联锁设备的接口，是通过专用电缆将组合架零层端子与计算机输入板端子连接起来，构成信息采集电路。

(2)室内计轴设备与室外设备接口通过分线盘端子实现。

(3)室内原移频设备与环线接口需增设由 6 台 AX 继电器和 1 台“一拖二”小型变压器组成的零散组合，该零散组合安装在 6502 组合架上。

5. 新增匹配联锁环节

为实现一个发送盒同时向大、小两环发送移频信号，采用新研制的“一拖二”防雷变压器取代原移频发送的 $ZFLB_1$-H 防雷变压器。变压器的 $Ⅱ_1$- $Ⅱ_2$ 端接大环，变比为 1 ∶ 1，$Ⅱ_3$- $Ⅱ_4$ 端接小环，变比为 1 ∶ 3；大环发送仍用原移频发送电缆，小环的发送用原移频接收电缆，取消室外原接收端设备。为实现发送与接收之间的联锁，将移频发送盒输出与接收盒的输入在室内通过计轴设备代表“区段空闲”信息的 QGJ 定位吸起的接点连接，以取代原移频以“列车轮对短路”形式代表的列车占用条件。为此，采用新设计的匹配衰耗盒，以实现接收盒的电平匹配。

6. 新增切码联锁环节

切码电路由用于小环切码的 FMJ_1，用于大环切码的 FMJ_2 以及相应的轨道辅助继电器 GFJ 等继电器组成。FMJ_2、FMJ_1 的定位吸起接点分别串接在大、小环的发送电路中，以实现切码，GFJ 是区分列车进入某区段时，是初次占用还是后续列车冒进重复占用而设的。

7. 室内配线及核对

(1)室内配线的规格型号应符合设计要求。焊接时不得使用带有腐蚀性的助焊剂，焊接必须牢固，焊点应光滑、无毛刺、无虚焊等现象；带插头的专用线应插接牢固正确；电缆线转弯时应均匀圆滑，整齐美观，不得有硬弯或背扣现象，电缆终端应有标明去向的铭牌。

(2)MDD 口的配线电缆采用 8 芯屏蔽电缆，TKUE 口采用 4 芯电缆，Egb、AS 口采用 48 芯电缆。配线时，在配线电缆头部按实际需要切剥，多余电缆盘成备用圈放在机柜内，按设计要求和电缆颜色图抽出所需颜色电缆配线。

(3)控制台与组合架、ACE 主机柜之间的零层配线应采用配线电缆，架间的侧面端子配线类型和截面积必须符合设计要求；引向零层端子的线条应按端子的单号或双号分束绑扎。

(4)室内配线完成后要按图纸导通核对、测试，确保配线正确，绝缘良好。

8. 敷设计轴电缆

(1)隧道内计轴电缆的敷设

①隧道内安装膨胀挂钩用于悬挂计轴电缆，其规格为 10 mm×100 mm，如图 2 所示。

②膨胀挂钩安装在距隧道底(2.5±0.2) m 高的隧道壁上，挂钩间的距离为(5±0.2) m，每个挂钩处的电缆用 1.0 mm 铁绑线与挂钩绑扎牢固。

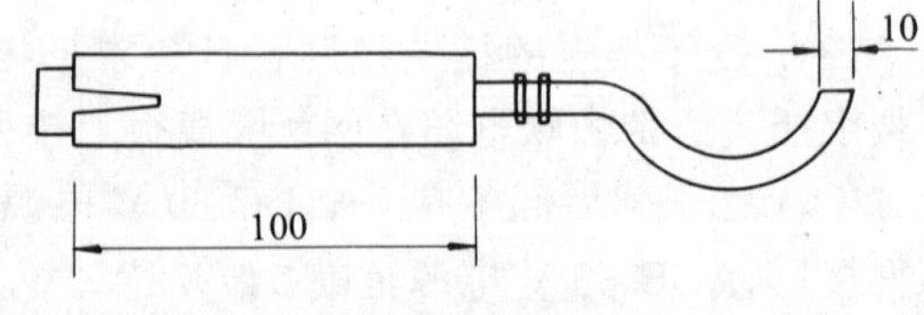

图 2　膨胀挂钩示意图

③在隧道口处与隧道底部为 45°角左右的斜线上安装 3 个膨胀挂钩，并安装卡具，用于固定引出隧道外电缆的防护管(槽)，安装示意图如图 3 所示。

(2)隧道间计轴电缆的敷设

①间距大于 60 m 的隧道间，采用开挖电缆沟或加槽防护方式敷设电缆。

②间距小于 60 m 的隧道间，采用架空方式敷设电缆。具体方法为：

架空电缆用的吊线采用 7×2.6 mm 的镀锌钢绞线，电缆用挂钩吊挂在吊线上；两隧道口的墙壁上各安装一特制的吊线卡具，将吊线的两端分别与吊线卡具连接，吊线卡具安装应牢固。制作吊线终端头后，用带螺栓的夹板与卡具紧固。吊线安装时先将吊线的一端做好终端头与隧道壁上的卡具连接，并用紧线器将吊线拉直，然后再制作另一终端头与另一隧道壁上的卡具连接；在两隧道间的接触网杆塔和原通信电杆上安装特制卡具，将吊线托起使吊线保持平直，在吊线上安装电缆挂钩，其间距(500±30) mm，挂钩应排列均匀；将电缆置于电缆挂钩内，并使电缆保持平直，不下垂。

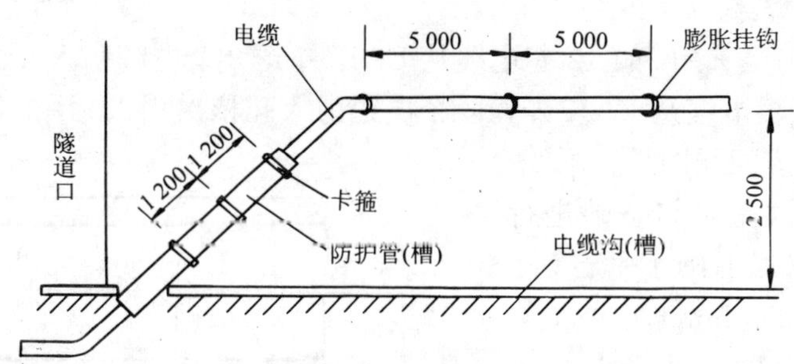

图 3　隧道口电缆防护示意图

9.计轴电缆接续及防护

(1)按施工规范及设计要求，盘留接续点电缆余留，电缆弯曲半径大于电缆直径的 15 倍。

(2)确认两侧电缆 A、B 端正确。清除接续部位电缆外护套上的污物。

(3)采用 HDM-T 型地中电缆盒或热缩套管方式接续，操作工艺按相应产品说明书及培训教材或作业指导书严格执行。

(4)接续部位采用电缆槽防护。

10.室外信号设备及箱盒安装

室外信号设备及箱盒安装方式按照信号设备安装标准图进行，箱盒安装时有两项特殊工艺。

(1)信号电缆冷封工艺

①电缆开剥做头时，将电缆进入变压器箱部分的内、外护套用砂布打毛并用清洁巾擦拭干净。

②用脱脂棉或白布带将电缆芯线根部与内护套间、变压器箱底部电缆引入孔与电缆外护套间的缝隙填塞充实。

③电缆穿入变压器箱并固定后，将冷封胶内袋中心处的卡条取出，使两组份胶液混合均匀并用双手揉搓袋内胶液 3～5 分钟，当胶液温度略高于体温时，剪开内袋端口，将胶液灌入变压器箱的胶室内，同时松动电缆芯线，使冷封胶充分浸润芯线间。电缆开剥尺寸及灌胶高度如图 4 所示。

(2)变压器箱内电缆配线工艺

①变压器箱内电缆应按配线图进行配线，并应整齐、美观。

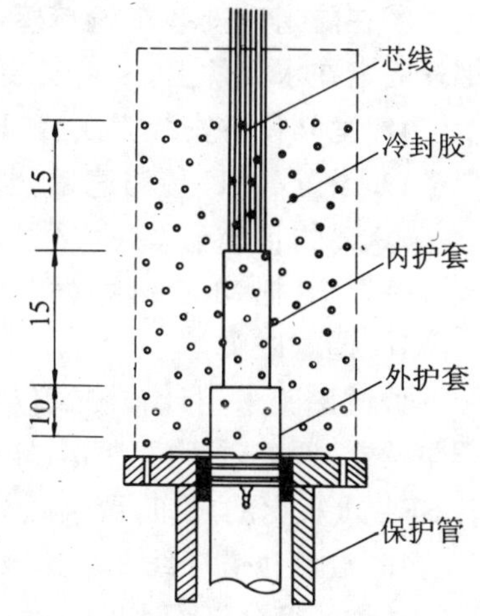

图 4　电缆开剥尺寸及灌胶高度示意图

②连接 EAK 的 4 根信息传输线，配线时不使用变压器箱内的接线端子，拆除相应端子柱，将芯线从对应的端子孔中穿出，与相应电缆芯线连接。

③电缆芯线连接方式采用压接工艺或对扭加焊工艺，芯线连接处采用热熔热缩管防护。

11. 安装 EAK 和磁头

(1)电子连接盒(EAK)的安装

①在距安装磁头处的钢轨内侧 2.1 m 处埋设 EAK 的基础，正方形的基础侧面与钢轨平行，基础顶面与轨底面平。

②在基础上安装 EAK 的底座，紧固基础螺栓。把 EAK 的外壳安装在底座上，外壳有 4 个电缆引入孔侧靠钢轨，有 3 个电缆引入孔侧靠大地。

③安装 EAK 的电子设备时，将 1～15 端子靠 3 个电缆引入孔侧；16～30 端子靠 4 个电缆引入孔侧，紧固安装螺丝。

④变压器箱引出至 EAK 的 12 芯电缆从 EAK 外壳 3 个电缆引入孔的中间孔引入；传感器引出至 EAK 的 4 根电缆从 EAK 外壳 4 个电缆引入孔依次引入，并在 EAK 盒内将电缆用绑扎带绑扎，根据电缆配线图进行配线。

⑤EAK 安装后，需对其基础进行培土，隧道内用砖和水泥围砌小平台(长 80 mm、宽 800 mm、高 200 mm)。

(2)车轮传感器(磁头)的安装

①用 DJZ-60 型电动钻孔机在轨腰中间钻 3 个 ϕ13 mm 的孔，用钢丝刷把钻孔时产生的钢屑刷干净。钻孔位置如图 5 所示。

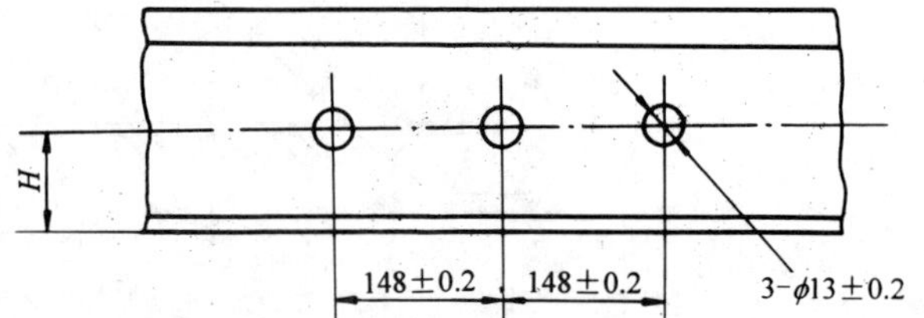

图 5　车轮传感器安装孔尺寸示意图

其中：43 kg/m 轨　H=59 mm；

50 kg/m 轨　H=65 mm；

60 kg/m 轨　H=71 mm。

②安装传感器 1 接收磁头(RX)、1 发送磁头(TX)、2 接收磁头(RX)、2 发送磁头(TX)，其安装磁头示意图如图 6 所示。

③用扭矩扳手(35～40N·m 的力)把固定传感器磁头的 3 个螺栓紧固后，将传感器电缆引入 EAK 并正确连接，把多余部分退出盒外，在盒外用电缆卡箍把电缆绑扎牢固。

④在隧道内安装车轮传感器时，引出电缆需在轨枕头部用卡具固定，卡具用 ϕ8 mm 膨胀螺栓固定在水泥枕上，卡具安装位置如图 7 所示。

12. 室外设备安装完成后，导通设备间配线，确保配线正确。

13. 设置 EAK 传输速率、电平及地址编码

EAK 的传输速率、电平通过其 Modem 板按照规定的设置表进行设置，设置完成后将设置开关焊牢，把 Modem 板插入原位。地址编码通过一个梳子状的短路线，按地址编码表设置。

14. 调试磁头

调试磁头采用计轴测试仪和模拟车轮对 TX_1 和 TX_2 两磁头分别进行测试，通过磁头的调整螺栓，调整磁头位置，a_1、b_1 两数绝对值尽量相等，相差值在 20%之内。用绝缘小螺丝刀旋转 SE-A1 板上的旋钮，调整磁头的参数电压。

15. 敷设轨道环线

每个闭塞分区设大小环线两种，小环线长度为 150～200 m，其余为大环线，小环线在敷设时应交叉一次，大环线根据闭塞分区长度进行奇数次交叉，两个交叉点的距离应控制在 200～

300 m之间。环线沿钢轨内侧底面敷设。

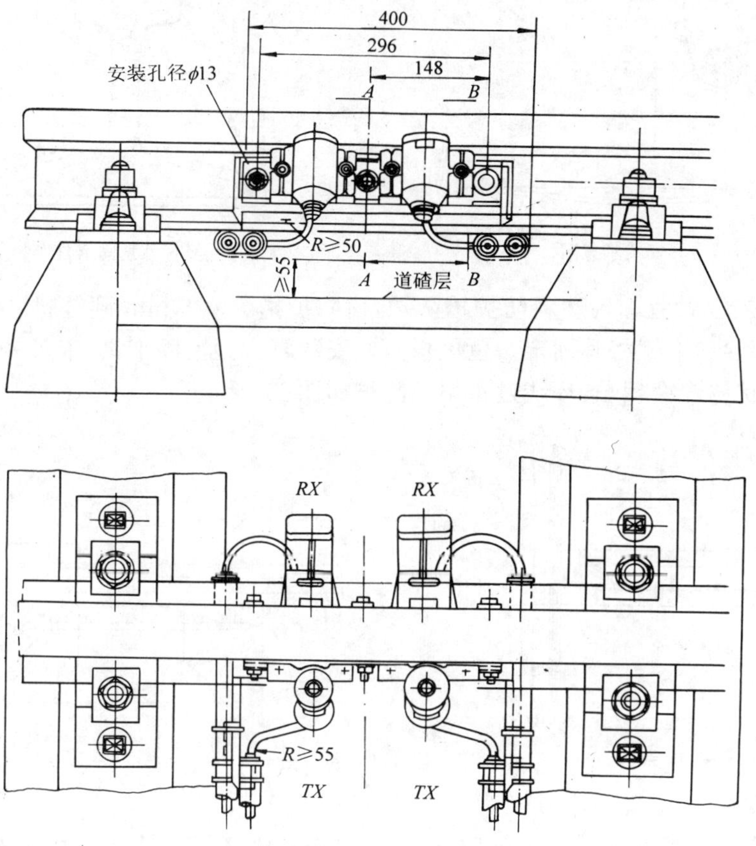

图6 传感器磁头安装示意图

16.环线固定及防护

(1)环线的固定

①环线用固定卡具固定在钢轨内侧底部。安装时先将环线置于钢轨底部拉直,然后将卡具从钢轨底部由内向外安装,使环线固定在卡具和轨底斜面之间。如图8所示。

②环线交叉处、过鱼尾板处和引出钢轨处需安装复合型紧固卡具。安装时,将卡具从轨底由内侧插入,轨外侧用专用折板器将紧固卡具端头折向轨底斜面,使之与轨底斜面密贴。卡具上紧固环线用的螺栓为开口螺栓,在螺母紧固后用扁铲劈开,防止螺母脱落,环线紧固卡具如图9所示。

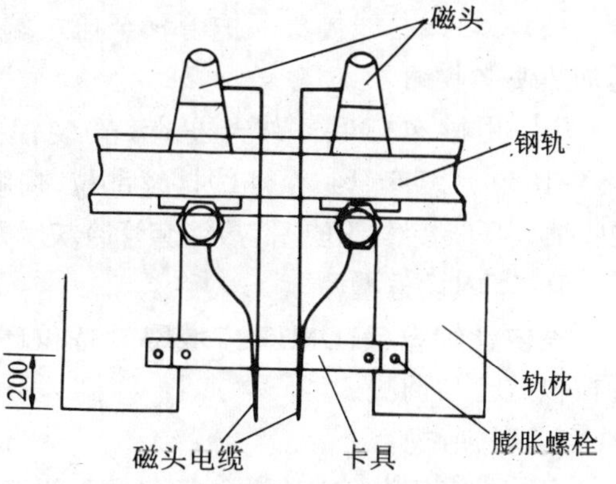

图7 磁头引入电缆卡具安装示意图

(2)环线防护

①环线交叉处在两轨间设专用防护槽,将环线置于防护槽内,防护槽与轨枕间加一带孔的金属垫板,用两个带橡胶垫的膨胀螺栓将防护槽固定在轨枕上,在轨枕斜面上将防护槽按轨枕坡度弯折,使两者密贴。交叉处的环线,在两钢轨上分别用紧固卡具固定,紧固卡具与交叉处的轨枕相贴。防护槽及紧固卡具安装如图10所示。

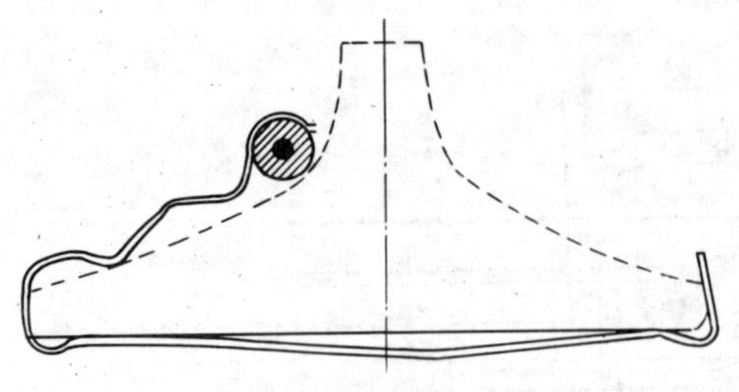
图 8　环线卡具安装示意图

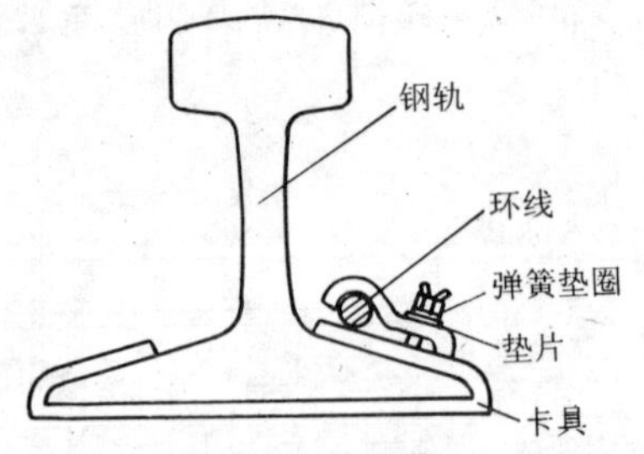

图 9　复合型紧固卡具安装示意图

②环线过鱼尾板时应加装塑料防护槽防护，该防护槽为 ϕ25 mm 硬塑料管中间纵剖后的半圆槽，用膨胀螺栓和卡箍将其固定。鱼尾板两端安装复合型紧固卡具，卡具外边缘与靠近鱼尾板的第一个轨枕内边缘相贴，环线过鱼尾板防护如图 11 所示。

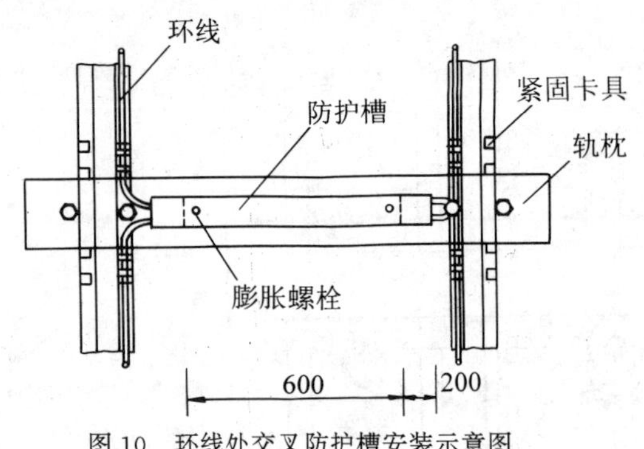

图 10　环线处交叉防护槽安装示意图

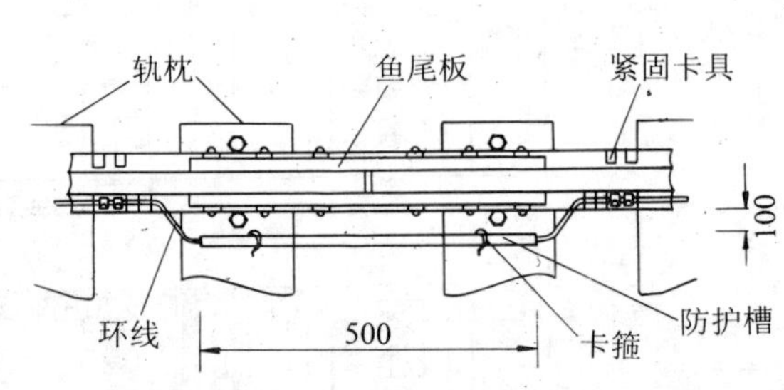

图 11　环线过鱼尾板处防护槽安装示意图

17. 环线接续

(1)剥除环线芯线绝缘层露出铜线(6.5±0.5) mm，将环线芯线穿入接头保护管(热熔热缩套管)内。

(2)环线芯线从两端分别穿入压接端了，用 VS. L. 25 型压接钳压接。环线芯线压接端子示意图如图 12 所示。

(3)将环线芯线接头保护管移至压接端子处，用焊笔加热使之收缩。

(4)用砂布打毛环线外护套，安装铝衬套，再将 RSY-18/9 热缩套管移至环线接续部位，用喷灯加热使之收缩。环线接续部位应待热缩套管冷却后方可移动。

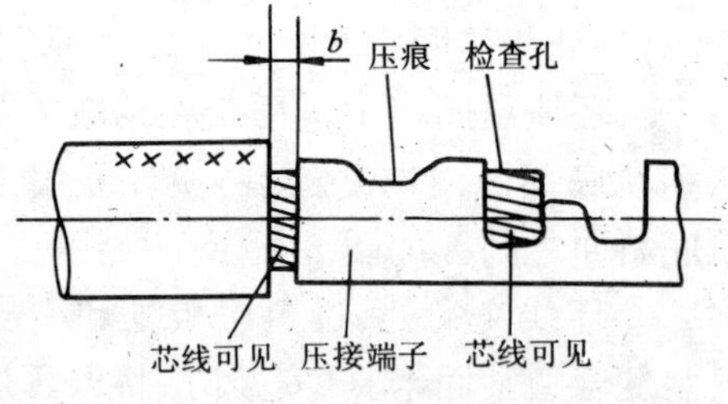

图 12　环线芯线压接端子接线示意图

18. 室内设备调测

室内计轴设备、DMIS 广域网设备和环线与原移频结合设备按各自系统要求指标分别进行模拟试验和调测。

19. 联锁试验

室外设备安装完成后，进行室内外设备联调试验，确认试验项目完全彻底之后，整理好竣工资料，请求有关部门组织验收，准备要点开通。

20. 竣工开通

验收合格后，要点开通，开通时彻底拆除模拟电路，正式起用新设备，并由接管单位进行全面联锁试验，确认无误后，消点开通。

六、劳动组织

根据 CLC 自动闭塞工程的特点,按项目管理模式组织施工。施工时应设室内施工组 1 个(6 人)和室外施工 2 个组(12 人/组)。室内施工人员应配置熟悉计算机、计轴设备和移频设备的工程技术人员 4 名、熟练信号工 2 人,负责室内设备的安装、调试工作;室外施工组由技师和熟练信号工组成,分别负责计轴电缆与环线的施工和室外设备安装调测作业。施工组织及管理机构如图 13 所示:

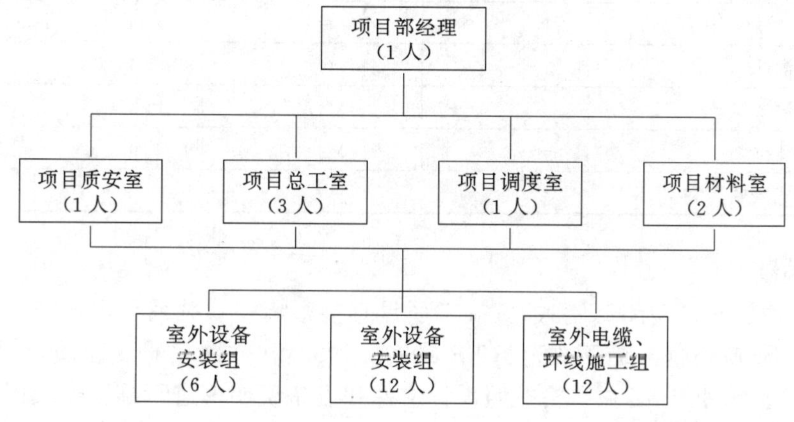

图 13 施工组织机构

七、机具设备

除通常信号工程施工应配备的工具仪表外,CLC 自动闭塞工程施工还应配备专用工具、仪表(见表 1)。

表 1 主要施工机具设备配置一览表

序号	名称	单位	数量	备注
1	MOTOROLA 对讲机	台	10	
2	5 t 运输车(解放/东风)	辆	2	
3	2 500 W 发电机	台	2	
4	台钻	台	1	
5	电动砂轮机	台	1	
6	DZJ-60 型钻孔机	台	1	
7	冲击钻	台	4	
8	手枪钻	台	1	
9	电缆支架	对	2	
10	十字镐	把	20	
11	铁锹	把	50	
12	汽油喷灯	把	4	
13	扭矩扳手	把	2	
14	电烙铁(75 W、25 W)	把	4	每种
15	组合电工工具	套	20	
16	紧线器	台	2	
17	3 m 扶梯	个	4	

续上表

序号	名　　称	单　位	数　量	备　注
18	压线钳 VS. L. 25	把	4	
19	钢锯	把	6	
20	磁石电话	台	10	
21	万用表(数字、指针)	块	20	
22	移频测试仪	台	1	
23	计轴测试仪	台	1	
24	地线测试仪	台	1	
25	绝缘测试仪	台	1	
26	便携式微机	台	1	

八、质量控制

CLC 是一种新的自动闭塞制式，其施工质量直接影响联锁关系和运输安全。在施工中应严格执行铁道部《铁路信号施工规范》(TB 10206—99)和《铁路信号工程质量评定验收标准》(TBJ 419—87)。此外，还必须严格按照设计文件和设备说明书进行施工安装工作。对于新设备的安装工艺要深入研究，制定相应的质量标准，经设计部门和建设单位、接管单位认可后，严格执行。

九、安全措施

在施工过程中，严格执行铁道部《铁路信号施工技术安全规则》(TBJ 406—87)和《铁路行车线上施工技术安全规则》(TBJ 412—87)以及铁办(1994)27 号《既有线施工确保行车安全的几项规定》中的有关规定，此外，还必须遵守以下安全措施：

1. 室内计轴设备和 DMIS 广域网计算机设备送电前必须确认配线和电源极性正确。

2. 室外由于安装磁头调整轨枕后，必须把轨枕处夯实。

3. 计轴设备的电源要在调好电压后一次送电，不能在开电源后，慢慢往上调电压。

4. 电缆架空作业或在隧道内敷设电缆时，必须做好安全防护工作，确保人身安全。

十、技术经济分析

(一)CLC 自动闭塞是为解决铁路路况条件较差地带，因道床电阻低、漏泄大，经常造成轨道电路红光带的问题而专门研制的新制式，具有集信息化、网络化、综合化为一体的特点，尝试了铁路信号网络学新技术，具有良好的社会效益。

(二)在开发 CLC 自动闭塞工程施工工法过程中，根据工程特点，配套开发的工具、器材能完全满足设计要求，具有便于施工、操作简便、节省工时、性能可靠的特点，产生了良好的社会效益和较大的经济效益。以张滩站至土岭站间上行线施工为例，对采用新工艺而产生的经济效益分析如下：

1. 计轴传感器的安装

购置进口钻孔机 1 台，价格为 130 000 元；施工时需工务配合起轨人员 20 名，工费按 25 元/(人・天)计，每天可施工 2 处，7 处施工点共需 3.5 天，增加工务配合工费为：20 人×25 元/(人・天)×3.5 天＝1 750 元(此费用按利用列车间隙要点施工，不影响行车效率考虑)。

利用 DZJ-60 钻孔机施工时，可直接在钢轨上钻孔，不需工务人员配合，购置 1 台钻孔机的费用为 32 000 元，共可节省费用为：

130 000＋1 750－32 000＝99 750 元。而且施工时不会给行车安全和效率造成影响。

2.采用新式卡具安装环线与以往安装方式相比节省了在钢轨上钻孔的费用。比照钢轨接续线(12.5 m)施工预算定额，按 2 m 间隔安装卡具计算，每 km 节约工费为：12.5/2×8×25＝1 250 元；机械使用费为：12.5/2×19.67＝122.94 元。张滩站至土岭站间上行线8.5 km共节约工费费用为：

8.5×(1 250＋122.94)＝11 669.99 元，若考虑行车干扰费和管理费，其节约直接费共计 3 万多元。

3.采用电缆冷封技术和压接技术，分别比用火熬绝缘胶和焊接方式施工节约工时 70％以上。

十一、工程实例

该工法在张滩站至土岭站间 CLC 计轴加环线式自动闭塞试点工程中首次采用。

执笔：郜建民　刘圣革

42. 运行中变(配)电所改造、扩建施工工法

TLEJGF 94—33

天津工程公司

电力是铁路运输的基本动力。随着铁路运输事业的飞跃发展,对供电的质量和可靠性有了更严格的要求,为此,铁道部将电力贯通线的建设列为保证行车安全的一项措施。

建设电力贯通线,建设可靠的第二电源以及增加新的用电负荷都涉及到在既有铁路变(配)电所内进行改造、扩建工程项目的施工。在改扩建工程施工的同时,既要保证对运输生产的正常供电,还要保证设备和人身的安全。因此,在运行中变、配电所内施工,不仅技术复杂,难度大,而且影响范围广。为了处理好供电、施工、安全三者之间的矛盾,为了在施工中做到不影响铁路运输生产的安全用电,从 1984 年以来,通号天津工程公司的工程技术人员在自动闭塞电力工程施工中,对既有变(配)电所改造、扩建工程项目的施工积累了丰富的经验,通过不断总结、不断完善,以"化整为零、合理运筹、从易到难、逐步进行"的方法,先后为 4 个铁路局的 9 处正在运行中的变(配)电所进行了改造、扩建工程项目的施工,取得了理想效果。从而开发出《运行中变(配)电所改造、扩建施工工法》。

一、工法特点及适用范围

(一)工法特点

1. 在施工过程中对电气集中、通信枢纽等一级负荷用户做到了不间断供电,同时缩短了二级负荷用户的停电时间。

2. 解决了在运行中变(配)电所中施工、供电、安全三者之间的矛盾。

3. 实现了施工机具和施工人员的动态管理。

(二)适用范围

本工法适用于运行中 6~10 kV 变、配电所增设高压开关柜和调整高压开关柜排列顺序(以下简称柜位调整)等改造、扩建工程项目的施工。

二、工艺原理

利用高压开关柜便于组合、便于安装同时也便于拆卸的特点,把变(配)电所的改、扩建工程项目分解为若干单项工程,利用统筹原理加以组合,形成:"化整为零、合理运筹、从易到难、逐步进行"的施工工艺。

三、施工工艺及流程图(见图 1)

(一)技术准备

1. 调查

(1)调查了解该变、配电所概况和有效的施工空间;

(2)运行情况:值班日志、负荷曲线以及用户的公休日;

(3)负荷情况:负荷等级和外线所带的负荷状况;

(4)该所停电维修日期、预防性试验日期;

(5)该所运行中的薄弱环节。

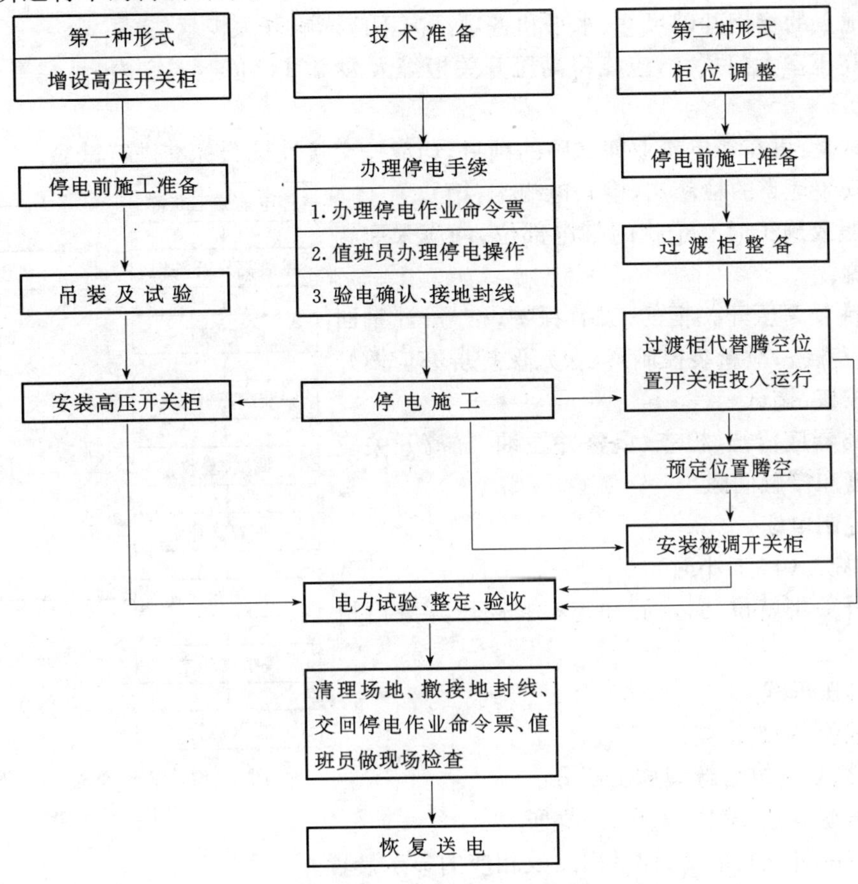

图1 变(配)电所改造、扩建施工工艺流程图

2.编制施工方案

(1)预想分析:根据该所的运行情况和薄弱环节,分析施工中可能出现的问题和解决办法;

(2)编制停电施工计划:尽量与用户公休日、该所停电检修日期和预防性试验日期相结合;

(3)反复与运行部门研究、推敲取得最佳施工方案;

(4)制定相应的安全措施;

(5)落实电力试验的有关问题。

3.上报批准

(1)改、扩建施工方案;

(2)停电施工计划。

4.向参加施工的工作人员详细介绍施工方案、技术标准、注意事项等。

5.检查待装设备、器材,并按交接性试验标准做电力试验。

(二)停电施工作业

1.第一种形式:增设馈出(受电)高压开关柜施工工艺及流程图(见图2)。

(1)停电前的施工及准备

①检查待装高压开关柜整体外形尺寸应与既有设备和安装位置相符。

主接线及柜内装配器材其型号、规格应符合设计要求。

二次配线、接线端子顺序应与图纸相符。

内部安装应牢固，器材无损坏和锈蚀现象。

②安装地点的槽钢基础尺寸、水平和各项距离不应影响开关柜就位。

③检查高压室大门尺寸，应能将高压开关柜等大型笨重设备运入室内；吊装平台应牢固，无障碍。

④电力试验：可在停电作业前试验的项目，均应按交接性试验标准进行试验。

⑤清理安装地点的检修沟(槽)、电缆沟(槽)。

⑥对运搬或施工时有干扰的带电部位，均应采取相应的防护措施。

⑦校核待装高压开关柜的控制、保护、信号、计量回路有关条件应齐备；对新装控制屏(台)、保护屏亦应做好二次接线的校核、调试。

⑧油断路器应清洗、检查、调整并注油；隔离开关应调整开合角度和接触间隙。

⑨敷设控制电缆。

(2)停电施工(4～5 小时)

①高压开关柜就位、固定后并与相邻高压开关柜相联接。

②安装高压母线。

③电力试验；验收检查。

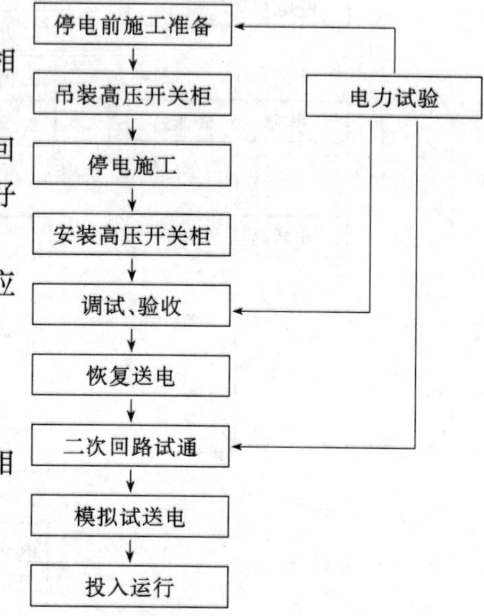

图 2 增设馈出(受电)高压开关柜施工工艺流程图

(3)母线恢复送电后继续施工部分

①控制电缆对号、编把、做头、上端子。

②试通控制、保护、信号、计量回路及相应的显示装置。

③试通操作电源和自动装置。

④检查计量、表计的指示正常。

⑤联合模拟试验。

⑥送电试运行。

试送电成功后即可向线路供电，当向有互投条件的线路供电时，应做互投试验。

当新增设第二电源高压开关柜时，还应与第一电源柜做联锁试验。

全部施工、试验完成后，新增设馈出(受电)高压开关柜正式投入运行。

2. 第二种形式：柜位调整施工工艺及流程图见图 3 和图 4。

(1)停电前的施工准备

①检查为过渡使用的预留柜：型号、规格与预定腾空位置开关柜应相同，当预留柜规格不同时，按增设馈出(受电)高压开关柜施工工艺流程增设一台符合过渡要求的开关柜作为过渡柜。

②检查柜内的高压母线、油断路器、电流互感器变比应符合设计要求。

③调整隔离开关、油断路器及操作机构，油断路器注油。

④检查控制开关、表计、自动装置、报警设施等器材与设计要求应一致。

⑤核对预留柜和控制屏(台)二次接线的控制、保护、信号、计量回路。

⑥按预防性试验标准对柜内器材进行电力试验，调整保护定值及整组试验。

⑦敷设高压电缆进入高压开关柜后侧，制作电缆终端头，并做耐压试验。

⑧准备户外隔离开关、高压电缆头的安装配件。

(2)第一步停电施工:分段母线停电 4～5 小时

①预定腾空位置的开关柜退出运行,与引户线同时拆除。

②安装过渡柜(预留柜)母线;调整柜顶隔离开关。

③安装户内外高压电缆头、联线,过渡柜代替预定腾空位置的开关柜功能进行供电。

④电力试验及验收检查。

⑤变更控制、保护、信号、计量装置和开关柜的标签框标记。

施工结束后,预定腾空位置成为空位,为下一步施工做准备;过渡柜(预留柜)代替预定腾空位置的开关柜为其线路供电。

(3)第二步停电前的施工及准备(与第一步相同)。

(4)第二步停电施工:分段母线停电 5～6 小时

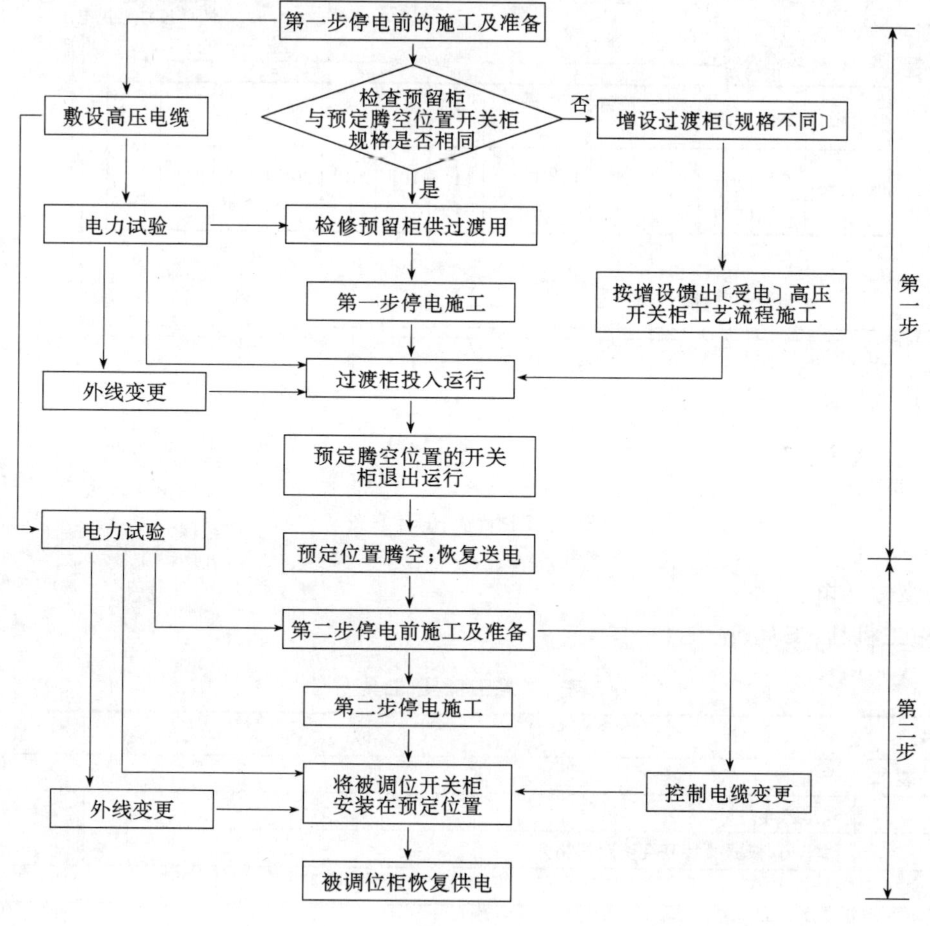

图 3　柜位调整施工工艺流程图

①拆出被调开关柜,安装在预定腾空的位置。

②安装户内外高压电缆头、联线;恢复控制电缆的接线。

③电力试验及验收检查。

④变更控制、保护、信号、计量装置和开关柜的标签框标记。

施工结束后,被调位开关柜在预定位置为原线路供电,恢复送电后投入运行。

在施工中变配电所应始终保持有一段高压母线正常供电,为户外环形供电创造条件,以保证一级负荷不间断供电的要求和减少其他负荷造成的停电影响。

3. 第三种形式：其他改、扩建项目如更换变压器等（工艺流程较简单，本工法从略）。

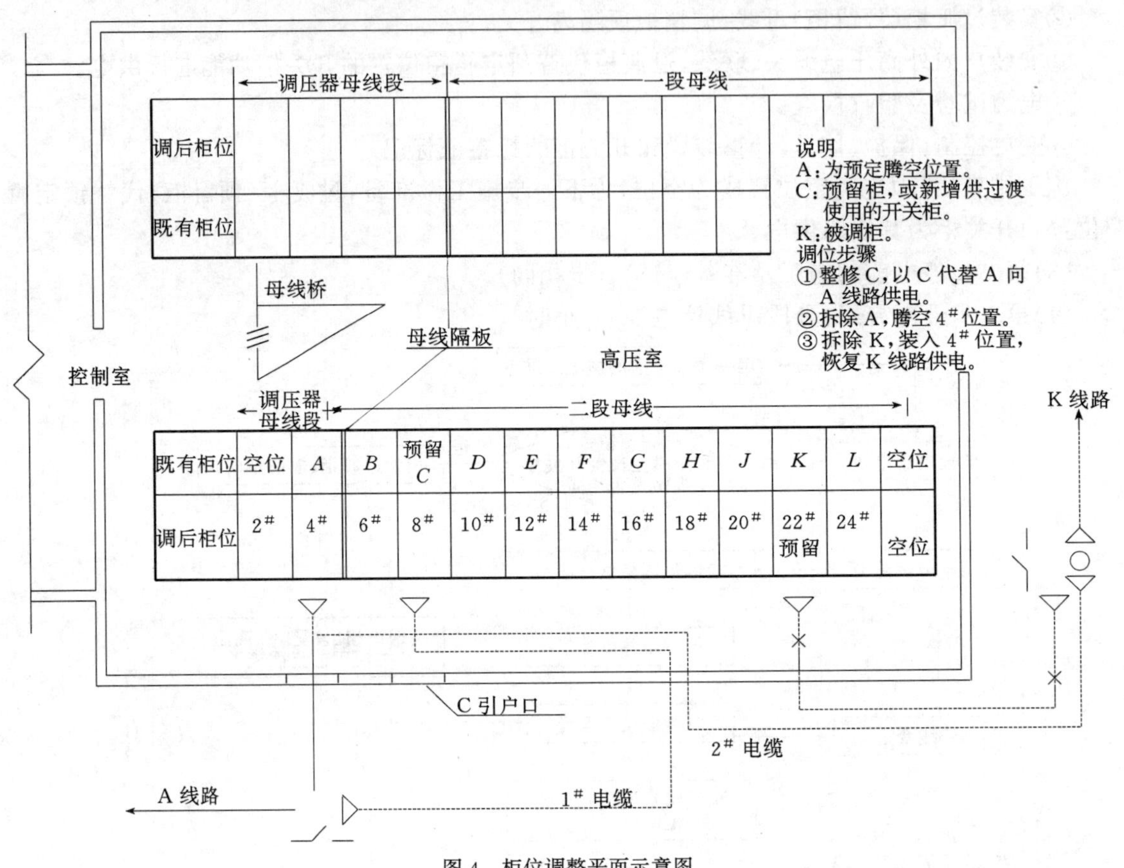

图4 柜位调整平面示意图

（三）恢复送电。

四、施工机具、工具（见表1）

表1 施工机具、工具

序 号	名 称	数 量
1. 运输、吊装（动态管理）		
(1)	载重汽车 5 t	一部
(2)	汽车吊（根据吊装高度确定规格）	一部
2. 设备安装		
(1)	内外线电工常备工具	一套
(2)	常用电工仪表（兆欧表、万用表、讯响器）	一套
(3)	电气焊及简单金工工具	一套
3. 电力试验		
(1)	试验变压器（附直流耐压、绝缘油耐压设备）	一套
(2)	变比电桥，单、双臂电桥	一套
(3)	电秒表	一块
(4)	标准电流、电压、功率表	一套
(5)	三相、单相自耦调压器	一套

五、劳动组织(见表 2)

表 2

序号	分　　工	主　要　任　务	人数	备　注
1. 室内设备安装及停送电作业				
(1)	机电钳工	设备安装、金属构件处理	1	
(2)	电工	安装、配线调试开通	2	
(3)	安全监督员	验电、封地线、施工过程安全防护	1	
(4)	班长或技术人员	组织指挥施工,办理停送电命令票,同时负责施工技术	1	
	合　计		5	
2. 电力试验组				
(1)	电力试验员	负责高低压设备的电气测试	2	
(2)	试验班长	负责指挥试验全过程,填写试验报告	1	
	合　计		3	
3. 吊装作业组(运搬、吊装大型设备时进场施工)				
(1)	吊车司机	吊装设备	1	动态管理
(2)	汽车司机	运输设备、器材等	1	动态管理
(3)	运搬吊装组	负责设备、器材吊装,搬运	7	动态管理
(4)	班长	指挥运搬、吊装作业,负责安全	1	动态管理
	合　计		10	
4. 室外作业组(按施工方案的安排进场施工)				
(1)	电力工、电缆工	负责室外引户线、电缆等施工作业	2	动态管理
(2)	班长	根据施工方案组织室外施工作业	1	动态管理
	合　计		3	

六、质量控制、安全措施

(一)质量控制

1. 为保证工程质量、避免重复施工,在施工中要选派技术熟练人员上岗操作。同时还采取边施工、边试验、边验收,发现问题及时处理的办法进行质量控制,执行《电力工程质量评定验收标准》(TBJ 420—87)。

2. 工程中使用的设备、器材均由专职试验人员进行试验。对新设备、新器材执行水电部(77)水电技字第 16 号试验标准做交接性试验;对既有设备、器材执行铁道部铁机字(83)1000 号部令的试验标准做预防性试验。

(二)安全措施

1. 设立专职安全员,每日开工前按施工内容交待安全措施和注意事项。

2. 施工人员做到对施工的项目、步骤和具体要求清楚。在施工中严格执行办理停送电命令票制度,停电后经验电、封地线后方可施工。

3. 施工人员在操作时要随时注意人身和设备的安全。动用大型工具、材料时,要注意前后、左右、上下与带电部位的距离。

4. 经拆改后的高压设备、器材在投入运行前均应核对相序;对具备并网运行条件的送(受)

电回路还应核对相位，做到准确无误。

5. 在高压带电处所局部施工时，应设置牢固的临时安全隔离小间或对带电部位设置牢固的临时隔离板(网)。

6. 耐压试验时被试设备附近不得有人逗留。

7. 带有电缆的线路或高压电容器的开关柜停电后应作放电处理；带有互投供电条件的开关柜停电后应拉开线路侧相应的隔离开关和解除自动装置。

8. 施工前一律不得饮酒。

七、社会经济效益分析

运用本工法对正在运行中铁路变(配)电所进行改、扩建工程项目施工，产生的社会效益是以该所的地理位置、负荷等级、规模大小、重要程度来衡量。运用本工法可对一级负荷用户做到不间断供电，保证了铁路运输的正常运营，同时对二级负荷用户达到了停电时间短、影响范围小的目的。因此，运用本工法对运行中变(配)电所进行改造、扩建工程项目的施工有着较大的社会效益。

八、工程实例

集宁铁路配电所是地处分局所在地的中心配电所，它担负着 3 个方向的贯通、自闭供电线路、大站电气集中和通信枢纽等运输、生产、生活的供电任务，是个不能间断运行的供电中枢，通号天津工程公司在自动闭塞工程施工中，于 1991 年 6 月末对该所进行了技术改造，其改造项目如下：

1. 新增自闭线路馈出柜　　2 台
2. 新增集中控制台　　1 台
3. 高压柜调整柜位　　7 台

(该所既有开关柜 23 台，调整近 1/3)

4. 敷设高压电缆　　5 条
5. 更换 315 kVA 调压器　　1 台

该配电所从 1991 年 6 月 23 日开始按施工方案的步骤进行施工，于 7 月 10 日改造项目全部结束，工程质量优良，获运行接管部门好评。

几年来先后为北京局的古冶一所、坨子头所，沈阳局的昌图所、开原所，郑州局的驻马店所，呼和局的集宁、卓资山、陶卜齐、丰镇等 9 个正在运行中的变(配)电所，成功地完成了改造、扩建的工程项目。

执笔：王连城

43. 电力线路工程集中预配工法

SJGF 06—91

天津工程公司

集中预配工法是由预配木杆开始发展起来的，20 世纪 70 年代初，我们在加强科学管理的基础上，逐步使分散在电力线路各工序施工现场的组装或加工性质的工作集中进行，用工厂化的方法预配后再进行安装。尤其钢芯铝绞线经过化整为零预制后，在山区放线施工显示了多方面的优越性，降低了劳动强度，减少了导线磨损。由于本工法自身存在的许多优点，所以具有强大的生命力，在推广运用本工法施工的 1 700 km 自动闭塞电力线路及站场电力线路中取得了明显的经济效益，工程质量有了显著的提高，从而改变了施工中落后的面貌。

一、工法特点

1. 避免了材料使用不合理，提高工作效率。

2. 可以推广机械化生产，改善劳动条件。

3. 通过集中预配，根据定型图、施工图可以选配适用的材料，保证了材料的节约，降低了工程成本。

4. 通过集中预配，各个工序能达到标准统一，提高了工程的质量。

二、适用范围

1. 自动闭塞高压电力线路。

2. 其他高低压线路。

三、集中预配材料

1. 电杆：混凝土电杆、铁塔。

2. 导线：钢芯铝绞线、镀锌钢绞线、镀锌铁线。

3. 横担：镀锌铁横担、镀锌各种配件、金具、瓷件。

4. 拉线：镀锌钢绞线、金具、镀锌配件、拉线底盘。

5. 设备：隔离开关、变压器、高压跌落保险、避雷器、联络箱、开关箱、信号电缆盒。

6. 电缆：交联高压电力电缆、低压聚氯乙烯电力电缆以及封端接续用的终端盒、中间盒。

7. 其他材料。

四、施工程序

首先从料库领料，对材料、设备的质量要进行鉴定检查，需要试验的进行电气性能试验，合格的材料设备运到预制场。由预制场预配横担、设备、拉线、线条及绑扎线，清洗瓷瓶，预制水泥制品，加工及改制配件。如在沿海盐碱地区使用油浸木杆时，又需增加预配木杆。

五、操作要点

1. 预配横担

预配质量的好坏，直接影响现场组装工作能否顺利，在料库领料时要先检查质量，根据技术标准、图纸要求，在电杆上试装检查配件规格尺寸有无问题，之后按定型图要求将横担、配件、抱箍、穿钉、金具等按施工图的杆型配在一起，并写上区间、杆号。通信瓶杆应上在横担上，撑角、穿钉、抱箍也要成套地配好，特别注意选用穿钉及U型抱箍时，应使其组装后螺栓露出螺母长度为5～20 mm。

2. 预配设备

首先要检查设备的外观质量，电力高压设备要按规定进行电气试验。隔离开关、联络箱、信号电缆盒均须预配长度合适的拉杆或引线管，电线管内要根据杆型需要穿入符合标准的塑料绝缘线，还要配置合适的各种抱箍。要做好调试工作，高压跌落保险的熔断管长短要调好，以确保开合灵活。隔离开关拉杆两端的管接头焊接位置要对好，以确保开合角度。联络箱要带电试验，看动作是否正确。各种设备在预制场调试好后才能运到现场安装。

3. 预配拉线

按照地形实测的拉线长度及技术标准预配拉线上把，先按需要长度将钢绞线剪断，把钢线嵌入楔形线夹内，并按规定缠绑50 mm，将拉线抱箍、双眼板配装好，注明区间、杆号，然后把拉线棒与拉线盘U型螺丝、垫板配装好，拉线盘可以单独外运。

4. 预配导线及绑扎线

高低压导线根据每个区间长度、导线根数核算出重量，配好供现场使用。尤其是在山区施工时，大盘线无法运输，放线又比较困难，在这种情况下，把大盘线化整为零，分成20圈为一把，并把劲破开，运到现场放线减少了导线的磨损，降低了劳动强度。还有预配高低压瓷瓶顶扎、颈扎、加强、一般的绑线，预配铝带(用在钢芯铝绞线与瓷件、铁件接触的位置)、镀锌铁线接头用的镀锌铁绑线等。这些绑线、铝带都必须按照使用的瓷瓶进行实际绑扎后确定出长度，接头用的铁绑线要缠绕为圆圈。

5. 清洗瓷瓶

高低压瓷瓶在使用前必须检查外观有没有掉瓷、裂纹、瓶杆生锈等缺陷，如果不干净还必须清洗，并按需用量分杆号装筐，一方面保证瓷瓶不致碰撞损坏，另一方面也能保证现场安装时瓷瓶不多不少。

6. 预制水泥制品

工程中使用的水泥制品如拉线盘、电杆底盘、卡盘、电缆盖板、水泥槽、电缆标石等，如果当地的砂石价格较便宜，均应安排就地加工，能获得可观的经济效益。

7. 电焊加工改制

对现场使用的地线、非标的配件、钢管煨弯等进行焊接改制加工，以确保现场急需的材料配件得到及时地供应。

六、劳动组织

工程技术负责人	1人
预配横担、设备组	4人
预配拉线、线条组	2人
清洗瓷瓶、预制水泥制品组	2人
电焊加工改制组	2人

以上是按每月完成40～50 km考虑配备的人员，如果工程量小，可以减少预制小组和人员，一般为3～11人。

七、质量标准

1. 符合国家有关电力线路的标准图册及铁道部自动闭塞电力线路定型图册的规格、尺寸和要求。

2. 符合铁路电力工程质量评定验收标准及其他有关标准的规定。

八、机具设备

台钻、电焊机、乙炔焊接设备、电力试验设备、震荡器、放线车、绑扎线缠绕器(ϕ3.0 mm、ϕ1.6 mm)、木工工具(有木杆预配工作时)等。

九、安全措施

1. 预制场临时用电,配电箱要设有计费装置及过流保护,配电箱、电动机、电焊机应有可靠的接地或接零。灯线要按规程布设,不能乱拉。

2. 在配合电力试验工作时,要听从试验人员的统一指挥,确保安全。

3. 乙炔发生器与氧气瓶应距离 7 m 以上,乙炔发生器和氧气瓶均应放在空气流通、不靠近火源、不曝晒、距离明火 10 m 以上的地方。搬动的时候不能碰撞。

4. 氧气瓶要有瓶盖,减压阀上要有安全阀,严防沾上油脂,乙炔发生器应有可靠的防止回火的安全装置。

十、技术经济指标和应用实例

1. 统一从料库领料,加强了检验环节,使材料质量问题可以及早发现。如在焦枝线发现有 2 000 个瓷瓶杆锈蚀严重,经联系及时退厂更换,避免了 17 000 元的损失。

2. 统筹安排合理地使用各种规格的材料,提高工作效率 20%~40%。按每 km 节约 80 工日计算,每 km 节省工费 431 元。

3. 在预配拉线、绑扎线时按实际需要长度预制,既节约了原材料,同时又保证了标准一致,确保了工程质量。

4. 对地线、水泥制品自行加工,即保证了时间要求,又降低了成本费用。如焦枝线电缆水泥盖板加工,一项就降低 29 990 元。

5. 运到现场的材料是按实需数量随班组运出的,组装后基本没有剩余材料,由于消灭了往返运输、往返施工,节省了运输费用及大量工时,也防止了材料的浪费、丢失,这个效益是无法用数字显示的。

推广集中预配工程实例见表 1

表 1

序号	工 程 名 称	区 段	施工时间	工程量
1	徐蚌自动闭塞电力线路	徐州—蚌埠东	1973~1979 年	173 km
2	郑商自动闭塞电力线路	郑州—商丘	1978~1980 年	203 km
3	蒲衡自动闭塞电力线路	蒲圻—衡阳	1981~1989 年	419 km
4	沈四自动闭塞电力线路	沈阳—四平	1982~1984 年	189 km
5	津秦自动闭塞电力线路	天津—秦皇岛	1983~1988 年	261 km
6	洛孟自动闭塞电力线路	洛阳—孟塬	1985~1987 年	264 km
7	宝南自动闭塞电力线路	宝丰—南阳	1989~1991 年	122 km
8	漯驻贯通线电力线路	漯河—驻马店	1988~1989 年	66 km

执笔:张广墀

44. 10 kV 交联电缆终端头、中间头热可缩接续工法

SJGF 07—93

天津工程公司

交联电缆热可缩接续(终端头、中间头)工艺,采用了成套热可缩材料,并采用先进、合理的工艺,使其具备制作时间短、操作简单,制作过程中质量检查直观性强,合格率高、投入使用快等优点。我公司多年来在株客大站电气集中、焦枝、渑庙、大包等自闭电力工程中普遍采用,到目前为止尚无一例质量问题,一次合格率达 100%,节约了工时,加快了生产进度,取得了一定的经济效益和社会效益。

一、工法特点及适用范围

(一)工法特点

1. 在电缆集中的地方,可进行流水作业,准备时间短。

2. 接续全过程中,可随时检查,发现问题随时处理,质量检查直观性强,一次合格率高。

3. 整体操作时间短,接续工艺完成后,仅需半小时即可进行电气试验,即操作、试验、安装可在同一天内完成。

(二)适用范围

适用于 6～10 kV 交联电缆终端头、中间头接续。如在工艺上稍加改动,还可适用于 10 kV 及以下油浸纸绝缘电缆终端头及橡塑电缆的终端头、中间头接续。

二、工艺原理及关键技术

(一)工艺原理

采用成套热可塑附件固有的热缩性能,其材料热缩原理是采用聚二氟乙烯塑料管,经过钴 60 辐射后,去掉其中部分横向排列的碳原子,并充气横向膨胀到所需尺寸,施工时通过加热,聚二氟乙烯管记忆回复到辐射后的尺寸,从而达到热缩的目的。此外,该塑料管内层还附有硅系热熔粘合剂,常温下呈固态状,当热缩管被加热到热缩温度时,粘合剂亦同期达到热熔温度并呈“糊状”,使之起到既收缩又粘合的作用,达到均匀收缩附着牢固的目的。

(二)关键技术

1. 应力管热缩时要保证各部分密贴,轴向尺寸必须准确,三相一致,以提高电场分布的均匀性,克服电晕。

2. 电力电缆热缩材料不同于通信等其他专业用热缩材料,由于其耐压、绝缘等电气强度要求高,故无变温显示斑。在热缩套管加热时,以其内层热熔胶溢出套管端部为参考温度来确认套管热缩密贴。

三、施工工艺

(一)接续前准备

1. 材料准备

与电缆规格相配的接续电缆附件,安装卡箍,接引线。

2. 工具准备

接续工具(见表 1)、攀登工具、常用计量仪表、通信联络工具、安全工具。

表 1　接续工具

名　称	规格	单位	数量	备　注	名　称	规格	单位	数量	备　注
钢锯		把	1		清洁手套		副	2	
钢卷尺	2 m	把	1		压接钳		把	1	
工艺刀		把	2		剪子		把	1	
喷灯	1 kg	把	1	附 90 号汽油	什锦锉		盒	1	
镊子		把	1	医用平嘴	尖嘴钳		把	1	
克丝钳	7～8 寸	把	1		偏口钳		把	1	
火烙铁		把	1						

3. 接续

电缆附件应与电缆规格配套,其规格、尺寸严格,每一道工序都应严格按照工艺顺序及要求进行。

(1)终端头接续(见工艺流程图 1)

①开剥电缆两端,接续前务必进行对号、绝缘测试。对敷设时间过久的曾受损的缆头(缆身)需重新进行电气性能试验。

②洗净制作长度,按尺寸开剥 PVC 护套,不得锯伤钢带。

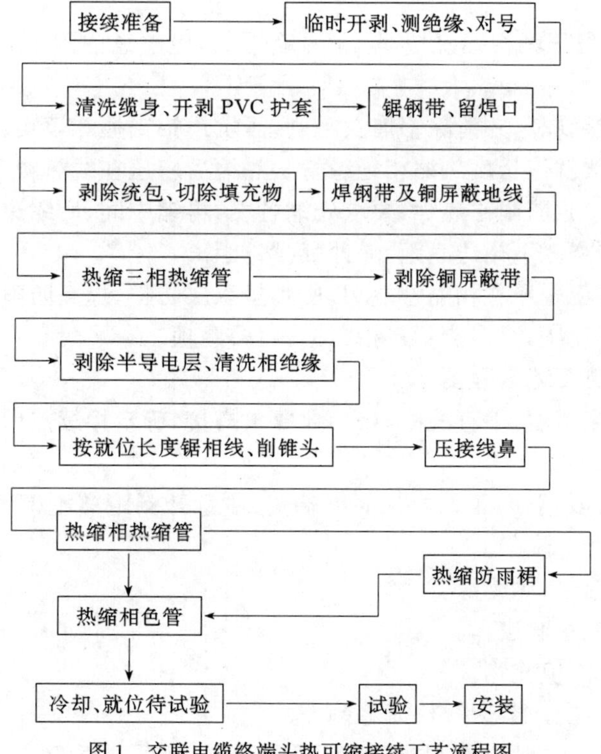

图 1　交联电缆终端头热可缩接续工艺流程图

③留出钢带焊口后锯断，注意不得锯伤统包塑料层。

以下需带清洁手套进行。

④剥除统包多余部分，切除内层填充物，不得伤及内层分相铜屏蔽层。

⑤除掉钢带上的防腐层和铜屏蔽带上的氧化铜层，将扁平接地软铜线焊在钢带及各相铜屏蔽带上，要求内外两层钢带都应焊牢，描焊铜屏蔽时，不应使焊点承受拉力，时间不宜过长，以防烫伤内层。

⑥在分相根部缠绕填充胶，为保证胶的清洁，在使用前不得长时间暴露在空气中，随用随取，使用时应拉出弹性，要求将相分岔处空隙填实，确保缠绕密贴、紧缩。

⑦套三相热缩管紧贴分岔处热缩。

⑧按尺寸开剥铜屏蔽带，存留部分应光滑密贴，开剥端部应整齐无毛刺。

开剥时必须注意相色标记，并与对方对号、核相。

⑨开剥半导电层

相线外敷半导电层的作用是提高各相电量分布均匀的措施，处理半导电层时应视其结构不同采用不同方法。

A 半导电带型：先用塑料带将铜屏蔽带临时绕包防护，再开剥半导电带，防止半导电粉尘散落在铜带上。

B 半导电胶型，由于其与相聚乙烯绝缘密贴附着为一体，开剥时应用刀自相顶端向根部沿绝缘层切线方向逐条撕剥，切忌损伤相绝缘层。

⑩用附件所配的清洁剂，每相分 3 次对绝缘进行清洗，清洗方向是自根部至顶部单向擦洗，确保不残留半导电粉尘及其他污物。

⑪按尺寸分相套半导电管，叠压铜屏蔽的长度必须三相一致，以确保三相电场分布均匀，套后热缩。

⑫根据接线鼻孔深开剥相绝缘层呈 45°铅笔锥状，应注意内附半导电层应均匀暴露在线鼻根部。

⑬按有关标准压接线鼻，并清除铝屑及毛刺，压坑用铝铂握球填实，克服电晕。

⑭按热缩管或相线就位长度热缩相绝缘管。热缩后应压在线鼻腰部。

⑮室外终端头套三相防雨裙热缩，要求先缩各相，再缩中间，后缩边裙。

⑯热缩防雨裙，严格上下裙边净距，保证“闪络”距离。

⑰热缩相色管，并应叠压在相缩管端部，使其呈双层防护，提高防雨能力。

至此，终端头制作完毕，室内头不包括(15)、(16)两项。

(2)中间头接续(见工艺流程图 2)

①留出两条电缆余留后，平直洗净，按尺寸要求搭接，确定接续点后锯断，注意该点不在中心(见图 4)。

②开剥 PVC 护套及钢带，工艺要求同终端头，注意开剥距离不得大于套管长度减去热缩叠压部分的长度。

③分别向两方向对号，测绝缘。

以下工序需带清洁手套进行。

④开剥统包层，切除填充物。

⑤开剥铜屏蔽带，注意端部平滑、无毛刺。

⑥开剥半导电层，根据电缆结构对不同半导电材质采取不同方法(同终端头第⑨

项）。

⑦在长端套入主套管、端头铜屏蔽网、应力管、绝缘管等。

⑧清洗相绝缘层（方法同终端头）。

⑨严格按尺寸将应力管叠压在铜屏蔽带上热缩。

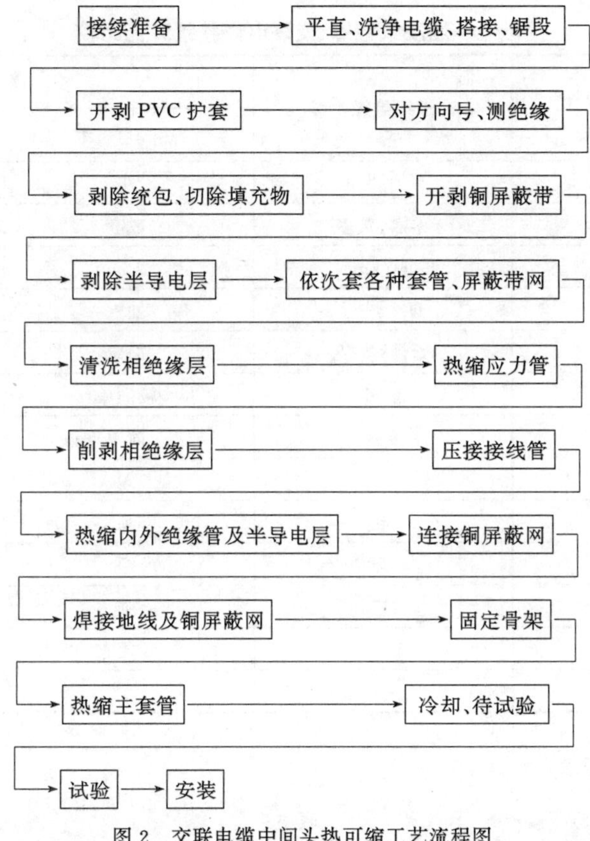

图 2　交联电缆中间头热可缩工艺流程图

⑩削剥相绝缘层呈 45°铅笔锥状。应注意内附半导电层应均匀暴露在线鼻根部。

⑪按有关标准压接接线管，并清除铝屑及毛刺，压坑用铝铂捱球填实，克服电晕，在连接管两端缠绕半导电橡胶带使两端芯线内敷半导电层可靠连为一体，在锥体两凹槽间绕包填充胶，使其整体平滑过渡。

⑫分别热缩内外绝缘管，注意每次应逐相热缩且在热缩一相时，其他两相应用隔热板临时防热，以免烫伤其绝缘层。

⑬热缩半导电管，三相尺寸必须一致。

⑭用铜屏蔽网连接两端铜屏蔽带，描焊牢固。

⑮将地线缠绕束合在铜屏蔽层上，并分别与铜屏蔽带和钢带焊牢。

⑯固定骨架。采用骨架接头方式安装时，端头要压在 PVC 护套上，当采用两个半圆结构的骨架扣合时，衔口要密贴后呈一体，且足以保证内层结构不受横向挤压应力。

⑰将端帽套入骨架端头，再套主套管热缩。

至此，中间头制作完毕，待缆头温度降至常温后即可通知试验人员进行试验。

4. 试验及安装

(1)待热缩管冷却到常温后缆头就位。要求相序正确，相间及各相对地距离不得小于试验距离。

(2)当确认电缆试验合格,并经放电确认缆身无残留的高压电容电流后,即可通知安装人员进行安装。

四、油浸纸绝缘、交联电缆接续工艺比较(见表2)

表2 油浸纸绝缘、交联电缆接续工艺比较

项目 \ 电缆种类及接续方式	油浸纸绝缘电缆	交联电缆	
		热可缩	绕包
体积	大	小	小
材料项目	零散、繁多	成套	零散
重量	40 kg	2 kg	2 kg
缆附件接续前电气试验	逐个进行	抽检	不易进行
准备条件	繁锁、复杂	简单	较复杂
接续工具	繁多	较简单	简单
操作工艺	复杂	简单	较复杂
接续时间	长	短	较长
安装复位	难	易	易
待试验时间	长	短	短
质量检查直观性	差	强	差
材料费	较贵	较便宜	便宜
使用劳力(直接加间接)	多	少	少

五、劳动组织(见表3)

表3

序号	分工	任务	劳力
1	技术	布置任务,提供技术标准,明确施工范围,强调必要的安全措施,协调制作及试验人员的关系	1人
2	制作	根据任务备料及工具,制作缆头,配合试验及判断故障	2~3人
3	试验	根据任务试验电缆、判断故障	2人
4	安装	缆头安装、就位	可单独安排人员,亦可由制作组人员进行

六、质量要求

1. 制作全过程,严格按照操作工艺要求,并保证工艺尺寸,自始至终保证材料、工具的清洁,操作人员必须带清洁的作业手套进行工作。

2. 在恶劣气候条件下,施工要有防雨措施(如用接头帐篷)。

3. 对成批热缩套管要进行抽样检查,其标准为纵向热缩比小于5%,横向热缩比大于50%为合格品。

4. 缠剥、撕剥半导电层方法及清除半导电粉尘的清洁程度,是提高电缆绝缘、耐压,降低泄漏电流的关键,必须方法正确。

5. 清洗相绝缘粉尘的清洁度以用肉眼看不到任何秽点为准，且务必待清洁剂风干后才能进行下一步工作。

七、安全措施

1. 严格执行部颁《铁路电力施工技术安全规则》(TBJ 407—88)及该工程施工技术标准中有关安全条款。

2. 在隧道内作业时，要有专人负责防护，电气试验防护与交通安全防护不得由 1 人同时进行。

八、工程实例和效益分析

1. 工程实例

以 1992 年渑池电力工程为例，有 8 条 YJLY$_{29}$-3×50 mm^2 电缆，分别分布于 40 km 线路中。制作人员 4 人，分为两个制作组，制作 16 个终端头，与部颁劳动定额比较节约 50%。经试验，16 个终端头合格率为 100%。

2. 综合效益分析(见表 4)

表 4　综合效益分析

内　容	油浸纸绝缘电缆 浇注工艺	附　注	交联电缆		附　注
			热可缩	绕包	
准备时间 (小时)	4～6	清洗试验 预　制	1	2～3	
操作时间 (小时)	6～8	包括浇注	2～3	4	
待试验时间 (小时)	2～24	冷却时间	0.5	无	
实际操作平 均使用劳力	3.8 人	操作人员 辅助人员	1.6 人		操作人员
实际安装平 均使用劳力	2.5 人		可由接续人员 当日负责	可由接续人员 当日负责	合理安排后 还可节省
工具、材料 携带方式	需运输工具	或另安排 运输人员	便携	便携	
应急处理	不便		方便	方便	
恢复送电 时　间	24 小时以后		同日内进行	同日内进行	
相对间接 效　益	小		大	大	

热可缩工艺用于交联电缆接续上，由于其劳动强度低，准备时间短，操作简单，合格率高等特点，如使用在已运行的线路上进行抢修时，可以做到接续、试验、安装、恢复送电全部工作在同一天内完成，其经济效益和社会效益显得更为突出。

九、接续工艺图

1. 终端头接续工艺见图 3。

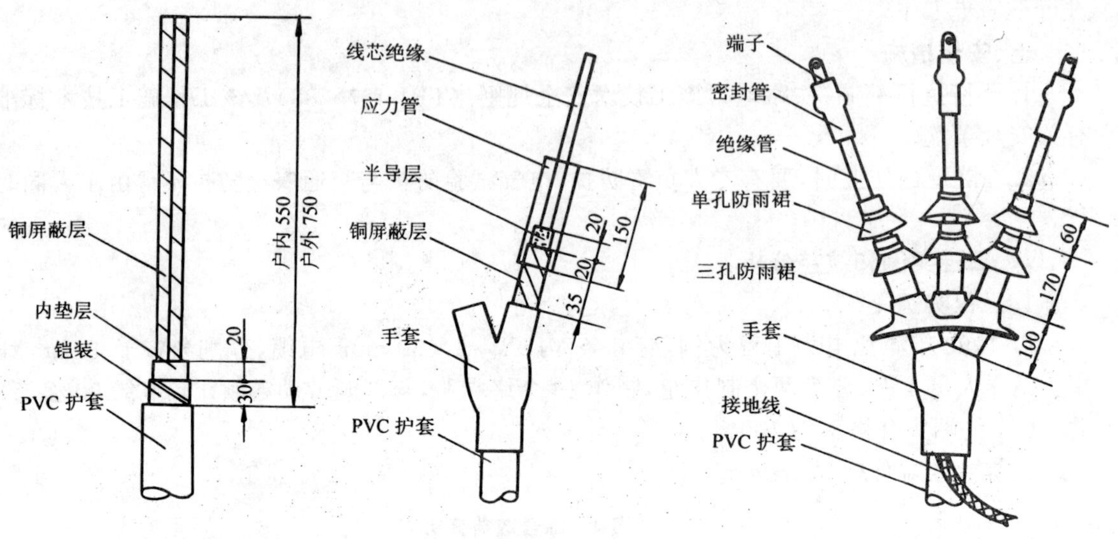

图 3　交联电缆热缩型户外终端头

2. 中间头接续工艺见图 4。

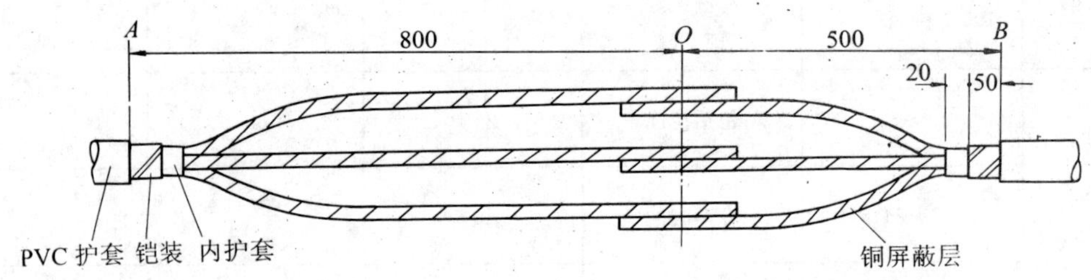

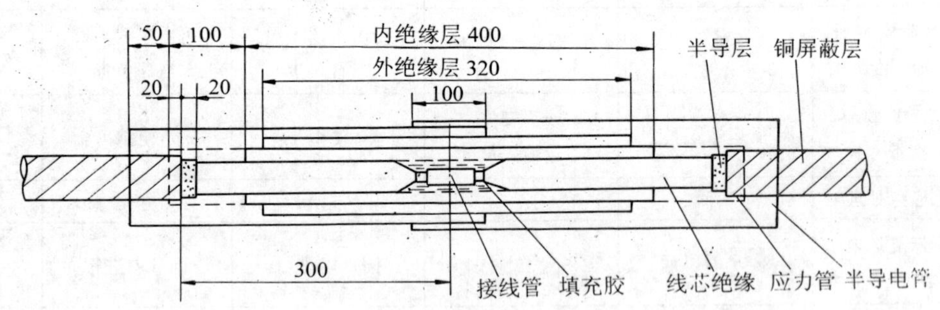

图 4　10(6) kV 交联电缆中间头

执笔：王大庠

45. 自动闭塞区间供电横向联络方式倒接工法

SJGF 05－94

天津工程公司

一、前　　言

本工法为自动闭塞信号供电方式由纵向联络改为横向联络或区间信号点变更实现双回路供电而开发的倒接工法。

区间自动闭塞横向联络供电系统是铁路自动闭塞信号的电源保障，其倒接工作是信号开通的先决条件。因此要求在接到倒接命令后尽快地为信号专业提供稳定可靠的电源。在双回路 10(6) kV 自动闭塞电力线路工程中采用本工法，取得良好的效果。

二、特点及适用范围

(一)特点

1. 倒接环节少，节约人员，便于组织指挥。

2. 调试工作在信号要点开通以前进行，并提供稳定电源，安全可靠。

3. 有利于运营单位配合和维修。

4. 倒接工作实现规范化，程序化。

(二)适用范围

本工法适用于双回路 10(6) kV 自动闭塞电力线路横向联络供电方式的信号大修、改造项目。

三、工艺原理

横向联络供电系统可以用变台杆上跌落式熔断器、联络箱内输出端子隔离形成独立单元的条件，提前做好准备工作，减少倒接环节和倒接人员，及时地为信号专业提供稳定可靠的电源。

四、施工工艺

(一)工艺流程(见图 1)

(二)工艺操作

1. 新自闭线路(主电源)切换箱及其他设备调试及运行

(1)将初测的继电器送水电段复测，取得认可。

(2)打开跌落式熔断器。

(3)断开切换箱内输出、输入端子接线，并测试联络电缆电气指标。

(4)切换箱内各路导通，并恢复回路原状。

(5)临时“T”接主备用输入端子，并保证相位一致(见图 2)。

(6)拔下切换箱内全部瓷插保险。

(7)推合跌落式熔断器，在切换箱内输入端子上验电，确认变压器二次侧有正常电压输出。

(8)插上继电器。

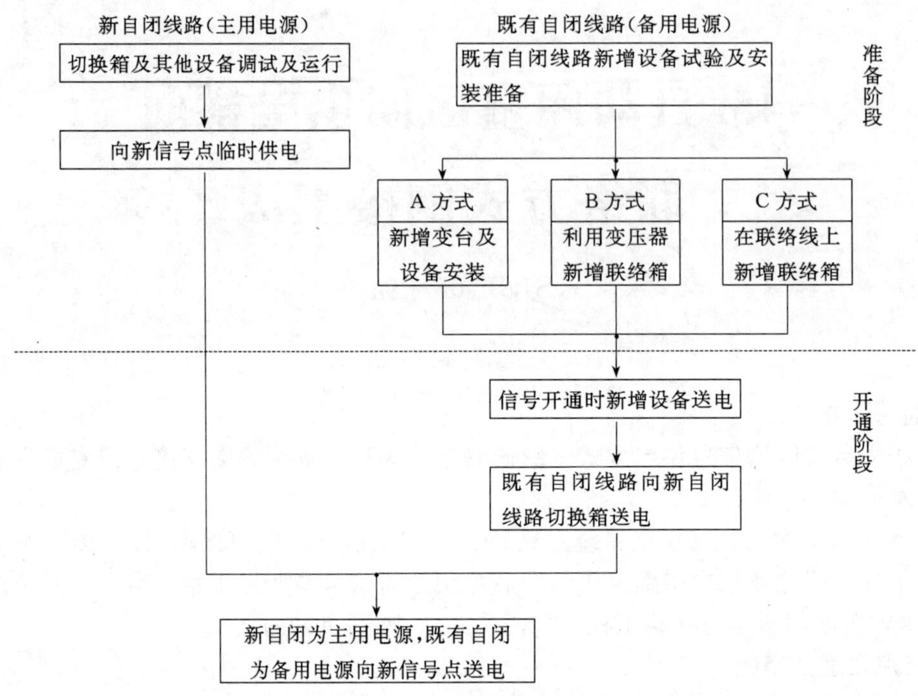

图1　工艺流程图

(9)插上主用电源瓷插保险,检测输出端子上应有正常电压。

(10)拔下主用电源瓷插保险,检查通过常闭结点至输出端子上应有电压(即模拟的备用电源)。

(11)利用指针式万用表检查,当主备用电源切换时继电器的动作速度,表针不得有明显波动为准。

(12)打开跌落式熔断器,拆除箱内临时"T"接线。

2.向新信号点临时供电

(1)拔下备用电源输入瓷插保险。

(2)推合跌落式熔断器。

(3)在输出瓷插保险上端检测电压。

(4)插上输出瓷插保险,并在输出端子上验电。

至此向相应新信号点临时供电。

3.既有自闭线路(备用电源)新增设备试验及安装准备

(1)对待装变压器、避雷器、跌落式熔断器等进行电气试验。

(2)调查既有线路,要求新增设备的数量与设计相符。

(3)确认安装新增设备所需的最小停电范围。

(4)与水电段共同制定包括停电时间、范围,通信联络方式,安全措施等作业细目的停电方案。

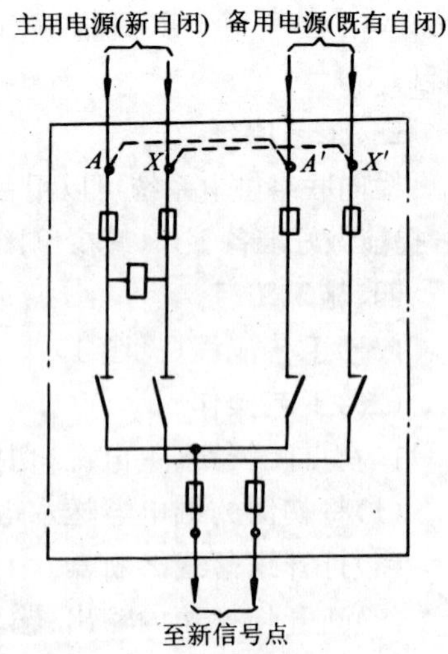

图2　新自闭切换箱简图

注:虚线为临时"T"接线(模拟备用电源)

4.既有自闭线路新增变台及设备的安装(A 方式:见图 3)

(1)打开停电范围两端高压隔离开关,并验电接地封线。

(2)安装变压器、跌落式熔断器、避雷器、地线、联络箱,并安装高压引线及箱内配线。

(3)打开高压跌落式熔断器和联络箱内刀闸。

(4)对安装项目复检,清理现场。

(5)撤除接地封线,合上分断高压隔离开关。

(6)向配电所报告作业完毕,并作好记录。

(7)恢复既有线路自闭供电。

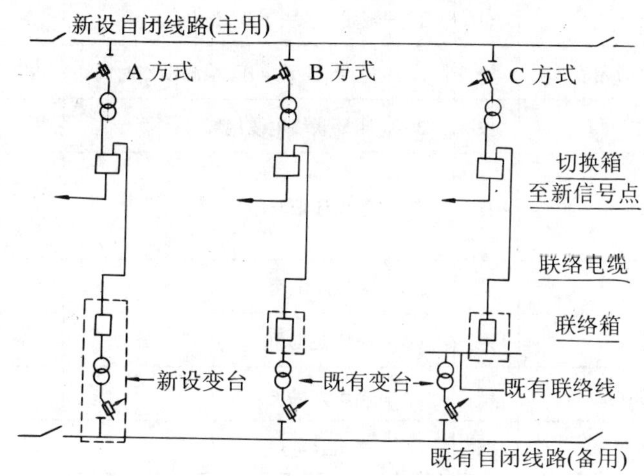

图 3　新、既(旧)自闭横向联络供电方式

注:虚线内为在既有自闭线路上新增设备

5.在既有线路利旧变压器上新增联络箱(B 方式:见图 3)

(1)打开跌落式熔断器,将既有联络箱沿电杆轴向移位,(保留原配线)留出新联络箱位置。

(2)新设联络箱、管,安装箱内设备及配线,并在上部管出口处预留变压器二次引线,待新信号开通时接引,打开箱内刀闸,封箱加锁。

(3)合上跌落式熔断器,检验既有联络箱仍有正常电压输出。

6.在既有线路低压联络线上新增联络箱(C 方式:见图 3)

(1)在与新设信号点对应的既有自闭联络线上新设联络箱,并进行箱内配线及安装地线。

(2)箱内电源线预留于上部弯管出口处,待信号开通时接引。

(3)打开箱内刀闸,封箱上锁。

7.信号开通时既有自闭线路新增设备向新自闭切换箱送电(图 2),接到信号要点命令后

B 方式:打开跌落式熔断器,撤除利旧变压器既有二次线及设备,将新设联络箱电源线接至变压器二次端子。

C 方式:打开跌落式熔断器,撤除既有联络线上其他设备,将新设联络箱电源线接至联络线上。

8.既有自闭线路向新自闭线路倒接

(1)合上 A、B、C 方式高压跌落式熔断器,并检测联络箱内刀闸输入端电压。

(2)合上刀闸,使既有线路电源通过联络电缆向新自闭线路切换箱备用电源送电,并在输入端子上检测电压。

(3)插上切换箱内备用输入瓷插保险。

至此新设自闭线路作主用电源,既有自闭作为备用电源向新自闭线路倒接完毕,正式向新信号点供电。

五、机具仪表配置(见表1)

表1　主要机具仪表

阶段	序号	名称		单位	数量	用途	备注
准备阶段	1	汽车		台	1	运送人员、工具、设备、材料	
	2	仪表	指针万用表	块	2	对号、测量电压、检测动作时间	按2个作业点考虑
	3		摇表	块	2	测量联络电缆绝缘	按2个作业点考虑
	4	报话机		台	5	各点通信联络用	按2个作业点、2个停电、1个指挥点考虑
	5	停电工具	脚扣	副	1	高压验电用	
	6		安全带	条	1	高压验电用	
	7		绝缘手套	副	1	高压验电用	
	8		绝缘靴	双	1	高压验电用	
	9		高压验电笔	支	1	高压验电用	
	10		接地封线	组	2	安全防护用	
	11	外线作业工具		套	2	设备安装用	按2个作业点考虑
倒接阶段	1	汽车		台	1	运送倒接人员、工具	
	2	报话机		台	3	通信联络用	
	3	万用表		块	1	测量电压用	
	4	外线作业工具		套	2	利旧变压器改线、送电用	
	5	停电工具	绝缘手套	副	2	利用旧变压器改线、送电用	
	6		绝缘靴	双	2	利用旧变压器改线、送电用	
	7		安全带	条	2	利用旧变压器改线、送电用	
	8		脚扣	副	2	利用旧变压器改线、送电用	
	9		绝缘拉杆	副	2	利用旧变压器改线、送电用	
	10		高压验电笔	支	1	利用旧变压器改线、送电用	
	11		接地封线	组	1	利用旧变压器改线、送电用	

注:①本表倒接部分按1组人员进行考虑;

②不超过5个供电点的区间由1组人员进行,超过5个供电点的区间由2组人员进行。

六、劳动组织(见表2)

表2 人员分工及主要任务

	序号	分工	人数	主要任务	备注
新自闭联络设备调试	1	复查	2	测联络电缆绝缘电阻,导线导通,对号	由技工负责
	2	变压器送电	2	打开跌落式熔断器,测量箱内电压	由技工负责
	3	联络箱送电	2	对联络箱进行切换试验	由技术人员负责
	4	与水电段检查试验	1	与水电段检查试验,向信号临时供电	由技术人员负责
既有自闭新增设备安装	1	设备试验	3	试验变压器,打开跌落式熔断器、避雷器	由持证人员上岗
	2	调查情况	1	调查了解既有自闭供电情况	由技术人员负责
	3	制定停电方案	1	与水电段共同编制停电方案	由技术人员负责
	4	办理局部停电手续	1	停电作业前办理停电手续	由安检人员负责
	5	停电作业	6	安装新增设备、停电、恢复送电	由技术、安检人员和技工参加
	6	复查	1	复查设备安装情况,联络电缆的接引	由技术人员负责
倒接	1	指挥	1	负责倒接工作的指挥,水电段、信号专业协调	由段长或副段长担任
	2	利旧变压器倒接	2	变压器停电,拆除、改接变压器二次接线	由技工担任
	3	既有回路变压器投入运行	2	变压器送电,箱内确认	由技术人员和技工担任
	4	确认	1	与水电段、信号专业共同确认输出电压,联络箱加锁,作记录	由技术人员负责

说明:①本表人员配置是按停电作业1个组,倒接5个供电点以下的区间而考虑的,倒接5个以上供电点的大区间时应相应增加人数。

②倒接人员属动态管理。

七、质量要求

1.按照铁道部颁发的《电力工程质量评定验收标准》(TBJ 420—87)及工程设计文件执行。

2.各自闭电力工程切换箱、联络箱的型号不同,应做好前期调查和设备调试。

3.应提前调查落实,既有10(6) kV自闭线路上的设备属于运行中的设备,其质量是否稳定,对确实存在缺陷的应提前要点予以更换。

4.既有10(6) kV自闭线路上新增设备以及倒接工作都涉及到水电段,应与其协调前期准备。

5.停电作业、倒接工作时间紧,任务重,要挑选技术过硬、责任心强的人员上岗。

6.检查电缆、切换箱、联络箱、变压器、跌落式熔断器、避雷器,应质量可靠,符合设计要求。

7.主备用电源的联络方式应安全可靠。

8.要求指挥人员、技术人员、技工应熟悉新旧自闭的运行系统和方式以及横向联络方式的原理和特点。

9.查看电缆、跌落式熔断器、变压器、避雷器、继电器的试验报告。对跌落式熔断器要进行开合试验。

八、安全措施

1.设立专职安全员。倒接前要按不同的岗位和工作内容交待安全措施及注意事项。

2.所有参加停电作业和倒接的人员应清楚工作项目、范围、时间和工作步骤。

3.必须统一指挥,统一行动。停电作业及倒接工作没有接到指挥人员的指令不得擅自作业,作业完毕立即汇报。

4.停电作业必须执行工作票制度。

5.正式向信号供电后,不得随意动切换箱内的设备。

6.接线部位应牢固可靠。

7.继电器应严格试验并作明显的标记和记录,确保投入运行的继电器质量可靠。

九、效益分析

以津秦自闭电力工程为例,开始时采用传统的方式配合信号开通,每个区间倒接需 24 人,而且时间长。采用本工法后,每个区间倒接只需 4 人,并缩短时间一半,实际提高工效 6 倍。同时,由于准备工作充分,从一开始就给信号专业提供了稳定可靠的电源,为信号的顺利开通创造了条件。尤其有利于水电段对新设备的提前了解,对交接和将来的维修都十分有利。收到了明显的经济效益和社会效益。

十、工程实例

本工法 1984 年首次在津秦自闭电力工程中采用即收到明显的效果。一改过去电力、信号相互干扰开通的局面。同时,由于联络箱调试在倒接之前进行,既不影响信号,又时间宽裕,维修单位可以细致地了解设备状况,给顺利交接和后来的维修创造了条件,受到了一致好评。1984 年以来连续在郑孟自闭电力工程、焦枝自闭电力工程中采用,均获得了圆满的成功。

执笔:董光江

46. 电力线路复杂地形放线工法

SJGF 11—97

天津工程公司

一、前　　言

在长期积累经验的基础上,为指导电力架空线路工程在复杂地势条件下放线施工而开发本工法。

电力架空线路通过复杂地形施工时,由于地势及运输条件的限制,笨重的导线盘不易运至现场,若采用牵引放线法,导线易发生严重磨损。本工法可有效地解决上述问题。

二、特点及适用范围

(一)特点

1. 前期预制将整盘导线化整为零,便于运输,提高了放线速度。

2. 采用倒序放线法,导线与地及障碍物相对摩擦少,避免了导线磨损。

3. 便于展放,方法简便。

(二)适用范围

本工法适用于 95 mm^2 及以下钢芯铝绞线在各种地形条件下放线施工,但不适宜在水田及河流交织的地方采用。

三、工艺原理

采用圈径相同、圈数相等、扭劲相反的偶数把,同一根导线在直接放开后,扭劲相抵的原理,即将导线的若干圈分成一把再顺序隔一倒劲,使相邻两把的扭劲相反,放线时导线由多人均背同步前行,由最后一人开始展放,直至整条导线放完,使导线扭劲自行抵消。

四、工艺流程(见图 1)

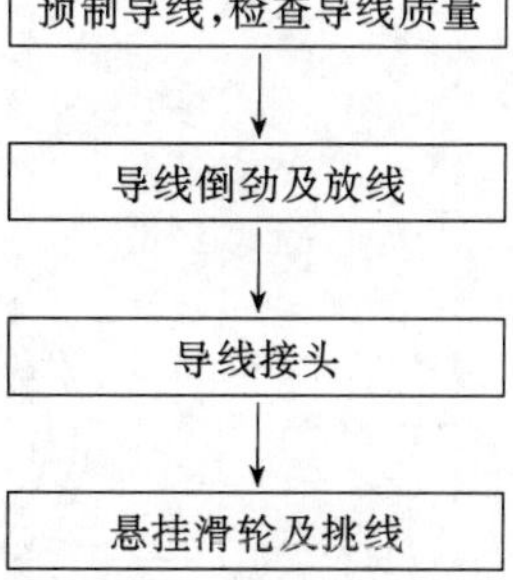

预制导线,检查导线质量

↓

导线倒劲及放线

↓

导线接头

↓

悬挂滑轮及挑线

图 1　工艺流程图

五、工艺操作

放线应在立杆、拉线安装、横担组成、搭跨越架等工序完工并符合质量标准和安全要求后进行。

(一)预制导线及检查导线质量(在预制场进行)

1. 预制导线

(1)根据施工图及线路实际情况确定导线基本长度,(以耐张段长为准,并长出一个挡距,以便紧线时拽线)。

(2)根据线盘上导线圈径确定倒出圈数。

(3)将导线从盘上倒出,分成若干圈数相同的把并分把绑扎好,见图 2。(为便于倒劲和背负展放,宜根据导线圈数将每 15 kg 重的导线分为 2 至 4 把,每把的圈数根据表 1 确定。)

表 1　导线重量、圈数参照表

导线圈数 导线截面(mm²) 导线种类	16	25	35	50	70	95
LGJ	96	64	40	30	22	15
LJ	136	88	62	44	30	24

注：上表为导线圈径为 0.8 m，重量为 15 kg 时的导线圈数。

2. 检查导线质量

检查标准按《铁路电力施工规范》(TBJ 207—86)第 5.5.3 条执行。

(二)导线倒劲及放线

1. 导线倒劲(在施工现场进行)

(1)将从线盘上倒出并分把绑好的导线，从一端按顺序开始倒劲。首先将第一把从余下的导线外面套过去放在地上；然后将第二把直接放下；再将第三把从余下的导线外面套过去放在地上；将第四把直接放下。依次类推，逢奇数把套，偶数把直接放下，直至最后一把(见图 3)。

(2)整理导线，使线把扔按原来 1、2、3、4、…顺序排列(见图 4)。

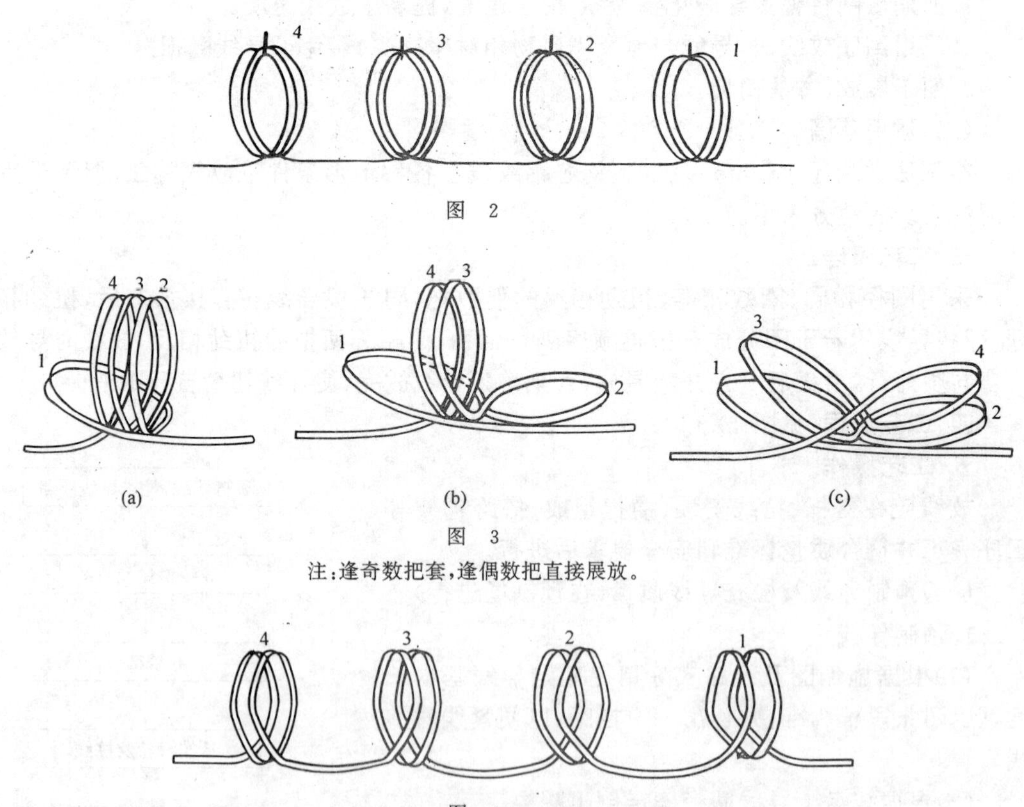

图 2

图 3

注：逢奇数把套，逢偶数把直接展放。

图 4

2. 放线

(1)根据导线的预制长度、把数及重量，确定每条导线的放线人数(一般每人背负 15 kg 左右为宜)。

(2)背负导线人员按导线分把顺序排为纵队。

(3)采用倒序放线法进行放线。即由最后一人将导线端头临时固定后,从耐张段始端开始放线,前面人员背负导线同速前行。当最后一人展放完其所背负导线并基本牵直后,倒数第二人就地开始展放,前面人员继续前行。直至最前面一人放开自己背负的导线为止,该条导线展放即结束。

当遇有交叉跨越时,放线始点应定在交叉跨越处,以便于导线的展放。

(三)导线接头(当导线中间有接头时)

按《铁路电力施工规范》(TBJ 207—86)第 5.5.7 条至第 5.5.9 条执行。

(四)悬挂滑轮及挑线(逐棵电杆进行)

1.悬挂铝滑轮并调整位置,使其在紧线后放到瓷瓶绑扎位置时,能保持原有弛度。

2.挑起导线放入滑轮槽内,扣上锁扣。

3.对垂在地面或障碍物上的导线进行捋线,线间排列有序并不被障碍物勾挂。挑线后放线工序即完成,紧线工序按有关规定进行。

六、机具配置(见表 2)

表 2　机具配置表

序号	名　称	单位	数量	备　　注
1	运输工具	台	1	运送人员、工具及材料
2	报话机	台	3	放线时传递信号用
3	杆上作业工具(水泥杆用)	≥套	3	悬挂滑轮及挑线用
4	杆上作业工具(木杆用)	≥套	2	导线过跨越架
5	铝滑轮	个	杆数×3	防止紧线时磨损导线,除终端杆外,其他杆均需悬挂

七、劳动组织(见表 3)

表 3　劳动组织表

序号	分　工	人数	主 要 任 务	备　注
1	预制导线,检查导线质量	4	将导线由盘上倒下,分把绑好,检查导线质量	在预制场进行,由技工担任
2	导线倒劲及放线	10～15	将导线倒劲后,从耐张段的一端向另一端牵引放开导线	由一名技工担任指挥,其余人员由普工担任
3	过跨越架	2	过跨越架时,帮助背线人员将导线从跨越架一边传向另一边	由技工担任
4	悬挂滑轮及挑线	3	挂滑轮、挑线、捋线	由技工担任

八、质量控制

(一)质量标准

按《电力工程质量评定验收标准》(TBJ 420－87)及设计文件执行。

(二)质量控制

1.影响质量的因素

(1)导线本身的质量。

(2)导线展放时,易出现绞合形成金勾。

2.质量控制点

(1)导线分把。

(2)检查导线质量。

(3)导线倒劲。

(4)导线展放。

3.质量控制方法

(1)导线分把时由专人负责记数,保证每把圈数相等。

(2)检查导线质量由经过培训和熟悉质检标准的人员负责,并在从线盘上倒出后进行,便于导线质量的全面检查。

(3)导线倒劲必须由熟练掌握倒劲技术的人员把关。

(4)导线展放速度必须与前面背线人员行走速度一致,避免过松;每把展放完后,应基本抻直后再放下一把。

(三)质量检查

按《铁路电力工程质量评定验收标准》(TBJ 420—87)执行。

九、安全措施

1.设立专职安全员,施工前按不同岗位和工作内容交待安全措施及注意事项。

2.对跨越各种电力、通信线路所搭的跨越架,派专人进行检查,确认安全距离和稳定性。

3.与公路铁路交越时设专人防护。

十、效益分析

以焦枝线自闭电力工程为例,沿线大部分地带不通汽车,如果采用由线盘直接牵引放线法,一般需牵引 6 km 左右,按每人牵引 200 m 导线计算,每条导线需 30 人牵引。人多行动难以协调,往返行程影响放线速度。如果采用 LGJ-35 导线,每天最多能放线 12 条 km,且导线易磨损。采用本工法,按 2 km 左右一个耐张段,每条导线放线只需 15 人,由于缩短了行程,人员较少便于协调行动,加快了放线速度,每天最多也能放 12 条 km。包括预制场倒线用工,提高工效 36.7%。

十一、工程实例

本工艺自成昆线山区施工开始采用,并在蒲圻至衡阳、沈阳至四平、天津至秦皇岛、洛阳至孟源、宝丰至南阳、集宁至陶卜齐等电力工程中的地形复杂地区采用。又在漯河至驻马店,柳园至红柳河电力贯通线工程平原地区推广均获得成功。尤其解决了一般放线工艺中易出现导线磨损问题,保证了导线质量,取得一定的经济效益。

执笔:董光江